王水照文集

钱锺书的学术人生

王水照访谈录

图书在版编目(CIP)数据

钱锺书的学术人生　王水照访谈录 / 王水照著. ——上海：上海古籍出版社，2024.3
（王水照文集）
ISBN 978-7-5732-1035-7

Ⅰ.①钱… Ⅱ.①王… Ⅲ.①钱锺书(1910-1998)—人物研究②王水照—访问记　Ⅳ.①K825.6

中国国家版本馆 CIP 数据核字（2024）第 053113 号

王水照文集
钱锺书的学术人生　王水照访谈录
王水照　著

上海古籍出版社出版发行

（上海市闵行区号景路 159 弄 1-5 号 A 座 5F　邮政编码 201101）

(1) 网址：www.guji.com.cn
(2) E-mail：guji1@guji.com.cn
(3) 易文网网址：www.ewen.co

江阴市机关印刷服务有限公司印刷

开本 890×1240　1/32　印张 14.25　插页 7　字数 359,000
2024 年 3 月第 1 版　2024 年 3 月第 1 次印刷
印数：1—2,500

ISBN 978-7-5732-1035-7

I·3802　定价：118.00 元

如有质量问题，请与承印公司联系

《钱锺书的学术人生》书影

中华书局,2020 年

钱锺书先生题赠王水照先生诸版《宋诗选注》

钱锺书先生致王水照先生信

与杨绛先生合影

2006 年 4 月

中国社会科学院外国文学研究所

水照先生：

你好！

今年社科院将出一册《钱锺书百年纪念文集》。文集里不该没有你的文。我记得文革期间你们这些名牌研究人员或"五七"外调，又曾替乔木同志翻译陈毅诗选注作。你不在北京，我的所内同志把你给忘了。特写此信请你写一篇纪念文章。七月初截稿，还有三个多月呢。你不会不愿意写吧？文章写好了可挂号寄我，我会转各院内。

专此，即问近好。

杨绛
2010年3月二十八日

"烧饭人"还记得我吗？

杨绛先生致王水照先生信

2007年摄于江西吉安文天祥纪念馆"正气广场"

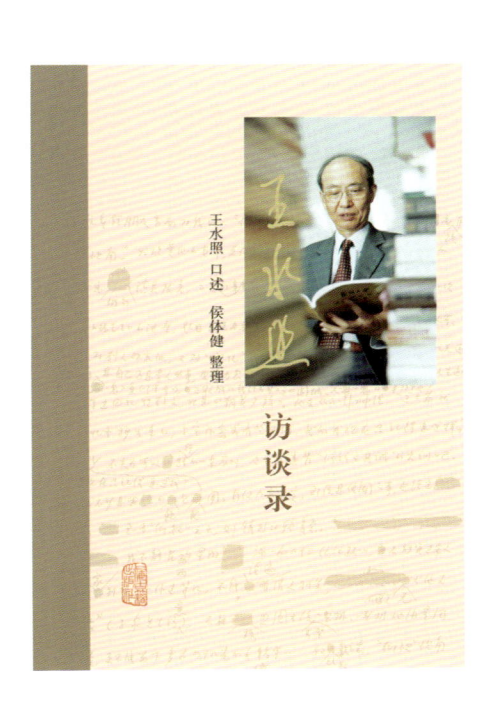

《王水照访谈录》书影
上海古籍出版社,2022年

与《访谈录》整理者侯体健合影

2009 年 12 月

出 版 说 明

　　王水照,1934年生,浙江馀姚人。1955年考入北京大学中文系学习,1960年毕业后进入中国科学院哲学社会科学部(今中国社会科学院)文学研究所工作。1978年春,调入复旦大学中文系任教。先后担任复旦大学中文系教授、复旦大学首席教授、复旦大学文科资深教授,博士生导师。长期兼任复旦大学中文系学术委员会主任,中国宋代文学学会会长、名誉会长等。王水照先生从事古典文学研究六十馀年,在宋代文学、古代文章学、词学、钱锺书学术研究诸领域建树卓著,着力阐明或构建的"宋型文化"、"文化性格"、"破体为文"、"中唐——北宋枢纽论"、"古代文章学体系"等命题,产生了广泛的学术影响。他的苏轼研究,广博、深刻而富有文化情怀,尤为一般读书人所熟知。他是当代宋代文学研究的拓荒人和奠基者之一,也是古代文章学研究领域的一面旗帜,2012年获上海市哲学社会科学学术贡献奖。

　　《王水照文集》共十卷,收入作者主要的学术著作和文章。

　　第一卷《宋代文学论丛》和第二卷《北宋三大文人集团》主要集中于两宋文学的整体性研究,反映出作者对宋代文学与文化的宏观关照。

　　第三卷《苏轼研究》、第四卷《苏轼选集》、第五卷《苏轼传稿》和《王水照说苏东坡》以及第六卷的《宋人所撰三苏年谱汇刊》,汇集了作者深研"苏海"的各类著述,以专著、选集、传记、年谱以及讲演稿等不同形式呈现，是当代"苏学"研究的重要成果。

第六卷的《历代文话提要选刊》、第七卷《唐宋散文举要》、第八卷的《中国古代文章学研究》是作者有关古代文章学的系列研究论著，以文话提要、散文选注和专题研究等形式，考察了中国古代文章学的诸多重要问题，在侧重唐宋散文的同时，亦展现出对我国古代文章学史的整体考量。

第八卷的《半肖居文史杂论》纂辑了作者其他专书未收录的学术论文十四篇和为《中国大百科全书》撰写的若干词条，主要集中于唐代文学、词学和文学史编撰等论题；第九卷《鳞爪文辑》则是作者的随笔札记。两书体现了作者较为广泛而深邃的学术思考和文化使命感。

第十卷《钱锺书的学术人生》是有关钱锺书学术研究的论文结集，以钱锺书其人、其事、其学为核心，凝聚了作者"钱学"研究的重要心得。同卷《王水照访谈录》收录十二篇访谈，可一窥作者的学术成长经历和治学理念。

全书所收发表过的文章，都尽量列出最初出处，以备查核。书末附有作者著述年表，略供参考。

文集的编纂体例和总目由王水照先生亲自拟订，侯体健教授协助整理、统筹；文集出版得到复旦大学中文系、复旦大学中国古代文学研究中心的鼎力支持，谨此致谢。

上海古籍出版社

总　目

第一卷　宋代文学论丛
第二卷　北宋三大文人集团
第三卷　苏轼研究
第四卷　苏轼选集
第五卷　苏轼传稿
　　　　王水照说苏东坡
第六卷　宋人所撰三苏年谱汇刊
　　　　历代文话提要选刊
第七卷　唐宋散文举要
第八卷　中国古代文章学研究
　　　　半肖居文史杂论
第九卷　鳞爪文辑
第十卷　钱锺书的学术人生
　　　　王水照访谈录

　　　　王水照主要著述年表

第十卷 整理说明

本卷收录《钱锺书的学术人生》和《王水照访谈录》两种。前者原由中华书局于 2020 年出版,后者原由上海古籍出版社于 2022 年出版,今据以收入。惟《钱锺书的学术人生》最后一篇《关于〈钱锺书手稿集·中文笔记〉的对话》因与《王水照访谈录》相应内容重复,今仅予存目。

第十卷目次

钱锺书的学术人生

自序：走进"钱学"
　　——兼谈钱锺书与陈寅恪学术交集之意义 ……………… 3

第一辑　历史与记忆中的钱锺书先生

记忆的碎片
　　——缅怀钱锺书先生 ………………………………… 23
　一、不敢以弟子自称 ……………………………………… 23
　二、学术领域绝不通融马虎 ……………………………… 26
　三、与青年学子平等论学 ………………………………… 27
　四、拒绝为他立传的背后 ………………………………… 28
　五、"钱学"、理论体系与学术走向世界 ………………… 30
　附：钱锺书先生致本书作者函(1984.12.22) …………… 31

钱锺书先生的闲谈风度 ………………………………… 34
　一、别样的考题："用不着什么准备，准备也没有用" …… 34
　二、从闲谈中感受才情横溢、妙语连珠的快意 ………… 35
　三、"世界上有那么多我所不要看的书" ………………… 37

四、"百种禽鸟鸣叫各自的音调"与新不废旧 ……………… 38

钱锺书先生参与《毛泽东选集》英译过程点滴 …………… 41
 一、《毛选》英译本出版过程 ……………………………… 42
 二、钱先生承担的工作 …………………………………… 44
 三、与徐永煐先生的交往 ………………………………… 45

钱锺书先生横遭青蝇之玷 ……………………………………… 49
 一、不愿去父母之邦 ……………………………………… 49
 二、与李克、李又安夫妇的关系 ………………………… 52
 三、匪夷所思的诬告 ……………………………………… 53
 四、生存智慧、人生与学术的交集 ……………………… 57

第二辑 钱锺书先生的学问与趣味

钱锺书先生的《西游》情结 …………………………………… 63
 一、孙猴儿钻进谁的肚子 ………………………………… 64
 二、猴入马厩，可免马疫 ………………………………… 67
 三、如意金箍棒 …………………………………………… 69

"皮里阳秋"与"诗可以怨" …………………………………… 71
 一、钱先生答不出"皮里阳秋"？ ………………………… 71
 二、如何解读"诗可以怨" ………………………………… 74

钱锺书先生与宋词研究 ………………………………………… 79
 一、至少看过三遍《全宋词》 …………………………… 80
 二、岳飞《满江红》的真伪问题 ………………………… 80

三、对"体制内"词学家的补益之功 ·········· 82
　　四、文本误植之因及其他 ················ 84

钱先生的两篇审稿意见 ················ 86
　　一、"文学批评中之'考据'必须更科学、更有分析" ···· 87
　　二、"不要死于古人句下,不要迷信票面价值" ······ 90
　　附：钱先生两篇审稿意见全文 ··············· 93

钱锺书世界的文化阐释
　　——读《营造巴比塔的智者·钱锺书传》有感 ······ 97

第三辑　钱锺书先生的宋诗研究

《宋诗选注》的一段荣辱升沉 ············· 101
　　一、从备受推重到遭受批判 ··············· 101
　　二、风向转变 ······················ 102
　　三、夏承焘：不信千编真覆瓿,安知九转定还丹 ····· 104
　　四、小川环树：宋代文学史必须改写了吧 ········ 106
　　五、"大批判"馀波 ··················· 108

《正气歌》所本与《宋诗选注》"钱氏手校增注本" ···· 110
　　一、《宋诗选注》何以不选《正气歌》 ············ 110
　　二、《宋诗选注》"钱氏手校增注本" ············ 116

《宋诗选注》删落左纬之因及其他
　　——初读《钱锺书手稿集·容安馆札记》 ······· 128
　　一、选本的时间性 ··················· 128

二、左纬诗开晚唐体 ··· 133
　　三、钱先生关于宋人学杜诗的见解 ····························· 137
　　四、对宋人"晚唐体"的观察 ····································· 139
　　五、钱先生给出的宋诗体派发展图 ····························· 142
　　六、《容安馆札记》的文献考辨成果 ···························· 144
　　附录：《容安馆札记》卷一第 286 则论左纬 ················· 146

钱锺书先生与宋诗研究
　　——初读《宋诗纪事补正》 ······································ 149
　　一、《宋诗纪事补正》一斑 ······································· 150
　　二、《宋诗选注》的篇目之争 ···································· 152
　　三、《宋诗选注》的工作方法 ···································· 154

钱锺书先生的南宋诗歌发展观 ······································ 156
　　一、钱先生到底有无"理论体系"？ ···························· 156
　　二、《容安馆札记》中具有"坐标点"作用的三则 ············ 159
　　三、《宋诗选注》提供的南宋诗歌发展图景 ·················· 160
　　四、如何钩稽、丰富诗史主线索 ································ 162

关于《宋诗选注》的对话 ·· 165
　　一、日本学者对《宋诗选注》的评价 ··························· 165
　　二、《宋诗选注》的四种"读法" ································· 167
　　三、关于选目的疑问 ··· 172

祝《宋诗选注》走出国门
　　——《宋诗选注》日译本序 ······································ 175

第四辑 《钱锺书手稿集》管窥

《钱锺书手稿集·容安馆札记》"初学记" ……………… 181
  一、垂青一般选本所冷落的诗人 …………………………… 182
  二、电脑检索不能替代对艺术创作奥秘的深刻把握 ……… 184
  三、有学术的人生 …………………………………………… 185
  四、有人生的学术 …………………………………………… 188

解读《钱锺书手稿集·容安馆札记》 ……………………… 190
  一、《容安馆札记》：半成品的学术著作 …………………… 190
  二、《容安馆札记》的特点：私密性与互文性 ……………… 191
  三、不衫不履不头巾 ………………………………………… 199

读《容安馆札记》拾零四则 ………………………………… 201
  一、钱先生与《唐诗选》 ……………………………………… 201
  二、韩愈与古文运动 ………………………………………… 204
  三、杨万里与"诚斋体" ……………………………………… 213
  四、论"江湖派" ……………………………………………… 217

关于《钱锺书手稿集·中文笔记》的对话（存目） ………… 221
  一、钱先生的三种手稿
  二、《手稿集》与钱先生的日常读书生活
  三、钱先生的读书兴趣
  四、寻找《管锥编》续编
  五、精微·会通·自得：钱先生的学术境界

附录一　本书所涉与钱锺书先生相关文献 ······· 222
附录二　本书各章首发一览表 ··············· 225

王水照访谈录

一、求学经历与治学经验 ··············· 231
（一）"三角地"与文学史 ············· 232
（二）大判断与小结裹 ··············· 238
（三）文献整理与专题研究 ··········· 243
（四）学院派与大众化 ··············· 249

二、文学史谈往 ······················· 254
（一）中文系最重要的课程是文学史 ··· 254
（二）文学史与"童子功" ············· 256
（三）学术研究的方法 ··············· 259
（四）"战斗的集体" ················· 262
（五）"无伤大雅"与"勿伤大雅" ······· 265

三、研究"唐宋转型"与当今社会有密切联系 ··· 267
（一）当代的宋代文学研究已经有很大的改观 ······· 268
（二）文言白话之争，首当其冲的就是中国古代文章学 ··· 271
（三）引进一种理论观点应有助加深对本国文学的认识，而不是增加困惑 ··· 274

四、《甲子春秋》与文学所 ··············· 277
（一）从《甲子春秋》谈起 ············· 277

（二）我是"准逍遥派" ································· 280

五、文学所"何其芳时代"杂忆 ························· 282
　（一）何其芳的两个面相 ······························· 282
　（二）文学所的人事格局与何其芳的治所思想 ············· 287
　（三）何其芳与胡风 ································· 291
　（四）文学所的集体项目 ····························· 293
　（五）胡乔木与文学史编纂 ··························· 298

六、作为文学现象的何其芳 ··························· 303
　（一）"何其芳现象" ································ 303
　（二）何其芳心目中的毛主席 ·························· 307
　（三）"衷心感谢他" ································ 312

七、钱锺书与《钱锺书手稿集》 ························· 314
　（一）与钱锺书的交往 ······························· 314
　（二）钱锺书的三种手稿 ····························· 316
　（三）手稿集与钱锺书的日常读书生活 ··················· 318
　（四）钱锺书的读书兴趣 ····························· 320
　（五）私密性与资料取舍背后的深意 ····················· 321
　（六）寻找《管锥编》续编 ···························· 325
　（七）精微・会通・自得：钱锺书的学术境界 ············· 328

八、宋代文学研究的前沿问题 ························· 333
　（一）和《文学遗产》的因缘 ·························· 333
　（二）《新宋学》的复刊 ······························ 336
　（三）宋代文学研究的交叉性课题 ······················ 337

（四）文学与地域 ················ 339
　（五）文学与传播 ················ 342
　（六）学术会议与文学研究 ············ 345
　（七）《宋代文学通论》与宋代文学的历史定位 ···· 351
　（八）《北宋三大文人集团》的修订 ········· 356

九、文章学研究与《历代文话》的编纂 ········· 361
　（一）复旦古代文章学研究书系 ··········· 361
　（二）文话研究方兴未艾 ·············· 364
　（三）《历代文话》的编选标准 ··········· 367
　（四）正确看待新材料 ··············· 371

十、现当代旧体诗词创作及其他 ············· 375
　（一）现当代旧体诗词还在发展 ··········· 375
　（二）余英时与钱穆 ················ 379
　（三）龙榆生与汪伪政府 ·············· 381
　（四）"板凳要坐十年冷" ············· 386

十一、词学研究与词学学科 ··············· 389
　（一）学科意识与词学建构 ············· 389
　（二）时代风气与治词门径 ············· 392
　（三）词学会议与学术风向 ············· 395
　（四）大师印象与群体定位 ············· 401
　（五）突破瓶颈与关注热点 ············· 405
　（六）日本词学与钱学研究 ············· 411

十二、《钱锺书的学术人生》与"钱学"研究 ······ 418
　（一）钱锺书笔带风霜、口含斧钺 ·········· 418

（二）"钱学"有无"体系"之问 ……………………………… 420
（三）《宋诗选注》的"未解之谜" ……………………………… 424

整理后记 ……………………………… 430

王水照主要著述年表 ……………………………… 433

钱锺书的学术人生

自序：走进"钱学"

——兼谈钱锺书与陈寅恪学术交集之意义

今年（2020年）是钱锺书先生诞辰110周年。一位朋友在病中与我通电话，建议我把这些年来所写的有关钱先生的文字汇辑成集，以作纪念。我十分犹豫。我和钱先生相识相交算来共有38年：前18年在北京的中国社会科学院文学研究所，跟随他治学和工作，承他耳提面命，不弃愚钝，对我的成长花费不少心力，他是我学术道路上最重要的引路人；后20年虽分隔京沪两地，仍不时请益，常得教言。值此冥寿之际，理应奉上一瓣心香。然而，自审已经发表的文字，对钱先生的人生经历了解不深，对他的学识涵养、格局眼界更尚未摸到门径，好像一份不合格的作业，如何拿得出手？我曾经主持的国家社会科学基金项目"钱锺书与宋诗研究"，虽已结项却未成书；打算撰作的《钱锺书学术评传》仅只完成第一章，真是愧对先生。但毕竟曾亲炙于先生者，至今日已为数不多，我还是有向年轻学子述说自己感受的冲动，似乎也是一种责任。

本书内容大致包含钱先生其人、其事、其学三项，厘为四辑：第一辑涉及生平经历和日常学者风范，第二辑记述与学术有关的事件，第三、四两辑则关于"钱学"，又大致依《宋诗选注》、《宋诗纪事补正》、《钱锺书手稿集》几部著作为重点展开，尤倾力于《手稿集》的研读，特立专辑，内容均集中在宋代文学，兼及唐代文学。为便于读者阅读，每篇均增设若干小标题，以醒眉目。这一设计希望能使原先零散无序的文章,略具条理性和系统性。各辑分类容有不当,钱先生的人生本来就是有学术的人生,他的学术又与生命息息相关,是不容截然分离的。

这次编集,除了文字的修订外,我新写了此篇《自序》、《读〈容安馆札记〉拾零四则》及两则附记,都是近年来萦绕脑际的问题。衰年作文,既力不从心,又不吐不快,只好期待读者的"了解之同情"了。

有位年轻朋友当面对我说:"你写的有关钱先生文章是'仰视',我们则认为应该用平视的视角。"我欣赏他的直率,更佩服其勇气。我也听懂他话外的意思:一是切勿随意拔高,二是力求叙事真实。这确应引以为戒。我曾作过一次《记忆中的钱先生》的讲座,题目是主办方出的。这个题目,钱先生在世一定不能认可:他既反对别人研究他,又对"记忆"做过调侃:"而一到回忆时,不论是几天还是几十年前,是自己还是旁人的事,想象力忽然丰富得可惊可喜以至可怕。"(《〈写在人生边上〉和〈人·兽·鬼〉重印本序》,《钱锺书集》之《围城 人·兽·鬼》,生活·读书·新知三联书店,2007年)鲁迅也写过回忆性散文,就是《朝花夕拾》。他在《小引》中说:"这十篇就是从记忆中抄出来的,与实际容或有些不同,然而我现在只记得是这样。"鲁迅的"现在只记得是这样",不失为可以践行的一条原则,也不算违背"修辞立其诚"的古训吧。本书所记不少是我亲见亲闻,自信力求真实,即使是传闻之事,也经过一些考查。至于"仰视"云云,则情形比较复杂。我不能花两个星期温一遍《十三经注疏》;不能看过宋人三百多家别集,一一做过笔记;不能读遍明清人别集(钱基博《〈读清人集别录〉小序》中言"余父子集部之学"可与钱大昕史学"后先照映");不能按照图书馆书架一整排一整排地海量阅读;更不能留下多达七十一卷的手稿集……仅此数端,"仰视"视角自然形成。装作"平视"甚或"俯视",不是太不自然了吗?当然,不要因"仰视"而影响论析的客观性、科学性,这是很好的提醒。

早在2006年白露节,一位研究宋代文学卓有成就的朋友给我来信,郑重而认真地对钱先生学问提出全面质疑。信函多达四页,畅所欲言,略无避讳,"自来与兄坦诚相见",令我十分感动。他讲了六点意见,概括起来是两条:一是钱先生只是资料罗列,知识堆积;二是缺乏思想,更无体系,"纵观全部著述,没有系统"。这两条实是互为表里、互证互释的。我一时无力作答,延宕至今,有愧朋友切磋之道。但在我以后所写有关钱先生的文字中,内心始终悬着这两条,循此而与他进行讨论和探索,只是没有明言罢了。这次编集本书时,我踌躇再三,决意全文公布钱先生给我的一封论学书简和两份学术档案,也是为了继续讨论和探索这两个问题。

1984年秋,我应日本东京大学之邀,去该校授课。离国前曾去北京教育部办理手续,并向钱先生话别,谈了一个上午,主要内容一是日本学者的中国学研究,二是关于陈寅恪先生的《柳如是别传》(钱先生对此书做过评注)。他告诫我在外面不必过于谦抑。我到日本后,除授课外,主要精力放在去各大图书馆访书。原以为不会有多大收获,不料偶然见到两种中土久佚而仍存彼邦的我国古籍:一是《东坡先生年谱附眉阳三苏先生年谱》,二是《王荆文公诗李壁注》(朝鲜活字本)。我写信向他汇报,他习惯性地夸奖几句后,即写下一大篇关于不要迷信资料、死于句下的文字,是有关资料与研究辩证关系的极重要的精辟论述,也可以视作对他某种质疑的一次回应。他说:"学问有非资料详备不可者,亦有不必待资料详备而已可立说悟理,以后资料加添不过弟所谓'有如除不尽的小数多添几位'(《宋诗选注·序》)者。"资料是研究学问的前提和基础,这是毋庸置疑的;但不必迷信资料,片面贪多务得,成为资料的奴隶。他接着讲了两个亲历的故事:一是他论述《老子》中神秘主义基本模式,并不"求看"新出土之马王堆汉写本《德道经》;二是参观美国国会图书馆,发出"我亦充满惊奇,惊奇世界上有那么多我所不要看的书"之叹!没有博览群书、海量阅读的底气,这番惊骇现场的豪语就会变成狂言了。"虽戏语,颇有理,告供一笑。"在研究工作中理应详细地占有资料,但切忌买菜求益,唯多是求,这个"理"是严肃认真的。然而,信的末尾,他又笔锋一转,告我新本《谈艺录》即将问世,"偶检存稿",发现"可增删处往往而有",至少论但丁和梅尧臣两处应分别补充意大利人博亚尔多和苏东坡的相关材料。足见念兹在兹,资料是基础和前提这条根本法则是不容动摇的,重要的是实现对资料的自主占有和驾驭。

粗读钱先生的著作,总会感到引证繁复,不免目迷色眩,但细加覆按,他的排列和选择是有内在理路的。《宋诗选注》的注释精博富赡,乃他人不可及之处,却被称为"挖脚跟",实在是种误读。他送给我该书 1962 年再版本,我曾与初版本加以对勘,光是诗例引证一项,至少有三种形式:一是按时代顺序排列,有些平列感;二是从比较中点评各个诗例的特点;三是引例后发表大段议论。尤其是撤换了大量例证,个中原因,实堪玩索。仅举开篇郑文宝《柳枝词》"不管烟波与风雨,载将离恨过江南"两句,他先说此诗很像唐韦庄的《古离别》,但比韦诗"新鲜深细得多了",这是讲承前。接着讲启后:周邦彦《尉迟杯》词是整首改写郑诗,石孝友《玉楼春》把船变为马,王实甫《西厢记》把船变为车,陆娟《代父送人还新安》又把愁和恨变成"春色"。尤其令人寻味的,删去初版苏轼等六个诗例,那些诗例也是披沙拣金、辛苦搜集到的。这只能说明,资料在钱先生手中,是自由挪借、依理驱遣的活材料,而不是死于材料之下,这才是对资料的正确态度。

钱先生说,获取资料是为了"立说悟理",从资料到知识,再到思想和体系,应是研究工作的一般进程。匡亚明先生主编《中国思想家评传丛书》有个重要主张,凡是对人类文化作出杰出贡献的人,必有杰出思想甚或思想体系,因而他不仅收入传统意义上的"思想家",还收入众多旧时只能进入"畴人传"的自然科学方面的杰出人物。他在丛书"总序"中作过深刻的说明。钱先生存世的文化遗产可谓洋洋大观,怎么成了"纵观全部著述,没有系统"的思想碎片的汇集?这是我的困惑和焦虑。我在悼念钱先生的《记忆的碎片》中写道:

> (钱先生)没有给出一个现成的作为独立之"学"的理论体系。然而在他的著作中,精彩纷呈却散见各处,注重于具体文艺事实却莫不"理在事中",只有经过条理化和理论化的认真梳理和概括,才能加深体认和领悟,也才能在更深广的范围内发挥其作用。研读他的著述,人们确实能感受到其中存在着统一的理论、概念、规律和法则,存在着一个互相"打通"、印证生发、充满活泼生机的体系。感受不是科学研究,我无力说个明白。

这段文字写于钱先生逝世后第三天,似乎给我自己定下了一个努力的目标。虽然也作过一些谋划,然而由于主客观条件的限制,大都未能完成,愧悚不已。也曾试图从《宋诗选注》的"四种读法"、由《容安馆札记》梳理钱先生的南宋诗歌发展观、"晚唐体"是把握南宋晚期诗歌风格的核心概念等个别角度展开讨论,都未能从全局上解决问题。

我想可以扩大思路,从多种角度去探讨所谓"体系"问题。这里提出一个钱先生与陈寅恪先生学术思想观点的交集问题,或可从中抽象出一些系统性的问题。

陈先生长钱先生整整二十岁。吴宓先生在清华工字厅提出的"陈钱并称论",其着重点在于极度推重钱氏,若推测当事人的内心反应,陈先生或许一笑了之,而在钱先生那里,则可能颇为微妙。后来学术界逐渐发现两人学术观点多有差异(主要是钱质疑陈),但出于对他们的尊重和礼貌,并未展开讨论。近年来讨论才热烈起来,形成了"陈钱异同论"这个极有学术价值的议题。本来,展开平心静气的学术争辩是正常的现象，大学生时代的钱锺书就富于挑战权威的精神，与周作人关于新文学源流的争论，就是著名的事例。他还在暑期夜晚纳凉时与父亲钱基博先生论争陈澧《东塾读书记》与朱一新《无邪堂答问》的高下问题，父崇陈而子重朱，往复几个回合，最后以陈为经生之书、朱为烈士之作而勉强取得一致（见钱基博《古籍举要序》）。我在复旦大学讲授宋代文学，也戏向学生出个论文题目"当朱老遇到钱老"：朱东润先生推重梅尧臣和陆游，为他俩各贡献了三种著作，钱先生的《谈艺录》等著作却对梅、陆多有苛评，其间的区别大概也有志士和才子不同立场的投影吧。陈先生和钱先生最直接、最根本的不同学术取向，乃是历史学家和文学家的区别。作为历史学家，陈先生观察世上的万事万物都是"历史"，"诗"也是史料，于是"以诗证史"、"诗史互证"成为他倡导并运用成熟的研究范式；钱先生却在"打通"的基础上，强调"史必证实，诗可凿空"、"史蕴诗心"，甚至想写一部哲学家的文学史，由此形成他若干一以贯之的思想原则。

我这次编集本书时，全文收入钱先生给我的两篇审稿意见，一论韦庄、一论唐诗，却不约而同地向陈先生发出质疑，就包含上述内容。

我的《韦庄与他的〈秦妇吟〉》一稿，讨论对象是向迪琮先生所编的《韦庄集》。钱先生说，此书"始托'诗史'之名，借以抬高韦庄"，"抬出与杜'诗史'并称"，韦庄一生"崇奉"杜甫。这里"崇奉"、"抬高"、"诗史"三个关键词，其实都或明或暗地针对陈先生。钱先生明确写道："忆陈寅恪先生秦妇吟笺释即以'浣花名集'为韦崇奉杜之证……同一捕风捉影，文学批评中之'考据'必须更科学，更有分析。"这是迄今所见钱先生第一次点名批评陈氏的文字，且系给《文学评论》编辑部的审稿意见，应属半公开性质的。钱先生对陈氏"崎岖求合"（张载语，见朱熹《诗集传·诗传纲领》）的历史考据方法的非议是不假讳饰的。陈氏《韦庄秦妇吟校笺》（见《寒柳堂集》）中论定《秦妇吟》"为端己平生诸作之冠"，又以"生平之杰构，古今之至文"十字评赏之，可谓

"抬高"之至。而钱先生在《容安馆札记》第789则却又详细指摘此诗艺术上缺失之处,如"支蔓失剪"、"详略失当",结尾"令人闷损"等(参看本书第四辑第三篇《读〈容安馆札记〉拾零四则》),两者对照鲜明。至于"诗史"一语,钱先生从根本上加以摈斥。《管锥编》第四册第1390页云:

> 盖"诗史"成见,塞心梗腹,以为诗道之尊,端仗史势,附合时局,牵合朝政;一切以齐众殊,谓唱叹之永言,莫不寓美刺之微词。远犬吠声,短狐射影,此又学士所乐道优为,而亦非慎思明辨者所敢附和也。学者如醉人,不东倒则西欹,或视文章如罪犯直认之招状,取供定案,或视文章为间谍密递之暗号,射覆索隐。一以其为实言身事,乃一己之本行集经;一以其为曲传时事,乃一代之皮里阳秋。楚齐均失,臧谷两亡,妄言而姑妄听可矣……苟作者自言无是而事或实有,自言有是而事或实无,尔乃吹索钩距,验诚辨诳……专门名家有安身立命于此者,然在谈艺论文,皆出位之思,馀力之行也……康德论致知,开宗明义曰:"知识必自经验始,而不尽自经验出。"此言移施于造艺之赋境构象,亦无伤也。

诗是诗,史是史,两者虽可用以互证,却各有其本质属性,不容混一。于艺术真实和历史真实的区别,大畅其旨,具见钱先生着眼所在。在《宋诗选注·序》中,他又有一段论述:

> "诗史"的看法是个一偏之见,诗是有血有肉的活东西,史诚然是它的骨干,然而假如单凭内容是否在史书上信而有征这一点来判断诗歌的价值,那就仿佛要从爱克司光透视里来鉴定图画家和雕刻家所选择的人体美了。

陈先生是否有对"诗史"的直接论述,待考。但钱先生此处所言,仿佛都有其影子在。陈先生论《长恨歌》,于赐浴华清池那段绝妙好辞,指责时间不合,应在"冬季或春初寒冷之时节",且"其旨在治疗疾病,除寒祛风",而非"消夏逭暑";于"六军"谓数字不合,考当时唐皇室军队实只有四军;于"峨眉山下少人行"句,又谓地理有误,唐明皇未行经该地,但此例尚"不足为乐天深病",算是网开一面;而华清池之长生殿,乃"祀神之斋宫,神道清严,不可阑入儿女猥琐",这就是白居易的"失言"了(均见《元白诗笺证稿》)。钱先生所谈的"吹索钩距,验诚辨诳","专门名家有安身立命于此",用爱克司光透视人体美等语,不免令人联想到陈先生的身影。钱先生批判"诗史"概念,对他与陈先生在诗学观念上的根本分歧,作了深刻的阐述。

这是钱、陈观点交集的第一例。

我在《唐诗选·前言》中,从士族、庶族的社会身份分野,论述唐代进士科"以诗取士",进而探讨唐代一般诗人的社会身份,以及唐诗繁荣原因,都深受陈先生论史的影响。以门阀士族和寒素家族的对立论史,是他史学的基石,近年出版的万绳楠《陈寅恪魏晋南北朝史讲演录》(贵州人民出版社,2007年),全书即以此为中心线索予以论述。在《唐代政治史述论稿》中,陈先生写道:"沈曾植先生之言曰:'唐时牛李两党以科第而分,牛党重科举,李党重门第。'寅恪案:乙盦先生近世通儒,宜有此卓识。"而牛、李两党,其社会身份即各为"庶族新兴阶级"和"门阀世族",牛党所重"科举"即特指进士科,李党所重"门第"即世家大族。陈先生很少在著作中称引当世学者见解而自重,此处乃为特例;且推重为"卓识",无疑也是对己说的自信和自许。对于这个陈先生自以为"卓识"的见解,钱先生却表示异议。他在审稿意见中写道:"……与郑覃事合观(抬出《诗三百篇》来抵制文宗"诗博士"之举),便知仇视'进士'不仅是世家子弟反对选举,还包含着自周、隋以来经学对词章的仇视,即'儒林'对'文苑'的仇视(在宋如道学家之于诗文人,在清为考据家之于词章家,在现代欧美如科学家之于人文学家,所谓"两种文化之争"),此点文中不必详说,但措辞须稍减少简单化,除非能证'明经'派都是贵族世家。韩愈《答殷侍御书》可以一读。殷即殷侑,大经学家——足征'进士'和'经书'是两门学问,但'进士'与'明经'不一定是出[于]两个社会阶层(殷当时已官为侍御)。"在钱先生看来,认同或贬斥进士科之争,不是牛、李两党之争,也不是士族和庶族两个社会阶层之争,而是"两种文化之争",这与陈先生颇异其趣。

陈先生的这个观点在学术界引起过讨论。对于牛党出于庶族、李党出于士族,中外学者多从成员的个案调查结果来加以反驳,如在中山大学任教的岑仲勉先生和日本京都大学的砺波护等。然而,陈先生的见解有其材料的坚实基础和理论上的自足性,不是简单方法就能完全驳倒。他首先说明,"牛李党派之分野在科举与门第"这是个"原则之大概",但"牛李两党既产生于同一时间,而地域又相错杂,则其互受影响,自不能免",牛党可以变李,李党可以为牛,但不影响这个大判断。接着又分析三种复杂情况:一是牛李两党的对立,根本在于山东旧族(华山以东的王、崔、卢、李、郑等士族)与由进士词科进用之新兴阶级两者互不相容。而李唐皇室原属关陇集团,于山东旧族颇有好感,但唐中叶后,其远支宗室地位下降,已大别于一般士族,处于中立地位。二是有的号为山东旧族者,门风废替,家学衰落,此类"破落户"已与新兴阶级同化,无所分别。三是凡牛党或新兴阶级所自称之门阀多不可信。凡此种种,单用实证主义户籍调查式的考辨方法就无济于事了。

钱先生却从"两种文化之争"的角度质疑,可谓另辟蹊径。这是一个颇有历史穿透力的大判断。论述未畅,留下许多未发之覆,可供后辈进一步探讨。钱先生也不是一般地反对文学群体与社会身份相联系,比如对南宋"江湖派",他就提出"江湖诗人之称,流行在《江湖诗集》之前,犹明末之职业山人"(见于给我的信),与江湖派起于陈起编印《江湖诗集》的旧说相左。他认为这是一个"江湖之士以诗驰誉者"(陈振孙《直斋书录解题》)的社会群体,而不是真正意义上的文学诗派(参见本书第四辑第三篇《读〈容安馆札记〉拾零四则》)。说唐代进士问题之争怀疑其存在士族、庶族的社会阶层背景,说江湖诗人却承认此乃一游走江湖的社会群体,在文学与阶层的关系上,一截断,一相联,均反映出钱先生论学的文学本位立场。

这是钱、陈观点交集的第二例。

1978年9月,钱先生在意大利参加欧洲研究中国协会第26次会议,第一次以"不点名而点名"方式公开对陈寅恪先生发出质疑。他说:

> 文学研究是一门严密的学问,在掌握资料时需要精细的考据,但是这种考据不是文学研究的最终目标,不能让它喧宾夺主,代替对作家和作品的阐明、分析和评价。

他接着举例说:

> 譬如解放前有位大学者在讨论白居易《长恨歌》时,花费博学和细心来解答"杨贵妃入宫时是否处女"的问题——一个比"济慈喝什么稀饭"、"普希金抽不抽烟"等西方研究的话柄更无谓的问题。今天很难设想这一类问题的解答再会被认为是严肃的文学研究。(《古典文学研究在现代中国》,《钱锺书集·人生边上的边上》第179页)

话题是杨贵妃宫闱隐秘,批评却是严肃的。参加这次会议的中国代表团,是"四人帮"粉碎后由中国社会科学院首次派往国外的,由副院长许涤新带团,夏鼐、钱锺书、丁伟志为团员(三人后亦任副院长),规格甚高。陈、钱两先生,两度同在清华,却无交往;仅有一次是后来陈先生主动将《元白诗笺证稿》寄赠于钱,而杨贵妃问题恰恰就在此书第一章论《长恨歌》中提出。这表明钱先生并不因私谊而放弃自己的学术理念,旗帜鲜明地向一种研究风气进行挑战。

陈寅恪先生的"诗史互证"法是他运用纯熟、新见迭出、影响深远、广受好评的研究方法,《元白诗笺证稿》即是代表著作。钱先生的"打通"法也是他研究的重要方法,他的诗史互证也获得丰富而精彩的成果。然而,两位同擅"诗史互证"法,其出发点和落脚点及考证风格却大异其趣。钱先生的不满,简言之有二:一是"喧宾夺主",文学是"主",历史考据是"宾",历史考据"不是文学研究的最终目标",不能"代替对作家和作品的阐明、分析和评价"。他在批评中,处处突出以文学为本位的原则。他判定考据杨贵妃入宫事是"无谓的问题",是严格限制在文学范围之内的,连举的两例(济慈喝什么稀饭,普希金抽不抽烟),也是两个文学家的"话柄"。二是"深文周纳","以繁琐为精细"的考证风格。其实早在"文革"中成书的《管锥编》里,已表示对讨论杨贵妃入宫事的厌烦。该书第四册第1227页写道:"闲人忙事,亦如朱彝尊《曝书亭集》卷五五《书〈杨太真外传〉后》、恽敬《大云山房文稿》初集卷一一《驳朱锡鬯〈书杨太真外传后〉》以来之争辩'处子入宫',烟动尘上,呶呶未已。"陶潜因有二子"不同生"诗句,引发争论陶潜私事(有一妻一妾,或丧妻续娶,或为孪生),"推测纷纭";"处子入宫"事与其相提并论,均为"无谓的问题"。此时尚未及陈先生,足见钱先生一贯的贬斥态度。

从陈先生立场来看,此事又当别论。首先,这不是一个伪问题。若放在历史领域中,可能别有意义。正如替陈先生辩护的学者指出,《唐代政治史述论稿》开宗明义即引朱熹之语:"唐源流出于夷狄,故闺门失礼之事不以为异。"因而值得考辨,从中可以窥见"李唐皇室的家风",就是说,在文学领域以外,这就不是"无谓的问题"。这个辩护自有理据。但也必须指出,陈先生本文中并无涉及此点。他认定的性质是"宫闱隐秘",是一场"喜剧"。

其次,从学术史而论,陈先生说,这是"唐史中一重公案"。他细心地梳理正方(主张"处子说")诸家,在杭世骏、章学诚、朱彝尊等人中,认为"朱氏之文为最有根据",其他人不过沿承朱说,因而把朱彝尊作为驳难的主要对象。他的反驳,论证细密,剖析毫芒,长达七八页,足为"非处子说"定谳,"了却此一重考据公案"。

第三,陈先生明言,他辨明朱氏之误,"于白氏之文学无大关涉",表明他非常清楚自己是在文学之外讨论此事。而且实际上与文学亦非毫无关系。令人感到有趣的,是我们文学所的《唐诗选》在注释《长恨歌》"杨家有女初长成"、"一朝选在君王侧"句,有一长注:"开元二十三年,册封为寿王(玄宗的儿子李瑁)妃。二十八年玄宗使她为道士,住太真宫,改名太真。天宝四载册封为贵妃。"这不是陈先生那一大篇考据文章的提要吗?他的考辨成果已被钱先生也参与过的唐诗选本所吸取。再说,我们读李商隐的《龙池》、《骊山有感》等诗,陈先生的成果也会产生文学性效果。"新台之恶"毕竟不符合我国传统悠久的道德标准,朱熹的"不以为异"的说法值得考虑,只是不像唐以后看得那么严重罢了。

这是钱、陈观点交集的第三例。

陈先生《论韩愈》一文(收入《金明馆丛稿初编》)对韩愈的推崇超迈宋儒,世所仅见。他把韩愈定位为"唐代文化学术史上承先启后、转旧为新关捩点之人物",即"结束南北朝相承之旧局面","开启赵宋以降之新局面"。在这个前提下,他高度肯定古文运动:"退之发起光大唐代古文运动,卒开后来赵宋新儒学新古文之文化运动,史证明确,则不容置疑者也。"这里把"唐代古文运动"和"宋代新儒学新古文运动",视作一脉相承的关系,语气决断,"不容置疑"。所谓"新儒学",他又说:"退之首先发见《小戴记》中《大学》一篇,阐明其说,抽象之心性与具体之政治社会组织可以融会无碍,即尽量谈心说性,兼能济世安民,虽相反而实相成,天竺为体,华夏为用,退之于此以奠定后来宋代新儒学之基础。退之固是不世出之人杰,若不受新禅宗之影响,恐亦不克臻此。"这些著名的观点,钱先生均提出异议。

钱先生首先指出韩愈虽标榜"文道合一,以道为主",实际上他的"文"和"道"是"两橛"的,并不等同于"文"必然服从、附庸于"道"。在《中文笔记》第十册中,他举李汉《昌黎先生文集序》说,此文以"文者,贯道之器也"发端,但一路写来,只见李汉光推重韩愈之文而不及其道,所谓"摧陷廓清",也是指文:"先生于文摧陷廓清之功。"最后钱先生说:"皆分明主'文'","可见昌黎为文与学道,分成两橛"。韩愈在"儒学"上并未独立成家。这一观点,在《容安馆札记》中有更详尽的发挥。如第720则云:

> 《进学解》云"抵排异端,攘斥佛老",即《原道》之说也。(方孝孺《逊志斋集》卷十一《答王秀才书》言韩舍《原道》外,无"言圣人之道者"……)然自道其学为文章则云:"下逮《庄》、《骚》,太史所录。"《送孟东野序》又云:"其末也,庄周以其荒唐之词鸣。楚,大国也,其亡也,以屈原鸣。……汉之时,司马迁、相如、扬雄,最其善鸣者也。"合之《送王秀才序》云:"学者必慎其所道。道于杨、墨、老、庄、佛之学,而欲之圣人之道,犹航断港绝潢,以望至于海也。"足征昌黎以"文"与"道"分别为二事,斥庄之道而称庄之文,如《答李翊书》、《送高闲上人序》即出《庄子》机调。

接着,钱先生又分析李汉《昌黎先生文集序》(内容与《中文笔记》所记相似,不赘),最后总结道:

  证之昌黎《答窦秀才书》"专于文学"、《上兵部李侍郎书》"性本好文学"、《与陈给事书》"道不加修,而文日益有名"等语,乃知宋人以昌黎入道统,尊之而实诬之也……近人论韩,更如梦呓矣!

钱先生的有关论述还有很多(参见本书《读〈容安馆札记〉拾零四则》),不赘述。

可以明显看出,钱先生的立论是从文学本位立场出发的。"古文运动"本来是中国文学史中的一个概念,据目前检索到的资料,殆始见于胡适在1927年由北京文化学社出版的《国语文学史》,是书次年改名为《白话文学史》,由上海新月书店出版,风行全国,后出的各类文学史多沿其说,遂成重要研究论题。古文运动是借助于儒学复古旗帜而推行的文体、文风和文学语言的革新运动,还是如陈先生所言,是新儒学新古文的文化运动,这是根本认识上的歧异。

陈先生的《论韩愈》发表于1954年《历史研究》,是他在新中国成立后最早问世的少数重要史论之一,论文高屋建瓴,议论纵横,大气包举,透露出学术自信与自负。仅如"天竺为体,华夏为用"的提法,就与通常所说"中学为体,西学为用"不同,似有深意存焉。高深学问常常易于被人误解,我们后辈实不宜对陈、钱二位宗师说些不知深浅之语。事实上,目前不少学者研究唐宋古文运动,还在沿承陈先生的路数,强调其思想史方面的性质。问题应是开放性而非终结性的。

这是钱、陈观点交集的第四例。

钱、陈观点交集中,也有相反相成,或可互补互融的一面。兹举对杜甫"欲往城南望城北"句的不同解释为例。

陈先生在《元白诗笺证稿》中,论《卖炭翁》"回车叱牛牵向北"句时,从长安城市建置特点,即"市在南而宫在北"出发,认为杜甫此句"望城北"亦指望皇宫,意谓诗人"虽欲归家,而犹回望宫阙为言,隐示其眷念迟回,不忘君国之本意"。

　　文学研究所《唐诗选》杜甫部分是我注释的,当年曾把此句作为"难点"提出集体讨论。我总结讨论意见,最后写道:"望城北"有三种说法:"一说'肃宗行宫灵武在长安之北……望着城北,表示对唐军盼望之切';一说'唐代皇宫在城北,回望城北,表示对故国的眷念';一说'望即向,望城北即向城北之意'。"结论是:"后一说较妥。当时作者百感交集,忧愤如焚,一时间懵懵懂懂地走反了方向,于情理或更切合。"第二说就是陈寅恪先生的意见,第一说解为盼望在灵武的肃宗与唐军,实际上与陈氏同一思路,把诗意引向对"故园"、"唐军"的期盼,突出杜甫"每饭不忘君"的意义。第三说只从"情理上"揣摩诗人其时之心理状态,或许与诗意更贴切些。这主要是吸取钱先生在讨论会上的意见。后来他在《管锥编》第三册第988页中却有更深入的发挥。他说:"杜疾走街巷,身亲足践,事境危迫,衷曲惶乱。"并引五条书证:张衡《西京赋》所谓"丧精亡魂,失归忘趋";胡仔《苕溪渔隐丛话》前集引王安石集杜句;陆游《老学庵笔记》卷七"言皇惑不记孰为南北也";《敦煌掇琐》之《女人百岁篇》"出门唤北却来东";李复《兵馈行》"一身去住两茫然,欲向南归却望北","即本杜句"。并拈出"向"以与"望"为互文,"望"可作"向"解。

　　一位是着眼于安史之乱、国破家亡、皇权失坠的记忆,"每饭不忘君"的杜甫思想定位等历史因子;一位是超越于特定的历史时空,而聚焦于文学是人学,对一般人情、人性的熨帖,注重于诗性的因子。两说各有所长,但仍体现出不同的学术趋向。

　　我们注释《唐诗选》时,遇到存在异说而需下断语时,常用"某说是"、"某说较胜"、"两说并存"三种形式。我在注释杜甫此句时的按语是第三说"于情理或更切合",来表示倾向于钱先生之说,但也承认陈先生说"可备一说"。白居易"回车叱牛牵向北"之"北",指涉是确定的,确指皇宫,因该篇主旨乃"苦宫市也";但杜诗此句的"北",没有足够的证据径断为皇宫方位。然而反过来说,也同样无充足证据断其为非。综合两说,可以扩大对诗歌的理解空间,所谓"诗无达诂"有其正当性。

这是钱、陈观点交集的第五例。

以上五例,观点歧异,泾渭分明,都有钱先生的文字为依据(我不取耳食之言,甚至不取面谈之语),表明陈、钱两位论学旨趣的差别。钱先生也是主张"打通"的,他说过:"吾辈穷气尽力,欲使小说、诗歌、戏剧,与哲学、历史、社会学等为一家。参禅贵活,为学知止。"(《谈艺录》第 352 页)所说五例,论韦庄、论杨贵妃入宫、论杜诗三例属于"诗史互证",论韩愈、论门第排斥进士科,则各与哲学、社会学有关,借用钱先生自己的话来概括其旨趣和方法,就是他在《宋诗选注·序》中的一段论述:

> 文学创作的真实不等于历史考订的事实,因此不能机械地把考据来测验文学作品的真实,恰像不能天真地靠文学作品来供给历史的事实。历史考据只扣住表面的迹象,这正是它的克己的美德,要不然它就丧失了谨严,算不得考据,或者变成不安本分、遇事生风的考据,所谓穿凿附会;而文学创作可以深挖事物的隐藏的本质,曲传人物的未吐露的心理,否则它就没有尽它的艺术的责任,抛弃了它的创造的职权。考订只断定已然,而艺术可以想象当然和测度所以然。在这个意义上,我们不妨说诗歌、小说、戏剧比史书来得高明。

这是对文学研究与历史考订区别的说明,其精神也同样适用于文学与哲学、文学与社会学研究。文学是"人学",必然与各个学科发生关联,因而,单纯地从文学到文学的研究路线是不足取的,必须同时进行交叉学科的研究,但最重要的,必须坚持文学的本位,文学始终是出发点和最终目标,坚持文学—文化—文学的路线,不能让其他学科代替文学研究本身,这是贯穿钱锺书先生全部著述的一个"系统",对当前我国古代文学研究界,更有着特别迫切的启示作用。

序言末尾照例要表达感谢之意。除了前面所说的三位朋友外,还得提到我的学生们,费心劳力校核了全书,尤其是《钱锺书手稿集》的校对难度颇大;他们都有"弟子服其劳"的精神,我就不一一列名了。承蒙中华书局接受本书出版,备加关注,责任编辑郭时羽女士为此书花费很多精力,克服新冠疫情期间的种种不便,一并在此表示言轻意重的谢忱。

王水照
2020 年 6 月

第一辑　历史与记忆中的钱锺书先生

记忆的碎片
——缅怀钱锺书先生

1998年12月20日晚,从电视上获知钱先生辞世的消息。尽管先生缠绵病榻已四经寒暑,还是感到突然,痛惜万分。当晚与杨绛先生身边的同事通了电话,告我先生走得安详平静,又觉一丝安慰。又听说了他的遗嘱:"遗体只要两三个亲友送送,不举行任何仪式,恳辞花篮花圈,不留骨灰。"我问最后一句的具体含义,得到的回答是:明天下午火化后,我们就回家。与其他人的骨灰混在一起深埋地下。我愕然无语。这在钱先生,或许是精神的超越与升华,人生境界的大完成;而我却未能免俗,不禁悲从中来。

灯下,默默地翻出他的赠书、照片、信函、审改文稿的手迹,乃至送我而已被我用旧的手套等等,真想不到,这些物品顷刻之间已成了遗物遗著遗墨!先生已鹤化西去,不留痕迹(后知从停止呼吸到火化完毕,全过程为57个小时),但留下了巨大的精神财富,还留给我们后辈不尽的思念。

一、不敢以弟子自称

1960年我大学毕业后分配到中国社会科学院(时称中国科学院哲学社会科学部)文学研究所,才见到钱先生。那时所里为每位初来的研究人员指派一位导师,我的导师就是钱先生。但他始终不认我这个学生。记得1984年我出版第一部论文集《唐宋文学论集》时,请他为我题签,并真心实意地感谢他多年来的教导之恩。他很快寄来了题签,信里却说:"吾友明通之识,缜密之学,如孙悟空所谓自家会的,老夫何与焉。""明通之识,缜密之学",当不得真,他对后辈往往奖饰溢量,这我心里有数;而说"自家会的",则更不真实。后来见面时,我也大胆地打趣说:"师生关系有'文'为证,当年我的进修计划和您的审批意见俱在,白纸黑字。"他哈哈大笑:"给你写的题签,特地盖上我的印章,已经表示咱们的交情了。"嗣后赐函,就称"贤弟",但不久又"贤友"、"吾兄"、"学人"混称了。然而,我从不敢在他人面前自称是他的学生,原因很简单:不配。

面前的一张纸片也许可作"证据"。还在河南明港干校时,一次军宣队主持开大会,我恰与他坐在一起偷偷交谈"开小差"。那时正好毛泽东对严复所译《天演论》有个批示,我们总算多了一本允许阅读的书。严译中有"京垓年岁之中,每每员舆……"的句子,我对严复用"京垓"代亿万,用"员舆"代地球的用法表示疑问,并问他对严译的评价(有传闻说他对严译也如对林译一样评价很高),随手写在这张纸上向他请益。他认为,此种代字法,"好为艰深之辞以文浅易",不足为训,并一口气写了唐徐彦伯以"虹户"代"龙门"、以"篠骖"代"竹马",宋欧阳修讽刺宋祁撰《唐书》法为"宵寐匪祯,札闼洪庥"(代"夜梦不祥,书门大吉"),扬雄以"蠢迪检柙"代"动由规矩"等三四个例子,振笔直遂,欲罢不能,若不是反面是军宣队要我办事的介绍信(我那时是仓库保管员),可能还会"演示"下去。他写完最后一句"如君所举皆此类也",不无得意地把纸片塞给我,而我却顿觉自己的贫乏和无知。何谓有学问,此即无言之教。

和钱先生最初接触,惊服于他的才情横溢,锋芒毕露,尊敬之中敬畏成分为多。时间长了,只觉他胸无城府,表里澄澈,有时竟表现出孩提般的赤诚。面对年轻后辈更充满呵护、提携之情。我手边的《宋诗选注》是他赠送的。他在扉页上写道:"水照不肯购此书,而力向余索之。余坚不与，至重印时始以自存一册赠之，皆悭吝人也。然而水照尤甚于余矣，一笑。"这一"自存本"上有他的不少改笔，我一下子明白了它的分量。他的戏笑之语洋溢着深挚的师弟情谊，更蕴涵着热切的期待。此时此刻，摩挲此书，油然联想起苏轼悼念文同之文为什么要多载与文同"畴昔戏笑之言"了。苏轼的往日之"笑"，也是此时"废卷而哭失声"之"哭"，且比"哭"更深一层。我也谨记先生"畴昔戏笑之言"以哭先生！

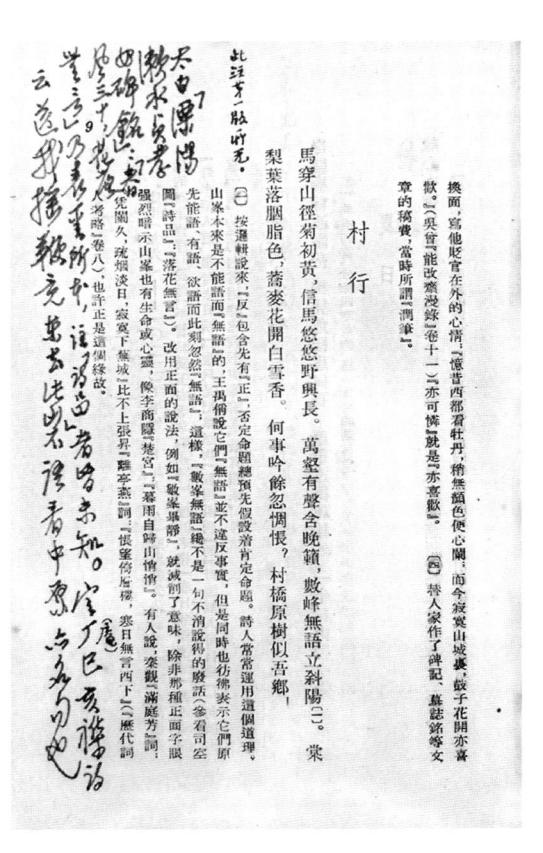

钱先生赠本书作者的"自存本"《宋诗选注》上的改笔

二、学术领域绝不通融马虎

钱先生和我日常相处亲切厚待,无拘无束,但一到学术领域却严肃不苟,绝不通融马虎。我还保留两份手迹,是对我两篇文章的审读意见。对我所写的《唐诗选·前言》,记得他在小信纸上密密麻麻地写了六七张,但我一时尚未翻检出来;对我另一篇文章的意见,他写了一千多字,则在眼前。他首先肯定此文"有新见,能分析细致,文笔亦明洁",但接着作了严厉的批评。那是一篇驳论文字,他指出我所论难的题目本身并不存在:"欲擒故纵,欲破先立,虽见心思,而不免系铃解铃之病。"反驳的论题,纯是为了展开自己的见解而虚拟的,"由作者造成"的。这个批评中肯而尖锐。然后他为我设想了改写的具体方案。最后还有一行字:"以上是四月五日写的,其他意见琐细,于四月十日与水照同志面谈了。"遗憾的是这些所谓"琐细"而实不"琐细"的意见,我现在已完全记不起来了。但治学必应严谨老实的教诲,却终生不会也不敢忘记。

日本博士生内山精也君来复旦大学留学期间,曾有幸造访过先生。回校后,他又提了有关《宋诗选注》的十三个问题,请先生指点。钱先生一一作了批答。其认真细致的态度,可与鲁迅先生批答增田涉所提日译《中国小说史略》的问题前后辉映。比如关于柳开的字,有"绍元"、"绍先"两说。先生批云:"'绍元'、'绍先'记载各异。我采'绍先',因'先'包含柳宗元是祖宗的意思,而'元'字犯了祖宗名讳,等于直呼祖名了",作出明确而圆满的结论。关于《宋诗选注》的选目,钱先生已经说过:"由于种种缘因,我以为可选的诗往往不能选进去,而我以为不必选的诗倒选进去了。"内山君进一步追问:如果现在重新编选的话,钱先生"要选什么样的作品"? 钱先生批云:"说来话长;又事隔数十年,懒于更提了。请原谅。"胡适评《宋诗选注》,极口称赞其注和评,但对选目则有所保留;海内外的一些书评对此也有微辞,我曾对"种种缘因"作过一点解释。现不敢自秘,顺将先生晚年的这段话叙出,宋诗研究者或许更愿闻知。毕竟《宋诗选注》已是宋诗学研究中的一部名著,有关种种背景材料均甚重要。钱先生未把要"说"的"话"留下来,我们仍可从他遗存的著述中(包括《围城》中小说人物的谈论),对他的宋诗观进行深入的探讨。

三、与青年学子平等论学

钱先生是举世公认的大学者,但又谦逊宽容,具有海不择流、有容乃大的宽广襟怀。他与不少素不相识的后生晚辈进行完全平等的学术交流,真正实现了"在学术面前人人平等"的原则。不妨举几个我所知道的例子。王安石《重游草堂寺次韵三首》其一云:"鹤有思颙意,鹰无变遁心。"上句用周颙鹤事,没有什么疑义;下句用支遁鹰事,就有些纠葛。李壁注云:"支遁好养鹰马而不乘放,人或讥之,遁曰:贫道爱其神骏耳。"钱先生《谈艺录》指出:李注未言所引何书。他于是广征文献,大都只言支遁养马而未道及养鹰之事;且指出"神骏"只能形容"马"而不能形容"鹰",言"鹰"则习用"俊"字。但当年尚属年轻学子的刘永翔先生,向他提供一条材料:李注原文出于晋许恂集,见于唐许嵩《建康实录》所引。钱先生获知后大喜过望,"珠船忽获,疑冰大涣",并进而博引书证,推断许恂集当时即流行不广,致使唐初以来人们但知支遁好马而未及养鹰,把此事原委分疏得更为清晰。钱先生不仅数次致书刘君,褒奖、感谢兼并,而且特在1987年《谈艺录》增订本补正中,标出刘君大名,"以志勿忘所自"(《钱锺书致刘永翔三通》,收入《现代作家书信集珍》,汉语大词典出版社,1999年)。前辈虚怀若谷的风范确是感人肺腑。我有次突接先生来函,要我转告日本留学生内山精也君,因他们在日译《宋诗选注》,说此书还有一处须改,原来安徽一青年向先生提出,书中赵汝鐩生卒年原作"未详",实可据刘克庄《刑部赵郎中墓志铭》补出。他指示日译本中一定也要申明此乃该君"告知"。《管锥编》增订本中此类例子多多。长者不掩人善的坦荡胸怀,更令人仰羡不已。

钱先生对后辈的呵护、提携和奖勉并不仅仅着眼于某一个人,实是对整个民族学术文化传薪的期待。他晚年常常自叹"老年炳烛馀明,著书愈不易",而把满腔热情投注于后辈晚生:"年事方壮,如日中天,不朽事业,有厚望焉。"这可以视作他对我们晚辈学子的学术嘱托。我们这一代人的责任不轻。

四、拒绝为他立传的背后

对学术文化的传承和弘扬光大,当然应包括"钱学"即"钱锺书研究"在内。不论钱先生在或不在,他的论著和创作仍会流传下去,他所创造的文化世界也将影响久远。但钱先生生前一再"诚诚恳恳地"奉劝别人不要研究他:一是反对写他的传记;二是反对建立"钱学"或"钱学体系"。但他的意见别人无法遵奉,因为要研究中国现代文化的特征及其走向,已无法绕过这座"文化昆仑"。然而,先生的这两条意见,并不是一般的谦虚,而是包含颇深的学理和对人情世态的洞察的。

学人传记也是一种研究方式,自然也要传达出传主个人的性格色彩。钱先生是位有鲜明个性特点的学者,"钱教授的风趣"就是如此。他才富思锐,辩才无碍,表里如一,不自掩饰。这有时不免开罪于人,更多时候会在传闻过程中发生增生或变异,谣传更是屡见不鲜的。钱先生的褒贬人,言词容或锐利,存心却是坦然磊落的。即如近来引起议论的他与吴宓先生的关系,其实并没有发生什么严重的问题,钱先生的《吴宓日记序》、杨先生的文章已经说得清清楚楚。当年吴宓先生看到钱先生的拟投稿件(最后也未正式发表),确实引起过不快,曾告诉好友贺麟先生,"麟谓钱未为知宓,但亦言之有理云云"。"言之有理",这至少是对钱先生文章的一种毫无偏袒的当下反映。尤其是嗣后吴先生仍"大度包容,式好如初"。他积极向有关校方推介钱先生,听到一些有损于钱先生的言论,他感到"殊无公平爱才之意,不觉慨然","皆妾妇之道也,为之感伤",甚至欲把钱先生"荐为浙大外文系主任,宓则往为教授"。他又几次借读李赋宁先生所记钱先生的授课讲义《当代小说》、《文艺复兴时期的文学》,"甚佩"、"亦佳"、"并甚佩服",赞不绝口。这些都是《吴宓日记》中的明确记载。直至新中国建立后,吴先生往访钱、杨先生于北京寓所,"三人灯下娓娓话家常,谈体己,乐也融融"。事情的原委本末并不复杂。经历或闻见过近几十年来种种人整人运动的我辈后人,对于前代长辈之间人际交往关系的理解,对于他们文化性格中所承受的中国文化人传统影响的理解,有时存有隔阂,未达一间。"矫傅会之恶习,而具了解之同情",陈寅恪先生指出的这一治学态度,诚为切要。

钱先生的风趣,如果从语言智慧的自然展现和文化性格的多姿多态来理解,或许能接触到一些有意义的底蕴。他总是妙语如珠,滚滚而来。写信向他祝寿,他说:"'祝寿'可以'促寿','延年'能使'厌年',此又物极必反之理也。"他自叹近况:"谢客而客愈多,谢事而事不减。"他辞谢招收研究生当助手:"不是助手,而是助脚。"不愿差遣跑腿,误人子弟。安慰他病会痊愈,他答道:"白香山诗云:'病与乐天相伴住。'"应允接待晤谈,"以结文字因缘,亦杜甫所谓'蓬门今始为君开'也"。此以古代诗句为典实,有时则用洋典。他要赠书给我而出版社一再拖延,他写道:"西班牙旧日万事拖延,号称 mañana 人(Tomorrower),今则此尊号宜上于中国人矣。"这些都是随机生发,信口说出,摇笔自来,我揣摩可能是他的自我愉悦之道,营造一种于人于己都轻松愉快的生存环境。随着社会环境的日益宽松,文人个性的自由发展,但愿我们能与拘谨自闭、呆滞木讷、语言乏味、面目可憎告别,我们就有可能更理解钱先生了。若用一种非学术的异样眼光来"研究",恐非"钱学"研究之幸。

五、"钱学"、理论体系与学术走向世界

钱先生的名作《读〈拉奥孔〉》原发表于《文学评论》,后收入《旧文四篇》时特地加了一节引言,强调片段资料的重要性,有时它能"说出了益人神智的精湛见解",而"许多严密周全的哲学系统经不起历史的推排消蚀,在整体上都已垮塌了"。这是很深刻的见解。陈寅恪先生也说过,今人所著的有些中国哲学史,"其言论愈有条理统系,则去古人学说之真相愈远",意思是一致的。这就是钱先生拒绝或谢绝建立"钱学"和"钱学体系"的缘由,也是他的主要学术著作大都采取读书札记(《管锥编》)、诗话(《谈艺录》)、选本(《宋诗选注》)等传统著述体裁的缘由之一。因而他一再说,"我有兴趣的是具体的文艺鉴赏和评判"(《中国诗与中国画》,见《旧文四篇》,上海古籍出版社,1979年),而没有给出一个现成的作为独立之"学"的理论体系。然而在他的著作中,精彩纷呈却散见各处,注重于具体文艺事实却莫不"理在事中",只有经过条理化和理论化的认真梳理与概括,才能加深体认和领悟,也才能在更深广的范围内发挥其作用。研读他的著述,人们确实能感受到其中存在着统一的理论、概念、规律和法则,存在着一个互相"打通"、印证生发、充满活泼生机的体系。感受不是科学研究,我无力说个明白。好在钱先生在《读〈拉奥孔〉》的同一段文字中说过:"自发的简单见解正是自觉的周密理论的根本。"在他的数量惊人的"具体的文艺鉴赏和评判"中是可以抽象出"自觉的周密理论"的。因此,"钱学"研究的重点或中心点不能不是从其学术著作中努力阐发其义蕴,寻绎其本身固有的"自觉的周密理论"。这是一项需

花大力气进行的严肃困难的科学工作,但于我们后辈学人完全值得。

说"值得",是因为它在当前具有重大的特殊意义。钱先生博古通今、学贯中西的治学特点最符合当今学术文化的历史走向。在"全球一体化"趋势日益高涨之际,学术文化已展示出新一轮的中外互融互补的灿烂前景。在这个时刻失去钱先生,是令人格外痛惜的。谨再举一例。有次他来信告诉我:"上周有法人来访,颇称拙著中《老子》数篇,以为前人无如弟之捉住《老子》中神秘主义基本模式者。因问弟何以未提及马王堆出土之汉写本《德道经》,弟答以'未看亦未求看',反问曰:'君必细看过,且亦必对照过 Lanciotti 君意文译本,是否有资神秘主义思想上之新发现?'渠笑曰:'绝无。'"他写这段话,是教育我治学虽必以材料为基础,却又切忌死于材料下。实际上他当然掌握马王堆本,且"对照过"意文译本,胸有成竹,才能如此反诘。在当今中国,要实现"让世界了解中国,中国了解世界"的目标,钱先生是与西方作"文化对话"的最有资格的代表,这段与法国学者对话的小插曲,可以当做一种象征。

先生走了,我真诚地希望对他的研究能进一步健康发展,产生出一批与他的博大精深相称的研究著作。这是对先生的最好纪念。

1998 年 12 月 23 日

附:钱锺书先生致本书作者函(1984 年 12 月 22 日)

水照贤友教席:

东游前承枉顾取别,锡以多珍,愧喜交并。弟不能赠君以车,又未暇赠君以言(如送别序、送行诗等),殊乖古谊,内疚至今。急景催春,又将换季,敬祝吾友岁鳌年祥,道光文富!

顷奉长函,忻悉幽讨穷探,发未尽之藏,读未见之书,真不虚此行,尤足使彼辈自惭眼不见睫也。尊注坡选,早已研读,精实不特超出所睹此类选注难以道里计,抑且不可与此类较短长。盖此类充其量不过教本之良，尊著则卓然优入著作之林，成一家之学。小川士解先生叹赏，殊为具眼，亦征月旦之公。日人阴薄吾国"汉学"，弟告兄以彼土于两先生讲学后来信内容，即是一例。然人苦不自知，其著作中之稚浅迂谬（不仅"支那学"，于西洋文哲学亦然），正复贻笑通人者不少。

　　学问有非资料详备不可者，亦有不必待资料详备而已可立说悟理，以后资料加添不过弟所谓"有如除不尽的小数多添几位"者。上周有法人来访，颇称拙著中《老子》数篇，以为前人无如弟之捉住《老子》中神秘主义基本模式者。因问弟何以未提及马王堆出土之汉写本《德道经》，弟答以"未看亦未求看"，反问曰："君必细看过，且亦必对照过 Lanciotti[一]君意文译本，是否有资神秘主义思想上之新发现？"渠笑曰："绝无。"弟因告以五年前访美时，参观国会图书馆，馆中有司导观其藏书库，傲然有得色，同游诸公均啧啧惊叹，弟默不言，有司问弟，弟忍俊不禁，对曰："我亦充满惊奇，惊奇世界上有那么多我所不要看的书！"主者愕然，旋即大笑曰："这是钱教授的风趣了！"虽戏语，颇有理，告供一笑。

　　上月我应读者要求，将《旧文四篇》大改订一下，又将《也是集》（香港出版，内地不能销售）中白话论文三篇合并一集，本欲授本院出版社印行，而魏同贤同志热情难却，仍交上海。兄明年返国，当可问世，必呈教也。《谈艺录》新本大约元旦后出书。上周偶检存稿，即见可增删处往往而有，如开卷山谷诗注中引但丁写观画时于无声中闻声，更可补稍后于但丁之 Boiardo[二] 诗咏此明白易晓；引梅圣俞论诗语，更可补东坡柳子厚诗跋中语（涵义稍狭而词同），等等。老年炳烛馀明，著书愈不易，兄年方壮，如日中天，不朽事业，有厚望焉。奉复。

　　即颂

旅绥！

钱锺书上 二十二日夜
杨绛同候

整理者注：

［一］Lanciotti，即意大利汉学家兰侨蒂（Lionello Lanciotti，生于1925年），历任罗马大学、威尼斯大学、那不勒斯大学中文教授，《东方与西方》杂志联合主编，研究领域为中国古代文学、哲学、宗教，论著与翻译作品颇丰。

［二］Boiardo，即意大利诗人博亚尔多（Matteo Maria Boiardo，1441—1494），代表作品为传奇叙事诗《热恋的罗兰》，另有抒情诗集《歌集》传世。

钱锺书先生的闲谈风度

从 1960 年到 1978 年,我在中国社会科学院文学研究所古代文学组工作,又具体分在唐宋段,即受钱先生的亲切指导。在编写《中国文学史》和《唐诗选》的两项集体工作中,更多次获得耳提面命的机会。编写《唐诗选》时,有个"疑难杂症"的"会诊"会,由我先把大家在注释中遇到的一些难点,整理印发,大约每两周讨论一次,这时钱先生谈辩锋出,纵横无碍。也在这个时期,我在他的干面胡同寓所有过多次长谈。他喜欢在房间里边走边高声谈话:有时为自己的善譬妙喻爽朗大笑;有时逼近我的面前,提个问题考考,如果我偶尔能答上一二,他就不无揶揄地夸说几句;有时取出他的读书笔记本说上一番。他的读书笔记本也颇与众不同,满页密密麻麻,不留天地,一无空隙,但他一翻即能找到所需之处。每次谈话,总是整整一个下午,直到不能不告辞的时候。这些讨论和谈话,我在当时都有记录或事后的追记,还查核过他在谈话中提及的典籍,可惜在浩劫中被我自己销毁了,具体内容尚待追索。但可以说,从他的这些日常谈话中,我才稍稍窥探到中国学术文化深邃浩瀚的境界,才领悟到一些真切的艺术底蕴。

一、别样的考题:"用不着什么准备,准备也没有用"

钱先生谈艺衡文,活而不空,融而不玄,听者常能得到一般课堂教学中所得不到的启迪。他对文学作品的"鉴赏和评判",着重于对艺术审美的真正把握。20世纪60年代初,他第一次招收研究生,我的一位北大同学打算报考,托我问他应该阅读哪些参考书。他回答说:"用不着什么准备,准备也没有用。"后来我们在帮他评卷时,才发现这样一些试题:试卷上抄录了若干首无主名的诗作,要求辨认出它们是学习唐宋哪些大家的风格;抄录了白居易的一首代表作,要求指出其中有否败笔,为什么是败笔,等等。这些题目的难度或许偏高,却是对考生艺术分析能力的真正测验。答卷中居然有人大谈白居易那首诗的思想特点一二三、艺术成就甲乙丙的,很可能紧张之中没有看清题目,就按流行的试题套式作答了。

钱先生的随意闲聊更充满这种耐人寻味揣摩的东西。比如我曾研究过韦庄《秦妇吟》,他就说:此诗长达1666字,为现存唐诗之最,结尾仅说"愿君举棹东复东,咏此长歌献相公",是不是缺乏与全诗相称的艺术力量?中国长篇叙事诗的结尾似乎好的不多。崔颢的名作《黄鹤楼》,既说"晴川历历",又说"烟波江上",如何理解?韩愈的《原道》与明清的八股文之间有否暗脉相通之处,又是为什么,等等。这些篇章,常习不察,突被点醒,够我好好思索钻研一番的了。

二、从闲谈中感受才情横溢、妙语连珠的快意

从钱锺书先生的闲聊中,似乎可以捉摸出一些他的艺术思维的路数和特点,再来读他的著作,对其中开启心扉、点拨心灵之处有时会获得冥契神会的乐趣。

《宋诗选注》与《管锥编》、《谈艺录》等著作,虽有白话和文言之别,但都具有点到即止、高度浓缩、"蕴而不发、发而不尽"的特点,需要我们寻找多方面的参照系来加深领会和理解。钱先生的日常谈话

实在是不可多得的启发比照资料。我于1984年至1986年间在日本东京大学任教，有次应爱知大学之邀去作学术报告。替我翻译的荒川清秀先生对我说："1980年秋钱先生曾在我校作了一次即兴式的讲演，还留下手稿。"我知道钱先生访美时，不喜作有事先准备的讲演，而是用一口标准的"牛津英语"当场答难解疑，举座惊服。他精通数国语言，唯独不谙日语，这次只好写稿供翻译之用。我就请荒川先生复印一份给我，并说："如果我早知道钱先生来演讲过，我就不敢来献丑了。"手稿一共有五页，三页用的是东京新大谷饭店的笺纸，另两页则是名古屋饭店的。在异国他乡，读着熟悉的挥洒飞舞的手迹，如亲謦欬，我不仅想象到他旅途倥偬、振笔直遂的情景，更感受到他日常谈话时那种才情横溢、妙语连珠的快意。就连礼节性的开场白也不同一般："……先生们出的题目是《粉碎"四人帮"以后中国的文学情况》，这是一个好题目，好题目应当产生好文章；但是这篇好文章应当由日本学者来写。中国老话说'旁观者清，当局者迷'，又说'不识庐山真面目，只缘身在此山中'，西洋人说'A spectator sees most of the game'，贵国一定也有相似的话。……我个人还有一个很大的不利条件。我对日本语文是瞎子、聋子兼哑巴，因此今天全靠我这位新朋友荒川清秀先生来做我的救苦救难的天使，而诸位先生都是精通中国语文的。所以我对中国文学现状的无知，诸位一目了然；而诸位对中国文学现状的熟悉，我两眼漆黑。用十九世纪英国大诗人兼批评家S.T.Coleridge（柯勒律治）的话来说，各位有knowledge of my ignorance，而我只是有ignorance of your knowledge，诸位对我的无所知有所知，而我对诸位的所知一无所知……"亦庄亦谐，而又有一股英迈凌厉之势。这篇《粉碎"四人帮"以后中国的文学情况》经我整理，已收入《钱锺书集》之《人生边上的边上》，由生活·读书·新知三联书店于2007年出版。在这之前不久，他曾在东京早稻田大学作过一次演讲《诗可以怨》（已收入《七缀集》，生活·读书·新知三联书店,2007年),开头也有一段"客套话",讲了不懂号码锁、又没有开撬工具去发现知识宝库的"穷光棍",讲了自称发明了雨伞、孤陋寡闻的意大利"土包子",妙趣横生,新颖生动。两次开场白皆表自谦之意,但用语和设譬竟毫不雷同。读到这种地方,我往往想起他的著作。例如《宋诗选注》讲苏轼用"博喻"之妙:"一连串把五花八门的形象来表达一件事物的一个方面或一种状态。这种描写和衬托的方法仿佛是采用了旧小说里讲的'车轮战法',连一接二地搞得那件事物应接不暇,本相毕现,降伏在诗人的笔下……"(《宋诗选注》,人民文学出版社,1963年)或许可以说,只有像钱先生这样的才具,才能如此深刻地理解苏轼的"博喻",并用生花妙笔加以精辟的表述。他的客套的"普通话"实不"普通"。他的日常谈吐实在也是一种艺术创造。我们在文学研究所时,平常如遇到可恨可恼或可喜可慰的事情,却又苦于无法表达时,同事间总会说:"如果钱先生在,一定又会有几句妙语来勾勒了!"

三、"世界上有那么多我所不要看的书"

钱先生平生不藏书。他的旧寓中只有一只书柜,几部外文工具书外,大都是他父亲钱基博先生遗留的珍贵典籍文献。但他却无书不读,从经史子集到稗官野史、小说笔记、佛藏道书、方志舆地,无不采择。他似不专攻古典小说,但在访美的一次座谈会上,有位研究生以论《平妖传》的毕业论文请教,他便与之讨论书中的几个人物形象的评价;他读《西游记》竟至十多遍。他读"破"过几部英文辞典;他读马克思、恩格斯以及黑格尔,用的是德文原著。"文化大革命"前,他常去文学所书库找书、借书,新分配来所的大学生如在书库中碰上他,往往能听到他的现场介绍,历历如数家珍。文学所藏书颇丰,他可能是书后借书卡上签名最多的一位。他读书速度之快,掌握要点之准,实为罕见。有次他对我说:"最近我花了两个星期,把十三经全部温了一遍,又发现好些好东西。"接着就滔滔不绝地讲他的"发现"。读得快正由于读得熟、读得精。

文学所的年轻同志中间流行过一句话:何其芳同志的理论素养+钱先生的丰富知识=治学的最高目标。现在仔细想来,这话对两位都是一种误解。对钱先生的误解是双重的。他博览群书,却又看"透"资料,绝不迷信书籍。他给我的信中说:"学问有非资料详备不可者,亦有不必待资料详备而已可立说悟理,以后资料加添不过弟所谓'有如除不尽的小数多添几位'者。"他在访问美国国会图书馆时,"馆中有司导观其藏书库,傲然有得色,同游诸公均啧啧惊叹,弟默不言,有司问弟,弟忍俊不禁,对曰:'我亦充满惊奇,惊奇世界上有那么多我所不要看的书!'主者愕然,旋即大笑曰:'这是钱教授的风趣了!'虽戏语,颇有理,告供一笑"。他实现了以我为主的对资料的真正"占有"。

四、"百种禽鸟鸣叫各自的音调"与新不废旧

更重要的,钱先生不屑于脱离具体的文学事实去建构庞大的理论"体系",但他通过对具体文学事实的"鉴赏和评判",已经多方面地揭示出实实在在的、牢确不移的艺术规律,理在事中,体大精深,形成了自己独特的美学理论体系。有次陈子展先生对我说:老一辈学者中只有两位美学家,其一即是钱先生。在研究方法上,他也融会百家而自成一家。在上述爱知大学的演讲中,他就提倡文学研究的多样性和多元化。他在随口介绍德国、意大利、荷兰三种论述研究方法的著作(他们都重视马克思主义的研究方法)以后说:"我也希望,不久的将来,中国文学研究里也会出现这些派别,造成另一种百家争鸣的

局面。百种禽鸟鸣叫各自的音调,而不是同种的一百头禽鸟比赛同一音调的嗓子谁高谁低。"

他还指出,人文科学和自然科学有一点不同:自然科学里,一种新学说的成立和流行,旧学说往往被取而代之,只保存历史上的价值;在人文科学里,至少在文学里,新理论新作品的产生,并不意味着旧理论旧作品的死亡和抛弃。有了杜甫,并不意味着屈原的过时;有了巴尔扎克,并不意味着塞万提斯的丧失价值;甚至有了反小说,并不表示过去的小说已经反掉。易卜生不是莎士比亚的替人,只是他的新伴侣,正像欧内斯库(按:法国荒诞派戏剧家)不是易卜生的篡夺者,而也是他的新伴侣,也就是莎士比亚的新伴侣。在文学研究方法上也是这样,法国的'新批评派'并不能淘汰掉美国的"新批评派",有了什克洛夫斯基(按:俄国形式主义文论家)并不意味着亚里士多德的消灭。正好像家里新生了一个可爱的小娃娃,他的诞生并不同时等于老爷爷老奶奶的寿终(《粉碎"四人帮"以后中国的文学情况》)。他认为各种有价值的流派,"完全可以同时共存,和平竞赛"。他还指出外国的"古老的时新货物"(这是迪斯瑞尔利小说中一家旧货铺子的招牌中的句子),在中国变成了"时新的古老货物"的现象,但又精辟地指出这种现象可能是一种"必然经过的阶段"。这些话是在1980年秋天说的,他的文学思考是与我们时代同步的,甚至是超前的。因此,尽管《宋诗选注》是部"普及性读本",《谈艺录》、《管锥编》更是采取我国传统"诗话"、"札记"的著述体裁,文字典雅朴奥,却完全是现代人对整个学术文化,特别是文学艺术的理论思考。

一位熟悉钱先生的学者说过,钱先生可能会有一种特殊的"孤独感",因为很少有人能与他处于同一水平、可以相互酣畅地对谈,很多场合下是单向的施受而不是双向的交流。杨绛先生也说过,她父亲和钱先生在诗文上有同好,有许多共同的语言,常用一种"精致典雅"的风格说些俏皮话,相与笑乐。我觉得这些观察都很深刻,颇堪玩索。当然,钱先生的日常谈话风格也是多样的,因人而异;但咳唾珠玉,都映射出钱先生整个学识、人格的光彩。功夫在"书"外,联系钱先生的学识、人格来读《宋诗选注》等著作,可能是最重要的一种"读法"。

钱锺书先生参与《毛泽东选集》英译过程点滴

英译《毛泽东选集》(以下简称《毛选》)是新中国成立初期的一次重要的译事活动,因其特殊的政治性质和当时的保密制度,至今仍显得神秘莫测。钱锺书先生是参加时间最长、用力最勤、且最受倚重的译者之一,但他的具体工作情况亦不为外人所知。汤晏的《一代才子钱锺书》对史实搜讨详尽、查证严谨,是目前可信程度较高的一部"钱传",而于钱先生此段经历却付之阙如。钱先生平日健谈无饰,对此事却三缄其口。只是有次听他发感慨道:从事文字工作,最容易的是编写大部头书,洋洋洒洒,易掺水分;其次是论文,自应要有新观点、新材料,但若有自己尚未弄懂的问题,尽可按下不表;再其次是注释,字字句句都得追究,万一遇到拦路虎,还可以不注或径作"不详"、"待考",一般也是容许的;最难的是翻译,就连一个字都逃不过去了,用他在《林纾的翻译》(见《旧文四篇》)中的表述,是"原作里没有一个字可以滑溜过去,没有一处困难躲闪得了"。当时听他这番议论,我立刻联想到其中恐有他参加《毛选》英译的甘苦体会在内。这一著作、论文、注释、翻译的难易次序,虽是一时戏笑之言,却包含一定的道理,恰与目前流行的学术评价标准相反,至今不少地方古籍整理、注释和译介等是不算"成果"的。

钱先生在 1955 年填写的中国作家协会会员表中说:"自 1950 年 7 月起至去年(1954)2 月皆全部从事《毛泽东选集》英译工作(现在尚

部分从事此项工作),故无暇及其他活动。"又据杨绛先生《我们仨》记载,钱先生于1949年8月"到清华工作一年后,调任《毛选》翻译委员会的工作",而"于1954年底告一段落",又"于1958年参加翻译《毛选》的定稿工作"。钱先生后来还曾参加《毛泽东诗词》英译工作,几段经历加起来花去了多年时间,实是无法抹去的人生历程,也是重要的学术活动。以前只断断续续听到一些"故事":如他指出《毛选》原稿说孙悟空钻进牛魔王的腹中有误(《一个极其重要的政策》一文),应为铁扇公主,从而使《毛选》正文避免了一次疏误;又如他译"吃一堑,长一智"为"A fall in pit is a gain in wit",使有的英译专家"拍案叫绝"(绿原《几次和钱锺书先生萍水相逢》,载《新文学史料》2002年第3期)。有些传闻也饶有兴味,如《七律·到韶山》"红旗卷起农奴戟,黑手高悬霸主鞭"中的"黑手",究竟是地主之手,镇压农民运动,还是农奴之手,夺取地主武装,据说英译组也有争论。他们还把有些疑难问题直接向毛主席请示,但总得不到批复。总之有关英译情况,至今只见到程镇球《〈毛选〉英译回忆片断——纪念毛泽东一百周年诞辰》(载《中国翻译》1993年第6期)等少许篇章,才露出冰山一角,期待有更详细的资料能予披露。

一、《毛选》英译本出版过程

《毛选》英译工作是由中宣部《毛选》英译委员会(后称英译室)负责的,主持人是徐永煐。在他百岁诞辰之际,其子女编辑印行了一部纪念文集,披露了不少珍贵资料,可以大致勾稽出其工作进程和概况,点点滴滴的遗闻逸事更映照出当年历史情貌,值得推介。

《毛选》的编辑,据说是毛主席访苏时,斯大林向他提出的建议。其前三卷的英译工作与中文版《毛选》同步完成,时在1950年至1953年。参加翻译和审订的有钱锺书、金岳霖、王佐良、郑儒箴、浦寿昌等。译稿完成后交英共中央，1954 年由英国 Lawrence&Wishart 出版社出版了《毛泽东选集》前三卷的英文版。国内前三卷的中文版，则分别出版于 1951 年、1952 年、1953 年，时间稍前。这个英国出版的英译版本被称为"初版稿"。围绕这个"初版稿"，与英共之间颇有一些周折。在出版前，1954 年 3 月 29 日，时任英共总书记的波立特给中共中央来信，提出他们准备将《战争和战略问题》(《毛选》第二卷)一文的第一、第二两节从英译本中删去。5 月，中共中宣部起草了给波立特的复信稿，认为可以同意波立特的意见。这封复信稿送中央审阅时，受到毛泽东的批评。他在 8 月 13 日给陆定一的信中直截了当地指出："中宣部在这个问题上犯了错误——同意英国党的错误提议——应当注意。"同月，由中联部重新替中央起草了复波立特的信，明确表示不同意删去该文的头两节内容，"因为毛泽东同志在该文件中所说到的原则，是马列主义的普遍真理，并不因为国际形势变化，而须要作什么修正"。以上情况均见《建国以来毛泽东文稿》第四册，《关于不同意英译本〈毛泽东选集〉第二卷所作删节的批语》一文及注释，中央文献出版社 1990 年公开出版，颇易寻读。《战争和战略问题》开篇即云："革命的中心任务和最高形式是武装夺取政权，是战争解决问题。这个马克思列宁主义的革命原则是普遍地对的，不论在中国在外国，一概都是对的。"第二节中又提出"枪杆子里面出政权"的著名论断。而波立特的来信引述他们的"纲领"——《英国到社会主义之路》，认为"鉴于变化了的国际形势，苏联夺取政权的方式并不适用于英国"。经历过 1960 年代了解国际共产主义运动的人们，很容易发现这是往后"反修"斗争的前兆。

"初版稿"出版后，在 1954 年至 1960 年间，又由一位英共作家主持了对"初版稿"的修改，其修改稿被称为"旧改稿"。应这位英共作家之邀，钱锺书参加了修改审订，徐永煐、浦寿昌曾参加部分工作。至于为什么要修改，据绿原先生说："不料过了些时，却听说外文局的英国专家史平浩(Spring hall),或称'春堂先生',竟对这个译本(指英国初版本)提出了批评,说是'译的太雅了,我们伦敦码头工人读不懂'。"绿原当时在中宣部国际宣传处工作,与"《毛选》英译室"同在堂子胡同的一所大宅院内办公,一起用餐,与钱先生有"同桌之雅达半年之久",故而知闻。此"旧改稿"后没有正式出版。

然后在1960年至1965年,由中央联络部重新组织对《毛选》前三卷的审订修改,最后由外文出版社出版,始有国内出版的英译本。

以上是《毛选》前三卷英译工作的大致情况。至于第四卷的英译,据前引程镇球的回忆,他在1960年夏参加仍由徐永煐主持的第四卷英译工作,同时参加的有杨承芳、陈龙、吴景荣、方巨成、于宝榘、郑儒箴、赵一鹤等。为译稿作润色的有外国友人马尼娅(Manya Reiss)与柯弗兰(Frank Coe)等。工作地点在万寿路十八所。初稿完成后,又由章汉夫组织审定,地点在东交民巷十五号宾馆,至1961年春全部完成并出版。因而就国内出版而言,《毛选》第四卷英译本比之前三卷英译本提前面世,这是一个颇有意味的现象。

二、钱先生承担的工作

《毛选》英译分为翻译和定稿两个工作程序,钱锺书先生没有参加第四卷的翻译工作,但也作过"润色"。程镇球文中说:"钱(锺书)五十年代初即参加过《毛选》前三卷的英译定稿工作,亦曾为《毛选》第四卷英译文进行过润色。徐永煐一直对他很倚重。"徐永煐写于1962年3月的《关于英译〈毛选〉稿再次修改问题》的请示报告,提出对前三卷"英译旧改稿"的修改工作,"建议由程镇球、SOL(即 Sol Adler,中文名爱德勒)、钱锺书三人,组成咨询小组,专责整理历次修改建议"。在介绍钱锺书时,他写道:"(钱)汉文英文却都很好,特别是始终地和全面地参加了初版稿和旧改稿的工作。文学研究所现在让他每星期在翻译组工作两天。他只能参加一部分稿子的校改。又因为陷于会议，更不能发挥全面和深思熟虑的作用。……如果把这三个人摆到一起，担任全面地、细致地衡量性的工作，则能收政治和技术、英文和汉文、旧人和新人的结合的效果。"钱先生大概是作为"技术"、"旧人"的一方被"结合"进去的；至于"英文汉文"兼擅于一身，比之程、SOL 两位似更具优势；而"始终地和全面地参加了初版稿和旧改稿的工作"，则是无人可比了。可见钱先生在整个翻译工作中的地位和作用，也难怪绿原先生在文章中称他"是英译室的主持人"了。

这次译事活动不仅英译高手云集（大都是老清华学生），中外专家齐聚，而且其要求之严、标准之高，均是罕见的。徐永煐说："上星期我参加一次审稿会议，一下午完成了英文四百字。"如果能把当年他们字斟句酌、一丝不苟的事例整理出来，一定是份不可多得的英语教材。"五湖四海"这个成语，英语中没有相应说法，后来译成 We hail from all corners of the country，就是经过反复斟酌的。又如"本本主义"的译法，定稿时有人觉得难以找到贴切译文，主张造一新词 Bookism，经过讨论，提出两种译法，即 Bookism 和 Book Worship，各述理由供上面抉择，最后由毛主席亲自决定用 Book Worship（据程镇球文）。这些一鳞半爪的事例反映出翻译工作的严细和对精确性的追求。

三、与徐永煐先生的交往

徐永煐生于 1902 年，长于钱先生八岁；1916 年考入清华，1924 年毕业，早于钱氏九年，为其学长。1927 年入党，他是清华学生中第一批共产党员之一，长期在外交部工作，后任外交部顾问，因病半休，1968 年辞世。

他与钱先生正是在《毛选》英译工作中，切磋琢磨，相互"较真"，结下深厚的友谊，成了莫逆之交。有次徐永煐生病住院，他的亲戚前去探望，适钱先生亦在座，听他俩在讨论《纪念白求恩》结尾问题："一个高尚的人，一个纯粹的人，一个有道德的人，一个脱离了低级趣味的人，一个有益于人民的人。"钱云：这前四种人，直译成英文，不容易有差别。而徐仍坚持直译，相互反复讨论。徐永煐也并不一概主张直译，如对"力争上游"一词，在英语里，没有"上游"比"下游"好的意思，徐认为不妨用短语 aim high 来译"力争上游"，指往高处射箭，于中文原意较合。对工作殚精竭虑的共同态度促使他俩的友情日臻深挚。

徐永煐是位学者型的官员。他在 1962 年以《翻译的共同认识》为题，写了一篇三万多字的大文章，系统总结由《毛选》英译而引发的翻译理论与实践问题。该文包括"理论认识"和"具体认识"两部分，其"理论认识"部分，又以《论翻译的矛盾统一》为题，公开发表于《外语教学与研究》刊物，惜"具体认识"部分，现尚未见。在公开发表的这篇文字中，他用"矛盾统一"的观点和方法，来论述翻译的性质和标准。他指出："翻译不是表达译者本人的思想，而是译者用一种语言（归宿语言）来表达原作者用另一种语言（出发语言）表达的思想"，"翻译过程里的矛盾便是表达同一思想的两个面对面的语言的矛盾，便是归宿语言和出发语言之间的矛盾"。他还提到："不懂出发语言而精通归宿语言的译者，最显著的例子是林琴南。林琴南介绍西洋文艺的功绩是不可磨灭的，不过，他的翻译方法是不足为训的。"

这篇文章当时就"油印好了请大家研究"，"供大家讨论"（徐永煐《关于英译〈毛选〉稿再次修改问题》，1962 年 3 月），钱先生必已寓目并参与"讨论"；他于 1963 年 3 月写成的《林纾的翻译》一文，对此也有所回应。

《林纾的翻译》，初刊于《文学研究集刊》第一册，1964 年 6 月由人民文学出版社出版,后收入《旧文四篇》,1979年由上海古籍出版社出版。此文主要讨论翻译的功能作用、理想目标和实践困惑,以"媒"("诱")、"化"、"讹"三者展开论述,重点也在"讹"的不可避免性。译事活动是"从一种文字出发,积寸累尺地度越那许多距离,安稳到达另一种文字里,这是很艰辛的历程","译文总有失真和走样的地方,在意义或口吻上违背或不尽贴合原文,那就是'讹'"。钱先生在注文中说:维耐与达勃而耐合著《英法文风格比较》(1958),"称原作的语言为'出发的语言'(langue de départ)、译本的语言为'到达的语言'(langue d'arrivée)。徐永煐同志《论翻译的矛盾统一》(《外语教学与研究》1963年第1期)也分为'出发语言'和'归宿语言'。这比英美习称的'来源语言'(source language)和'目标语言'(target language)似乎在比喻上更配合"。我们注意到钱先生在新中国成立后的论著中,一般很少称引健在学人的文章,此处特引徐永煐文为证,是个较少见的例外。至于他对林纾翻译的评价,更是对徐文观点的拓展和深化。

徐永煐的长子徐庆东《父亲琐忆》中的一则趣闻,近日我第一次读到,深深为之感动:

> 有一次,钱叔叔来家里和父亲聊了一天,天色已晚,起身回家。我跟父亲母亲送他。出门的过程中,两人谈话始终不辍。那天下着大雪,他们站在雪地里聊,好像有说不完的话。母亲看快到吃饭的时间,就跑回家拿了棵白菜给钱叔叔(困难时期,大白菜是细菜),钱把白菜往腋下一夹,就走了。一小时后,杨绛阿姨打来电话,问母亲是不是给了钱锺书一棵白菜。原来,钱叔叔回家后,杨绛阿姨发现他夹着白菜,问是哪儿来的,回答说不知道。

他俩之间真"有说不完的话",遗憾的是后人已不明具体内容了。

这篇回忆文章又说:"他们谈话内容很丰富,天南地北。记得有一次,他们聊宋代诗人王安石的诗句'春风又绿江南岸'。父亲说,把'绿'字当动词用,王安石不是第一人,从前就有人这样用过。钱叔叔很以为然,回去查了一下,在他的《宋诗选》注释里,加上了这个意思。"《宋诗选注》的确举过丘为、李白、常建的诗例,说明"绿"字用法在唐诗中"早见而亦屡见",然后提了五个问题:

> 王安石的反复修改是忘记了唐人的诗句而白费心力呢?还是明知道这些诗句而有心立异呢?他的选定"绿"字是跟唐人暗合呢?是最后想起了唐人诗句而欣然沿用呢?还是自觉不能出奇制胜,终于向唐人认输呢?

这一连串的问题,倒颇似当年他俩交谈的口吻,很有现场感,姑且作这样的胡猜乱测,来弥补现场了解上的缺失吧。

杨绛先生说:钱先生"在徐永煐同志领导下工作多年,从信赖的部下成为要好的朋友"(《我们仨》,生活·读书·新知三联书店,2003年),是对他俩关系的确切表述。

钱锺书先生横遭青蝇之玷

多年前,读到谢泳先生的一篇短文《钱锺书与清华"间谍案"》(载《新文学史料》2003年第4期),勾起四五十年前沉甸甸的历史记忆,引发对上一代知识分子的生存环境的思索。往事确实无法如烟,不会随风飘灭,事情的"有"、"无"和事理的是非,不能回避。

谢泳先生的文章披露了一份重要的材料,即高等教育部关于北京大学的调查报告,文件名为《北京大学典型调查材料》。1956年初,中共中央召开知识分子问题会议,这份"调查材料"就是会议参考资料之一。它对当时北大的知识分子作了分类排队,钱先生被明确列入"反动教授"。第一条"罪证"就是指控钱氏与所谓间谍案有关。《调查材料》说:"反动的:一般是政治历史复杂并一贯散布反动言论。如文学研究所钱锺书在解放前与美国间谍特务李克关系密切。"文学研究所当时仅是北大的"附设单位",原是由政务院文教委员会决定成立的,在业务上并不受北大直接领导,但《调查材料》仍不放过他这个"编外"人员。"间谍"、"特务"所干的是窃取机密、阴谋煽动甚至杀人放火等等勾当,钱先生怎么会与这种人"关系密切"呢?

一、不愿去父母之邦

我在文学研究所工作时,曾看过《两个美国间谍的自述》一书(群众出版社,1958年)。此书由李克(Allyn Rickett)、李又安(Adele

Rickett)合著。他夫妇俩曾因"间谍罪"被人民政府逮捕,后得到释放,故原书名为 *Prisoners of Liberation*。书中记述人物,一律用化名,但仍能找出一些蛛丝马迹。如第34页讲到在1950年暮春,他们请清华的两对教授夫妇吃饭,其中的"赵先生"讲起"现代诗"问题:"你说是'现代'诗吗?哼……我认为还不如说是'绝代'诗倒更恰当些。五十年以后就不会有人再听到这些东西了。"用这种语言修辞机智来表达思想,"现代"、"绝代",正是钱先生的习惯,正如他婉谢别人"祝寿"是"促寿"、"延年"是"厌年"一样。说完后作者李克在下面又添了一句:"他那一口训练有素的牛津口音更加衬托了他对中国新起诗人的鄙视。""训练有素的牛津口音"一语更可坐实"赵先生"之为钱先生了。1979年,钱先生访美时,他的一口标准的"牛津英语"就给当地人士留下深刻印象,夏志清等人都曾叙及。

在这次家宴中,李克又问起"赵先生":牛津大学过去两年来一直在请他去任教,他是不是会接受他们的邀请。"赵先生慢慢地摇了摇头说:'不,我不打算接受,我虽不完全同意吴先生(按,指同宴的另一位客人)的说法,但这儿还是我的祖国,这儿正在发生巨大的变化,我还是留在这儿做自己的一份事情好。'"这使我们马上想起邹文海在《忆钱锺书》(见《文化昆仑:钱锺书其人其文》,人民文学出版社,1999年)中说到,在1948年先是香港大学聘请钱先生,"其后牛津大学又约他去任 reader",邹氏曾催促他成行,未果。李克的这段叙述正好照应了钱先生不应邹氏促驾之举。这是我读到的钱先生对易代之际去留问题表态的最早一段珍贵材料,掷地有声,感人至深。

追问一批"高知"在解放前夕的去留问题及其背后所蕴含的政治、文化意义,时有文章见诸报端,例如陈寅恪先生为何留在大陆,惜无陈先生本人的说明。钱先生不同,除了此处对李克的回答以外,杨绛先生在《干校六记》中也写到她和钱先生在菜园窝棚前的一段对话:

> 我问:"你悔不悔当初留下不走?"
> 他说:"时光倒流,我还是老样。"

这不是故作豪言壮语,而是代表了一代"老知识分子"的心声。杨先生在致《一代才子钱锺书》(上海人民出版社,2005年)一书作者汤晏的信中也说道:"钱锺书不愿去父母之邦,有几个原因。一个重要的原因是他深爱祖国的语言——他的 mother tongue,他不愿用外文创作。假如他不得已而只能寄居国外,他首先就得谋求合适的职业来维持生计。他必需付出大部分时间保住职业,以图生存。凭他的才学,他准会挤出时间,配合职业,用外文写出几本有关中外文化的著作。但是《百合心》是不会写下去了,《槐聚诗存》也没有了,《宋诗选注》也没有了,《管锥编》也没有了。"这封信写于2001年10月,着重从民族语言角度来解释"不愿去父母之邦"的一个原因。到了2003年出版的《我们仨》中,杨先生再一次重申:"我们如要逃跑,不是无路可走。可是一个人在紧要关头,决定他何去何从的,也许总是他最基本的感情。我们从不唱爱国调。非但不唱,还不爱听。但我们不愿逃跑,只是不愿去父母之邦,撇不开自家人。"

上述四处关于"留在大陆"的自释文字,以与李克对答的时间最早(1950年),说明半个多世纪以来,历尽劫波,"我们是文化人,爱祖国的文化,爱祖国的文字,爱祖国的语言"的痴心不变。有人统计旧《观察》撰稿人中(钱先生也是其中之一),几乎所有人都有条件在解放前夕离去,但绝大多数毅然留下,这就不单是个行止的抉择问题,而是这批虽受欧风美雨熏陶的所谓"民主个人主义者",尽管与共产党的关系或亲或疏,但都具有强烈的爱国心和深厚的民族感情,跟这片神州大地有着难以割舍的精神纽带(当然选择离去的也不一定不爱国)。

二、与李克、李又安夫妇的关系

李克夫妇的"间谍案",是新中国成立初期第一批美籍间谍案之一,有关档案卷宗至今未能查阅。《两个美国间谍的自述》一书虽多用化名,但由隶属公安部的群众出版社出版,所记内容基本可信。另一部《建国初期北京反间谍大案纪实》,2006年由中国社会科学出版社出版,其中的《新中国"大墙"内的一对美国间谍》亦述此事件,作者朱振才虽运用了一些报告文学的写作手法,但他系公安干部,并自称"从事北京反间谍斗争史料的征集和研究工作,更全面地了解了建国初期北京反间谍斗争的全貌"(见该书《写在前面的话》),故其记述可供参考。李克、李又安夫妇于1948年10月来到中国,据《人民日报》1955年2月28日载,李又安"以清华大学英文讲师身份为掩护,解放前后从事搜集有关学生爱国运动、人民解放军围城部队、土地改革、抗美援朝等情报",她"被判处有期徒刑三年六个月",于2月27日"刑期已满",释放回国。同年九月,李克也被"遣送出境",《人民日报》(1955年9月22日)刊载了他对香港记者"用中文写成的书面谈话",在文中,他承认自己"是一个间谍",曾向北京的美国领事馆提供过情报,直到1950年领事馆闭馆撤离。在1951年被捕后,他深刻认识到"我不应该到别的人的国家去想强迫他们接受我喜欢的社会制度",并在最后说他"原来被判决六年,因为受了中国人民的宽大,我被提前释放而且在遣返的过程中,受到最大的照顾"。其后,李克夫妇1974年11月、1980年春先后两次以"文化友人"的身份重访中国。

钱先生是1949年8月从上海举家到清华大学任教的,《调查材料》说他"在解放前与美国间谍特务李克关系密切","解放前"云云,显然错误;"关系密切"也夸大其辞。李克在清华交游广泛,与许多教授往来。论关系的深浅,恐怕要推冯友兰最为密切。李克来华,出于他的老师德克·卜德(Derk Bodde)的推介,卜德是冯友兰《中国哲学史》最早的英译者,他当时也在北京,1949年冬返回美国。李克是从"冯博士"处获知他平安抵家的消息,还在给卜德的信中特别报告了"冯博士"的近况。卜德后来成为美国汉学摆脱欧洲汉学影响、以求独立发展的代表性学者。论交往频率,朱德熙则是李克的私人汉语老师,每周讲授两次;李克每周听许维遹的课,课后切磋甚密。李克研究《管子》,1985年普林斯顿大学出版了他的专著,在序言中对清华、北大一大批教授的指导和帮助表示感谢,钱先生仅是其中之一。应该说,钱先生跟李克的关系,与其他同事一样,都在正常学人交往和学术交流的范围内,只是在当年抗美援朝的时代,在全国一片反对美帝国主义的浪潮中,被赋予了严重的意义。因此,事过境迁,人们并不讳言这种交往关系。比如杨绛先生在20世纪七八十年代仍与李又安有过联系。她在《回忆我的父亲》中说到,为了核实她的父亲杨荫杭先生早年在美国宾夕法尼亚大学的硕士论文《日本商法》一事,"写信给美国友人宾夕法尼亚大学的李又安(Adele Rickett)教授,托她找找有没有这本书(按,即《日本商法》)。据她回信,锺书一点也没记错。那本书一找就见,在法学图书馆"。并在1985年出版《回忆两篇》而写的《前言》里又特意向李又安致谢。

三、匪夷所思的诬告

《调查材料》另一条骇人听闻的"罪状"是"污蔑"《毛选》,杨先生在《干校六记》、《丙午丁未年纪事》、《我们仨》中都反复叙明此事。《调查材料》称:"1952年他在《毛选》英译委员会时,有人建议他把《毛选》拿回家去翻译,他说:'这样肮脏的东西拿回家去,把空气都搞脏了。'"到"文革"时,这明显属于"炮打"的"现反"材料,性质严重。文学所的同事都心知肚明,这不是真实的。不说别的,"语气就不像","钱某要说这话,一定还说得俏皮些"。试想当时是重视保密的环境,能否把《毛选》英译资料随便带回家(其中不少文稿还是未定稿,中文版《毛选》尚未公开出版)？他们在城内堂子胡同办公,钱先生其时住在西郊北大中关村,携带是否安全？再说那时每家每户都有毛泽东著作,怎能设想拒绝毛著进门的家庭？凡此种种,可谓破绽百出。我还可以补充亲历的事情。1967年夏,"文革"运动进入"解放"干部阶段。文学所古代组初步讨论决定第一批"解放"钱先生等四人"下楼",但要做好调查工作。大概在五月份,先根据所内原人事部门同事提供的线索,展开外调。虽在特殊时期,这次外调还是颇为认真的。外文出版社先后去了两次,找了叶君健等四位先生(叶与钱一起参加过毛泽东诗词英译工作)。他们异口同声地说钱先生当时工作认真负责,帮助解决了不少译事上的难题,也从未听说过此类"大不敬"之语。叶先生说得更干脆:"钱锺书决不能说这种话。"甚至找到原举报人,也矢口否认。那年8月1日向全所大会报告了调查结果,对此事的结论是四个字:"查无实据。"全所各组分别讨论,一致同意钱等四位"下楼";8月2日起他们就参加"革命群众"的学习了。

最近读到时任《毛选》英译委员会主任徐永煐的一份向上级写的报告——《关于英译〈毛选〉稿再次修改问题》(1962年),其中说:"我建议由程镇球、SOL、钱锺书三人,组成咨询小组,专责整理历次修改建议,与初版稿和旧改稿对照,并且提出抉择意见",再供上级领导裁夺。他还说钱锺书"汉文英文却都很好,特别是始终地和全面地参加了初版稿和旧改稿的工作"。这里提到的 SOL 是英国专家爱德勒,程镇球也是翻译组的领导。程在《〈毛选〉英译回忆片断》(载《中国翻译》1993年6期)中,也提到"新增加的定稿组成员有钱锺书","钱五十年代初即参加过《毛选》前三卷的英译定稿工作,亦曾为《毛选》第四卷英译文进行过润色。徐永煐一直对他很倚重"。徐永煐1924年毕业于清华,大钱氏八岁,为其学长。他们两人在工作中切磋琢磨、相互"较真",成了莫逆之交。

  我在上一篇《钱锺书先生参与〈毛泽东选集〉英译过程点滴》(原载《悦读MOOK》第五卷,2007年11月,二十一世纪出版社)中,曾不惮辞费地引用当事人的材料,尽可能真实地还原当年那个翻译群体的敬业精神及上下协调的工作环境,因为任何人的一言一行都与具体环境密切相关,互为因果。如果钱先生参加英译工作是不情愿甚或是抵触的,作为主持人的徐永煐还会这么"倚重"他并进而成为无话不谈的知己吗?

  《调查材料》又说钱先生"污蔑《毛选》文字不通",这大概是指钱先生讲"孙猴儿从来未钻入牛魔王腹中"一类问题(见《毛选》第三卷《一个极其重要的政策》,原稿将"铁扇公主"误为"牛魔王"),实不足再辩。我相信钱先生当时是以求真求实的善意态度来对待《毛选》文字的疵病的。

  还有一条"罪状"是"在上海美军俱乐部演讲一次"。乍一听也是颇为吓人的,钱先生似为"美军"传授什么军事谋略。不妨查一查这次演讲的时间、背景和内容。好在这次演讲稿曾公开刊登在《大公报》综合第十九、二十期,时间是1945年12月26、27日。演讲的时间在同年的12月6日。题目是《谈中国诗》,在1997年出版的《钱锺书散文》中一查即得。当时正值抗日战争胜利后不久,"美军"是中国的同盟军,《毛选》中也屡称为"盟邦人士"。内容又纯系学术问题,唯一涉及时政的一处是:钱先生讲到第一首译成中文的西洋近代诗是美国人的《人生颂》,但这首诗曾先由英国人译成中国散文,再由中国人写成七绝组诗,于是他随机生发地说:"所以远在ABC国家军事同盟之前,文艺女神早借一首小诗把中国人美国人英国人联络在一起了。"①能从这次演讲中嗅出什么"反动"气味吗?

---

① 此段中外文学因缘,后来他用英语写成《汉译第一首英语诗〈人生颂〉及有关二三事》长文,中译改定本可见浙江文艺出版社1997年版《钱锺书散文》和生活·读书·新知三联书店2007年版《钱锺书集》。

《调查材料》还提到"曾见过蒋匪"。《我们仨》中说过,抗战胜利后,钱先生曾兼中央图书馆英文总纂等工作,"每月要到南京汇报工作"。"一次他老早就回来了,我喜出望外。他说:'今天晚宴,要和"极峰"(蒋介石)握手,我趁早溜回来了。'"与陈寅恪先生一样,蒋某人实在难入他们的法眼。至于《调查材料》所说的"当揭发胡风反革命集团第二批材料时,他说'胡风问题是宗派主义问题,他与周扬有矛盾,最后把胡风搞下去了'等等反动言论",时至今日胡风冤案大白于天下之际,就不用多说了。

1956年是中国社会发展的重要一年,农业、手工业、工商业三大改造基本完成,要"跑步进入社会主义"。此年1月中共中央召开的知识分子问题会议,由周恩来代表中共中央作《关于知识分子问题的报告》,主题词是知识分子的绝大部分"已经成为国家工作人员,已经为社会主义服务,已经是工人阶级的一部分"。毛泽东在最后一天(1月20日)也作了讲话,认为当务之急是展开"技术革命,也叫文化革命"(这个"文化革命"与十年后的那个"史无前例"的"文化大革命"就大不相同了),并第一次提出了"多快好省"的口号(原话是:"我们要把社会主义事业办得又多、又快、又好、又省。")。随后又有陆定一的"双百方针"报告,又有"向科学进军"的口号,知识分子们普遍感到自己的"春天"到了。但如钱、杨二先生仍受到《调查材料》的困扰,直至"文革"结束后才彻底洗清冤屈,摆脱困扰。没想到多年后在这个问题上仍有不同的解读,故有辨明的必要。

谢泳短文披露后不久,《新文学史料》编辑部曾在该刊2004年第一期上刊《说明》,称:"编辑部收到文学研究所一公函,来函指出:'材料(即谢泳文所披露的调查材料)中所列举的全部所谓"问题",钱锺书先生所在的中国科学院文学研究所,早在上个世纪五十年代已一一调查清楚,做了结论。'认为此说'纯属空穴来风,查无实据'。"文学所组织上的态度是负责而郑重的。但其后仍有不同声音。二则此事对理解和研究钱先生处事、思想与学术颇有关联。三则对了解当年知识分子的生存环境,不失为一个颇具典型性的个案。

四、生存智慧、人生与学术的交集

经历过所谓"清华间谍案"、"污蔑《毛选》案"的钱先生,对于中国古代历史上以言罹祸、文网钳制的观察,融入了一份切身的感受,显得更为深刻。成书于"文革"后期的《管锥编》多次论及这个题目。在论述《周易·颐》"象曰:君子以慎言语,节饮食"时,引孔颖达《正义》"病从口入,祸从口出",以言语、饮食两事相提并论,然后他称引主张"可以多食,勿以多言"的种种文献资料,下了这么一个断语:"皆斤斤严口舌之戒而弛口腹之防,亦见人之惧祸过于畏病,而处世难于摄生矣。"(《管锥编》第一册,第23—24页)把以言取祸、处世之难的问题提到人生最难应对的大课题。与此互释互通,他对武王《机铭》中的"口戕口"历代难解之疑,作出了牢确不移的训释。《机铭》云:"皇皇唯敬,口生垢,口戕口。"或以为"口"为"囗",乃缺文的标记;钱先生举出众多例证,说明"前'口'乃口舌之口,谓言语,后'口'则丁口之口,谓生人。以口兴戎,害人杀身,皆'口戕口',罗隐《言》诗所谓'须信祸胎生利口',古语双关之例也"。因为"机"可指书案,"乃人君出令所依,故'口'即言语";"机"又指几席,"可据以饮食,'口'复为口腹之'口'",这就与前述《周易·颐》所谓"慎言语,节饮食"相通,"口戕口"乃"两义兼涵",但钱先生的侧重点则在"慎言语"之义(《管锥编》第三册,第855—856页)。

对于文网语阱,钱先生尤对专权者和构陷者作了尖锐的批判。他列举宋明帝、金熙宗、明太祖、清乾隆帝的事例。如金熙宗时,张钧起草制书中,有"顾兹寡昧"及"眇余小子"之言,翻译官不知此乃谦恭自逊之套语,乃进言云:"寡者孤独无亲,昧者不晓人事,眇为瞎眼,小子为小孩儿。"熙宗大怒,张钧竟至被"以手剑劈其口,棘而醢之"。明太祖性多猜忌,臣工表奏颂扬,"一人有道,万寿无疆"则疑隐寓"强盗","体乾法坤"则疑隐寓"发髡","作则"嫌于"作贼","生"、"扉"谐音"僧"、"匪","殊"拆字为"歹"、"朱",竟然"皆科以大逆谤讪"。钱先生写道:"恃强挟贵,而苛察雄猜,憬然严周身之防,瞭焉极十目之视,盖众所畏之人,其所畏亦必众耳。"(《管锥编》第三册,第972—973页)慑魂勾魄,读之惊怵!他对从事构陷者也毫不宽假。论太公《龙韬》,从专务此职的"从狙而好小察"者,到"后世'察事'、'察子'、'觑步'、'候官'、'校事'、'觇者'、'逻者'",均予抨击。他还深刻地指出,这类宵小之徒,虽为众人憎疾,但专权者却不能不用。他引《三国志·魏书·高柔传》,高柔向太祖进谏不能任用赵达等辈从事斯业。太祖说得好:"卿(高柔)知达等,恐不如吾也。要能刺举而辨众事,使贤人君子为之,则不成也。昔叔孙通用群盗,良有以也。"明知此类鼠辈皆为蝇营狗苟之徒,但也因此而使之为鹰犬、为走狗,贤人君子绝不肯为,深刻说明这是封建政治体制中必然产生的毒瘤。他还指出此辈往往善于伪装,使人们疏于防范而陷其彀中。举元代俞德邻《佩韦斋文集》中《聩皂》之例,"盖似痴如聋,'群视之若无人'而不畏不惕,乃能鬼瞰狙伺,用同淮南所教之悬镜,行比柳州所骂之尸虫"(《管锥编》第三册,第862—863页),其形容刻画处,更是入骨三分,丑恶嘴脸,烛照无遁。

　　钱先生有时给人以逃避政治、明哲保身的印象,但读《管锥编》这类文字,总能感受到他嫉恶如仇的激愤和洞若观火的明智,这体现了他有所为、有所不为的人生立场,他的学术与人生实是互动交融的。他论《谷城石人腹铭》,引用清初人屡次以"磨兜坚"入诗,如陈瑚"磨兜坚,慎勿言!言之输国情。挟笔砚,慎勿书!书之杀其身",然后说:"一典之频使,亦可因微知著,尚论其世,想见易代时文网之密也。"(《管锥编》第三册,第879页)桓谭《桓子新论·谴非》云:"夫言语小故,陷致人于族灭,事诚可悼痛焉!"举例说《易》之"大人虎变,君子豹变",人主看了会说"何为比我禽兽"? 如说"圣明与尧舜同",人主又会说"何为比我于死人"? 钱先生于是写道:"按必有为而发,不图东汉之初,文网语阱深密乃尔。"(《管锥编》第三册,第 971—972 页)在《钱锺书手稿集》第二卷第 1200 页中,他引宋元人罗公升《送归使》诗:"鱼鳖甘贻祸,鸡豚饱自焚。莫云鸥鹭瘦,馋口不饶君。"又写道:"按,沉痛语。盖言易代之际,虽洁身远引,亦不能自全也。"

面对命运不能自主的生存环境,致慨于"处世难于摄生",钱先生养成了自觉的自我保护意识。他个性率直,放言无忌,月旦人物,褒贬世事,都未罹五七丁酉之厄,被视为"奇迹",其实,端赖于这种生存智慧。在各种"运动"此起彼伏时,他低调处世,杜门谢客,绝无政治上的表现欲望。1979 年他出访美国,有人问他何以在"文革"中未吃大苦头,他幽默地说:"有些人大力建立自己的知名度,反倒被它害了。"(台北《联合报》1979 年 6 月 26 日)言下颇有自幸之意。其次是谨言慎行,严防授人以柄。他曾引朱庆馀《宫词》"含情欲说宫中事,鹦鹉前头不敢言","鹦鹉"或即"刺取阴私"的鹰犬。杨万里《题沈子寿〈旁观录〉》云:"逢着诗人沈竹斋,丁宁有口不须开。被渠谱入《旁观录》,四马如何挽得回!"一言之失,驷马难追,《旁观录》变成了黑材料(《管锥编》第三册,第 862 页)。在正式会议或政治学习中,他经常保持沉默。有同事描述说:"他在会上不大发言,大部分情况下只是听别人说话,有时他听着听着会低头微笑,笑什么当然只有他自己知道了。"(徐公持《古代组"老先生"印象记》,载《新文学史料》2003 年第 2 期)平实而颇能传神,与他在私人谈话空间时口若悬河、神采飞扬的情态,判若两人。1992 年他有一次对青年的"寄语":

> 一个人对自己身边的人甚至自己的朋友,在与他们说话时要十分谨慎。如果他是一个表里不一的人,他可能会抓住你话

中的漏洞从你身后边捅你一刀,把你卖了;如果他是一个软弱的人,在他人的恐吓、威胁下,他可能会做一些伪证,捏造一些无中生有的事件来;如果他是一个正直诚实的人,他可能会十分坦率地承认一些对你十分不利的事情;如果他是一个可以信赖的知心朋友,他可能会因保护你而牺牲了他自己。总之,心中毫无阻碍,说话毫无顾忌的人,很可能害人又害己。

谈话的对象是两位二十岁左右的年轻人,是外国文学所同事的孩子,对钱先生而言,已是孙辈了。他们为取一份校样去钱家,钱、杨两先生对他们说了以上肺腑之言,他们记录成文,题目是《钱锺书、杨绛先生寄语青年》,初刊于《科学时报》,文章是经过钱先生过目改定的。(收入何晖、方天星编《一寸千思:忆钱锺书先生》,辽海出版社,1999年)钱先生的父亲为他取字"默存"(大概是从《易·系辞上》"默而成之,不言而信,存乎德行"而来),上述四个"如果"这段文字,可以看作他为自己补写的《字默存说》(苏洵有《名二子说》、《仲兄字文甫说》),也是一篇现代版的《说难》,比之韩非专论臣下进言之难的《说难》,更直指世道人心,更抉剔入微。另一次对青年的"寄语"在1987年。他托当时文学所所长转告:"请对年轻人说:钱某名不副实,万万不要迷信。这就是帮了我的大忙。不实之名,就像不义之财,会招来恶报的。"坚持淡泊名利、低调做人的立场,恳切真诚。他还说了这么一句惊世骇俗的话:"我们的头发,一根也不要给魔鬼抓住。"防范急切之心,表现得淋漓尽致(见刘再复《钱锺书先生纪事》,载《东方早报》2009年11月15日)。

历史已翻过了沉重的一页,民主、法制、尊严、和谐日益成为当今社会的关键词。"间谍案"夸大其事,"污蔑案"无中生有,但对钱先生已造成了严重伤害。历史的教训不应忘记。

第二辑　钱锺书先生的学问与趣味

钱锺书先生的《西游》情结

钱锺书先生博览群书,"不仅读一遍两遍,还会读三遍四遍"(杨绛先生语)。但当我初闻他对《西游记》竟读过十多遍时,还是感到惊讶。一般人的读书经验,年幼时会被《西游》的神奇变幻、想落天外所深深吸引,及至年事稍长,则对《红楼》、《三国》、《水浒》等更感兴趣。受到新中国成立后中文系科班训练的人,大都也不会在小说名著中给《西游》打高分。钱先生自己对向他请教"读书门径"的后辈学子,开出的书单也是"先秦诸子,特别是孔、孟、老、庄、列、韩,如《左传》、《诗》、《骚》,如《史记》、《汉书》、《后汉书》、《三国志》、《魏书》、《宋书》、《南齐书》,如《宋儒学案》、《明儒学案》,等等,都是研究中国文化的基础书、必读书"(陆文虎《钱锺书"锺书"述略》,载《科技文萃》1992年第2期)。然而,在他个人的日常读书生活中,《西游记》无疑是最引起他阅读兴趣的一部书。其原因是他不仅从学术层面来读,更从生活情趣层面来读,从中获得解困舒闷的精神乐趣,乃至成为生活的润滑剂和心理的平衡器。

无独有偶。他的清华同届不同系的同龄同学林庚先生,也对《西游》情有独钟。不过,林先生主要是在"文化大革命"动乱中才倾注全力夜读此书的,作为内心的一种减负,并从自我愉悦上升到理性探讨,"《西游记》是部童话性质的书,我是把它当做童话来读的",写出专著《西游记漫话》,对其书作出独具眼光的解读。钱先生则从幼年时代起就接触《西游》,"把'狲子'读如'豈子',也不知《西游记》里的

'獃子'就是猪八戒"（杨绛《记钱锺书与〈围城〉》，湖南人民出版社，1986年）。其强烈兴趣至老不稍减。《管锥编》中就引及50多处，《钱锺书手稿集·容安馆札记》亦屡见称述。

一、孙猴儿钻进谁的肚子

围绕《西游》的指误纠谬，可以看出钱先生对此书的熟稔，也具见其洋溢童心的评赏趣味。在电视连续剧《西游记》热播时，他曾撰短文投《新民晚报》（1988年3月18日），指出"一口中（钟）"乃是衣着样式（至今江浙农村仍保留此一称呼，指婴儿的斗篷式衣服），而电视剧中竟搬出真正的"钟"。这篇短文他当然用的是化名。他对《毛选》的指误就不那么轻松好玩了。《我们仨》说：

> 锺书翻译《毛选》时，有一次指出原文有个错误。他坚持说："孙猴儿从来未钻入牛魔王腹中。"徐永煐同志请示上级，胡乔木同志调了全国不同版本的《西游记》查看。锺书没有错。孙猴儿是变作小虫，给铁扇公主吞入肚里的；铁扇公主也不能说是"庞然大物"。毛主席得把原文修改两句。锺书虽然没有错，他也够"狂傲"的。

《毛选》中运用这个故事，至少有两次：一是收入第三卷的《一个极其重要的政策》，在讲到"精兵简政"时说道："铁扇公主虽然是一个厉害的妖精，孙行者却化为一个小虫钻进铁扇公主的心脏里去把她战败了。"一是收入第四卷的《在中国共产党第七届中央委员会第二次全体会议上的讲话》，在讲到与国民党反动政府谈判时，要准备谈判成功后的"许多麻烦事情"，"就要准备一副清醒的头脑去对付对方采用孙行者钻进铁扇公主肚子里的兴妖作怪的政策"。《毛选》两次运用这个故事,"孙行者"的喻指正好相反:前者喻我方,"我们八路军新四军是孙行者","很有办法对付这个日本妖精";后者喻敌方,"兴妖作怪的孙行者"是指国民党"南京反动政府"。这也就是钱先生常讲的"喻有两柄"的道理了。那么钱先生所指误的是哪一篇呢?或谓是《毛选》第四卷的后一篇,且云"在最初公开出版发行的《毛选》中,句中'铁扇公主'原作'牛魔王',但这里《毛选》第四卷和"最初公开出版发行"云云,恐均不确。

本书第一辑中《钱锺书先生参与〈毛泽东文选〉英译过程点滴》已提及,钱先生参加翻译《毛选》工作,首先是在 1950 年至 1954 年,"全部从事《毛泽东选集》英译工作",和其他学者共同完成了前三卷的翻译。而第四卷的英译工作于 1960 年开展,只是请钱先生对一些有难点的文字做了润色。因而无论从时间先后,还是从投入精力的多少,钱先生所指误的,更可能是第三卷中的内容,而不大可能是收入第四卷的七届二中全会上的讲话。

《一个极其重要的政策》原是延安《解放日报》1942 年 9 月 7 日的社论,原文是这样的:"若说何以对付敌人的庞大机构呢?那就有孙行者对付牛魔王为例。牛魔王不是庞然大物吗?孙行者却化为一个小虫飞进牛魔王的心脏把他战败了。"这里是"牛魔王",又有"庞然大物",钱先生所指即此篇,该是没有问题的。又查得 1953 年《毛选》第三卷初版本,已改成"铁扇公主",也删去"庞然大物",已采纳钱先生的意见"把原文修改两句",避免了一个技术性的错误。

钱先生对于这个指误,在他那里是顺手拈来的,他对于孙行者的这项战术,本就饶有兴趣地注意到了。《管锥编》第二册第 704 页他在论及《聂隐娘》"化为蠛蠓,潜入仆射肠中听伺"一节时,就指出:"亦即《西游记》中孙行者化蟭蟟虫或红桃入铁扇公主、金毛白鼠精或狮驼洞老魔等腹中之术。"孙行者的这三次战绩分别见五十九回、八十二回（原文为"金鼻白毛老鼠精"）、七十五回，均十分热闹好看。后世不少小说作者踵事增华，推波助澜，"皆师行者故智，而隐娘事其椎轮也"，梳理出这一情节的发生、发展过程，已涉及神怪小说艺术构思研究的层面。

钱先生对《西游记》本身的指误，也具有此类学术内蕴。《管锥编》第四册第1300页一口气连举四处难免贻人口实的败笔：

> 《西游记》第一〇回（引者按，通行本为第九回）袁守诚卖卜铺"两边罗列王维画"，唐太宗时已有唐玄宗时人画。第七一回献金圣宫以霞衣之"紫阳真人张伯端"，北宋道士也；第八七回八戒笑行者"不曾读"之《百家姓》，五代童课也；人之成仙、书之行世，乃皆似在唐以前。第二三回："两边金漆柱上贴着一幅大红纸的春联，上写着：'丝飘弱柳平桥晚，雪点香梅小院春。'"乃温庭筠《和道溪君别业》腹联，易"寒"为"香"、"苑"为"院"，初唐外国人家预揭晚唐中国人诗。

上举第一例王维画事，钱先生在1979年访美时也曾谈及，并指出此乃是文学家常犯的"时代错误症"（anachronism）。《西游记》是神魔小说，所叙皆子虚乌有、匪夷所思者，比一般小说容许有更大的艺术想象的跨度，某些细节的张冠李戴、移花接木也是常事。钱先生还举例说明"时代错乱，亦有明知故为，以文游戏，弄笔增趣者"；但何为艺术领域容许之"时代错乱"者，何为"任心漫与，而为无知失察，反授人以柄"（《管锥编》第四册，第1302页）者，其间是有严格界限的。钱先生在致周而复先生信中曾说："历史小说虚虚实实，最难恰到好处，弟尝戏改《红楼梦》中联语为此体说法云：'假作真时真不假，无生有处有非无。'"（沉冰主编《不一样的记忆：与钱锺书在一起》，当代世界出版社，1999年）以假为真，无中生有，但在艺术领域中必应达至不真之真,非有之有。不具备此点,艺术想象和夸张就变成纯粹的胡扯和说谎了。至于"时代错误症",理应避免。

二、猴入马厩,可免马疫

孙行者的机敏灵活,风趣诙谐,乐观而不受羁束,嫉恶而神通广大,自然是钱先生注意力的焦点,他论《西游》多为孙大圣。兹再从手稿中取证。《钱锺书手稿集·容安馆札记》(商务印书馆,2003年)卷三第2567页云:

《后山诗注》卷二《猴马》(并引):"楚州紫极宫,有画沐猴振索以戏,马顿索以惊。圉人不测,从后鞭之。人言沐猴宜马,而今为累。作诗以导马意。""沐猴自戏马自惊,圉人未解猴马情。"注:"韩鄂《四时纂要》曰:常系猕猴于马房内,辟恶消百病,令马不着疥。"按,《夷坚三志辛》卷四《孟广威猕猴》:"好养马,常蓄猕猴于外厩,俗云与马性相宜。"全真教祖王哲《风马令》:"意马擒来莫容纵。长堤备、珰滴瑠玎。被槽头、猢狲相调弄。"(《全金元词》二三四页,二五九页《风马儿》同)《捣练子》:"猿骑马。逞颠耍。"(二四六页)正借此事以指意马心猿也。他词如二四〇《望蓬莱》:"先且牢擒劣马子,切须缚住耍猿儿。"二四四《浣溪沙》:"急将猿马紧牢擒。"二六七《蜀葵花》:"意马与心猿,牢锁闭、莫放劣。"仅作尔许语也。Asian Art Museum of San Francisco, U.S.A(美国旧金山亚洲美术馆)藏明玉雕,一猴踞马背,一猴引之,即此意。黄本骥《湖南方物志》(《小方壶斋舆地丛抄》第六帙):"长沙老猴乃明吉藩马厩中物,藩女适善化李氏,赠以马而猴与焉。……历三百餘年而不为人祟。"《五杂(组)[俎]》卷九:"置狙于马厩,令马不疫。《西游记》谓天帝封孙行者为弼马温,盖戏词也。"

　　[行间注]《宛陵集》卷十二《咏杨高品马厩猢狲》:"尝闻养骐骥,辟恶系猕猴。"《南村辍耕录》卷二十五《院本名目》条"秀才家门"中有"看马胡孙"。

　　[眉注]《夷坚支丁》卷十《蜀猕猴皮》:"予仲子前岁自夷陵得一猴,……携归置马厩。"《夷坚志补》卷四《孙犬》:"畜一猴甚驯,名之曰孙犬。尝以遗总管夏侯恪,置诸马厩。"

　　此则已为钱先生增订《谈艺录》(中华书局,1984年)时所采用,见第509至510页,提供了从"素材"到"成品"的绝好研究资料。从《容安馆札记》到《谈艺录》,主要有两点不同:(一)《谈艺录》以论梅尧臣诗为主,《容安馆札记》则以论《西游记》为中心,主旨为揭示"弼马温"这一天帝杜撰官名的民俗学依据。"弼马温"即"避马瘟",明人谢肇淛《五杂组》首先指出:猴入马厩,可免马疫,《西游记》"天帝封孙行者为弼马温,盖戏词也";钱先生在《谈艺录》中明确指出"惜未言其渊源颇古",至少可以上溯到北宋。他从北宋梅尧臣诗、《后山诗注》任渊注,南宋《夷坚志》,金元词,元院本回目,《湖南方物志》乃至现存于美国的猴马玉雕等明代材料,来叙明这一民间传说的源流所自和广泛影响,把诗、词、笔记、戏曲、方志和现存实物等,捉置一处,统统"打通",既说明"弼马温"背后的文化民俗的含义,也纠正对一些文献、文物的误读(如美国美术馆把那件玉雕标名为"马上封侯",未解"看马胡孙"之意;《全金元词》收同一作者的两首《风马儿》词,而未加说明)。至于《谈艺录》比之《手稿集》的文字修润、论述条贯,也值得比勘玩索。(二)正因为《谈艺录》主要是论梅尧臣诗,因而删去《手稿集》此则论"心猿"、"意马"等例证,这实是《西游记》作者的一个重要思想。仅从回目上看,"心猿归正"、"意马忆心猿"、"心猿获宝伏邪魔"、"心猿遭火败"、

"道昧放心猿"等,不一而足,也留待我们思考。

三、如意金箍棒

《容安馆札记》同卷同页又云:

> 《西游记》。第六回悟空与二郎神变化斗法;第六十一回与牛王变化斗法。第三回"天河定底神珍铁",一名"如意金箍棒"。按《警世通言》卷四十《旌阳宫铁(杵)[树]镇妖》。

此则文字省简,钱先生未及发挥。猜测起来,前半讲孙行者的七十二变,后半讲他的金箍棒。孙行者与二郎神斗法,可谓棋逢对手;牛魔王"也有七十二变,武艺也与大圣一般"。这几回书都是《西游记》中的华彩篇章,惜未见钱先生的具体点评。但《管锥编》第二册第820页讲到神妖的尾巴变化有两类:一是"尾能别变形象",如《搜神记》中的《黄审》,狸二娘身子变为主妇,尾巴变为随婢;二是"尾虽变而仍着于身",所举即孙行者与二郎神斗法时,变作土地庙,"只有尾巴不好收拾,竖在后面,变作一根旗竿",还举《西游记》第三十四、七十五回之例。这类分疏,寓理于趣,可作谈助。钱先生年幼时就对小说中好汉们的兵器有偏嗜,曾提出《说唐》里李元霸的一对八百斤重的锤头子,如进入《西游记》,怎敌得过孙行者一万三千斤的金箍棒(《记钱锺书与〈围城〉》)?《手稿集》又不忘此棒。《警世通言》的《旌阳宫铁树镇妖》是讲许逊真君剿灭孽龙的故事。孽龙被真君大败,在江边痛哭,遇南海龙王敖钦的第三位太子,三太子因"孽龙是我水族中一例之人",商议复仇。三太子说:"我龙宫有一铁杵,叫做如意杵;有一铁棍,叫做如意棍","欲其大,就有屋桷般大;欲其小,只如金针般小。……此皆父王的宝贝。那棍儿被孙行者讨去,不知那猴子打死了千千万万的妖怪"。这则材料说明两种小说在故事情节上的前后呼应与衔接，颇堪重视。

上述《谈艺录》第510页论猴马事，引《夷坚志补》的《孙犬》篇，误作《孙大》；引王哲《风马令》删去"长堤备、珰滴瑠玎"七字，却未用删节号，《湖南方物志》"历三百馀年"前的删节号也脱去。而《容安馆札记》均不误。这也可使人们了解钱先生公开著作中一些校勘错误的原因。我在《万象》第六卷第十期上发表的《批评的隔膜》一文，引及钱先生《容安馆札记》时，把《四库提要辨证》之"证"误作"正"，"壮志"误作"壮士"，"绝其髓"、"拟脍楼兰肉"两句后应有下引号。又辛词"少年不识愁滋味"之"识"误作"知"。底稿虽不误，打印稿失校，难辞其咎。另，"他语亦孟郊《猛将行》"之"他语亦"三字，实应在"挦扯宋人……"之前，则是底稿早就错了。志此自责，并向读者致歉。

[附记]

关于我国古代马厩系猴以避马瘟的民俗，张勃《"弼马温"与避马瘟》一文（载《民俗研究》2000年第1期），中提及有两幅汉代石刻画像可资参证：（一）河南密县打虎亭汉墓1号墓南耳室石刻画像，其中一匹马的拴马桩上就有两只猴子；（二）四川成都市郊曾家包东汉墓中所刻《酿酒、马厩、兰锜图》，也有一猴蹲在马桩上喂马之情状。另在文献中也不乏记载。北魏贾思勰《齐民要术》："常系猕猴于马坊，令马不畏，辟恶，消百病也。"南朝梁陶弘景《名医别录》："系猕猴于厩，避马瘟。"明李时珍《本草纲目》引《马经》，亦谓"马厩畜母猴，避马瘟疫"。可见此民俗"渊源颇古"，可追溯至汉代。又，邢义田《"猴与马"造型母题——一个草原与中原艺术交流的古代见证》对此有全面而深入的讨论，文收入《画为心声：画像石、画像砖与壁画》（中华书局，2011年）。

"皮里阳秋"与"诗可以怨"

钱锺书先生以渊博和睿智见称于世。早在1946年,《文艺复兴》第二卷第1期即有云:"钱锺书以博学和智慧闻名,他目光深远,犀利地观察并且解剖人生。"四十年后,柯灵在《促膝闲话中书君》(《读书》1989年第3期)中也说:"钱氏的两大精神支柱是渊博和睿智","他博及群书,古今中外,文史哲无所不窥,无所不精",并指出他的"渊博"与"睿智"当然是"互为羽翼,浑然一体"的。可见这已成为学界的共识。但如果只容许以一个字来概括钱先生的学术个性,我选择"博",因为他的"智"实主要来源于他的"博"。

一、钱先生答不出"皮里阳秋"?

然而在钱先生逝世后,在对他作正面评价的同时,时不时也会听到批评、质疑之声,其中最令人不解的是对他是否淹博的怀疑。说他不知"皮里阳秋"的出处,就是一例。我最早在十年前的《散文百家》(2000年第10期)上读到,以后又时见以此说事,直至2009年1月9日的《文汇读书周报》,又把《散文百家》上的这段文字重行刊登。

据披露者说,他在"干校"后期,曾向钱先生提出为何要称为"皮里阳秋","他(指钱先生)沉吟许久,却始终答不出来,倒是一位红学大师拍案大笑,说出了个中的奥妙"云云。说钱先生是"始终答不出来","红学大师"却随口"说出了个中的奥妙",一位是"沉吟许久",一位是"拍案大笑",抑扬褒贬,对照鲜明;他还不忘补上一句:"其实忘却了几个掌故,又有多大的干系?"公允宽容之态可掬,但用意是明白的。

"皮里阳秋"典出《世说新语》,在《赏誉》篇中说:"桓茂伦(桓彝)云:'褚季野(褚裒)皮里阳秋。'谓其裁中也。""裁中",谓内心有裁断。此又见《晋书·褚裒传》:桓彝云"季野有皮里春秋","言其外无臧否,而内有所褒贬也"。"皮里春秋","春"字因避晋帝后之讳而改为"阳",已作为成语而广为流行,算不上僻典,也没有秘藏多少"奥妙"。钱先生对《世说新语》十分熟悉,刘强《世说新语会评》一书(凤凰出版社,2007年)辑录自唐迄今五十馀家的评点文字,钱先生就是其中的一家。仅从《管锥编》一书检索,已引用达101处。对《赏誉》篇也常提及,如论梁袁昂《古今书评》云:"其衡鉴未必都中肯入里,而巧构比喻,名隽每堪入《世说新语·赏誉》。"(《管锥编》第四册,第1435页)钱先生对褚裒其人亦颇关注。褚裒是北人,他对南人孙盛说:"北人学问,渊综广博。"孙盛回答说:"南人学问,清通简要。"支道林补充说:"北人看书,如显处视月;南人学问,如牖中窥日。"这则故事也见于《世说新语·文学》。钱先生在《中国诗与中国画》(见《七缀集》)中指出,一般学者将支道林这两个比喻误解为"褒北贬南",而钱先生认为均为"贬词"。

钱先生对《世说新语》是如此熟悉,他竟"不知""皮里阳秋"的出处,是读书时偶然走眼呢,还是临时失记呢?——还是另有原因呢?

我第一次在报刊读到这则事例时,脑际油然浮现多年前的一桩旧事。那时我在北京的中国科学院哲学社会科学部(今中国社会科学院)文学研究所工作,因担任古代组秘书,常要回答社会各界的一些提问。比如毛主席的《念奴娇·鸟儿问答》发表时,一位西苑宾馆的大师傅来电问:"'土豆烧熟了,再加牛肉',岂非土豆糊了而牛肉还未变熟?理应先下牛肉再加土豆的呀!"如此之类,穷于应对。一次,又有一位老干部来电,问一句诗的出处。他说:"'杜鹃夜半犹啼血,不信东风唤不回'是谁作的?我打电话给钱锺书先生,是他叫我来问你的。"我告诉他这是宋代王令的诗。他立即说:"你真有学问,连钱老也没能回答我。"我连忙说:"老同志此言差矣。大学里教授上主课,助教才担任质疑答疑的小班课程,档次是不同的。王令这首诗,《千家诗》里就有,您以后别再向钱先生提这类问题了。"

钱先生的"不知",不少场合下是"佯不知"。回忆我曾向他请益时,多数情况下都是随叩随应,"小叩辄发大鸣",但有时他会说"不知道",然后又说,你可在某某书中去找嘛。我就知道提了个不该向他提的问题了。

《听杨绛谈往事》(生活·读书·新知三联书店,2008年)第225页讲了另一个"不知"的故事。"锺书一天在王辛笛家闲聊,主人忽笑嘻嘻地问他,uxorious是什么意思?锺书说不知道。回家告诉杨绛:'王辛笛笑我有誉妻癖。'"这是他另一类"佯不知"了。

再一个例子见于他给我的信函。1984年12月22日来信中说道:"上周有法人来访,颇称拙著(指《管锥编》)中《老子》数篇,以为前人无如弟之捉住《老子》中神秘主义基本模式者(引者按:指对语言、对现实之矛盾两面态度)。因问弟何以未提及马王堆出土之汉写本《德道经》,弟答以'未看亦未求看',反问曰:'君必细看过,且亦必对照过lanciotti君意文译本,是否有资神秘主义思想上之新发现?'渠笑曰:'绝无。'"这里的"未看亦未求看",也是体现了他应对机智的曲辞。依照他著述的习惯,总有不完不了的补正、订补、增订,《钱锺书手稿集》就是最有说服力的实物证据,他的著作文本永远是开放的。1973年考古发现马王堆本《德道经》,他不可能不"求看",以核查有无可资改润之处;他还必定"细看过"洋人的意文译本,胸有成竹,才出语反诘,使接谈对方自己得出"绝无"的结论。

《世说新语·文学》中记述袁彦伯作《名士传》,谢安笑话他:"我尝与诸人道江北事，特作狡狯耳，彦伯遂以著书。"周一良《世说新语札记》云："狡狯，犹今玩皮、捣乱、开玩笑之类，为六代习语。"在钱先生身上，随处透出机智、幽默、嬉戏之风，说话云里雾里，真真假假，说白点也就是玩皮、捣乱、开玩笑之类。

回到"皮里阳秋"，钱先生很可能也是"佯不知"。但究竟是因问题浅显简单，还是出于应对策略——或竟是不爱搭理此君，时至今日，都已无法论证、判明，变成一件葫芦案，但我想个中人其实是心知肚明的。

二、如何解读"诗可以怨"

与"皮里阳秋"事例的不确定性不同，《中华读书报》2009年12月30日发表的程巍《"诗可以怨"与钱锺书的〈诗可以怨〉》一文，则是直接批评钱先生的学术论文。该文以整版篇幅表达两个主旨：一是认为钱先生写作《诗可以怨》与当时关于"伤痕文学"的争论有关。"他大概感到'伤痕文学'在文学史上失之粗糙，而那些为'伤痕文学'辩护的论文则在理论上失之浅薄。但他并不想直接卷入这场热闹的争论。"作者说"这只是猜测"，是有自知之明的，但不妨再探究一番。二是直言批评钱先生误读《论语》的"诗可以怨"了。他说："钱先生认为孔子'诗可以怨'乃言'发愤为诗'，甚至据此认为《三百篇》皆'怨诗'，这就把作为一种委婉劝说他人'改过'的方式的'怨'混同于作为一种自我情绪的'怨'，而两者即便不是南辕北辙，至少也大有区别，不可互证互释。"这也是该文的重心所在。

钱先生的文章，开宗明义就说明，他提出"诗可以怨"的命题，目的是把它"当作中国文评里一个重要概念而提示出来"。正如他的《中国诗和中国画》是对"文艺批评史上一个问题的澄清"，要"阐明中国传统批评对于诗和画的比较评估"，《读〈拉奥孔〉》再论诗画关系，强调诗尤胜于画,《通感》讲文学中感觉挪移现象,《林纾的翻译》讲中国翻译理论等那样,是他长期系统考察中国文学理论批评史上一系列重要概念、专题的一篇独立论文。钱先生早在《谈艺录》初版之时,在引言中就说过要把"年来论诗文专篇……汇成一集",而以《谈艺录》作为"外篇","与之表里经纬可也"。惜《谈艺录》越写越长,分量厚重,而作为"内篇"的"论诗文专篇"却未能全写出来,《七缀集》只可视作未完成的白话学术论文结集。因此,说《诗可以怨》的写作乃受当时伤痕文学争论的触发,只是"不想直接卷入",即是把此文视作"间接"参与争论之作,如此论定其写作动机,是缺乏根据的。至于这篇论文在发表当时具有现实意义,那是另一问题。正由于对钱先生论文这一主旨的误解——即不是为了"间接"参加"争论",而是为了系统研究中国文学批评史的"一个重要概念"——也造成关于解读《论语》的误解。

《论语·阳货》云:"诗可以兴,可以观,可以群,可以怨。""兴、观、群、怨",就其本义而言,主要是指诗歌的效用。钱先生在引用后即说:"'怨'只是四个作用里的一个,而且是末了一个。"但钱先生同时指出,"'诗可以怨'是中国古代的一种文学主张",此文论证的对象正是作为"一种文学主张"的"诗可以怨"。"诗可以怨",在中国文学批评史中,已从诗歌功能问题相通于诗歌创作问题,即指诗歌所抒写的幽怨愤懑之情,这已是文学批评史的常识了。历代文评家都从阐释发挥孔子"诗可以怨"中,形成了一个内涵丰富、意蕴深刻的文学命题,而且代代相承论述,又形成了一个有系统的学术链。梁钟嵘《诗品序》云:"嘉会寄诗以亲,离群托诗以怨",并例举"楚臣去境,汉妾辞宫"等情状,然后说:"凡斯种种,感荡心灵,非陈诗何以展其义,非长歌何以骋其情?故曰:'诗可以群,可以怨。'"钟嵘这篇名文就是从诗歌创作内容上来阐释"诗可以怨"的。黄宗羲《汪扶晨诗序》(《南雷文定四集》卷一):"昔吾夫子以兴、观、群、怨论诗……孔(安国)曰:'怨刺上政。'怨亦不必专指上政,后世哀伤、挽歌、遣谪、讽谕皆是也。"又云:"凄戾为骚之苗裔者,可以怨也。"他也以孔子"兴、观、群、怨"说为依据,把"怨"从"专指上政"扩展到更普遍的哀怨之情,这里是合理的推演,并非曲解。王夫之在《诗绎》(见《船山遗书》)中,更以辩证贯通的眼光论述"兴、观、群、怨"四者之间的相互关系:"于所兴而可观,其兴也深;于所观而可兴,其观也审。以其群者而怨,怨愈不忘;以其怨者而群,群乃益挚。出于四情之外,以生起四情;游于四情之中,情无所窒。"他干脆把四者称之为"四情",显然也是从诗歌创作内容立论的。其他文论家如司马迁、刘勰、韩愈等,虽未明引孔子之语,但其论述亦一脉相承。钱先生该文,广泛搜集、梳理、比勘中外有关此专题的文评材料,给出了这一专题最完整的内在发展线索,作了精彩的理论阐释,可谓是我国文评史上这一专题的一次最好的总结。但程文却指责钱先生混淆了孔子此语"接受论"与"创作论"的区别,或"读者论"与"诗人论"的区别,"学诗"与"习诗"的区别,这是不够谨慎的。

《管锥编》第一册第396页云:

>《论语·阳货》:"诗可以兴,可以观,可以群,可以怨。"孔安国《注》:"兴,引譬连类。"刘宝楠《正义》:"赋、比之义,皆包于兴,故夫子止言'兴'。"夫"赋、比、兴"之"兴"谓诗之作法也;而"兴、观、群、怨"之"兴"谓诗之功用,即《泰伯》"兴于诗,立于礼,成于乐"之"兴"。诗具"兴"之功用者,其作法不必出于"兴"。孔注、刘疏淆二为一。

钱先生这里主要论"兴",指出"兴"有功用、作法二义,"兴、观、群、怨"讲功用,"赋、比、兴"讲作法,不能"淆二为一"。他批评孔安国(孔注真伪学术史上有争议)、刘宝楠不懂《论语·阳货》篇是讲"功用"的,想不到后人会同样指责他"不懂",令人不禁有啼笑皆非之感。

程文又说：钱先生因把"怨"解释为"发愤为诗"，"甚至据此认为《三百篇》皆'怨诗'"。这一指责也是引申过头的。钱文里在引陈子龙"我观于《诗》，虽颂皆刺也"后，解释说："因此，《三百篇》里有些表面上的赞歌只是骨子里的怨诗了。"这是称引别人的观点，不等于作者本人的看法，此其一；钱先生明明加了一个"有些"的限定词，表示对陈子龙"皆"字有所保留，不指全部《诗经》，此其二。说钱先生认为"《三百篇》皆'怨诗'"是毫无根据的，还可举出另一处论述。他在论及司马迁时这样说："司马迁举了一系列'发愤'的著作，有的说理，有的记事，最后把《诗三百篇》笼统都归于'怨'，也作为一个例子。""笼统"之评，即是对司马迁说法的明确保留态度。事实上又有哪位妄人会说《三百篇》全都是怨诗呢？这不是犯了常识性错误了吗？

程文对于孔子"诗可以怨"之"怨"本义即"功用"意义上的诠释，也是可商的。他反复说，"怨"指"一种委婉劝说他人'改过'的方式"，这里暂不论他在字义训诂上的是非，只谈他的一个自引为新发现的论点。他说：解读孔子此语，应该把"此句与前句对读，而此句恰恰是孔子本人对'诗可以怨'的一次运用"，"可惜，诸多解家"都懵懂不知。什么是"此句"？即"子谓伯鱼曰：'女为《周南》、《召南》矣乎？人而不为《周南》、《召南》，其犹正墙面而立也与？'"什么是前句？就是"子曰：'小子何莫学夫诗？诗，可以兴，可以观，可以群，可以怨。迩之事父，远之事君；多识于鸟兽草木之名。'"首先应该指出，这是《论语·阳货》中前后两"章"，而不是两"句"。朱熹《论语集注》即将此两章分别列为第九、第十，前章是孔子对"小子"即弟子们说话，后章则是对儿子"伯鱼"之语，厘而为二，于理显然。我们知道，《论语》一书是孔门弟子们（包括再传弟子们）记录孔子言行片断篇章的汇辑，各章之间并无必然的内容上的联系，其前后次序的安排也无必然的理路。程文将其作为"前句"、"后句"的连贯整体来解读，是缺乏根据的。更可怪异的是，他把孔子教导伯鱼应研究二《南》，说成是规劝儿子不应"无后",不孝有三,无后为大,是"孔子本人对'诗可以怨'的一次运用","他劝伯鱼读《二南》,使之'引譬连类'而知男女之事、家庭之义,好使孔家'其叶蓁蓁'",以此与"前句"紧密缩合,这真是匪夷所思的解读了。孔子明明说,研究二《南》,关系个人立身行事至大,否则就会像面对墙壁而立,"一物无所见,一步不可行"(朱熹《论语集注》语),闭目塞耳,寸步难行,怎么能扯到"子无后,乃子之过,故夫子特举《二南》以委婉训导之"?

程巍选择《论语》对钱先生发起质疑,真是大胆。《论语》这类中国古代基本典籍,在钱先生那一代学人是须臾不离、读得滚瓜烂熟的。年谱材料表明,钱先生与堂弟锺韩在小学一年级时,就在伯父钱子兰先生开蒙教导下,读完《论语》、《孟子》、《诗经》、《礼记》、《左传》等书。他父亲钱子泉钦佩陈澧,把自己的书斋命名为"后东塾"。陈澧就说过:"《论语》二十篇,束发即受读。""今人谁不读,读者谁不熟?"(《谈艺录》第359页引)也可作为钱先生的写照。记得钱先生1998年逝世时,余英时在《我所认识的钱锺书先生》悼念文章中说:"我要郑重指出,默存先生是中国古典文化在20世纪的最高结晶之一。他的逝世象征了中国古典文化和20世纪同时终结。但是历史是没有止境的。只要下一代学人肯像默存先生那样不断地勤苦努力,21世纪也许可以看到中国古典文化的再生和新生。"余先生在这里"郑重"地表达了两个尊重:一是对钱先生的尊重,高度肯定钱先生在中国民族文化史上的意义和地位;二是对下一代学人的尊重,期望经过他们"不断地勤苦努力",出现中国民族文化的"再生和新生"。目前一股"隔膜"批钱之风,不仅缺乏对钱先生应有的尊重,也说明我们有些后辈学人缺乏自尊与自重。

钱锺书先生与宋词研究

学术研究真是天外有天,山外有山,即使名师硕儒也不免有缺失和局限。因此,大师也是可以批评的,真正的大师当然也不怕批评。然而,从批评者方面而言,这类批评又必须格外谨慎,因为大师毕竟是大师,放言嗤点,也难免不切不实。

近阅《词学》第14辑《钱锺书先生引词勘正》一文,对钱先生著作中引用词例时之"文句之误"、"句读之误"、"词牌之误"、"作者之误"等多所"勘正",用心颇细,不为无补;但在探究致误原因时,作者认为是钱先生"于诗馀之道似措意稍少,故引误特多","少时涉猎不广,至晚始多加注意"云云。一般认为钱氏学术的最大特点是博大精深,"涉猎"是指知识范围之广狭,"措意"则关乎学术之深浅,"涉猎不广"、"措意稍少"正是"博大精深"的反义词,所以这两个断语是相当重的。

钱先生不是专门的词学家,也不见有词作问世,然而并不能因此对他的词学研究水平遽下判断,更不能指为导致文本误植的原因(原因其实很简单,说详下)。前已出版的著作《管锥编》等,共征引历代词作约三百六十处左右,数量甚夥;论词的理论性文字如社科院《中国文学史》之《宋代文学的承先和启后》等,这里也暂不讨论。今仅就《钱锺书手稿集·容安馆札记》(下简称《札记》)为主要依据作些说明。我和友人已从《札记》中辑录论词文字达四万馀字,其学术内涵将另文论析。兹略举数端以示例。

一、至少看过三遍《全宋词》

先要说明,仅从《札记》来看,钱先生已看过两遍《全宋词》。卷三第 2204 页第 758 则云:"重看宋人词(参观第六二三、又七一七则)。赵师侠《酹江月》……(《全宋词》卷三)。"唐圭璋先生所编《全宋词》,最早于 1940 年由商务印书馆在长沙出版,分卷而不断句;1965 年又由中华书局印行,王仲闻先生参加订补,不分卷而断句。《札记》所记,均有卷数,钱先生读的当是初刊本。20 世纪 60 年代,我有次去他家,他正在看《全宋词》中华新版本(样本),就向我称道王仲闻先生修订之功。我因为平素很少听到他的由衷之赞,故印象特深[①]。现阅《札记》,始知他已多次看过初刊本,自然会把新旧两本对勘比较,才能准确评估王氏的劳绩。这样,旧版新版,他至少已看过三遍了。

二、岳飞《满江红》的真伪问题

再来介绍他的一些词学见解。岳飞《满江红》的真伪问题,学界聚讼纷纭。《札记》卷三第 1745 页云:

> 岳飞《满江红》(《全宋词》卷一百十五)。按余嘉锡《四库提要辨证》卷二十三谓此词"来历不明,疑是明人伪托",是也。窃谓伪撰者亦是高手。
>
> "壮志饥餐胡虏肉,笑谈渴饮匈奴血",本之《汉书·王莽传》中韩威曰:"臣愿得勇敢之士五千人,不赍斗粮,饥食虏肉,渴饮

[①] 他在 1978 年欧洲研究中国学会第二次会议上所作的讲演《古典文学研究在现代中国》中,也提到"总集添了相当精详的《全宋词》",见《人生边上的边上》。

其血,可以横行。"《旧唐书·酷吏传上》郭霸传:自陈"往年征徐敬业,臣愿抽其筋,食其肉,饮其血,绝其髓","则天悦"。号"四其御史"。(引者按:此处有旁注,略。)孟郊《猛将行》:"拟脍楼兰肉。"

  他语亦捋撦宋人长短句而浑成无迹,如"怒发冲冠,凭栏处、潇潇雨歇"乃胡世将《酹江月》之"神州沉陆,问谁是一范一韩人物","空指冲冠发,阑干拍遍,中天独对明月"(《全宋词》卷八十三)。"莫等闲,白了少年头,空悲切"乃朱敦儒《相见欢》之"泷河几番清秋,许多愁。叹我贴闲白了少年头"(《全宋词》卷一百二十五)。又,汪晫《瑞鹧鸪》云:"又是鹧鸪三两曲,等闲白了几人头。"(见卷一百八十二)"驾长车、踏破贺兰山缺。待从头收拾旧山河,朝天阙",乃朱敦儒《苏武慢》之"除奉天威,扫平狂(虏)[寇],整顿乾坤都了"(《全宋词》卷一百二十三)。李纲《苏武令》之"调鼎为霖,登坛作将,燕然即须平扫。拥精骑十万,横行沙漠,奉迎天表"(《全宋词》卷九十二)。又姚嗣宗诗:"踏破贺兰石,扫清西海尘。布衣有此志,可惜作穷鳞。"(《邵氏闻见录》卷十六载。《渔隐丛话前集》卷五十四,又《容斋三笔》卷十一引田昼集记张元、吴昊、姚嗣宗事,姚句同《闻见录》。《类说》卷五十九引《西清诗话》作"踏碎"、"布衣能办此",《续湘山野录》作"踏碎"、"布衣能效死"。)

1961年夏承焘曾作《岳飞〈满江红〉词考辨》,考此词乃明人所托拟,1981年邓广铭又作《再论岳飞〈满江红〉词不是伪作》等文,力证此词非岳飞不办。他们大都着眼于文献版本、地理方位等予以检讨,钱先生此则札记写作年代待考,但论证的角度可谓别辟蹊径。他认同余嘉锡先生的判断,进而认为"伪撰者亦是高手",举出"壮志"、"怒发"、"莫等闲"、"驾长车"四例,一一探其取资之源,并赞其能熔铸浑成而自成杰作。这则札记与词学大师夏先生、辛词权威邓先生的论文，观点或有歧异，虽未作详细的考辨和理论的发挥，但在"涉猎之广"与"措意之深"上，不是处在同一水平上的学术对话吗？

三、对"体制内"词学家的补益之功

有的学者把词学研究家分为"体制内"和"体制外"两类，钱先生大概要被列入"体制外"了。但正是如此，恰能提出"局中人"所易忽略的问题。如《札记》卷二第1248页云：

> 宋人词之不为绮仄、颇导稼轩先路者，东坡名篇而外，如张先《定风波令》(浴殿词臣亦论兵)、《沁园春》(心膂良臣，帷幄元勋，左右万几)(皆见《全宋词》卷二十四)，张昇《离亭燕》(卷三十)，蔡挺《喜迁莺》(卷三十五)，黄庭坚《水调歌头》(落日塞垣路)、《鼓笛慢》(卷四十六)……

"诗庄词媚"，久成格套，"东南妩媚，雌了男儿"，引起人们多少感慨。钱先生在这里一连引了三十多首在题材和风格上雄阔苍劲的词作，从《全宋词》初刊本卷二十四直引至卷一百五十九，其中如刘仲方(即刘潜)、吴则礼、刘褒、高登以及与辛弃疾同时的刘学箕等均是不常为词评家注意的词人。又如在《札记》卷二第1247页引赵文《青山集》评词之语：

> 赵文《青山集》卷二《吴山房乐府序》："近世辛幼安跌荡磊落，犹有中原豪杰之气，而江南言词者宗美成，中州言词者宗元遗山。词之优劣未暇论，而风气之异，遂为南北强弱之占，可感已！"

《序》文后面说:"吾友吴孔瞻所著乐府,悲壮磊落,得意处不减幼安、遗山意者,其世道之初乎?"赵文是宋末元初人,曾入文天祥幕。他的这篇整整三百字的词集序,对词与时代的关系,作了剀切详细的阐发,放在词评史上也有相当的价值,但直到今天所见的《词籍序跋萃编》之类的工具书,亦未见采择。

又如邓广铭先生在1991年为《稼轩词编年笺注》所作的《重订三版题记》中特意提到他"失注"的一例,即辛氏《浣溪沙·别澄上人并送性禅师》开头两句"梅子生时到几回,桃花开后不须猜",未注明是从"禅宗机锋语脱化而来",此次订补,才由助手根据"读者来函",仅将"桃花开后"句找出《景德传灯录》的出处,责编陈振鹏先生又替他找到"梅子生时"的出处在《五灯会元》。其实钱先生在《札记》中对这两个出处都早已点出,见卷二第1244页。邓先生称赞陈振鹏先生"对我国古典诗词具有精湛的研究,也足以说明他的学识的博洽",那么钱先生更当得起"精湛"、"博洽"之目吧。当然,《题记》的赞誉是含有感谢之意的。

《札记》中论词的大量材料,偏重在他一贯的"打通"之学上。举一例以为谈助,馀不赘。俗谚"天下无不散筵席",现今工具书大都以明人冯梦龙《醒世恒言·徐老仆义愤成家》为最早出处(《红楼梦》秦可卿托梦凤姐亦言"盛宴必散",《聊斋志异·蛇人》也说"世无百年不散之筵"等),钱先生《札记》卷二第1248页云:

> 稼轩《无题》:"合手下,安排了,那筵席须有休时。"按,倪君奭《夜行船》"年少疏狂今已老,筵席散,杂剧打了"(《全宋词》卷一百二十八),沈竹斋《醉落魄》云:"时光盛逼,杯盘渐渐来收拾。主人便欲留连客,末后殷勤,一着怎生得。来时便有归时刻,归时便是来时迹,世间万事曾经历。只看如今,无不散[的]筵席。"(《全宋词》卷一百四十八)

辛氏《无题》，其词牌为《恋绣衾》。应该说明，钱先生在此处不是在追溯这一用喻的最初出处，而主要在作比喻、意象的"打通"研究，以阐发令人神往的"修辞智慧"，寻求人们相通或相似的艺术思维。

四、文本误植之因及其他

钱先生著作中确实存在文本误植的情况，其原因诚如刘衍文先生所言："读书太快、抄录过速"，"不喜藏书，著述时只凭笔记，连常见书也往往无法核对。"（《钱周之争平议》，见《钱锺书研究集刊》第三辑，上海三联书店，2002年）就引用宋词而论，又与他所据为《全宋词》初版本（无断句）也有关系。我还可以补充一点，就是《管锥编》定稿成书的具体环境。那时他刚从干校回京，和杨先生住在文学研究所的一间研究室里，仅有行军床二、三屉桌二，室徒四壁，连一个书架也没有。所内图书室又尚未启封，他硬是靠着几麻袋的笔记本成就这部皇皇巨著的。致误之由其实很简单，缺少了出版前最后一道工序——严格核对原书而已。当然，钱著中存在这些瑕疵是令人遗憾的，也是应予订正的，但用不着将情况与"原因"说得那么严重。

再回到《词学》上那篇"勘正"文章，所指误舛不少是对的，个别条的考辨也有一定的学术深度。但《管锥编》不是古籍整理，其引例除无特殊必要，一般并不需严格校勘版本的异同，其书的性质从钱先生认可的英译书名中就可反映出来，即是：*Limited Views: Essays on Ideas and Letters*（《有限的观察：关于观念和文学的札记》），而《勘正》作者有时求之过苛，有的更是尚可商榷的。

比如作者用了近一页的篇幅，批评钱先生引辛弃疾《鹧鸪天》"欲上高楼本避愁，愁还随我上高楼"两句，认为此词并非确为辛作，钱氏失于考核。其理由有四：一是此词辛集"诸旧本未收录"；二是"玩其词意，完全不是陈廷焯所赏辛词风格"，"稼轩饱学才人，当不至谫陋如此";三是此词"唯载于吴讷《百家词》",而此本非佳本,不可据;四是《历代诗馀》亦有无名氏同韵之作,与上述词"文句相类,机杼无异",因而此词"作者是辛弃疾乎?无名氏乎?"处于两可之间,而钱氏"不当漏引了这首无名氏之作,以成双璧"。按,钱先生《管锥编》引此两句,是为了论证扬雄《逐贫赋》写"贫"之于人,如影随形,而"愁"亦如此。其前还引辛氏《鹤鸣亭独饮》:"小亭独酌兴悠哉,忽有清愁到酒杯。四面青山围欲合,不知愁自那边来。"流传甚广的《丑奴儿》"少年不识愁滋味,爱上层楼",不也是辛氏名作吗?我弄不明白"欲上高楼本避愁"两句为什么不合"辛词风格",写了这两句就变成了"谫陋"?吴讷《唐宋名贤百家词》确有误收之作,本乃词总集的普遍情况,不足为怪,何至于怀疑其中每首均误?引不引无名氏之相类词作,实与《管锥编》著作性质了不相涉,而竟斥之为"漏引",也有点过分。

更重要的是"诸旧本未收录"一语,显与事实不符。考辛氏词集最早也是最权威的,今有两个版本系统:一是四卷本之《稼轩词》,分甲乙丙丁四集,为辛氏生前所编;二是十二卷本之《稼轩长短句》,为辛氏身后所刊。而钱先生所引"欲上高楼"两句的《鹧鸪天》,赫然见于四卷本《稼轩词》丁集,在涵芬楼影印汲古阁影宋抄本的第二册第17页上一查即得。说"诸旧本未收录",未免有点武断。顺便提及,《勘正》作者为了贬抑吴讷《百家词》,曾引梁启超谓其所收辛氏集外词"即使真出稼轩,在集中亦不为上乘"等语,以为自己助力;殊不知梁任公在《饮冰室跋四卷本稼轩词》中,对在《百家词》中,"丁集赫然在焉,乃拍案叫绝,知马贵与(端临)所见四卷本,固未绝于人间也",喜忻雀跃之情,溢出纸外,可见他对"丁集"的珍重了。要之,此首《鹧鸪天》既见于"丁集",仅此一条版本根据,怀疑论似可息喙矣。本来,此词的主名历来是均无异议的。

钱先生的两篇审稿意见

我第一次见到钱锺书先生是在 1960 年,距今整整半个世纪。那年夏天,我分配到文学研究所,直到 1978 年调离。在这 18 年中,我参加过《中国文学史》和《唐诗选》两项集体项目,都在钱先生的直接指导下工作,是他引领我走上学术研究之路。至今印象最深、受益最多的是他的日常性谈话。他很少在全所会议上发言,我也没有领略过他做学术讲演的风采,但他日常性的随意谈话,挥洒自如,精彩纷呈,似乎更具魅力。编写文学史时,他是我们唐宋段的负责人,一起借住在北京西郊,与我对门而居,时时简短交谈;后来我利用办理公务之际,数次到他寓所作"一对一"的倾心对话,那实在是至今难忘的幸运。另一个好机会是《唐诗选》五人小组会议,专门讨论并解决唐诗注解中的"疑难杂症",说是五人开会,实际上主要听取他的见解。这一系列的言谈,当时就给我以"若受电然"的感觉,他对诗歌的"鉴赏和评判",他的妙思玄想、审美感悟,把我从大学课堂上所接受的一套阐释模式中引出,打开眼界,看见另一番迷人的风景。我不仅仅被他的思维敏捷、巧喻连珠、警语迭出所折服,还开始知道学问海洋的深广奥妙,找准自己治学的立足点。随着时间的推移,当年听讲所感受到的震撼并未减弱,但具体所谈内容细节却被岁月销蚀殆尽。我常常深以为憾,特别是因为不能与我的青年朋友们分享。

好在手边还保留他审读我文稿时的两份书面意见,谨作记叙,稍述心得,希能对当年耳提面命、尽兴倾谈的情景,仿佛一二。

一、"文学批评中之'考据'必须更科学、更有分析"

我在1965年写过一篇《韦庄与他的〈秦妇吟〉》,投给《文学评论》,编辑部请何其芳、冯至、钱锺书三位先生审阅。为了便于我修改,编辑部把他们的审稿意见直接转给我,因能珍藏至今。钱先生的这份审读意见,约一千字。他起笔写道:"有新见,能分析细致,文笔亦明洁。同意何其芳、冯至两位同志的评语。可发表。但有若干处须修改,列举如下。"以下开宗明义第一条意见即关乎论文的主旨及立论方法,既抓住了要害,又巧妙地解决了审稿过程中的一些意见分歧。我的文稿原拟围绕韦庄及其《秦妇吟》的评价,论述两个问题:(一)从韦庄的作品可否称为"诗史"并与杜甫相提并论,谈谈科学类比和庸俗类比的区别;(二)从《秦妇吟》反对农民起义是否是一种"无法超越的局限性",谈谈古代作家对农民起义的一般态度。在审稿中,有先生认为杜甫、韦庄类比之说"并不普遍","用不着专段加以辨明",建议论文集中解决《秦妇吟》的评价问题,其他均应删节、合并。这与我写作此文的初衷有些距离,因为我以为科学的历史类比虽然不失为史学研究的一种重要方法,但极为相似的历史现象之间,在不同的历史条件下又常常具有完全不同的性质,韦庄的反对黄巢起义与杜甫的反对安史之乱,就不能简单比附而将韦庄作品也称为"诗史"。以韦、杜之例,深入阐释不同的类比方法的意义,还是有学术价值的。因对这一删节建议,我正踌躇不决,左右为难,钱先生即敏锐地看出我的"心思"。他说,论文第一节"历举韦杜类似之处,欲擒故纵,欲破先立,虽见心思,而不免系铃解铃之病"。我原意不是要写一篇驳难之文,而是试图说明一个研究方法问题,但在行文中,确有虚设论敌之嫌,钱先生所言,一语中的。然而说韦庄作品为"诗史"

者实有其人,说"端己生平心仪子美,至以草堂为居,浣花名集"(《韦庄秦妇吟校笺》)的,还是我们尊敬的陈寅恪先生,韦、杜相比之说,并非子虚乌有,也是有一定影响的。因而,钱先生的最后意见是:"我意此节作为冒子,可以保存,而改变写法,譬如说'韦庄和杜甫表面上有些类似之处(举例),但于杜甫认识甚浅(举《又玄集》临终吟讽),故古代文评家未有以之比杜者。由于《秦妇吟》的发现,近来有人抬出与杜"诗史"并称,这是不正确的'云云。"

有钱先生的这条意见,我的修改自然容易多了,也感谢他的苦心。但他并不仅止于帮我"解围"(第一节不必删削),而更进一步指出:研究作家之间创作的影响问题,应该采取"更科学,更有分析"的态度,他一一分析所谓"韦庄一生崇拜杜甫"的实例,揭示其论证上的缺憾。如韦庄编选《又玄集》列杜为首,似为尊杜之证,钱先生说:"事实上《又玄集》选杜五七律六七首,皆流连光景之作,于杜之有'诗史'价值者,一概未选,是于杜之认识极为肤浅(尤其在元稹标举杜甫以后,更征韦之无识),而于李白,尚知选《蜀道难》,相形之下,可见'一生崇奉'之实际情况矣。""列杜为首"仅是表象,其选取标准和眼光,才是问题的关键。又如韦庄"临终时对杜诗'吟讽不辍'"问题,他写道:"乍见之,大有《列朝诗集》记王世贞晚年尊苏轼,临终时'手东坡集不释'之概,然事实上韦'吟讽不辍'者,只是'杜诗'中两句,即《又玄集》所选《南邻》结句("相送柴门月色新"云云),是证据亦无甚力量。"又如:"身世、住宅之偶合,亦似缺乏文学批评上的价值。韦庄杜陵人,买宅浣花溪上,自称'杜陵归客',名集曰《浣花》,理亦当然,未必为'崇奉'杜甫之表示,与柳开之号'肩愈'、王质之号'绍陶',具有倾向性者不同。"振笔直遂,一气呵成,最后归纳为"文学批评中之'考据'必须更科学、更有分析",他已为我作了具体的示范。

我这篇文章论及黄巢起义军,在当时主流思潮笼罩下,自然更强调它的"革命性"与"历史的正当性",多处引述马克思主义经典作家

第二辑　钱锺书先生的学问与趣味

的言论作为立论的根据,《秦妇吟研究汇录》(上海古籍出版社,1999年)一书收入此文,编者在《前言》中还把它当作"运用马克思主义观点进行分析评论,从而表现出较强的科学性的例子",这是编者的宽容,其实只是引用频繁而已,光引列宁语录就达四处之多。为了避免满纸必称马列的"党八股"气,有的地方我采取了撮述其意、不注出处的办法。譬如马克思《路易·波拿巴的雾月十八日》中有云:"黑格尔在某个地方说过,一切伟大的世界历史事变和人物,可以说都出现两次。他忘记补充一点:第一次是作为悲剧出现,第二次是作为笑剧出现。"杜甫"三吏"、"三别"产生于潼关—洛阳道上,韦庄笔下的"秦妇"从长安逃难洛阳,我以为这两者蕴涵的意义是不同的,因而化用

钱锺书先生的审稿意见(释文附后)

了"悲剧"、"笑剧"之意而以自己语言表达之,未注出处。钱先生批云:"'历史上这样现象'数句,若非隐承马克思语,则是与马克思暗合,请看《拿破仑第三政变记》第一节。"我当时就明白:"与马克思暗合"云云,是开个小小的玩笑;引文必须注明出处才是应该遵守的学术规范。

钱先生在这篇审稿意见的尾注中说:"以上是(一九六六年)四月五日写的,其它意见琐细,于四月十日与水照同志面谈了。"4月10日是个星期天,我专程去钱家听取他对此稿的意见,他倾筐倒箧,巨细罔遗,我听时且惊且愧,现今却印象模糊,无法准确记叙。

二、"不要死于古人句下,
　　不要迷信票面价值"

他另一篇审稿意见,因是写给我一个人看的,笔意畅达,娓娓道来,颇具面谈时的现场感,也见出他一贯的指导后学的那份尽心、细心和诚心。我执笔的《唐诗选·前言》一稿仅一万多字,他的这篇审读意见洋洋洒洒写了一千六百多字。从开头第一段到末尾一段,他均有批评。我在文章开头说:"唐代是我国古代诗歌发展史上极其重要的阶段,呈现出空前繁荣的景象。诚如鲁迅先生所说,'我以为一切好诗到唐已被做完'……"(大意,初稿尚待寻找)他分析道:"我意首句'我国古代诗歌发展史'宜改为'我国文学史'更妥。因'诗歌'与其他文学体裁在语言上血肉联系,且唐诗至今还是有它不可磨灭的价值。此为开宗明义之句,应说得高瞻远瞩些。何况隔一句又说'我国古代诗歌',似不须重复如此。鲁迅语可引,但其语意("到唐已被做完")是绝后,而把它来承上句'空前繁荣',稍觉不贯,至少得说'鲁迅先生还(甚至)说'这一类字样。"这篇文稿我是1977年8月写的,那时已有十年不写学术论文,笔端滞涩,套话、熟词连篇,行文粗疏,鲁迅语中"绝后"含义,与上句之"空前"两字枘凿,我浑然不觉,钱先生却说"刺眼"、"请酌",具见他敏锐的语言感觉和缜密的文思。

我的文稿接云:"在唐诗研究中,困难不在于描述唐诗繁荣的盛况,而在于正确解释繁荣的原因。我们在下面提出一些不成熟的看法,希望能引起进一步的探讨。""不成熟"三字,引来钱先生的一大段议论:"'不成熟'三字似可删,因主观上是'成'而大成、'熟'而烂熟,方敢提出公诸于世。此序又非即席临时发言或考场试卷,无人催促,非急就章,如觉'不成熟',不妨再加深思熟虑。虽客气话,亦当切合体裁。请酌。""文革"也是一场民族语言的灾难,大话、空话、粗话、套话满天飞,汉语之诗性智慧、灵动美感几丧失殆尽,钱先生这里所发的感慨,似不仅仅针对"不成熟"三字而已。

这篇审读意见共九条,内容广泛,涉及文字锻炼、引文规范、例证增删,乃至立论要旨、研究方法等方面,是一篇值得反复琢磨、细心揣摩的文字。我在文稿中引用李德裕反对进士科的奏章,引文是依据《新唐书·选举志》,而以《旧唐书·武宗纪》为参看。他的批评先从文史常识谈起。他认为:"凡新旧《唐书》同记一事而内容不甚差异者,当以《旧唐书》为主,而以《新唐书》参看。此乃清代学者传统,未可厚非。"譬如陈鸿墀《全唐文纪事》引述《唐书》即是如此。然后具体评论我文稿中的引文。我引《新唐书》,此处作"少习其业,目熟朝廷事",然而他亲自查检《旧唐书》,却作"自小便习举业,自熟朝廷间事",他在"举"、"自"两字之下加了着重号,认为"意义远胜"。他阐发道:"《新唐书》仿佛'显宦'是一门行业,自小就可学习,未做官已能上朝廷亲自'目'击朝仪,都是语病。"而《旧唐书》的"自小便习举业",说明"'阀阅门第之家'虽仇视'进士'之'业',而亦自有其'举业';与郑覃事合观(抬出《诗三百篇》来抵制文宗'诗博士'之举)"。

从新旧《唐书》对同一事件记载的异文对勘,说明从史源学而言,应以《旧唐书》为正,而以《新唐书》为辅;然而钱先生这里非仅意在提供一条传统史学信息，而是把问题展延到更重大的学术课题。唐史研究中有个重要观点，即士族世家以经学为正宗，薄进士为浮冶，由进士出身而以浮华放浪著称者，多为新兴的庶族寒门，并以此作为解释唐代一些文史问题的理据。我在文稿中也接受这一见解，用以说明唐诗繁荣的一个原因。钱先生显然不认同此说。他写道："仇视'进士'不仅（'仅'字下有着重号）是世家子弟反对选举，还包含着自周、隋以来经学对词章的仇视，即'儒林'对'文苑'的仇视（在宋如道学之于诗文人，在清如考据家之于词章家，在现代欧美如科学家之于人文学家，所谓"两种文化之争"），此点文中不必详说，但措辞须稍减少简单化，除非能证'明经'派都是贵族世家。"他举了韩愈《答殷侍御书》，指出寒门出身的韩愈向大经学家殷侑倾心学习经学的诚意，最后说："足征'进士'和'经书'是两门学问，但'进士'与'明经'不一定是出［于］两个社会阶层。"在不同观点的背后，隐含着不同的学术旨趣、学科背景和研究范式，正表明问题本身的复杂性和开放性。钱先生富有理据的质疑，有助于研究的进一步精细化和深化，实在应引起重视。

我在文稿中还说到，"唐代诗歌，特别是盛唐诗歌的一个重要主题，是强烈地追求'济苍生'、'安社稷'的理想"。他又有一大段批语："也只能如此接受票面价值。李、杜姑存疑，杨炯、王维之伦有多少忧国安民的志向，我只大胆怀疑而已。"虽然是勉强接受了，他提醒我注意两点：一是不要与后面作家小传矛盾：《前言》中俨然志士，而小传中却说是吟咏山水风月之士，如王维。二是刚说过诗歌在唐代是社交之具、进身之阶，那么"宁为百夫长，胜作一书生"、"岂学书生辈，窗间老一经"等语，其"真诚性"就"大可斟酌"了。末了他还不忘幽默："但是，看来大话不可不说，正如袁嘏诗篇无只字可传，一句大话便能名登《南齐书》、《南史·文学传》也。"袁氏的这句大话是："我诗应须大材迮之，不尔飞去！"

涉笔成趣，然而所提出的问题却是极其严肃的。研究者、解读者与面对的史料、文本之间，横亘着三重障碍：一是无法彻底了解古人的具体语境；二是无法摆脱已有的对该史料的认识和解读，会自觉或不自觉地受其影响；三是无法脱离自身的时代、环境、经历、学养的限制，由此造成的"文字之执"是必然存在的。钱先生经常告诫我们不要死于古人句下，不要迷信"票面价值"，要穿透文字表面而看其底蕴真相，所言具有普遍的指导意义。

我的文稿带有明显的应时性，现已不为自己所看重；而钱先生的两篇审稿意见，却具有学术的长效性，岁月流逝而光景常新。时时展读，仍能读出智慧，读出对后辈的提携深情。

附：钱先生两篇审稿意见全文
一、关于《韦庄与他的〈秦妇吟〉》

有新见，能分析细致，文笔亦明洁。同意何其芳、冯至两位同志的评语。可发表。但有若干处须修改。列举如下：

第一节。自来似无人以韦庄与杜甫并举者，前数年向迪琮（？手边无此书）编韦庄集，始托"诗史"之名，借以抬高韦庄，似亦无甚重量。此段文字，历举韦杜类似之处，欲擒故纵，欲破先立，虽见心思，而不免系铃解铃之病，"迷惑"即谓由作者自己造成，亦无不可！譬如开头举《又玄集》列杜为首，事实上《又玄集》选杜五七律六七首，皆流连光景之作，于杜之有"诗史"价值者，一概未选，是于杜之认识极为肤浅（尤其在元稹标举杜诗以后，更征韦之无识），而于李白，尚知选《蜀道难》，相形之下，可见"一生崇奉"之实际情况矣。"临终时对杜诗吟讽不辍"，乍见之大有《列朝诗集》记王世贞晚年尊苏轼，临终时"手东坡集不释"之概，然事实上韦"吟讽不辍"者，只是"杜诗"中两句，即《又玄集》所选《南邻》结句（"相送柴门月色新"云云），是证据亦无甚力量，只是作者自布疑阵而已。此外身世、住宅之偶合，亦似缺乏文学批评上的价值。韦庄杜陵人,买宅浣花溪上,自称"杜陵归客",名集曰《浣花》,理亦当然,未必为"崇奉"杜甫之表示,*与柳开之号"肩愈"、王质之号"绍陶",具有倾向性者不同。我意此节作为冒子,可以保存,而改变写法,譬如说"韦庄和杜甫表面上有些类似之处(举例),但于杜甫认识甚浅(举《又玄集》临终吟讽),故古代文评家未有以之比杜者。由于《秦妇吟》的发现,近来有人抬出与杜'诗史'并称,这是不正确的"云云,请酌。"历史上这样现象"数句,若非隐承马克思语,则是与马克思暗合,请看《拿破仑第三政变记》第一节。

以上是四月五日写的,其他意见琐细,于四月十日与水照同志面谈了。

　　*忆陈寅恪先生《秦妇吟笺释》即以"浣花名集"为韦崇奉杜之证,与夏承焘先生之以韦少时曾居下邽(白居易故乡)遂谓韦诗师法白居易,同一捕风捉影,文学批评中之"考据"必须更科学,更有分析。陈、夏两先生皆未见《又玄集》,尤为卤莽武断矣。

二、关于《唐诗选·前言》

第(1)页

第一节:我意首句"我国古代诗歌发展史"宜改为"我国文学史"更妥。因"诗歌"与其他文学体裁在语言上血肉联系,且唐诗至今还是有它不可磨灭的价值。此为开宗明义之句,应说得高瞻[一]远瞩些。何况隔一句又说"我国古代诗歌",似不须重复如此。鲁迅语可引,但其语意("到唐已被做完")是绝后,而把它来承上句"空前繁荣",稍觉不贯,至少得说"鲁迅先生还(甚至)说"这一类字样,或将末一句"唐诗……最高成就"移在"鲁迅先生说……"前,稍觉不刺眼些。请酌。

第二节:"这又是一个……时代"。上句只说"唐诗","这"字承不起,当改"唐代又是……"之类,如添上大约年数"唐代□百年又是……"更妥。

第三节:"不成熟的看法"。"不成熟"三字似可删,因主观上是"成"而大成、"熟"而烂熟,方敢提出公诸于世。此序又非即席临时发言或考场试卷,无人催促,非急就章,如觉"不成熟",不妨再加深思熟虑。虽客气话,亦当切合体裁。请酌。

第(5)页

李德裕云云。此节据《新唐书》而以《旧唐书·武宗纪》参看。鄙意凡新旧《唐书》同记一事而内容不甚差异者,当以《旧唐书》为主,而以《新唐书》参看。此乃清代学者传统,未可厚非。如陈鸿墀《全唐文纪事》中于《旧唐书》仅标云《唐书》以示其为正,而《新唐书》为辅也。即如此节,文引《新唐书》"少习其业,目熟朝廷事",而检《旧唐书》作"自小便习举业,自熟朝廷间事",意义远胜。《新唐书》仿佛"显宦"是一门行业,自小就可学习,未做官已能上朝廷亲自"目"击朝仪,都是语病。更观《旧唐书》,可见"阀阅门第之家"虽仇视"进士"之"业",而亦自有其"举业";与郑覃事合观(抬出《诗三百篇》来抵制文宗"诗博士"之举),便知仇视"进士"不仅是世家子弟反对选举,还包含着自周、隋以来经学对词章的仇视,即"儒林"对"文苑"的仇视(在宋如道学家之于诗文人,在清为考据家之于词章家,在现代欧美如科学家之于人文学家,所谓"两种文化之争"),此点文中不必详说,但措辞须稍减少简单化,除非能证"明经"派都是贵族世家。韩愈《答殷侍御书》可以一读。殷即殷侑,大经学家——足征"进士"和"经书"是两门学问,但"进士"与"明经"不一定是出[于]两个社会阶层(殷当时已官为侍御)。

第(6)页

第一节:"不得不举进士"云云。何以不举唐宣宗自署"乡贡进士李道龙"为例?[二]

第(7)页

"古希腊人"云云。此句删之何如?因此桂为文艺女神之树,虽为古希腊之风俗,而以桂冠加顶则始于文艺复兴,大学毕业生即戴

第(9)页

"济苍生"云云。也只能如此接受票面价值。李、杜姑存疑,杨炯、王维之伦有多少忧国安民的志向,我只大胆怀疑而已。然有一事须注意,此处把他们看作志士,后面小传里如只字不提或反而说他们是雕绘风花之士,那就至少难逃"实用主义"之讥了。更有一事须注意,上面既说诗是社交之具、进身之阶,则此等说话的真诚性是否100%、90%、80%、70%……%,大可斟酌。第11页论李白的狂傲只是银样镴枪头;实则此节所言亦然。但是,看来大话不可不说,正如袁嘏诗篇无只字可传,一句大话便能名登《南齐书》、《南史·文学传》也[三]。

第(13)页

"田园"尚有正在做官并未告退时的"别墅"。"终南捷径"语似未切,卢鸿一非"诗人",而"诗人"以作田园诗而得官者,有其人乎?请另举例。

第(26)页

"由钱锺书"云云。贱名务请删削,至恳至求。

整理者注:

[一]"瞻",原稿作"掌"。

[二]事见《唐摭言》卷十五《杂记》:"大中中……上以红笺笔札一名纸云'乡贡进士李御名'以赐(郑)镐。"《唐语林》卷四《企羡类》亦云:"宣宗爱羡进士……尝于禁中题'乡贡进士李道龙'。"

[三]《南齐书》卷五二《文学传》:"又有陈郡袁嘏,自重其文。谓人曰:'我诗应须大材迮之,不尔飞去。'建武末,为诸暨令,被王敬则所杀。"又见《南史》卷七二《文学传》。

钱锺书世界的文化阐释

——读《营造巴比塔的智者·钱锺书传》有感

尽管钱锺书先生"诚诚恳恳地"奉劝别人不要研究他,对于"传记",他早年更调侃说:"为别人做传记也是自我表现的一种","你要知道一个人的自己,你得看他为别人做的传",戏谑中确有真理存焉。然而,据我所知见,有关他的传记著作至少已有四种,或许可以看作对传主本人意愿的"合理冲撞"吧?20世纪初,钱先生从无锡钱家大院开始人生之旅,数十年孜孜矻矻、坚持不懈地文化创造,已造就了自己的独特世界。这个世界,融通中西,贯注古今,以其并世罕见其匹的淹博与睿智,吸引和震撼着中国的整个学术界和读书界,成为我国现代文化史中的一位坐标式的人物。研究当今民族文化及其走向,已经不可能绕过他,撰作评传也自然地成为一种研究方式了。

张文江先生的这部《营造巴比塔的智者·钱锺书传》,应该说是有特色的研究性传记。此书在写法上虽与一般学人传记相类,以传主生活经历的先后为序,又以传主的主要著作(《围城》、《谈艺录》、《管锥编》、《七缀集》等)作为全书架构,但其着重点放在描述和阐释传主所创造的文化世界及其人格精神上。作者始终联系整个现代史的时代背景来展开对传主的述评,突出在动荡和战乱频繁的历史环境中,一位正直知识分子如何坚持我们民族文化现代化的努力。作者认为,读钱氏著作,如果没有感受到其中的时代气氛和时代精神,则不能识其大体,这是很中肯的。不妨偶拈一例:我有幸与钱先生同在河南干校,那时单位正在抓什么"建国以来最大的反革命集团",揭批惨烈,自杀者、打死者均有之。有次钱先生私下说:那些被斗对象,"强者不吐实,弱者吐不实",他意在下句,立即点明了逼供信的真相,在当时真够大胆和敏锐的;后来读到《管锥编》论《史记·李斯列传》条,却赫然在目。(书中论及古罗马词学书引语云:"严刑之下,能忍痛者不吐实,而不能忍痛者吐不实。")他对自然、社会、人生和文化的思考总是充满现代感和现实性的。钱先生并不真的是"闭门不管天下事的人",不过在载沉载浮的政治变动中,借此以守身如玉,坚持中国士人的人格精神。这部传记对此不乏细致的描述和介绍,对我们理解20世纪中国知识分子的命运及其业绩的文化意义是有启发的。

尽管钱先生劝诫人们不要汲汲于建立什么"理论体系",一再声称"我有兴趣的是具体的文艺鉴赏和评判",认为"片言只语"、"鸡零狗碎的小东西"往往说出了"益人神智的精湛见解",这自然是十分深刻的;然而这部传记却力图寻找钱先生的"著作系统",探索这个系统的主要内容、核心以及变化状况,其中如论《管锥编》的四种文献结构等,都是作者用功甚勤的成果。读者对他的结论可以作出自己的判断,但力图在钱先生多种著作中寻找一种贯串起来的东西,作者的这种努力是应予重视的,或许昭示着"钱学"研究今后的一个重要走向。钱先生的几部主要著作大都采用诗话(《谈艺录》)、选本(《宋诗选注》)、读书札记(《管锥编》)等传统著述体裁,然而我们又确实感到其间存在着统一的理论、观念、规律和法则,存在着一个互相"打通"、印证生发、充满生气的体系。平心而论,仅从文学研究而言,目前对钱先生的学术成果,尚未深入领会和充分利用,这与"钱学"研究的缺乏整体性、系统性是密切有关的。

第三辑　钱锺书先生的宋诗研究

《宋诗选注》的一段荣辱升沉

　　《宋诗选注》是钱锺书先生在新中国成立后公开出版的第一部著作,也是他面对新的学术界而贡献的最初成果。他在完成书稿时有诗说:"晨书暝写细评论,诗律伤严敢市恩。碧海掣鲸闲此手,只教疏凿别清浑。"(《赴鄂道中》其二)诗中化用唐庚、杜甫、元好问的诗句,谓以"碧海掣鲸"之大手笔而从事此项普及性的选注工作,不免未尽其才,但"晨书暝写"的辛劳,"细"、"严"的认真,自叹中复又自信。当时他工作单位文学研究所的领导也十分看重。1957年3月,《文学研究》创刊,就发表《宋诗选注》中的作家小传十篇,以《宋代诗人短论(十篇)》为题,与俞平伯、孙楷第及所外一流古典文学研究大家郭绍虞、夏承焘、罗根泽等的论文一并推出,还特意配发了苏轼、黄庭坚、陆游、范成大的手迹;紧接着在第三期上,又发表《宋诗选注序》全文。及至全书在1958年9月由人民文学出版社出版,以其丰富深邃的学术内涵和"另类"选本的独特风采,引起热烈的反响。

一、从备受推重到遭受批判

　　但不祥之兆几乎如影随形而来。早在同年五月,毛泽东在党的八大二次会议上几次讲话强调:"凡是有人的地方总要插旗子,不是红的,就是白的,或是灰的,不是无产阶级的红旗,就是资产阶级的白旗。""我们要在这些地方做工作,发动群众,大鸣大放,贴大字报,把白旗拔掉,插上红旗。任何一个地方都要插红旗,让人家插了白旗的地方,要把他的白旗拔掉。"(《毛泽东在中共八大二次会议上的讲话记录》,转引自《毛泽东传(1949—1976)》,中共中央文献研究室编,中央文献出版社,2003年)于是在学术文化领域内,一场"拔白旗、插红旗"的大批判运动从高校开始兴起,迅速席卷全国。

文学研究所是专家学者集中之地,运动一来,首当其冲,形势十分严峻。所长何其芳先生在8月24日的所务会议上,决定把已被所内外点名的郑振铎、钱锺书、孙楷第、李健吾、杨绛交由所内群众批判,但同时规定对郑的批判限期一周,其他四位限在古代组、西方组进行,限期一个月。在这个背景下,文学所主办的《文学研究》、《文学遗产》两大刊物,先后发表了四篇文章批判《宋诗选注》,作为个案而言,如此批判力度,在当时运动中相当抢眼。四篇文章中,有两篇出于文学所古代组同仁之手,另两篇的作者则是人民文学出版社的编辑,一个是编选者的工作单位,一个是《宋诗选注》的出版单位,明眼人一看即知,具有"清理自家门户"性质,以免被动。这些文章,一般"上纲"到"资产阶级唯心论"、"形式主义"之类,有的还肯定《宋诗选注》的一些"优点",所以后来钱先生说过批判得"不算厉害"的话。但他对其中一篇颇为反感。那篇文章把《宋诗选注》说成"目前古典文学选本中的一面白旗",必须要"坚决地拔掉这面资产阶级唯心主义的白旗","拔白旗,插红旗,不止是一场大辩论,而是一次十分尖锐的阶级斗争"。难怪钱先生对此文作者的事后道歉,没有搭理。

二、风向转变

运动来势甚猛,随之不断产生严重问题。到了这年年底党中央第一次郑州会议,风向转为纠"左"。又开始强调两种所有制(全民、集体)的区别,价值法则、等价交换、自给生产、交换生产等话题又出现在文件上,强调"冷"的科学态度,政策重又调整。次年(1959年)1月,中宣部召集教育、出版、文艺界负责人会议,传出胡乔木"我们不要资产阶级的破烂,也不要无产阶级的破烂"等语,不胫而走,广为流布。

何其芳先生则于3月6日和11日,在文学研究所分别召开党内会议和所务会议,具体落实纠"左"转向工作。他传达周扬对文学所和两个刊物的三点指示,即古今中外、百家争鸣、保证质量。并明确说:"这次开所务会议所以请副研以上同志参加,主要是要求大家写文章,展开辩论的风气。特别是被批评的本所同志,如孙楷第、钱锺书、杨季康、李健吾先生,都可以写文章。外地的老专家说时机不到,所内的同志要带头写。"还说:"对待学术问题应当是坚持真理、修正错误的态度。不同意的也表示接受,不进行辩论,这是违背良心、违背科学的,是非就不明了。"

于是,何其芳领导的《文学评论》(由《文学研究》改名,以下简称《文评》)、《文学遗产》(以下简称《文遗》)主要采取三种方式来进行纠"左":一是组织被批判的专家自撰反驳文章,如刘大杰《关于〈中国文学发展史〉的批评》(《文评》1959年第二期)、王季思《有没有这样的线索和标准?——关于我的〈宋元文学史讲义〉的批判的答辩》(同年第三期);二是发表被批判专家的其他学术论文,意在请他们在刊物"亮相",恢复声誉,如所内同事曾撰写批判李健吾、杨绛先生的两篇论文(同在1958年第四期),于是在1959年第三期上也同时发表李先生的《司汤达的政治观点和〈红与黑〉》和杨先生的《萨克雷〈名利场〉序》;三是物色著名专家为另一位被批专家"平反",这就很难组织到手了。正如何其芳先生所说:"外地的老专家说时机不到,所内的同志要带头写。"他1959年4月在《文评》编辑部讲话中,要求"注意发表不同意见的文章",特别提到刘大杰、王季思两文说:"这种反批评的文章是很难组织的,是不是有些专家有顾虑?"提出不要有"后顾之忧"。但学者们历经反右纠"左"、忽晴忽阴的多次反复,对充满变数的学术环境怀抱犹疑不安的心态,是很自然的。而当时唯一办成,且影响甚大的,就是请夏承焘来为钱先生"平反"了。近读夏承焘《天风阁学词日记》(以下简称《日记》),才知其间颇费周折,对于了解知识分子艰难的生存环境很有帮助。

三、夏承焘:不信千编真覆瓿,
　　　安知九转定还丹

先是1959年1月6日《日记》首次提及"夕阅钱默存《宋诗选》(按:此处当脱一"注"字)",1月7日又记:"午后看钱默存《宋诗选注》。近日报纸登批判此书文字数篇,予爱其诗评中材料多,此君信不易才。"1月9日,继续"看《宋诗选注》"。此是夏氏对其书其人的最初印象,也是他后来写"平反"文章的思想基础。后于4月8日抵京,他作为《文评》编委参加文学所主办的《文评》、《文遗》编委扩大会,住在清那桐旧居改建的和平宾馆。当晚,他由文学所工作人员"导往东四头条,访陈友琴、余冠英,谈至九时,二君行里馀送上街车",未访就在陈、余两家之间的钱先生寓所;又从夏先生此次客京十一天日记中,多记与文学所古代组专家互访会晤等事(如俞平伯、吴晓铃),独不见钱先生的姓名,看来,夏、钱二位交往一般。

但在4月19日返杭后,他5月4日的日记云:"发钱锺书函,谢其寄《宋诗选注》及诗,附去《感近事》一诗。"诗题为《自京归杭得钱默存示诗感近事奉报一首》:

后生可爱不可畏,此语今闻足汗颜。不信千编真覆瓿,安知九转定还丹。是非易定且高枕,蕴藉相看有远山。太息凤鸾满空阔,九州奇翼竟无还。

钱先生原诗待查。从夏先生的答诗来看，肯定是涉及《宋诗选注》遭年轻人批判事，夏先生安慰他《宋诗选注》自有价值不会埋没，是非必有定评不必挂怀。末句自注"谓郑振铎"，指郑先生飞机失事，可能原诗提及《宋诗选注》最初是郑所长交给钱先生的任务。嗣后于5月22日，钱先生又寄赠杨绛先生所译《吉尔·布拉斯》一厚册，次日夏先生"发钱默存、杨季康复，谢其惠书"。

而在这之间的5月13日，夏先生日记云："陈翔鹤昨来书，嘱为钱默存《宋诗选注》作平反，复一笺。复友琴。复黄肃秋。"陈翔鹤是《文学遗产》主编，在夏先生游京时，两人过往甚频，还亲至车站送夏先生离京。在京时是否谈起约稿事，不得而知；但在此后却一再催促（6月16日、7月3日、7月6日），夏先生迟至7月9日才写成《如何评价〈宋诗选注〉》一文。从《日记》来看，夏先生一般撰文，文思甚畅，不少论文咄嗟即办，一两天挥笔而就，独这篇四千六百字文章，延宕踌躇，一再催促历时两个月才完稿，足证心理负担不轻。果不其然，7月23日日记云："接《文学遗产》函，《如何评价〈宋诗选注〉》一文准于8月2日见报，问肯用真姓名否？"《文遗》编辑部当然希望能借重夏先生大名，以扩大影响，但夏先生原稿却未用真名。

夏先生的担心实非庸人自扰。1959年8月，庐山会议批判彭老总后，风云突变，急剧转向为反"右"。1960年5月30日日记云：杭大某人"作一文，批评予为钱锺书作《宋诗选注》介绍文，谓有意抵抗当时批判运动。其实当时周扬同志在北京文学研究所讲演时赞许钱书，《文学遗产》乃数次邀予撰此文"。夏先生的犹豫作此文，可能还有另一人事交往方面的原因。他在北京参加编委会议时，曾于4月15日应人民文学出版社之邀宴，晤王任叔（巴人）、陈迩冬等人，"任叔爱赏默存《宋诗选注》，谓论注文学书，应为作者留馀地"，那位写批评《宋诗选注》文章的作者时亦在座，且与夏氏交往尚多。我们现在读夏先生"平反"之文，完全是一篇中规中矩的书评，撇开"平反"，另找话头径自直书,似乎世上从未发生过批判风波。所以严格来说夏文还算不上是篇像他《日记》所说的"平反"文章。

四、小川环树:宋代文学史必须改写了吧

《宋诗选注》的一度获得"平反",钱先生是欠了两份人情的,夏先生一份,小川环树先生又是一份。在1958年《选注》遭到批判之后,小川环树先生在日本京都大学《中国文学报》第十册上,发表《钱锺书的〈宋诗选注〉》一文。他首先向日本读书界郑重地介绍钱先生的"业绩",并说他从"前年(1957年)的《文学研究》(第一期和第三期)上登载两篇论文"时,就"期待着见到这本书。现在这本书真的刊行了,实在令人高兴"。他敏锐地看出"这是一本从不同于前人的角度出发来对宋诗进行全面观察的书。它的注解和'简评'都特别出色。由于这本书的出现,大概宋代文学史很多部分必须改写了吧"。最后说:"对这本书,我们曾怀有很大的期待,现在这种期待没有落空,真是值得高兴的。"(载日本京都大学《中国文学报》第十册,1959年4月。中译文见《钱锺书研究》第一辑,文化艺术出版社,1989年)小川先生此文既对《宋诗选注》提出一些实事求是的商榷意见,又对国内大批判文章作了指名道姓的回应(如对《选注》未收文天祥《正气歌》的"批判",小川氏为之辩护),若说"平反",小川先生此文倒有这点味道。

京都大学素有重视国际学术交流的传统,一直向文学所按期赠送《中国文学报》。所内同事发现小川氏此文后,即告知陈翔鹤先生。翔老请人中译后转交何其芳、钱锺书两位,何先生更抓紧督促"平反",而钱先生几次表示谢意。

一次是对香港《明报》记者的谈话:"《宋诗选注》出版了,正碰上国内批判'白专道路',被选中为样品,作为'资产阶级文学研究'的代

表作,引起了一些批判文章。现在看来,不算厉害。日本京都大学小川环树先生在《中国文学报》写了一篇很长的书评,记得仿佛说'有了这本书以后,中国文学史的宋代部分得改写了'。文章的译文是《文学遗产》已故主编陈翔鹤叫人译出来给我看的。这当然使我很高兴和感激。"(彦火《钱锺书访问记》,载《明报》1981年6月24日)

一次是1980年,钱先生访问京都大学座谈时。小川先生在欢迎辞中提到《宋诗选注》;于是钱先生回应说,"他本人对这书实在极不满意","即便如此,出版后也还遇到'人民性不足'、'资产阶级文学观点'等严重批判。幸好围攻者正要大张旗鼓之际,《中国文学报》小川环树的书评刚好寄到,赏誉备至,于是群喙立息"。他们二人由此通信订交。但在"文化大革命"中,钱先生"把他珍藏的小川环树富有欧阳率更(欧阳询)书法风致的信统统付之一炬,以免'里通外国'的口实"(孔芳卿《钱锺书京都座谈记》,载《明报月刊》1981年1月)。钱先生特地寄赠小川氏《宋诗选注》一册,亲笔改订多达九十余处。这册书至今仍完好保存,作为两人友谊的见证,稍可弥补双方信件销毁不留的遗憾。

应该说明,小川先生的文章在"平反"中起了"以外促内"的好作用,但不是促使何其芳、陈翔鹤二先生组织夏文的起因,更不是主因。小川氏文章发表的时间是1959年4月,传到北京更在其后。而国内早从一月份开始已在紧锣密鼓地酝酿纠"左"和转向了,文学所更在三月份正式召开会议部署具体工作,鼓励并点名钱锺书和其他"被批评的本所同志",出来写反驳文章。连夏先生也是在8月2日发表《如何评价〈宋诗选注〉》后才获知小川氏文章之事的。他在9月3日的日记中说:"得周振甫书,寄还《唐宋词序论》,云日本人有长文评介钱锺书之《宋诗选注》,甚推重。"因而他撰文时未能参考小川氏文。懂得国内运动的读者自会明白:光凭一篇海外文章是不会"群喙立息"的,有时或许会产生火上加油的相反作用。

五、"大批判"馀波

到了1959年8月,风向陡变,这回轮到何其芳先生自己过批判关了。庐山会议号召展开反右倾斗争,在文学所,何其芳成为第一个批判对象,短短一周内向他贴出120张大字报,对1958年学术批判运动的反攻倒算也是一大罪状,几次检查不能过关。最后周扬亲自来文学所讲话:"你们要求领导人是无产阶级战士,这是过分的。"话说到这个份上,事情才得以平息。反右倾主要针对党内,钱先生这段时间虽算平静,但内心郁闷压抑,他为《宋诗选注》事对何先生深怀愧疚。

钱先生在《宋诗选注序》的末尾感谢何其芳同志的"提示",初版作"批评",因而曾被误读为何先生对此书选目作过个人的行政干涉。其实,"批评"在此处是中性词,意近评论、品评之类。何先生在古代组会议上说起过选目问题。他说:"选思想艺术统一的,当然不一定要都说民生疾苦的。思想要广泛些,写风景、写爱情的都选。还是以广泛的标准来选。"这是1956年12月13日的会议原始记录。要之,钱、何共事长达二十多年,关系极为融洽,文学所编的《衷心感谢他——纪念何其芳同志逝世十周年》一书,书名用的是巴金老人纪念何先生文章的题目,而由钱先生题写。钱先生的"感谢"也是"衷心"的。

[附记]

小川环树先生1993年逝世后,其藏书归京都产业大学图书馆,建立"小川文库"。我托人前往查阅,他有四种钱锺书先生《宋诗选注》:①"龙榆生手批本"(1958年初版),②"钱氏手校增注本"(1958年初版),此两种题名均由小川氏本人拟定,手书于封面。③钱氏再赠本(1963年重印本),④ 无题签本(1979年再印本)。前三种,扉页内有赠书人龙、钱二位的题签。钱先生的题签是对他写"平反"书评表示谢意,我已作过介绍,兹抄录龙先生的题签：

士解教授方讲宋诗,谨以友人钱君新著寄赠参酌。龙榆生 1959 年 2 月

"士解"是小川先生之字。龙先生与钱先生曾是上海暨南大学同事,1949 年前后常有诗歌唱酬,颇有涉及敏感时事之处,交谊并非泛泛;他与小川氏也有诗篇往还。这册赠书有两种笔迹,红笔为龙先生,铅笔为小川先生,这说明此乃龙氏自存本,还表明小川先生亦已细读过。龙先生面对 1958 年学术大批判,《文学研究》、《文学遗产》连续发表四篇文章批判钱选,他以有罪之身(1957 年丁酉之祸)急于并敢于把自用之书寄呈小川先生,此顶风之举含义实堪玩索。小川先生于 1959 年 4 月在京都大学《中国文学报》上发表为钱氏"平反"之书评,离接受龙氏赠书两个月,虽不能遽断为他作"书评"时使用过此书,但风气感应,不能完全排除吧。看来,钱先生为此所欠"人情",除了一位词学家夏承焘先生,还得另加一位连他自己也不知情的词学家。

在小川文库还意外发现一册曾枣庄先生的《苏轼评传》,书前有一行红笔题记:"1984 年 11 月承王水照夫人远道见赠。小川环树识。"原来那年我去他寓所拜访,谈话内容是苏东坡,对拙编《苏轼选集》多有垂询。他提及曾先生此书,陪同的东京大学伊藤漱平教授转头对我说:"那么请王先生在上海觅购一本吧。"我就请家人把自存本寄赠给他。小川先生与钱先生同龄(1910 年生),今年也是他诞辰 110 周年,述此作为纪念。

2020 年 2 月 26 日

《正气歌》所本与《宋诗选注》"钱氏手校增注本"

一、《宋诗选注》何以不选《正气歌》

小川环树先生在《钱锺书与〈宋诗选注〉》书评中开篇就说:"我曾经读过钱氏的论文和著作,对他那真正可说是'学贯中西'的广博的造诣和深刻的洞察力深为叹服。"先致仰佩之忱。在具体评价中,有两点颇为突出。一是从前言、选目、作者小传和注释等选本的四个构成中,指出此选本的诗人简评和注释"很详细,创见也多",可谓目光锐利,抓住要领。进而盛赞云:"可说是迄今为止全部选本中最好的。"这里说的是"全部选本",即在整体评价上把钱选推至诸选之冠的地位。最后又说:"由于这本书的出现,大概宋代文学史很多部分必须改写了吧。"指出此书已超越一般文学读本而优入著作之列,充分肯定此书在宋代文学研究上的学术价值。

二是鲜明地与国内当时的"大批判"立异。在他这篇书评之前,国内已有五篇文章"批判"钱选,在1958年"学术大批判"运动中十分引人注目。小川氏指名道姓地与"批判者"论难,特别讨论到钱先生不选文天祥《正气歌》的问题。有两位"批判者"都着重以此发难而上纲上线,目为"白旗"、"逆流",小川先生却认为,这是因为"钱氏本身持有一定的标准","一定是有充分理由才割爱的",因为钱先生已在作者小传中指明文天祥诗歌在被捕前后有很大变化：前期平庸，后期则多有感情沉痛的"好作品"。小川氏审慎地说："会不会钱氏认为《正气歌》虽然沉痛，却还够不上算是好作品？这是个谜。"

仔细想来，这个"谜"蕴含着并不简单的诗学内容：比如钱先生的"好作品"标准究竟是什么？人格与诗品固然统一，但能否完全等同？思想崇高与审美崇高密不可分，却又是否为同一概念？等等。因而引起一些学人追索的兴趣是很自然的。如杨建民《钱锺书为何不选〈正气歌〉》(《中华读书报》2003年6月11日)，曾联系《宋诗选注·序》提出的"六不选"标准而进行了有益的探讨。但明确的答案，还待钱先生自己来"揭晓"。

《钱锺书手稿集·容安馆札记》卷二第615则论《文山先生全集》云：

> 《正气歌》本之石徂徕《击蛇笏铭》，则早见董斯张《吹景集》卷十四，后来《茶香室丛钞》卷八亦言之，实则亦本之东坡《韩文公庙碑》"是气也"，"在天为星辰，在地为河岳，幽则为鬼神，而明则复为人也"云云也。

钱先生还曾把同样的意思写信给《宋诗选注》的责任编辑弥松颐(1978年5月24日)。信中说："《正气歌》一起全取苏轼《韩文公庙碑》，整篇全本石介《击蛇笏铭》，明董斯张《吹景集》、清俞樾《茶香室丛钞》等早言之；中间逻辑亦尚有问题。"(见弥松颐《"钱学"谈助》，《人民政协报》2005年4月18日)而早在1959年8月1日，钱先生致函日本学者荒井健(《围城》日译者)也提到："同志诸君评骘拙书(指《宋诗选注》)之文，义正词严，而自愧颛愚，殊无领悟。即如文山'正气'一歌，排比近俗调，于石徂徕《击蛇笏铭》尤伤蹈袭，诚未敢随众叫好，一笑。"(荒井健《〈围城〉周围之七——钱锺书书信九通》，载日本飙风会《飙风》第37号,2003年12月)对"大批判"诸文,他反言正说,绵里藏针;而对《正气歌》的看法,表达却最为直截。《手稿集》和两信都是探讨钱先生不选《正气歌》之因的最有说服力的资料。

钱先生在《中国诗与中国画》中说过:"我有兴趣的是具体的文艺鉴赏和评判。"他的"评判",一向秉持独具慧眼、不迷信权威的学术姿态;他的"鉴赏",又忠实于自己的艺术感受,不作人云亦云的违心之论,"未敢随众叫好"。聂绀弩《题〈宋诗选注〉并赠作者钱锺书》有两句诗说得好:"真陌真阡真道路,不衫不履不头巾。"(转引自《钱锺书和聂绀弩》,载《万象》2000年第1期)《宋诗选注》确不讲究时下选本的规范,也不完全遵循一般的"共识",而这种"异类"品格却真正指明了诗艺之途,因而也留给我们更广的思考空间和阐释的馀地。

《手稿集》和信函对《正气歌》所作的评论,要点有三,我们就逐一进行讨论。

第一,《正气歌》共60句,"时穷节乃见,一一垂丹青"以下16句,一口气列举历史上十二位忠义之士的壮烈事迹,引为自己的楷模与同调,几占全篇三分之一,浓墨重彩,歌哭无限,乃此诗关捩之笔。但钱先生指出,这种写法实本于石介《击蛇笏铭》。石介说:"夫天地间有纯刚至正之气,或钟于物,或钟于人,人有死,物有尽,此气不灭,烈烈然弥亘亿万世而长在。在尧时为指佞草,在鲁为孔子诛少正卯刃,在齐为太史简,在晋为董狐笔,在汉武朝为东方朔戟,在成帝朝为朱云剑,在东汉为张纲轮,在唐为韩愈《论佛骨表》、《逐鳄鱼文》,为段太尉击朱泚笏,今为公(指孔道辅)击蛇笏。"(《徂徕石先生文集》卷六)石介例举九个事例,《正气歌》十二例中与之相同者有三例(齐太史简、晋董狐笔、唐段秀实笏),排比句型亦复相同,沿袭之迹甚明。

第二,《正气歌》首言"天地正气"赋予宇宙万物以具体形态,这种看法渊源有自。在我国古代思想史上,《管子》较早地把"气"看作宇宙万物的本原,一切事物均是"根天地之气"(《管子》卷二《七法》),还提出"精气"说,"精也者,气之精者也","凡物之精,此则为生,下生五谷,上为列星。流于天地之间,谓之鬼神;藏于胸中,谓之圣人。是故名气"(《管子》卷十六《内业》)。石介在《可嗟贻赵安》中有云:"元气大为天地,小为日星,融为川渎,结为山岳",在《击蛇笏铭》中也指出"天地间有纯刚至正之气,或钟于物,或钟于人",这是我国古代影响深远的一种宇宙生成观。《正气歌》讲"正气"表现为"下则为河岳,上则为日星。于人曰浩然,沛乎塞苍冥",于天、地、人"三才"无所不在。而苏轼《潮州韩文公庙碑》则列而为四:天(星辰)、地(河岳)、幽(鬼神)、明(人),与《管子》更为贴近。文天祥诗和苏轼碑文,两者还是稍有差别的。

上述两点均属如何向前代典籍取资问题,涉及文学创作中的所谓"源"与"流"的问题。不过,前者是模仿构思和句法,后者主要是思想观念的传承。文学创作需要继承传统,更需要创新,而创新又离不开传统这个基础,这在学理上都容易了解,但在具体评价上就很难把握这个"度"了。俞樾仅揭出"文文山《正气歌》有所本"(《茶香室丛钞》卷八),未加一语褒贬;董斯张《吹景集》卷十四"文人相祖"条就有所抑扬了。他说:"曹子桓第云'文人相轻',初不言文人相祖也。……石徂徕《击蛇笏铭》云:'在齐为太史简,在晋为董史笔'……文山歌'正气',一撷其菁,争光日月。文之显晦,有数哉!然愚谓苏公学韩,白公学杜,尤是翻着袜手,若但以形骸求之,鲁男柳下,有甚干涉?"他一方面肯定《正气歌》祖袭石介而收到"一撷其菁,争光日月"的效果,并能广泛流布于世;但又惋惜它于自拔流俗、独创超越的艺术境界,尚未达一间,不如苏、白。"翻着袜手"典出王梵志诗。黄庭坚《书梵志翻着袜诗》云:"'梵志翻着袜,人皆道是错。乍可刺你眼,不可隐我脚。'一切众生颠倒,类皆如此,乃知梵志是大修行人也。"董斯张即用以喻指苏、白学习韩、杜能自主裁鉴,为我所用而出以自家面目。

钱先生的看法与态度，与董斯张大致相类。他并不一概而论地反对夺胎换骨、化用前人诗意和句式。《宋诗选注》在注释文天祥《南安军》"出岭同谁出？归乡如此归"一联时，指出"这种对仗原是唐人五律里搬弄字面的伎俩"，在举了贯休、李咸用的三个诗例后说："文天祥向纤巧的句型里注入了新内容，精彩顿异。"发出了由衷的赞叹。并对谢翱《书文山卷后》"死不从公死，生如无此生"运用文天祥的这种句法，也表示首肯。但《正气歌》"时穷节乃见"以下16句，与石介作品句意雷同、句式稠叠，确嫌过重，就有违于钱先生一贯所主张的诗贵独创的评赏标准了。早在1946年他发表的《小说识小续》中就说过："评者观古人依傍沿袭之多少，可以论定其才力之大小，意匠之为因为创。"而在《宋诗选注》的序中，对"放纵了摹仿和依赖的惰性"，成为"学问的展览和典故成语的把戏"等诗作，指斥更加不遗馀力了。钱先生自评《宋诗选注》云："晨书暝写细评论，诗律伤严敢市恩"（《赴鄂道中》其二，见《槐聚诗存》，生活·读书·新知三联书店，1994年），他对一些"过情之誉"的异议，具见他评艺衡文的严肃与郑重。

第三，钱先生说《正气歌》"中间逻辑亦有问题"，但未作具体解释。钱先生曾多次指出不少名篇佳作"逻辑不严"，"有失照应"，戏谓可作《古今名篇百首纠谬》一书。如举李白《北风行》刚说"念君长城苦寒良可哀"，信其尚生而可还；突接"人今战死不复回"，颇觉"语脉不贯、理路不通"（《管锥编》第三册，第896页）。白居易《缭绫》先说"地铺白烟花簇雪"，后说"织为云外秋雁行，染作江南春水色"，"那就不免失于照顾检点；因为上文讲的白和下文讲的绿都是实色"①。我们依此思路来读《正气歌》，或许可提出如下一些疑问：既然说自己

---

① 《读拉奥孔》，《文学评论》1962年第5期。收入《旧文四篇》时删去此例。《管锥编》第二册第594页"前后失照"条却进一步申说云："一绫也，色似白复似碧，文为花忽为鸟，又本身抵牾之病已。"

独秉浩然正气,"以一敌七(指七种恶气),吾何患焉",为什么又说"一朝蒙雾露,分作沟中瘠"?既然一旦为毒雾凶露所侵,难免委身沟壑,下句又紧接"如此再寒暑,百沴自辟易",似乎又缺少过渡、转折。既然"正气""耿耿在",陡接"悠悠我心悲,苍天曷有极",感情对比落差似嫌稍巨。仅记此两疑,以求高明指教。

无独有偶。陈衍《宋诗精华录》也不选《正气歌》(于文天祥仅选《晓起》、《夜坐》两首)。他的《石遗室诗话》卷三提出"说诗"应知人论世:"不论其世,不知其人,漫曰温柔敦厚,诗教也,几何不以受辛(商纣王)为'天王圣明',姬昌为'臣罪当诛','严将军头''嵇侍中血',举以为天地正气耶?"这或许透露出他的不选之由。据《三国志·蜀书·张飞传》,严颜奉刘璋命守巴郡,被张飞所俘,要其投降,严说:"我州但有断头将军,无有降将军也。"是谓"严将军头",然而他后来毕竟投降了。据《晋书·嵇绍传》,侍中嵇绍随从晋惠帝战于荡阴,飞矢雨集,嵇绍以身掩护惠帝而死,血沾惠帝之衣。事后惠帝不许洗去血迹,说:"此嵇侍中血,勿去!"但嵇绍原是嵇康之子,康为魏臣,被司马昭所杀。一个不能持"节"于后来,一个忘家仇于往昔,陈衍认为他俩于"天地正气"之秉持而言,是不足为训的。陈、钱不选《正气歌》虽同,而不选的标准则互有差异,借用钱先生早年说过的一句话是:"相辅而行,各有本位。"

钱先生的"本位",就是以文学为本位的批评立场,严防评赏文学作品时的"越位"和"错位"。他在1933年所作的《中国文学小史序论》中,申说撰写《中国文学小史》的要旨,"乃在考论行文之美,与夫立言之妙,体裁之大小新陈,非所思存。辨镜思想之是非,虽从鄙心所好,而既标名文学史,则宜'以能文为本',不当'以立意为宗'"。钱先生并非对"思想"、志节不予关注,他称文天祥是位"抵抗元兵侵略的烈士","他从元兵的监禁里逃出来,跋涉奔波,尽心竭力,要替宋朝保住一角山河、一寸土地,失败了不肯屈服,拘囚两年被杀",写下了

"极沉痛的好作品"。可见钱先生对文天祥不乏尊敬和赞许,而同时对《正气歌》又持有与众不同的艺术上的保留。看来,关于《正气歌》的讨论与探索还没有结束,但钱先生不主故常、努力在学海中寻找自己自由自在天地的思维方式给了我们深永的启示。

二、《宋诗选注》"钱氏手校增注本"

钱锺书先生大约在1959年寄赠小川先生《宋诗选注》一册,在扉页题词云:"小川士解先生惠赐大文,以此奉遗,非曰报也,以为好也,即请教正。"还钤上他常用的三枚图章,以示对小川氏撰写书评的答谢和订交的真诚。

在这册赠书中,钱先生亲笔改动大小九十馀处,约三千多字①,一律是端正楷书;小川氏也亲笔题上"钱氏手校增注本"七字,互示珍重。在《宋诗选注》出版一年左右的时间里,钱先生就作出如此规模的改动,体现了前辈学者孜孜矻矻、永不停步的日新之功。钱先生自嘲自谥"钱文改公",对自己的著作总有反反复复的"增补"、"补订"、"补遗"。只要他的生命不息,他的著作永无"定本"。

不少改动已为后来的修订本所采入,但仍有所润饰增删;研读此"手校本",更能亲切感受到他挥毫落笔时思考的印迹。如文同《织妇怨》"不敢辄下机,连宵停火烛"一联,初版原注云:

  夜里还不停止纺织,灯也不点。参看《玉台新咏》卷九费昶《行路难》第一首:"贫穷夜纺无灯烛。"

这里把"停火烛"解释为"灯也不点",则释"停"为"停止"之义。

---

① 已刊拙编《新宋学》第7辑,复旦大学出版社,2018年。

而在"手校本"中则改为：

> 夜里还不停止纺织，连夜灯烛不灭。这里的"停"字不是停止或灭绝的意思，而是停留或维持不绝的意思，就像刘勰《新论·惜时篇》："夫停灯于釭，先焰非后焰，而明者不能见。"或朱庆馀《近试上张籍》："洞房昨夜停红烛。"至于《玉台新咏》卷九费昶《行路难》第一首所谓"贫穷夜纺无灯烛"，那是暗用刘向《列女传》卷六齐女徐吾的故典，说"贫妇人"自己买不起蜡烛，只好"借"邻妇的"馀明"，并非说灯烛不点，暗中摸索也似的纺织。

这一"改笔"与初版中的意思正好相反，但于诗意连贯妥帖，当是唯一正解，牢不可破了。同时也解释了初版所引用的费昶"贫穷夜纺无灯烛"句的实际含义，乃是暗用典故，"并非说灯烛不点，暗中摸索也似的纺织"。

对这一改笔应予以足够的重视，或许是他后来在《管锥编》中提出训诂学系统理论的契机。皇皇巨著《管锥编》即以"论易之三名"开篇，提出"一字多意之同时合用"问题。钱先生说："一字多意，粗别为二。一曰并行分训，如《论语·子罕》'空空如也'，'空'可训虚无，亦可训诚悫，两义不同而亦不倍。二曰背出或歧出分训，如'乱'兼训'治'，'废'兼训'置'，《墨子·经上》早曰：'已：成，亡'；古人所谓'反训'，两义相违而亦相仇。然此特言其体耳。若用时而只取一义，则亦无所谓虚涵数意也。"（《管锥编》第一册，第 2 页）《管锥编》中多处运用"背出或歧出分训"的原理，重新解释文献，祛疑探赜，胜义迭出，令人叹服。如谓"文章学问复可为愚民之具，'明'即是'瞑'，见即为蔽"（《管锥编》第一册，第 234 页）。释"与"字，既有"相好、相得"义，复有"相敌、相拒"义，正"黑格尔所谓一字具正反二意者"，并进而指出"训诂之兼容并蕴，亦见事物之反与正成、敌亦友尤尔"（见《管锥编》第一册,第221页)。释"望"字,"希冀、期盼、仰慕并曰'望',愿不遂、志未足而怨尤亦曰'望',字义之多歧适足示事理之一贯尔"(《管锥编》第三册,第878页)等等。随处可见,指不胜屈。

正与《管锥编》的精彩阐释相呼应,从1963年第2次印刷本开始,文同《织妇怨》此注即有改动,最后改定为:

> 不灭火烛。"停"有相反两意:一、停止或灭绝,例如"七昼七夜,无得停火"(黄庭坚《豫章先生文集》卷二十一《跋奚移文》);二、停留或保持,例如"兰膏停室,不思衔烛之龙"(陆机《演连珠》),"逍遥待晓分……明月不应停"(《乐府诗集》卷四十六《读曲歌》之八十六),"停灯于釭,先焰非后焰而明者不能见"(刘昼《刘子》卷五十三《惜时》)。这里"停"字是第二意,参看朱庆馀《近试上张籍水部》:"洞房昨夜停红烛。"

用语明净醒豁,其含义却更为丰富了。"停"字的"第二意",似尚不见一般辞书采录,人们还可补充不少用例,尤如朱庆馀"洞房昨夜停红烛,待晓堂前拜舅姑"这一从"停(燃)灯"至"待晓"的情景,诗词中习见,如王建《织锦曲》"合衣卧时参没后,停灯起在鸡鸣前",柳永《戚氏》结句"停灯向晓,抱影无眠"等,但不如钱先生引例之富于玩味的空间。《钱锺书手稿集·容安馆札记》卷二第610则论及宋人程俱《北山小集》卷六《偶书二首其二》诗云:

> "壮膏日已减,老炷安得久?亦如临河树,岸垫根复朽。"自注:"《经》云:壮膏既尽,衰老之炷何得久停?"……后喻则吾国亦有之,严可均《全后汉文》卷十四《桓子新论中》云:"与刘伯师夜然脂火坐语,灯中脂索而炷燋秃,将灭[息],则以示晓伯师,言:'人衰老亦如彼秃炷矣。'"

所引《佛经》"衰老之炷何得久停"之"停",即用"保持"、燃灯之义,钱先生复引中土文献互证,使我们对"风烛残年"之类的常见比喻的语源,有更多的了解。

"一字相背分训",充满了辩证精神,运用这种汉语中实际存在却又常被人们忽视的特性,可以解释文学作品中一些看似反常、实符艺术之道的问题。比如可以推广至两个反义词组合成一个相反相成的新意义。《宋诗选注》在解释洪咨夔《泥溪》"斜阳塞轿明"句云:"'塞'跟'明'两字相反相成,塞满了是应当黑暗的,却反而明亮。"此类艺术赏析,一般人是很难达到的。

有些改笔后未正式采入修订本,但仍颇珍贵,值得一说。这有两类情况,一是申发原来论点,一是补充材料助证。兹各举一例。前者如王安石小传。这篇小传集中论述王安石诗歌的一个重要特点,即"他的诗往往是搬弄词汇和典故的游戏、测验学问的考题;借典故来讲当前的情事,把不经见而有出处的或者看来新鲜而其实古旧的词藻来代替常用的语言",这实是开了"宋调"的先声。钱先生当年的用语是:"后来宋诗的形式主义却也是他(指王安石)培养了根芽。"这个把"古典成语铺张排比"的特点,钱先生用萧子显《南齐书·文学传论》的"借古语申今情"来概括,并指出王安石的"借古语"一是采择广博,"在内容上,或在词句的来源上都超过了西昆体不知多少"[①];二是理论化,"他还有他的理论,所谓'用事'不是'编事','须自出己意,借事以相发明'"。而在手校本中,他又补充了第三层意思:片面追求"借事发明",有时甚至不惜违背事物的"今情"来迁就书本上的"古语",只顾"求之腹笥",而不重"征之目验",使"古语"比"今情"更重要了。钱先生写道:

---

① "都超过了西昆体不知多少",此句手校本改为"都比西昆体广大得多",此改笔已采入修订本。

而且"借古语申今情",就不免往往违背事物的"今情"来迁就书本上的"古语"。相传王安石写了"残菊飘零满地金"这句诗以后,引起一场争论:有人驳他说菊花是不掉瓣的,他搬出《楚辞》里"夕餐秋菊之落英"来塞人家的嘴,还嘲笑说:"不学之过也!""读《楚辞》不熟耳!"这个传说是否可信,菊花有没有掉瓣的品种,《楚辞》的"落英"能不能作"残菊飘零"解释,这些问题我们姑且撇开不谈。值得注意的是这个传说里所包含的创作方法:事物本身的"物证"抵不过"有书为证"。关于王安石以前的诗人是没有这种性质的传说的,而在王安石以后的诗评里,我们就每每碰见相类的借口了。

钱先生把"物证"抵不过"有书为证",提到"创作方法"的层面来看,这对理解宋人"以才学为诗"的特点,是很有启发性的。在《管锥编》第二册第586页论"落英"时,钱先生有更畅达的发挥,指出:"菊花之落,安石屡入赋咏。夫既为咏物,自应如钟嵘《诗品》所谓'即目直寻'、元好问《论诗绝句》所谓'眼处心生'。乃不征之目验,而求之腹笥,借古语自解,此词章家膏肓之疾:'以古障眼目'也。"严羽自诩其《沧浪诗话》"说江西诗病,真取心肝刽子手"(《答出继叔临安吴景仙书》),钱先生对"宋调"的以事料为诗料,甚至唯事料为上的揭示,其犀利深刻也当得此语。

补充材料助证之例,可举论苏轼的《荔支叹》"我愿天公怜赤子,莫生尤物为疮痏"句。此句语意浅明而情态迫切如在目前,原版无注。而在此手校本中,加了一条长注:

当地的好土产变成了当地人民的祸根,苏轼这个意思在明代一首民谣里发挥得最为尽致:"富阳江之鱼,富阳山之茶。鱼肥卖我子,茶香破我家。采茶妇,捕鱼夫,官府拷掠无完肤。昊天(何)[胡]不仁？此地亦何辜？鱼胡不在别县？茶胡不生别都？富阳山，何日摧？富阳江，何日枯？山摧茶亦死，江枯鱼始无。於戏！山难摧，江难枯，我民不可苏！"

钱先生没有注明这首民谣的出处。实乃明人韩邦奇所作，题为《富阳民谣》，见其《苑洛集》卷十。他因写作此诗还横遭一场诗祸。据《明史》卷二百〇一《韩邦奇传》，他在明武宗时，任浙江按察佥事，分巡杭、严，"闵中宫采富阳茶鱼为民害，作歌哀之。堂(王堂，派驻浙江的镇守太监)遂奏邦奇沮格上供，作歌怨谤，帝怒，逮至京，下诏狱。廷臣论奏，皆不听，斥为民"。苏轼是在贬官惠州时作的《荔支叹》，表示他身处逆境仍不忘民瘼，对"争新买宠"的腐败可耻现象抨击得不遗余力；五百年后的韩邦奇却因写作相类内容的诗歌而罢官为民，可谓后先辉映。韩诗激愤填膺，呼天抢地，一气呵成，确有民谣风格，"昊天胡（钱先生引作"何"）不仁，此地亦何辜"，佚名的《沂阳日记》也收入此诗，此二句作"皇天本至仁，此地独何辜"，锋芒有所削弱。或许因为选注本的体例所限，此条未能收入修订本，但将苏、韩两诗对读，同中有异，各具面目，也可看出苏诗的潜在影响，对理解《荔支叹》也不无意义。

研读"手校本"，会强烈地感受到钱先生的活跃而敏锐的艺术思致、随机生发、文思泉涌的才情。在他那里，任何问题似乎都不存在凝固不变的答案，甚至也不存在唯一正确的答案。举一个"手校本"的改笔在修订本中未被采纳而仍维持旧解的例子，具见钱先生反复斟酌、仔细推敲的状况。刘克庄《戊辰即事》七绝云："诗人安得有青衫？今岁和戎百万缣！从此西湖休插柳，剩栽桑树养吴蚕。"此诗的本事十分清楚，指宋宁宗嘉定元年戊辰，宋兵攻金大败，讲和赔款，每年交纳"岁币"三十万两。初版认为此诗主旨是：

> 刘克庄把没有衣服穿作为"比兴"，来讲民穷财尽，还希望西

湖边的小朝廷注意国计民生,不要再文恬武嬉。

而在"手校本"中,钱先生在"来讲民穷财尽"后,改为:

> 愤慨说除非小朝廷所在的西湖边也栽桑养蚕,这笔赔款那里付得出。

对这一改动,我深以为然。但在1962年以后的修改本中,仍然保留了初版的文字,还新加一首陈德武《水龙吟》作为旁证(其中有"东南第一名州,西湖自古多佳丽","使百年南渡,一时豪杰,都忘却平生志","力士推山,天吴移水,作农桑地"等句子)。

这里提出了一个饶有趣味的问题:刘克庄这首《戊辰即事》,字面上要求把西湖风景区改造为农桑生产地,骨子里是讽喻朝廷应注意国计民生,还是讥刺朝廷屈膝"和戎"?值得人们深长思之。

"手校本"除了这些启人心智、发人深思之处以外,还可注意的是语言表达工夫。钱先生为顾及这个选本的普及性质,往往用形象化的口语或白话直译的方式来代替注释或解释,体现了很高的文字功力。方回《瀛奎律髓》卷四十二评刘克庄诗为"饱满'四灵'",纪昀曾解释为"撑肠拄腹皆'四灵'语",钱先生初版云:

> 意思说:一个瘦人多吃了大鱼大肉,肚子凸得鼓鼓的,可是相貌和骨骼都变不过来。

用生动的比喻纠正了纪昀的误读,因为"四灵"缺乏事料,本身是个"瘦子",算不上"饱满",也不能使别人"撑肠拄腹";刘克庄只是在"四灵"底子上"用事冗塞"而已。而在"手校本"中改为:

> 意思说：一个瘦人饱吃了一顿大鱼大肉，把肚子撑得圆鼓鼓的，可是相貌和骨骼都变不过来。

不仅更为灵动鲜明，且使"饱"字有了着落。这一改笔修订本已经采纳，但把"饱吃了一顿大鱼大肉"，再改为"饱吃了一顿好饭"，表达更为准确；"把肚子撑得圆鼓鼓的"一句，"点烦"掉一个"把"字，可谓臻于"增之一分则太长，减之一分则太短"之境了。

[附记]

面对《宋诗选注》不选《正气歌》的责难，小川先生只是委婉地说："钱氏本身持有一定的标准"，"一定是有充分理由才割爱的"，甚至说："这是个谜。"语气中隐含着疑虑，甚或是有所保留之"谜"。

果不其然，他在1962年所写《宋代诗人及其作品》一文中说：

> 南宋是一个半壁江山被金军践踏蹂躏的时代。山河破碎、生灵涂炭的现实，使得忧国忧民成为许多南宋诗的共同主题。与唐代后期的诗人相比，应该说南宋诗人的处境更悲惨，心境更悲凉。这种悲惨的处境和悲凉的心境，至南宋亡国时发展到了顶点。文天祥（1282年卒）或许难以算作一流诗人，但他的《正气歌》气贯长虹，自有其被广泛诵读并流传久远的理由。他宁死不投降侵略者的伟大气节，正是被宋代文人对正义的坚强信念支撑着。①

小川先生在这里才充分表明他个人对《正气歌》的评价。他从时代精神、民族气节的角度热情推崇此诗，并指出其广泛而深远的影响力，观点鲜明而犀利，也是他编选宋诗的准则。

---

① 此文收入其论文集《风与云》（朝日新闻社，1972年），此处译文用2005年中华书局中译本，第168页。

小川先生于 1963 年、1967 年、1975 年多次编选《宋诗选》，均由日本筑摩书房出版，选诗数量不多，一般在 200 首左右，但均无例外地选入《正气歌》(选入文天祥诗四首。其他三首为《扬子江》《金陵驿》《除夜》，与钱选全同)。1963 年版的《宋诗选·题记》中，他还特意说明与钱先生《宋诗选注》的前后关联：

> 在译注过程中，正逢钱锺书氏《宋诗选注》(1958 年，北京)出版，通读之下，受益匪浅。特别是对那些我未曾留意过的作家也开始关注起来，因此在选译上受惠于钱氏之处甚多。但是在译注方面，虽然经常参考钱氏的注解，但也有不同之处，对于这些异议尽量附记下来。

他说在作家、作品的选择上受惠于钱氏之处甚多，在注释上却有所异同，显示出一位学者真诚坦率的治学态度。这也提供了比较对勘的好题目，比如小川先生仍然选了左纬的《避寇即事》《避贼书事》，这却是钱选初版所选而再版删去的。小川氏 1967 年版《宋诗选》又以上述《宋代诗人及其作品》一文作为"解说"，突出了《正气歌》在全书中的地位。1975 年版变动不多。

钱先生的"大胆"不选和小川先生的一选再选，看似对立矛盾，实则相反相成，若从融贯宽容的态度来观察，是可以得到综合平衡的看法的。大致可从三个层面来分析。

第一，无论《正气歌》在诗歌艺术上是否存在不足，从总体而言，它在我国文学史上"名篇"地位，是不会动摇的。小川先生着眼于时代精神、民族气节及影响力，钱先生也指出文天祥后期诗歌"有极沉痛的好作品"，对"这位抵抗元兵侵略的烈士"表示敬仰(《宋诗选注·文天祥小传》)。钱先生对其承袭过多、逻辑有失深感惋惜，小川先生在未知具体情况的前提下，却对钱氏"持有一定的标准"充分尊重，对其"割爱"而不选表示理解。

钱先生有次闲聊中说起，可以编一本《古今名篇百首纠谬》之类的书。这是一时笑谈,但名篇而带有瑕疵,其实是很正常的现象。除了钱先生所指出的几点瑕疵以外,我觉得《正气歌》与诗歌体制特性有一定距离。排比多、议论多,这本是"以文为诗"、"以赋为诗"的产物,"破体为文"固然是中国文学发展的一条规律,但两种文体之间的吸纳融合应有一个"度",不能从根本上影响各自文体体裁上质的规定性。我偶然发现《正气歌》竟被选入古文选本,请门人田雨露君略作检索。他给我提供了一份书目:

明代:

① 刘祐《古文正论》(万历十九年)

② 潘世达《古文世编》(万历三十七年)

③ 胡时化《名世文宗》(万历四十五年)

④ 焦竑《名文珠玑》

⑤ 张鼐《古文正宗》(万历四十六年)

⑥ 葛鼐、葛鼒《古文续集》(崇祯六年)

⑦ 葛世振《古文雷橄》(崇祯时)

清代:

⑧ 黄士京《古文鸿藻》(清初)

⑨ 过琪《古文觉斯》(康熙十一年)

⑩ 林云铭《古文析义初编》(康熙二十一年)

⑪ 程润德《古文集解》(康熙四十五年)

⑫ 冯敬真《古文正编》(康熙四十四年)

⑬ 蔡世远《古文雅正》(康熙五十四年)

⑭ 汪基《古文喈凤》(雍正十一年)

⑮ 唐德宜《古文翼》(乾隆六年)

⑯ 李云程、黄仁黼《古文笔法百篇》(乾隆时)

这份初步书目有两点值得注意:一是原来选录《正气歌》的各选本,只有诗歌部分,其前面的古文小引乃从林云铭的选本中开始被配入。

他在评语中说:"坊本只载被执不屈而作,《宋鉴》亦无明文可考。余读文山诗集,此歌之前,别有小引,内言狱中蒸湿诸气,枚举甚详,而一以正气敌之。歌中'一朝蒙雾露'八句皆指此也。"由于《古文析义》在传统古文选本中是仅次于《古文观止》流传广泛的选本,这一"一文一歌"结合的形式遂成定格。二是这些选本的评析部分,除了对正气浩然的一致推崇赞颂之外,在艺术分析时几乎都用古文乃至八股作法评赏之,如"虽排偶句,而起承转合丝毫不爽",虽是"长歌体"形式,"然亦有篇法,首从源头说入,次历引古人,末叙自己,结与前引相应,此仍是古文法也"。就是说《正气歌》形式是诗歌,写作手法是古文。这在坚持诗情、诗心、诗美的学者看来,不免是种遗憾。侯体健君还告诉我一部署名明代屠隆"汇选"的《镌历代古文举业标准评林》,该书最后一篇即是文天祥《正气歌》,与李觏《袁州学记》、胡铨《上高宗封事》、陈傅良《使过论》、文天祥《慧和尚说》并列,《正气歌》俨然是一篇"古文"了。

然而,这篇亦诗亦文的千古名篇仍具有巨大的精神力量。我不妨叙述一次个人的经历。十数年前,我曾参观江西吉安的文天祥纪念馆,这是江西全省最大的历史名人纪念馆,气势宏伟壮丽。从悬挂"正气浩然"匾额的正气广场进入,进而是正气堂,以八幅壁画历叙文天祥一生光辉业绩,毫无疑问,《正气歌》正是全馆布展的主线。当我再走回到正气广场时,广场上空正播放着《正气歌》,声音苍劲雄浑,沉痛激越。在暮色苍茫、树声飒飒之中,确实感到灵魂的震撼,体会到《正气歌》动人心旌的力量。这时来不及计较它的章法句法、遣词造句、是文是诗,我已感动了。它的感人力量主要不是来自诗性艺术,而是与作者生命合二为一的思想和精神。说是千古名篇应是没有疑问的。

第二,选本目的多重性与选择标准多元化。诗歌选本是普及、研究诗歌的著述体裁,或为介绍一代诗歌的全貌,或为体现编者特定的诗歌理论主张,或为指导学子写作诗歌的教本,或为编者表达他对有心得作品的推介,不一而足。目的的多重性直接导致标准的多元化。对于《正气歌》是否入选问题,一般情况下,实无是非对错之分。以今天最有影响的几部宋诗选本来看,程千帆《宋诗精选》、钱仲联《宋诗三百首》、金性尧《宋诗三百首》等都未选录《正气歌》,都不应受到指责。同一位编选者在自己不同选本中,对此诗就或选或不选,如程千帆先生在1957年古典文学出版社的《宋诗选》中即入选,而在上述1992年江苏古籍出版社的《宋诗精选》就未收。同一出版社所出版的同题《宋诗一百首》,也多有此情形,如上海古籍出版社1997年出版的本子不选,而早在1959年所印行的却入选了(当时尚称中华书局上海编辑所)。或谓若选"宋诗十九首",必应选入《正气歌》,否则就是错误的,我想未免武断。清末民初之宋诗派代表人物陈衍,他的《宋诗精华录》选诗甚多,却赫然未选,也无人敢说他不识宋诗吧。当然,如有特定的编选目的,如作《中国历代爱国诗选》,或中国文学史的大学教材,不选《正气歌》就不妥当了。朱东润先生主编的《中国历代文学作品选》就入选此诗。

第三,1958年"大批判"是非学术批判,历史已有定论。重提旧事,是遵循"历史的经验值得注意"(毛主席语)的教导,以平常之心来作向前看之举,绝非纠缠于历史旧账,毕竟我们已处在改革开放所开创的学术研究的春天。

2020年2月26日

《宋诗选注》删落左纬之因及其他
——初读《钱锺书手稿集·容安馆札记》

一、选本的时间性

　　钱锺书先生的《宋诗选注》出版于 1958 年 9 月,共选诗人八十一家,到 1963 年 11 月第二次印刷时删去左纬一家,存八十家,同时删去的还有刘叙《蛮请降》二首、刘克庄《国殇行》、文天祥《安庆府》等诗。其中的曲折,借用他自己的话,是可以"作为当时气候的原来物证——更确切地说,作为当时我自己尽可能适应气候的原来物证"(《模糊的铜镜》,见《钱锺书散文》)。钱先生此语,原来主要是针对初版本的选目等情况而言,但也完全适用于这项"删落"。表面平和的语气掩盖不住他割爱的无奈与沉重,好在那些已成为过去;但这种"删落"对《宋诗选注》学术内容的损害,被删去的内容中所包含的他对宋诗发展的一些独特见解,我们却不能忽略。尤其是将《钱锺书手稿集·容安馆札记》(以下简称《札记》)中论证左纬的长篇专条(约 1500 字)与《宋诗选注》未删稿合观,更能揭示其学术思考与观察的心迹。

　　左纬是南北宋之交一位名位卑微的诗人,台州黄岩人,一生未仕,生平资料极少,《徐氏笔精》卷四说他"宣和间以诗名",《宋诗纪事》卷四十说他"政和中以诗鸣",可见在徽宗时的诗坛上有一定的地位,但其诗集不传。直到民国时,其故里黄岩杨氏刊行《台州丛书》后集,始收有王棻所辑《委羽居士集》本,才较便于阅览。钱先生所读也是此辑本。在他的《宋诗选注》以前,左纬诗鲜见于其他选本,如张景星、姚培谦、王永祺合编的《宋诗别裁集》(原名《宋诗百钞》),陈衍的《宋诗精华录》等均不选左纬作品,仅《后村千家诗》卷一"春暮"类选其诗一首,《宋诗纪事》为该诗题作《春晚》。钱先生却选取三题九首,这在《宋诗选注》中属于颇大的份额,连黄庭坚也只入选三题五首,其他如王禹偁、梅尧臣、苏舜钦、欧阳修、陈师道、尤袤、刘克庄、文天祥等名家都在九首以内。尤堪注目的,是钱先生为左纬所写的近一千字的小传,提出了启人心思的重要问题。夏承焘先生那篇因《宋诗选注》横遭"批判"而为之"平反"的论文《如何评价〈宋诗选注〉》(《光明日报·文学遗产》1959年8月2日,收入《夏承焘集》第八册,浙江古籍出版社、浙江教育出版社,1997年)中也说:"《选注》中所采的如左纬、董颖、吴涛诸家,都丰富了宋诗,开了读者的眼界。"特意指出了选录左纬等人在全面认识宋诗上的开掘意义。

　　钱先生对左纬格外青睐,且受到夏先生的认同,那为什么在重印时左氏反遭删削呢?原因很简单,因为选了他的《避贼书事》和《避寇即事》。钱先生后来回答一位问学的后辈学人时明言:"左纬诗中之'寇'不知何指,恐惹是非,遂尔删去。胆小如鼠,思之自哂。"(《致黄任轲》,见张文江《营造巴比塔的智者·钱锺书传》第103页所引,上海文艺出版社,1993年)钱先生曾说,他的文字"不易读者,非'全由援引之繁,文词之古',而半由弟之滑稽游戏,贯穿潜伏耳"(《与周振甫》,见蔡田明《〈管锥编〉述说》第93页所引,中国友谊出版公司,1991年)。这里说左纬诗中之"寇"不知何指,实际上是打了埋伏的。明眼人一见即知与方腊事有关。金性尧先生在《选本的时间性》(《文汇读书周报》2003年6月6日,收入《闭关录》,上海古籍出版社,2004年)一文中已点明此点,今再作具体论证。

　　左纬《会侄誉》诗云:"忆昨宣和末,群凶聚韦兊(自注:洞名)",

"我时遭劫逐,与子(左誉)空相望",这里的"群凶",即《避贼书事》、《避寇即事》两组组诗中的"贼"与"寇"。发生在宣和年间、聚集于浙江仙居韦羌洞(亦作峒,民居地,方腊亦在浙江淳安帮源洞起兵)的"群凶",是指仙居人吕师囊为首的民变部众。据《续资治通鉴长编拾补》、《续通鉴长编纪事本末》、《皇宋十朝纲要》及《台州府志》等史籍、方志所述,吕师囊部于宣和三年三月十日起兵响应方腊,攻打台州,连下天台、黄岩、温州、乐清等县,与方腊主力军之攻破睦、歙、杭、处等地东西呼应;后方腊失败,吕师囊收拾馀部,继续抗击宋朝官军,至宣和三年十月被扑灭①。刘一止在为宋朝将领杨震所写的墓碑中还提到杨震随从折可存攻占韦羌洞并于黄岩境内生擒吕师囊的情况:"(宣和)三年,方腊盗据杭、睦,朝廷命姚平仲为都统征之。公(杨震)从折可存自浙东追击至三界河镇,与贼遇,斩首八千馀级。追袭至剡、上虞、天台、乐清四县,取韦羌、朝贤、六远三洞。至黄岩,贼帅吕师囊据断头山扼险拒,我前辄下石,死伤者众,累日不能进",经过苦战,"生得师囊,乃斩贼首三千馀人"(《宋故敦武郎知麟州建宁寨累赠太师秦国公杨公墓碑》,《苕溪集》卷四十八)。此与左纬诗完全吻合。《避贼书事十三首》其四云"贼来属初夏,逃去穷幽荒",其三云"及至出山日,秋风吹树枝",他从初夏逃入山中隐匿,至秋天事平出山,与吕师囊部三月起兵、十月被歼一致,也可证左纬这两组组诗当作于宣和三年(1121),具有一定的史料价值。

中国历史上的农民战争以及与其相关的"让步政策"问题的争论,是新中国成立后五六十年代历史学界所谓"五朵金花"之一②。

---

① 方勺《青溪寇轨》谓方腊全部部众于"(宣和)四年三月讨平之",此据陆树仑先生考证,应为三年十月,见《关于历史上宋江的两三事》,收入《冯梦龙散论》,上海古籍出版社,1993年。
② 其他"四朵金花"是指中国古代史分期问题、中国封建土地所有制形式问题、中国资本主义萌芽问题和汉民族形成问题。

这场争论带有强烈的意识形态色彩,具有敏感的政治性,日益变成学术"雷区",连钱先生也因"恐惹是非"而删去所选左纬之诗,以"胆小如鼠"自哂。但这场争论虽然过分拔高农民战争的所谓"革命性",倒也激发学者们去深入地发掘和搜集社会底层的材料,了解一般民众的生存状况和思想动态,也为我们今天以平和客观的心态去观察这一历史现象,提供了前提和基础。

以方腊事件而言,仅从方勺《青溪寇轨》的记载来看,他原为不满"赋役繁重,官吏侵渔"、抗拒朱勔"花石纲"之役而起事。方腊声言:"三十年来,元老旧臣贬死殆尽,当轴者皆龌龊邪佞之徒,但知以声色土木淫蛊上心耳。朝廷大政事,一切弗恤也。在外监司、牧守,亦皆贪鄙成风,不以地方为意,东南之民,苦于剥削久矣。近岁花石之扰,尤所弗堪。诸君若能仗义而起,四方必闻风响应,旬日之间,万众可集。"(《续资治通鉴长编拾补》卷四十二)在这番义正辞严的号召下,果然"连陷郡县数十,众殆百万,四方大震"。这说明方腊起事的历史正当性,自应与一般打家劫舍的暴民相区别。然而,百万之众的巨流一旦涌动,种种利益、欲望、情绪的交杂冲突其间,又不可避免地颠覆社会的正常秩序;原始性的报复欲望的无限膨胀,玉石俱焚,更造成时局的普遍动乱和生产力的极度破坏。"焚民居,掠金帛子女",并非意外。"渠魁未授首间,所掠妇女自洞逃出,倮而雉经于林中者,由汤岩、榴树岭一带凡八十五里,九村山谷相望,不知其数",这是方勺据"深入贼境,亲睹其事"的目击者所述而记录的,也不能贸然断言为士人的造谣污蔑(《宋史》卷四六八《童贯传·方腊附》所记亦同)。在歌颂所谓"革命暴力"的年代,无视或抹煞弱势人群在离乱中所承受的一切痛苦,认为是理所当然,描写和反映这种痛苦却成为大逆不道,这是不正常的。

面对兵连祸结、动荡不安的局势,左纬身不由己地落入当时的弱势群体,"举家如奔鹿","但冀免杀戮",本能地表达最低的生存要求,表达对破坏正常生活的愤恨和谴责。因此,他不仅抨击方腊、吕师囊的民变部队,也斥责当时陈通等的兵变部队。《避寇即事十二首》其二云:"遥闻乌合辈,数十破钱塘。故是升平久,胡为守备亡。天诛初不暴,贼势尚云张。作过古来有,未宜忧我皇。"钱先生在《手稿集》卷一第286则论左纬时正确地指出:"第二首当是建炎元年八月陈通兵变。"此事在左纬《会侄誉》中也写到:"及兹建炎始,叛卒起钱塘。初闻杀长吏,寻亦及冠裳。死者不为怪,生者反异常。"或谓此指"建炎三年(1129)宋扈从统制苗傅、御营右军副统制刘正彦在临安发动变乱,杀枢臣王渊,并逼高宗禅位于三岁的皇子赵旉"事(见金性尧选《宋诗三百首》第215页),则尚可商榷。

建炎共四年,左纬诗明云"及兹建炎始",当是建炎元年陈通事变,而不会是建炎三年的苗、刘之变。按之史实,更为皎然自明。据《建炎以来系年要录》卷八建炎元年八月戊午朔,"是日,杭州军乱。初上之立也,遣勤王兵还诸道,杭兵才三百,其将得童贯残兵与之俱。军校陈通等见杭州富实甲东南,因谋为变。会军士以衣粮不足有怨言,结约已定,而两浙转运判官顾彦成行部未返,需其还杀之。至是彦成归,宿于城外,夜三鼓,军士百馀人纵火杀士曹参军及副将白均等十二人。翌日,执守臣龙图阁直学士叶梦得诣金紫光禄大夫致仕薛昂家,杀两浙转运判官吴昉"。这次陈通兵变,乃因"衣粮不足有怨言"所激而起,人数有限,故云"乌合辈";"纵火杀士曹参军及副将白均等十二人",又"杀两浙转运判官吴昉",与诗句"初闻杀长吏,寻亦及冠裳"和"胡为守备亡"相合。要之,此乃局部性较小事件,故左纬又以"作过古来有,未宜忧我皇"宽慰之。后于同年十二月陈通等即被御营使司都统制王渊所诱杀,兵乱乃息,事见《建炎以来系年要录》卷十一。而苗、刘之变,势态严重,杀枢臣,逼禅位,是震动朝廷的巨大事变,两者不能相提并论,也与左纬诗的内容抵牾。

左纬诗中所揭示的两次变乱,一为方腊、吕师囊之民变,一为陈通之兵变。若依五六十年代的主流舆论来衡量,前者是农民阶级反抗地主阶级的革命斗争,后者是统治阶级内部的"狗咬狗"矛盾(或许也会被解释为下层士兵的"革命斗争"),但对左纬而言,均是威胁其生命或破坏其生活的祸害。情动于中,诉之笔下,是十分自然的。金性尧先生在《选本的时间性》中说:他的《宋诗三百首》因"出版于极左思潮逐渐消敛的盛世",所以容许入选左纬《会侄誉》等诗,因为"事归事,诗归诗,还是可以选入的",与钱先生选了又删的境遇不同,"选本的时间性,也就是选本的历史性",感慨良深。

二、左纬诗开晚唐体

钱先生《宋诗选注》删落左纬,乃因选入《避贼书事十三首》的五首、《避寇即事十二首》的三首而有碍当时左倾思潮之故,这一解释应是符合实情的;但我们要立即申明,这一解释并不完全。不然,人们当会质疑:钱先生何以不采取刘攽、刘克庄、文天祥诸家那样的"删诗存人"的办法(或用更换选目之法),而要使左纬其人其诗统统从《宋诗选注》中消失呢?细细推求内情,会使钱先生宋诗观的一些重要见解彰显出来,结合《容安馆札记》中的相关论述,看得更为清楚。

《宋诗选注》被删左纬小传中评论左诗云:"这些诗不搬弄典故,用平淡浅易的词句,真切细腻地抒写情感。他能够摆脱苏轼、黄庭坚的笼罩,这已经不算容易;从下面选的《避贼》、《避寇》那些诗看来,他还能够不摹仿杜甫。"随后进一步指出,"杜甫写离乱颠沛的古近体诗尤其是个'不二法门',宋、元、明、清的诗人作起这种诗来都走了他的门路",而"左纬居然是个例外,似乎宁可走他自己的旁门左道"。这里强调的是左纬"不摹仿杜甫"。而在《札记》论左纬一则中,钱先生写道:"不矜气格,不逞书卷,异乎当时苏黄流派,已开南宋人之晚唐体。佳者清疏婉挚,劣处则窘薄耳。"这里又强调左纬"已开南宋人之晚唐体"。

"不摹仿杜甫"和"已开南宋人之晚唐体",在宋代诗坛的具体语境中,其实际指向是同一种诗歌风格和体派。在宋以前(特别是唐代)中国古代诗歌充分成熟、造诣卓绝的背景下,宋代诗人具有崇奉前代典范的传统。从宋初"三体"各以白居易、晚唐诸诗人、李商隐为学习楷模以后,一部宋代诗歌体派史不啻是不断更换学习对象的历史。黄庭坚论诗作诗,早已把学杜与学晚唐对举并立。他说:"学老杜诗,所谓刻鹄不成犹类鹜也;学晚唐诸人诗,所谓作法于凉,其敝犹贪,作法于贪,敝将若何?"(《与赵伯充》)陆游对于晚唐体的指责、批判,也往往以李杜尤其是杜甫为立论的标准,其《记梦》诗云:"李白杜甫生不遭,英气死岂埋蓬蒿。晚唐诸人战虽鏖,眼暗头白真徒劳。"又《宋都曹屡寄诗且督和答作此示之》:"天未丧斯文,老杜乃独出。陵迟至元白,固已可愤疾。及观晚唐作,令人欲焚笔。此风近复炽,隙穴始难窒。淫哇解移人,往往丧妙质。苦言告学者,切勿为所怵。"他从诗史的梳理中,汲取抨击当下诗风的力量。降及"四灵"派的支持者叶适,在《徐斯远文集序》中说:"庆历、嘉祐以来,天下以杜甫为师,始黜唐人之学,而江西宗派章焉。然而格有高下,技有工拙,趣有浅深,材有大小。以夫汗漫广莫,徒栉然从之而足充其所求,曾不如胝鸣吻决,出豪芒之奇,可以运转而无极也。故近岁学者已复稍趋于唐而有获焉。"于是"四灵"体乃至江湖派就弃杜甫而崇晚唐,一如叶适在《题刘潜夫南岳诗稿》中所说的"摆脱近世诗律"、"合于唐人"者。叶适从取法对象的高下广啬着眼,其思维方式近似黄庭坚,又采取诗史叙述的角度,则与陆游相仿,但他的目的是为晚唐体护法,与黄、陆针锋相对。

对于学杜甫抑或学晚唐所蕴含的宋诗体派史的意义,钱先生颇为注意,从《谈艺录》到《容安馆札记》到《宋诗选注》,他的论述既一脉相承又有所发展。《谈艺录》"放翁与中晚唐人"节云:"窃以为南宋诗流之不墨守江西派者,莫不濡染晚唐","盖分茅设蕝,一时作者几乎不归杨则归墨",方回意欲调和两派,提出"学者自姚合进而至贾岛,自贾岛进而至老杜",因为"曰'老杜'而意在江西派,曰'姚贾'而意在永嘉派;老杜乃江西三宗之一'祖',姚、贾实永嘉四灵之'二妙'(原注:按赵紫芝选《二妙集》)。使二妙可通于一祖,则二派化寇仇而为眷属矣"。在《札记》卷二第 513 则中又补充道,舒岳祥《阆风集》卷二中:

> 《题潘少白诗》:"早从唐体入圆妥,更向派家事掀簸。"按卷十《刘士元诗序》云:"得唐人姚、贾法","近又欲自蜕前骨,务为恢张,骎骎乎派家步骤"云云,皆以江西派与四灵对举也。《刘后村大全集》卷九十四《刘圻父诗序》云:"余尝病世之为唐律者胶挛浅易","而为派家者则又驰骛广远"云云,派家之名出于此。

> 又引《秋崖小稿》文集卷四十三《跋陈平仲诗》云:"后山诸人为一节,派家也。"最后云:"赵孟坚《彝斋集》卷三《孙雪窗诗序》云:'窃怪夫今之言诗者,江西晚唐之交相诋也,彼病此冗,此訾彼拘。'均此意。参观《谈艺录》第一四五至六页。"这里围绕"派家"之名展开论述,对《谈艺录》续作申说。此则《札记》在采入《宋诗选注·徐玑小传》时,又有发挥:

> 江湖派反对江西派运用古典成语,"资书以为诗",就要尽量白描,"捐书以为诗","以不用事为第一格";江西派自称师法杜甫,江湖派就抛弃杜甫,抬出晚唐诗人来对抗。……大大削弱了江西派或者"派家"的势力。

因此,学杜甫抑或学晚唐,成了江西派与四灵、江湖派最易识别的标志。钱先生论左纬"不摹仿杜甫"、"开南宋人之晚唐体"两语,无异为左纬确立了在宋诗体派史中的地位,而这一地位的确立又是以《避贼》、《避寇》两组组诗共二十五首为支撑的(左纬今存诗共六十首),这是一个应予重视与探讨的新论点。

钱先生说,"从下面选的《避贼》、《避寇》那些诗看来,他(左纬)还能够不摹仿杜甫",此与古今论者之说截然相反。《宋史翼》卷二十九记左纬"初业举子,曰:'此不足为学,文如韩退之,诗如杜子美,吾将游其藩焉。'真德秀称其《避寇》七诗,可比老杜《七歌》"。谓左纬早怀学杜祈向,真德秀又具体指认其《避寇》组诗可与杜甫《乾元中寓居同谷县作歌七首》比肩,言之凿凿。而左纬的忘年友许景衡更不无夸饰地说:"泰山孙伯野(孙傅)尝见经臣(左纬之字)《避寇》古律诗,击节称叹曰:'此非今人之诗也,若置之杜集中,孰能辨别?'余谓非《避寇》诸诗为然,大抵句法皆与少陵抗衡,如《会侄》一大篇,自天宝以后,不闻此作矣。"(林表民《赤城集》卷十七黄裳《委羽居士集序》后附跋语"横塘许景衡云")黄裳《委羽居士集序》亦云:"赤城之南有左氏子焉,不出仕,常以诗自适。慕王维、杜甫之遗风,甚严而有法。"也认为左氏是奉杜甫为圭臬的。现今涉及左纬的著述甚少,但凡有论列,均不忘提及"诗学杜甫"等语(如《全宋诗》卷一六七九左纬小传),钱先生与之相左。他对黄裳"慕王维、杜甫之遗风"的说法,甚至揶揄道:"但是据诗集里现存的作品看来,这句话跟许多诗集序文的恭维套语一样,属于社交词令或出版广告那种门类,也许不能算得文学批评。"(见《宋诗选注》被删之左纬小传)

对钱先生这一与众不同的看法,或许可以继续讨论,但在钱先生的宋诗观里,自有其合乎逻辑、自成体系的思考理路:既与他对宋人学杜的一系列见解有关,又与他对宋人"晚唐体"的观察息息相连,最后指向对南宋诗派诗体消长起伏的梳理与把握。以下即从这三点依次加以论述。

三、钱先生关于宋人学杜诗的见解

　　杜甫诗歌千汇万状、海涵地负,是宋代诗人崇奉的主要对象。但正如苏轼《次韵孔毅甫集古人句见赠五首》其三所感叹的那样:"天下几人学杜甫,谁得其皮与其骨。"钱先生指出:"少陵七律兼备众妙,衍其一绪,胥足名家。譬如中衢之尊,过者斟酌,多少不同,而各如所愿。"(《谈艺录》"七律杜样"节)后人完全可以在"集大成"的杜甫身上,各取所需之一点,加以展衍,即自成家数。宋人对杜甫的多元选择中,又表现出从"风雅可师"到"知心伴侣"的演变过程,从而确立了宋人与杜甫的最核心的契合点。在《宋诗选注·陈与义小传》中,钱先生写道:"靖康之难发生,宋代诗人遭遇到天崩地塌的大变动,在流离颠沛之中,才深切体会出杜甫诗里所写安史之乱的境界,起了国破家亡、天涯沦落的同感,先前只以为杜甫'风雅可师',这时候更认识他是个患难中的知心伴侣。"又说:"身经离乱的宋人对杜甫发生了一种心心相印的新关系。诗人要抒写家国之痛,就常常自然而然效法杜甫这类苍凉悲壮的作品。"在时代环境的制约下,超越于诗道诗艺本身,杜甫诗歌遗产中的古近体离乱诗迅速被突出、被强调,并作为一种范本被宋人广为仿效。钱先生在左纬小传中深刻阐明:"一位大诗人的影响要分两方面来说:有些诗人创了一派;有些不但创了一派,而且开了一门,那就是说某种题材、某种体裁的诗差不多归他们'独家专利',甚至不是他们派别里的作者,若要做这一门类的诗,也得向他们效法。"如王维、孟浩然的游山玩水的七律,李商隐、韩偓的相思言情的五、七律,元、白的叙事歌行,韩、苏的赋咏古物的七古,都在题材、体裁上独开一门,而"杜甫写离乱颠沛的古近体诗尤其是个'不二法门'"。这里指出诗歌某种题材、体裁"经典化"形成后对后世诗人的强大影响力,也是文学史上的普遍规律。

与题材、体裁上的主要选择相表里,宋人学杜在风格上也表现出某种确定倾向。《谈艺录》"七律杜样"节云:"世所谓'杜样'者,乃指雄阔高浑,实大声弘"的风格,北宋欧、苏、陈与义均有循此路径的作品,尤其是陈与义"雄伟苍楚,兼而有之。学杜得皮,举止大方,五律每可乱楮叶";另一体为"细筋健骨,瘦硬通神"者,黄庭坚、陈师道属此,"山谷、后山诸公仅得法于杜律之韧瘦者,于此等畅酣饱满之什,未多效仿"。在此"壮"、"瘦"两体以外,尚有"以生拗白描之笔作逸宕绮仄之词"者,如陆游的部分学杜作品,就显得"逸丽有馀,苍浑不足"。

在取资、技法上,宋人学杜着眼于其"无一字无来处"、"资书以为诗"的特点。最突出的代表人物当推黄庭坚。钱先生在《宋诗选注》黄氏小传中说:

> 自唐以来,钦佩杜甫的人很多,而大吹大擂地向他学习的恐怕以黄庭坚为最早。他对杜诗中的哪一点最醉心呢?他说:'老杜作诗,退之作文,无一字无来处;盖后人读书少,故谓韩、杜自作此语耳。古之能为文章者,真能陶冶万物,虽取古人之陈言入于翰墨,如灵丹一粒,点铁成金也。'在他的许多关于诗文的议论里,这一段话最起影响,最足以解释他自己的风格,也算得江西诗派的纲领。

江西诗派一套"夺胎换骨"、"点铁成金"的技法窍门,主要取于杜诗的艺术资源,且"最起影响",这已是人们的共识了。

古今论者之所以认为左纬学杜,盖因他的《避贼》、《避寇》等诗,属于离乱题材的古律,按一般的思维定势即推导为学杜;而在钱先生看来,这两组组诗虽写离乱,但在艺术风格和取资技法上却与杜诗异趣,相反却表现出"晚唐体"的一些特点。

四、对宋人"晚唐体"的观察

风格的辨识和技法的判别是件细致微妙而又难于言说的工作,我们还是从《宋诗选注》取证。钱先生明确指出陈与义、吕本中、汪藻等诗"显然学杜甫",其中吕本中的五律组诗《兵乱后杂诗》二十九首,正可与左诗比勘。方回在《瀛奎律髓》卷三十二中选此组吕诗五首,纪昀批云:"五首全摹老杜,形模亦略似之。"钱先生也说:"这些诗的风格显然学杜甫,'报国'这一联(引者按,原文为"报国宁无策,全躯各有词")也就从杜甫《有感》第五首的'领郡辄无色,之官皆有词'脱胎,真可算'点铁成金'了。"吕诗的"万事多翻覆,萧兰不辨真","萧兰"语出《离骚》;他的"云路惭高鸟,渊潜羡巨鱼",句式与意境均可从《诗经》、陶诗中寻根索源,而杜甫《中宵》"择木知高鸟,潜波想巨鱼",更为吕诗所本。又如所选汪藻《己酉乱后寄常州使君侄》:

草草官军渡,悠悠房骑旋。方尝勾践胆,已补女娲天。诸将争阴拱,苍生忍倒悬。乾坤满群盗,何日是归年。

钱先生注文中指出:"这首诗也学杜甫体,比前面所选吕本中的三首,风格来得完整。"而在用典用字上也多有来历:"勾践"、"女娲"是使事,"阴拱"、"倒悬"分别出自《汉书》和《孟子》,而结句"何日是归年",直用李、杜成句(李白《奔亡道中五首》其一"万重关塞断,何日是归年",杜甫《绝句二首》其二"今春看又过,何日是归年")。

左纬诗却与这类"苍凉悲壮"风格有别,而出之以哀婉新警,白描叙事,朴实抒情,真正"以不用事为第一格"。兹从《避贼》、《避寇》组诗中各录一首:

> 今我有三子，欲谋分置之。庶几一子在，可以收我尸。老妻
> 已咽绝，三子皆号悲。生离过死别，不如还相随。
> 寂寞空山里，黄昏百怪新。鬼沿深涧哭，狐出坏墙嚬。小雨
> 俄成霰，孤灯不及晨。开门谢魑魅，我是太平人。

左纬与吕本中的作品同为组诗，同为五言离乱诗，具有可比性，细加推求，风味立判。他的《会侄誉》五古，则与汪藻的寄侄五律，对象同属侄子身份。左纬在此诗中庆幸左誉侄乱后团聚，"死者不为怪，生者反异常"的深沉感慨，"庭梧露踔碧，砌菊风催黄"的景物烘托，乃至"与子归何处，相看两茫茫"的结尾，均绝少藻饰而情景逼真。即使结句也可能受到杜甫《赠卫八处士》末尾"明日隔山岳，世事两茫茫"的影响，但此首本是杜集中以白描见长的名篇，且其四句一意、极富顿挫之妙的写法，还是与左诗不能混同的。要之，左纬诗忌用事，贵白描，吐属自然平易，色泽清淡简约，这些作派已预先透出南宋"晚唐体"的一些信息。

"晚唐体"一语几乎成了《容安馆札记》的"关键词"，使用频率甚高。开卷第一页即云："魏野《东观集》乃晚唐体之俚犷者。《赠三门漕运钱舍人》云：'我拙宜名野，君廉恨姓钱。'岂非上门骂人耶？"竟谓"钱"姓者必贪，难怪钱先生格外刺目，开笔即予驳正。卷一第20则云："王琮宗玉《雅林小稿》，向在《南宋六十家集》中见之，虽浅薄，尚有清真处，晚唐体也。"卷一第22则云："严粲坦叔《华谷集》（按，皆出《中兴群公吟稿》戊集卷七），《居易录》斥为'气格卑下，晚唐之靡者'，亦晚唐体也。浅薄无足观，尚在沧浪之下。"又云："乐雷发声远《雪矶丛稿》笔力健放，不拘拘于晚唐体。七言歌行尤排奡，七绝次之，律诗滑率。"卷二第509则云："董嗣杲《庐山集》五卷，《英溪集》一卷，亦江湖派，尖薄而未新警。"凡此等等，可见"晚唐体"既有"清真"、"新警"等长处，又存在"俚犷"、"浅薄"、"尖薄"，缺乏"健放"等弱点。卷一第22

则又云:"俞德邻宗(太)[大]《佩韦斋集》,南宋小家皆不学,此独有书卷气,故不浅薄,工于组织对仗,七古亦沉着顿挫。"未明言"晚唐体",实正指出"晚唐体"因"不学"而无"书卷气",大率"浅薄"而少沉郁顿挫的杜诗风范。南宋晚期活跃于诗坛的是一大群小家,未出现大诗人,评论资料也相对较少。《札记》中关于"晚唐体"的大量论述,如能归纳整理并予以条理化,对深入认识这一群体必有启示作用。

钱先生说过:"我有兴趣的是具体的文艺鉴赏和评判。"而使用的主要方法是"打通",从不同典籍中搜集大量资料加以别择、排比、综合和分析,以此作出对文学作品的具体"鉴赏和评判"。《札记》第286则中有两处对左纬诗句的评析,亦见功力,也反映左诗接近"晚唐体"的征象。

一是对左纬《招友人饮》中"一别又经无数日,百年能得几多时"一联,《札记》说:

> 按,义山《寓目》云:"此生真远客,几别即衰翁。"魏仲先《东观集》卷六《寄唐异山人》云:"能消几度别,便是一生休。"《荆溪林下偶谈》卷一谓陈了翁喜此联,因举魏野诗。又戴叔伦《寄朱山人》云:"此别又万里,少年能几时。"杜荀鹤《送人游江南》云:"能禁几度别,即到白头时。"

这一离别常规感叹,写得微婉不逼,情浓于词。值得注意的,用以比照的诗人为戴叔伦、杜荀鹤等,均是晚唐人;而魏野(仲先)更是宋初晚唐体的代表作家,刘克庄在《江西诗派序》中就说他"规规晚唐格调,寸步不敢走作"。顺便说明,晚唐体作家并非完全排斥"资书以为诗"、化用前人诗句的,钱先生在《宋诗选注序》中也提到:"反对江西派的'四灵'竟传染着同样的毛病。"关键还在审美趣向与艺术境界的不同特征上。

二是对左纬的一联断句"禽巢先觉晓,蚁穴未知霜",诗题为《落叶》,全篇已佚。《札记》说:

> 按,此本唐人刘(义)〔叉〕《落叶》诗:"返蚁难寻穴,归禽易见窠。"《渔隐丛话》前集卷五十五所谓"谜子"者也。《桐江集》卷三《跋尤冰寮诗》极称其《落叶》之"蚁返愁寻穴,鸦归喜见巢",何虚谷之眼谩耶!《江湖后集》卷三周端臣《落叶》云"归巢便觉栖禽冷,觅穴空教返蚁迷",自此化出。

叶落树枝疏稀,故巢禽易知天明;落叶堆砌树根,归蚁难寻蚁洞,也不易见霜。诗句构思小巧可喜,然格局不大,读者一猜便知为咏落叶,故《渔隐丛话》谓之"谜子",《诗人玉屑》卷三称为"影略句法"。尤冰寮、周端臣均为江湖诗人,性相近诗相类,亦非偶然。

除前所分析的《避贼》、《避寇》组诗外,这两联左纬诗句,也同样呈现出与"晚唐体"接近的痕迹。

五、钱先生给出的宋诗体派发展图

对宋诗体派的嬗变过程,钱先生虽无专文论述,但把散见各处的文字"捉置一处",已然勾勒出大致而确定的图景。仅从《宋诗选注》而言,宋代前期以后的诗风变化,其主要轨迹是:

(一)贺铸小传:"在当时不属'苏门'而也不入江西派的诗人里,他跟唐庚算得艺术造诣最高的两位。"则贺铸生活时期,诗坛存在"苏门"与"江西"两派。

(二)汪藻小传:"北宋末南宋初的诗坛差不多是黄庭坚的世界,苏轼的儿子苏过以外,像孙觌、叶梦得等不卷入江西派的风气里而倾向于苏轼的名家,寥寥可数,汪藻是其中最出色的。"则北南宋之交,学苏者为数甚少,江西诗派雄踞坛坫。

（三）杨万里小传:"从杨万里起,宋诗就划分江西体和晚唐体两派。"这是一个很创辟的判断,在以后的作者小传中不断予以回应。如陈造小传:"自从杨万里以后,一般诗人都想摆脱江西派的影响,陈造和敖陶孙两人是显著的例外。"裘万顷小传:"其实南宋从杨万里开始,许多江西籍贯的诗人都要从江西派的影响里挣扎出来,裘万顷也是一个。"

（四）徐玑小传:"经过叶适的鼓吹,有了'四灵'的榜样,江湖派或者'唐体'风行一时,大大削弱了江西派或者'派家'的势力,几乎夺取了它的地位。"还指出这种诗风是"从潘柽开始","而在'四灵'的作品里充分表现",由"四灵""开创了所谓'江湖派'"。

（五）刘克庄小传:在江湖派大占上风之际,也有调和"江西"、"江湖"的倾向,突出的例子恰恰是江湖派的最大诗人刘克庄。他"最初深受'四灵'的影响","后来他觉得江西派'资书以为诗失之腐',而晚唐体'捐书以为诗失之野'",于是在晚唐体中大掉书袋,填嵌典故,组织对偶,被方回调侃为"饱满'四灵'"。

这是钱先生给出的宋诗体派发展图。在这幅线条稍粗、轮廓分明的图景中,左纬处在汪藻与杨万里之间,也就是说,在苏黄诗风盛行之际而晚唐体兴起以前。左纬却"能够摆脱苏轼、黄庭坚的笼罩","还能够不摹仿杜甫","异乎当时苏黄流派,已开南宋人之晚唐体",正好起到承前启后的过渡作用。这是钱先生选入左纬的真正主旨,甚至在左纬小传的文字上也是与汪藻、杨万里两篇小传上下衔接、一气呵成的。而体现这种过渡性质的作品,主要即是《避贼》、《避寇》两组组诗,这在小传中也曾强调过。而这两组组诗因"违碍"不得不删,牵一发而动全身,左纬一家的入选也失去了根据,小传原稿几无一字可留,左纬其人其诗均从《宋诗选注》消失,实属不可避免。但也使《宋诗选注》潜在的环环相扣的诗史链条受损中断,令人颇为憾恨。

六、《容安馆札记》的文献考辨成果

　　《容安馆札记》是一座蕴藏丰富而又颇难进入的学术宝库,问世后相关研究成果尚不多见。其实探讨不少问题时是绕不过它去的。仅就其论及南宋别集而言,数以几百家计,在目前对南宋诗歌研究薄弱的情况下,更应引起关注。其论左纬一则,大致可分三个部分:首论左纬诗的总体评价,选录《避贼书事》第三、五、十和《避寇即事》第九、十,并评及第二首,合计六首,为左纬现存诗歌的十分之一,足见选诗的重点所在;次对《春日晓望》《送许左丞》两诗作文献考辨,或校勘字句异同,或辨别诗体之误;末对左诗之两联,就其句意或意象与前人或后人相似或相类之处,进行对勘、比较。内容丰富,高度浓缩,新意迭出。

　　除了前面已引证者外,兹就其文献考辨成果再作简述。左纬《送许左丞至白沙为舟人所误》诗:"短棹无寻处,严城欲闭门。水边人独自,沙上月黄昏。老别难禁泪,空归易断魂。岂知今夜梦,先过白沙村。"钱先生指出:"按,《诗人玉屑》卷十九黄玉林引前四句,《宋诗纪事》遂误为五绝矣。"这个把五律当成五绝的错误,一直延续到今天不少宋诗选本(我所看到的至少有两种)。许左丞,即许景渊,他答和左纬的《次经臣见寄之韵》(《全宋诗》卷一三五五)云:"召节来金阙,扁舟望石门。家山秋渺渺,烟水暮昏昏。竟失临分语,徒伤远别魂。殷勤谢池月,相对宿江村。"严格依照原唱韵字,证明确为五律。《宋诗选注》虽然删去左纬,但钱先生后在《管锥编》中又提及此诗,尤对"水边"一联之佳胜予以好评。《管锥编》第一册第 79 页讲到《毛诗正义·燕燕》"瞻望勿及,伫立以泣"的"送别情境"时,认为左纬"水边"一联,比之苏轼、张先、梅尧臣、王安石诗词之明言"不见"、"唯见"、"随去"之"说破着迹"来,"庶几后来居上"。当然,这一对勘的可比性容或尚可讨论:左纬此诗是写追送不及,"竟失临分语"(一本"语"作

"约"),因而客去后在"水边"独自徘徊不忍离去,苏轼、张先等人则写当面话别后而放目远望,两者的情景是有差别的。

另一处对《宋诗纪事》的质疑,则需斟酌。《札记》说:"黄裳序:'自言每以意、理、趣观古今诗。'按,《宋诗纪事》卷四十谓裳此序引经臣《招友》句云云,误也,仅引经臣此语耳。"查《宋诗纪事》卷四十,在采录左纬断句"一别又经无数日,百年能得几多时"后,加注云:"《赤城集》:《委羽居士集·黄裳序》政和癸巳陈瓘跋,称其《招友》句云。"黄裳的《委羽居士集序》引及左纬语者确仅"自言每以意、理、趣观古今诗"一句,但林表民所编《赤城集》卷十七,在收录黄裳序后,还有四篇跋文,其中两篇即为陈瓘所作:一作于政和癸巳,一作于政和乙未,而称赞左纬《招友》句(即《招友人饮》"一别又经无数日"一联)即在后一篇政和乙未的跋文中:

> 余抵丹丘之三年(按,指政和癸巳,1113年),左经臣携黄公《序》见访,尝为跋其后。今又两年矣(按,指政和乙未,1115年),复持以相示。余读经臣诗编,有《招友人》之句云"一别(人)〔又〕经无数日,百年能得几多时",非特词意清逸可玩味也,老于世幻,逝景迅速,读此二语,能无警乎?《序》所谓"使人意虚而志远",非溢言也。政和乙未三月二十八日延平陈瓘题。

据此,《宋诗纪事》所注除把"乙未"误作"癸巳"外,尚无大错,但今本标点常出问题,或将此句标点为:

> 《赤城集》:《委羽居士集·黄裳序》:"政和癸巳陈瓘跋,称其《招友》句云。"

把"政和癸巳"两句当作黄裳序中之语,那就不对了。今拟标校为:

《赤城集》:《委羽居士集·黄裳序》政和(癸巳)〔乙未〕陈瓘跋,称其《招友》句云。

《札记》又对左纬《春日晓望》诗作了文字校勘,尤其是指出诗中"斜阳"与诗题"晓望"不合,元陈世隆所编《宋诗拾遗》卷二十录此诗题作"晚望",义胜可采。但《宋诗拾遗》却把作者标为"孟大武"。钱先生顺手指出:"《拾遗》所著作者姓名多不可信,如以王绩无功为宋人王阒是也。"事见该书卷十六,把王绩的名篇《在京师故园见乡人问讯》的主名弄错了。具见钱先生日常阅读时目光如炬、烛照无隐的情景。

面对《钱锺书手稿集·容安馆札记》这部罕见的大书,我们的第一步工作是"照着说",即努力认识和整理其具体内容,然后才能试着"接着说",与之对话和讨论,把研究工作推进一步。

附录:《容安馆札记》卷一第 286 则论左纬

左纬《委羽居士集》一卷。王棻辑,亦《台州丛书》后集本。不矜气格,不逞书卷,异乎当时苏黄流派,已开南宋人之晚唐体,佳者清疏婉挚,劣处则窘薄耳。黄裳序:"自言每以意、理、趣观古今诗。"按,《宋诗纪事》卷四十谓裳此序引经臣《招友》句云云,误也,仅引经臣此语耳。

《避贼书事》:"怀宝恐吾累,蔽形何可遗。囊衣入山谷,势急还弃之。及至出山日,秋风吹树枝。免为刀兵鬼,冻死宜无辞。"(三)"搜山辄纵火,蹑迹皆操刀。小儿饥火逼,掩口俾勿号。勿号可禁止,饥火弥煎熬。吾人固有命,困仆犹能逃。"(五)"今我有三子,欲谋分置之。庶几一子在,可以收我尸。老妻已咽绝,三子皆号悲。生离过死别,不如还相随。"(十)《半山庵》:"杉高方见直,石怪不成粗。"

《避寇即事》:"寂寞空山里,黄昏百怪新。鬼沿深涧哭,狐出坏墙嗻。小雨俄成霡,孤灯不及晨。开门谢魑魅,我是太平人。"(九)"借问今何所,空山号白龙。秋声凄万窍,雪意黯千峰。俯首烧残叶,披衣听断钟。生涯都付贼,只有一萍踪。"(十)见第二首,当是建炎元年八月陈通兵变。

《春日晓望》:"屋角风微烟雾霏,柳丝无力杏花肥。朦胧数点斜阳里,应是呢喃燕子飞。"按,"斜阳"与"晓望"语不合,《宋诗纪事补遗》卷四十六引此作孟大武诗,"晓"作"晚","飞"作"归",皆胜此本,盖采之《宋诗拾遗》。《拾遗》所著作者姓名多不可信,如以王绩无功为宋人王阗是也。

《送许左丞至白沙为舟人所误》:"短棹无寻处,严城欲闭门。水边人独自,沙上月黄昏。老别难禁泪,空归易断魂。岂知今夜梦,先过白沙村。"按,《诗人玉屑》卷十九黄玉林引前四句,《宋诗纪事》遂误为五绝矣。"水边"一联可继阴铿《江津送刘光禄不及》云:"泊处空馀鸟,离亭已散人。"《永乐大典》一万四千三百八十"寄"字引《赤城左氏集》全同,题多"以诗寄之"四字。

《招友人饮》:"入门相见喜还悲,不免樽前细问之。一别又经无数日,百年能得几多时。后生衮衮皆成事,吾辈栖栖亦可疑。日暮东风吹鬓发,拍床嗔道酒行迟。"按,义山《寓目》云:"此生真远客,几别即衰翁。"魏仲先《东观集》卷六《寄唐异山人》云:"能消几度别,便是一生休。"《荆溪林下偶谈》卷一谓陈了翁喜此联,因举魏野诗。又戴叔伦《寄朱山人》云:"此别又万里,少年能几时。"杜荀鹤《送人游江南》云:"能禁几度别,即到白头时。"

《送别》:"骑马出门三月暮,杨花无赖雪漫天。客情唯有夜难过,宿处先寻无杜鹃。"

句:"怪岩摩足力,空谷答人声。"(《灵岩》)"禽巢先觉晓,蚁穴未知霜。"(《落叶》)按,此本唐人刘〔乂〕〔叉〕《落叶》诗:"返蚁难寻穴,归禽易见窠。"《渔隐丛话》前集卷五十五所谓"谜子"者也。《桐江集》卷三《跋尤冰寮诗》极称其《落叶》之"蚁返愁寻穴,鸦归喜见巢",何虚谷之眼谩耶!《江湖后集》卷三周端臣《落叶》云"归巢便觉栖禽冷,觅穴空教返蚁迷",自此化出。唐时升《三易集》卷五《和沈石田先生咏落花》诗之十三:"巡檐游蚁迷新穴,远树归禽识旧巢。"

钱锺书先生与宋诗研究

——初读《宋诗纪事补正》

钱锺书先生辞世时,学术界的不少有识之士及时提出,整理出版钱先生的遗著,是对先生最切实的纪念,也是学术建设的当务之急。三年多来,除了生活·读书·新知三联书店推出十三卷本《钱锺书集》(内含未刊稿《人生边上的边上》)外,影印钱先生大量笔记的《钱锺书手稿集》(约四十多卷)和出版逾百万字的《宋诗纪事补正》则是已在运作之中的两大巨著。人们关心的《管锥编》"续编"(包括论《全唐文》等五种)或许能在《手稿集》中看到雏形,而作为《管锥编》"外篇"的《感觉·观念·思想》或也能从中找到踪迹。《宋诗纪事补正》是钱先生宋诗研究在文献整理方面的重要著作,也是深入研究钱先生宋诗观的基础性资料。大家翘企已久,切盼早日捧读。我趁编辑《新宋学》第一辑之机,向杨绛先生请求摘抄若干冠于书端,以光宠篇幅。杨先生即命栾贵明兄寄来前六卷样书,遂与新出宋诗总集本对读,择其可供补益充实者万馀言,以《钱锺书先生未刊稿〈宋诗纪事补正〉摘钞》为题,先予揭载,当为学界同道所欢迎。

书前有钱先生手书题辞:"采摭虽广,讹脱亦多,归安陆氏《补遗》,买菜求益,更不精审。披寻所及,随笔是正之。整缀董理,以俟异日。槐聚识于蒲园之且住楼。"钱先生曾于1949年早春寄居在蒲园(在上海蒲石路即今长乐路上)某宅之三楼,自命之为"且住楼",殆为暂且寄居之意。至8月底,他就举家北迁,任教于清华大学了。这说明早在1949年此书已初具规模,离今已逾半个世纪。有意思的是,今尚存他《蒲园且住楼作》一律:"夹衣寥落卧腾腾,差似深林不语僧。捣麝拗莲情未尽,擘钗分镜事难凭。槎通碧汉无多路,梦入红楼第几层。已怯支风慵借月,小园高阁自销凝。"(此诗收入《槐聚诗存》时改题《古意》)此诗精丽密致、包蕴深隽,颇具玉溪生风调,而怀抱又似能从清人黄仲则《两当轩集》中找到:"结束铅华归少作,屏除丝竹入中年。"(《绮怀》)钱先生自述其学诗经历云:"十九岁始学为韵语,好义山、仲则风华绮丽之体,为才子诗。"此诗或许近乎少作风韵。也说明在他40岁左右时,一方面进行大规模的宋诗文献搜集与整理工作,一方面仍写作与宋诗异趣的"风华绮丽之体"。这倒证明他的另一自述:"实则予于古今诗家,初无偏嗜",并不囿于规唐或矩宋之域,而持有博采众长、融贯百家的宽容态度。

一、《宋诗纪事补正》一斑

钱锺书先生在《宋诗选注·序》中对厉鹗《宋诗纪事》和陆心源《宋诗纪事补遗》都有过评论。他说《宋诗纪事》"不用说是部渊博伟大的著作",但又有"开错书名"、"删改原诗"等重大缺失,既肯定又批评,与《题辞》所说"采摭虽广,讹脱亦多"一致。说起《宋诗纪事补遗》,他下了"错误百出"的断语,举出陆心源把唐人、金人诗误作宋诗等事例,这可以作为《题辞》说他"买菜求益,更不精审"的证据①。《宋诗纪事》虽是继南宋计有功《唐诗纪事》以后的"纪事"体著作,入选作家逾3800人,但大都有诗而无本事,用力在别集以外佚诗和无别集传世的作家作品的收集上,实际上成为一部宋代诗歌的总集,与

---

① "买菜求益"典出东汉严光;在《谈艺录》中,钱先生又据《开元天宝遗事》所载李白语,缀合成"买菜求益,市瓜拣肥"一联妙对,比成语"贪多务得"、"贪求无已"更为生动,再一次表现他的"修辞机趣"。

"纪事"体例不甚吻合。钱先生针对它的"脱"和"误",予以"补"和"正"。"补"者,主要有补人、补诗、补事诸项;"正"者,则涉及主名错讹、引书误舛、作品真伪、本事异闻、字句校勘等多方面,具见钱先生渊博、严谨、精细的一贯治学风格。从文献学角度对此书作全面述评,因未读全书,为时尚早。谨举数事以示一斑。

王禹偁的诗集,经过徐规先生的精心整理,已臻完善,《全宋诗》即收徐先生的点校本;但钱先生原与之各自成书,又有三十多首为徐先生点校本所缺或互有异同。杨亿名下补诗亦夥,也有十多首(含句、联)为《全宋诗》所无。至于钱先生在1984年版《谈艺录》第620页中曾举过一首长达2534字的宋人长诗《妾薄命叹》,批评厉著未能采录,更是一大发现,惜《全宋诗》似亦未收入。在考辨方面,精彩之处,所在多有。如卷四王禹偁名下《少年登楼》诗:"危楼高百尺,手可摘星辰。不敢高声语,恐惊天上人。"钱先生按云:"《侯鲭录》卷二《李白题诗》注:或云王元之《少年登楼》诗云云。按,《事文类聚前集》卷四十四及《锦绣万花谷后集》卷二十四又摘引此诗于杨文公亿名下,《竹坡诗话》也怀疑是杨亿幼年所作。……《西清诗话》也坚谓李白所作,但白集中不见收录。请参观本书第六卷杨亿名下《危楼》条补正。"再翻至杨亿名下,考证更详:"《事文类聚前集》卷四十四《幼悟门》、《锦绣万花谷后集》卷二十四《楼门》引此诗前两句。按,《西清诗话》谓此乃李白诗。《竹坡诗话》谓:'岂好事者窃太白之诗,以神文公之事与?抑亦太白之碑为伪耶?'又,《后村千家诗》卷十六收此诗,题作《危楼》,作主为'王文公',故《侯鲭录》卷二称为王元之《少年登楼》云云。《舆地纪胜》卷四十七'蕲州':王得臣《麈史》云:'蕲之黄梅有乌牙山,僧舍小诗曰李太白也:"夜宿乌牙寺,举手扪星辰。不敢高声语,恐惊天上人。"'李集中无之。此诗属名之争,注家纷争不已,姑均存之。"以"均存"为断案,审慎不苟;尤其是具体考辨过程,不仅资料丰赡,而且逻辑严整,足堪示范。

二、《宋诗选注》的篇目之争

钱先生是集学者、才人于一身,融古今中外为一体而又兼擅各类著述体裁的一代宗师。研究他的宋诗观,应该从《宋诗选注》、《谈艺录》、《管锥编》乃至《槐聚诗存》、小说创作中广泛取材,并应相互补证,"循环阐释"。《围城》中董斜川关于"陵谷山原"的议论,当然不能径视为作者的诗学观点,但这个对"唐以后的大诗人"的名字概括,却包含着作者自己的一份体会。比如"三陵:杜少陵,王广陵——知道这个人么?——梅宛陵",颇堪玩味。王广陵是宋代诗人王令,只活了27岁,在文学史上一向不被重视,正是《宋诗选注》称赞他为"宋代里气概最阔大的诗人"才为人们所知,读到"知道这个人么"这一特别提示,总不免联想起钱先生在《宋诗选注》中对他的格外揄扬,郑重推荐,让世人都能"知道这个人"。

现在有了《宋诗纪事补正》,为我们更全面深入地理解钱先生的宋诗研究提供了又一重要材料与视角。学术界对《宋诗选注》的选目问题议论颇多。钱先生自己说过:"这部选本不很好;由于种种缘因,我以为可选的诗往往不能选进去,而我以为不必选的诗倒选进去了。"(《模糊的铜镜》)他这番话就是为回应胡适"对选目很不满意,并认为迎合风气"而发的。这主要指在内容题材上多选了一些反映民生疾苦的社会诗而言,作者和读者对这一点容易取得共识。但除这一共识外,还可讨论三点:(一)作家入选篇数多寡是否有失比例。现今所选共377首,以陆游第一(33首),范成大第二(27首),苏轼与汪元量并列第三(21首),而黄庭坚仅5首,与华岳、方岳等人相同。(1989年版《宋诗选注》把黄庭坚四首七绝错排成两首七律,总数成了三首;初版及《钱锺书集》不误。)(二)所选以"浅明俊爽"意境风格者为多,似是宋诗中的"唐诗",如七绝多达192首,占1/2,而最能体现"宋调"特点的七古(63首)、七律(54首)相对较少。(三)选诗所据底本范围问题。最早也是胡适所说:"他大概是根据清人《宋诗钞》选的。"别的学者经过细心核对,发现王禹偁、林逋、苏舜钦、欧阳修等22家诗,无一不见于《宋诗钞》或《宋诗钞补》,占全书80家的1/4。我以为,上述(一)(二)两点在钱先生那里可能不是"真问题"。对作家地位的估定并不一定要以是否入选或入选篇数多寡来体现,如他推崇朱熹"算得道学家中间的大诗人",但无一诗入选;叶适"号称宋儒里对诗文最讲究的人",却不过是不会飞翔的"鸵鸟",不如小作家虽像"麻雀"仍属飞禽,于是也没有选叶适的诗;其他像杨亿、谢翱等名家,都无一字见录。他特意表彰王令,但也只选了3首。至于黄庭坚,倒是个特例。钱先生自述作诗经历时,说到对九部诗集"用力较勤",其一即为《山谷集》;他借董斜川之口所说的"陵谷山原","谷"当然少不了黄山谷;《谈艺录》中对黄诗的有关补注与阐发,潘伯鹰先生赞为"精细的见解","所言极精实",并于《黄庭坚诗选》中屡屡引为确解。钱先生对黄诗尽管也有批评,但他平日密吟深咏,情有独钟,都不是秘密;选篇过少,仅为当时风气所限,以免招惹是非而已(黄氏时被加以形式主义诗人之恶谥)。至于对"唐音"与"宋调"的总体特征的区别,钱先生当然了然于胸,《谈艺录》第一条即是"诗分唐宋","唐诗多以丰神情韵擅长,宋诗多以筋骨思理见胜",也已成为广被引用的经典性名言。但选本原可多样化。《四库全书总目》卷一九〇《御选唐诗》提要说:"撰录总集者,或得其性情之所近,或因乎风气之所趋,随所撰录,无不可各成一家。"因而元结《箧中集》尚古淡,令狐楚《御览诗》尚富赡,方回《瀛奎律髓》尚生拗,元好问《唐诗鼓吹》尚高华等等,各具个性与特色。宋诗选本可以选体现"宋调"群体风格的诗,也可以只选宋人所写的各类好诗或某类好诗,应该是自由的。此外,(一)(二)两点所含的问题,还可以从钱先生的"六不选"选诗标准中寻找答案,因与本文题旨稍远,容后再予申述。要之,《宋诗选注》的选目,"既没有鲜明地反映当时学术界的'正确'指导思想,也不爽朗地显露我个人在诗歌里的衷心嗜好"(《模糊的铜镜》),反过来说,既有受制时风而造成的遗憾,又自有他个人的标准在。他的确不大理会一般选本所要求的"代表性"和"涵盖性",像主持礼仪者把一切安排得停当均匀,面面俱到,或像他所调侃的选诗如选理事会那样。对选本的多样性和自由度,我想是理应得到理解和尊重的。

三、《宋诗选注》的工作方法

杨绛先生曾告诉我,钱先生作《宋诗选注》时,工作量很大。他没有从选本到选本,而是从各类总集、别集中直接选诗,几乎把宋人集子都看完了。比如专门买来一部《宋诗钞》,在上面加圈,由她帮忙剪贴。有些选篇是别人不注意的,如曹勋《入塞》,写一个"掠去随胡儿"的女子,见到南来使臣,"忽闻南使过,羞顶杀羊皮",这种场景和心理刻画,很有特色。笼统地说选目"很不好",不大公平。书中也有错误,如注释持节的"节",说是"拿一根金属或竹头做的东西","金属"云云,或许不妥。杨先生这段话(大意),平允客观,同时也印证此书多从《宋诗钞》取资的推测(当然不止于《宋诗钞》一书)。现在我们已知道,钱先生编注《宋诗选注》时期,同时也正在再度修订他的《宋诗纪事补正》,见杨先生《记〈宋诗纪事补正〉》(《读书》2001年第12期)。前面已说过,《宋诗纪事》旨在搜集别集以外佚诗和无别集传世的作家作品,因而初具《全宋诗》的性质;钱先生的《宋诗纪事补正》旁搜远绍,出入书海,后出转博转精,实际上做的也是《全宋诗》编纂工作。在1999年《全宋诗》正式问世以前,海内外很少有人能达到他掌握宋诗文献的广度和深度。然而我们也发现,《宋诗选注》确实没有充分利用他自己《补正》的成果①。这是什么原因呢？钱先生有次在回答如果重新编选、将选何作品这一问题时，曾写道："说来话长；又事隔数十年，懒于更提了。请原谅。"言语之间似有些无奈。我私心猜测，此书作为文学研究所编校的"中国古典文学作品第五种"，乃属普及读物，又有大致统一的篇幅规模。而有人提出，应从一代全部诗歌中来定选目，"必需有了这种基础，才有选全宋诗的可能"，否则是"冒险之举"（杜松柏《钱锺书宋诗选注之评注》，见台湾大学中国文学研究所主编《宋代文学与思想》，台湾学生书局，1989 年）。这在学理上看上去是个正确原则，但在《全宋诗》问世以前，这又是难以实际操作的理想化要求。在《宋诗选注》完稿 40 多年后才问世的《全宋诗》正编，共 72 册，总字数近四千万，为《全唐诗》的 10 倍；诗作共 247183 首（不计残诗、断句），为《全唐诗》的 5 倍。要求在近 25 万首诗中选出 377 首，也实在难为了选家。可以断言，在《全宋诗》出版以前，古今所有宋诗选本，如张景星等《宋诗百一钞》、陈衍《宋诗精华录》等，均不能达到这一要求。《宋诗选注》又是当时文学研究所的计划项目，每月要填进度报表，年中、年终要写汇报，此书已因精心打造，迁延两年，已有碍不久提出的"多快好省"精神了。杨绛先生曾说："《管锥编》、《谈艺录》的作者是个好学深思的锺书。"也可以帮助理解《宋诗选注》。

　　要之，议论评泊，应贴近具体的历史情势；而面对皇皇巨著《宋诗纪事补正》，再不会遽谓《宋诗选注》"选诗基础之不巩固"吧？

---

① 个别也有，如王禹偁《寒食》"山里风光亦可怜"句，他注"亦可怜"时说："王禹偁有首诗，《小畜集》里没有收，是把唐人的旧诗改头换面，写他贬官在外的心情。"此诗中有"鼓子花开亦喜欢"句，钱先生认为，《寒食》中的"亦可怜"就是"亦喜欢"。这首佚诗题即《齐安郡作》，见《宋诗纪事补正》卷四，亦可参看《新宋学》所载《摘钞》稿。

钱锺书先生的南宋诗歌发展观

钱先生的著述大都采取我国传统著作体裁,如诗话(《谈艺录》)、选本(《宋诗选注》)、札记(《管锥编》)等,他的几篇论文(从《旧文四篇》到《七缀集》),也与目前流行的学院派论文风格迥异,因而在钱锺书研究中发生了一个重要争论:即有没有"体系",甚至有没有"思想"?这一争论至今仍在时断时续地进行。

一、钱先生到底有无"理论体系"?

从钱先生早年学术发轫时期来看,他对西方哲学、心理学兴趣很浓,也开始写作《中国文学小史》等通论性著作,不乏体系性、宏观性的见解。1984年在修改《中国诗与中国画》一文时,他增加了一段话,提出所谓"狐狸与刺猬"的讨论。他说:"古希腊人说:'狐狸多才多艺,刺猬只会一件看家本领。'当代一位思想史家把天才分为两个类型,莎士比亚、歌德、巴尔扎克属于狐狸型,但丁、易卜生、陀思妥耶夫斯基等属于刺猬型,而托尔斯泰是天生的狐狸,却一心要作刺猬。"(《七缀集》,上海古籍出版社,1985年)文中所说"古希腊人"乃指阿克洛克思,他的这句话另译为:"狐狸多知,而刺猬有一大知。""当代一位思想史家"是指英国人以塞亚·伯林(I. Berlin),与钱先生年龄相仿,他关于"狐狸与刺猬"的发挥,见于1951年出版的《刺猬与狐狸》一书。这里"狐狸"的"多知",即谓无所不知,而又眼光精微;"刺猬"的"一大知",殆谓有体系,有总体把握。钱先生此处借以助证苏轼之企慕司空图、白居易之向往李商隐,即所谓"嗜好的矛盾律",能欣赏异量之美,因对"狐狸"、"刺猬"两种类型采取兼容并包的立场,不加轩轾。而在1978年修改《读〈拉奥孔〉》时,也增加一节文字:"不妨回顾一下思想史罢。许多严密周全的哲学系统经不起历史的推排消蚀,在整体上都已垮塌了,但是它们的一些个别见解还为后世所采取而流传……往往整个理论体系剩下来的有价值的东西只是一些片断思想。脱离了系统的片断思想和未及构成系统的片断思想,彼此同样是零碎的。所以,眼里只有长篇大论,瞧不起片言只语,那是一种粗浅甚至庸俗的看法——假使不是懒惰疏忽的借口。"这里对体系崇拜论的批判和颠覆,读来令人惊悚,当然他同时提醒人们说"自发的简单见解正是自觉的周密理论的根本",并不绝对地排斥"自觉的周密理论"(《旧文四篇》,上海古籍出版社,1979年)。

这两段在修改旧作时特意增写的文字,似乎对以后钱氏有无体系的"争论",预先准备了回答。20世纪80年代,在学界"争论"发生之后,钱先生在私人场合也直接发表过意见。他在1987年10月14日致友人信中说:

> 我不提出"体系",因为我认为"体系"的构成未必由于认识真理的周全,而往往出于追求势力或影响的欲望的强烈。标榜了"体系",就可以成立宗派,为懒于独立思考的人提供了依门傍户的方便。……马克思说:"我不是马克思主义者。"马克·吐温说:"耶稣基督如活在今天,他肯定不是基督教徒。"都包含这个道理。

此从师门宗派传授、流弊丛生的角度来揭示"体系"之异化。李慎之先生在2003年2月10日的一封信中提到:"钱先生曾对我说过,自己不是'一个成体系的思想家',我曾对以'你的各个观点之间,自有逻辑沟通'。"李先生希望能把钱先生著作中表现有关中国前途在现代化、全球化、民主化三方面的思想材料"钩稽"出来,表达出从钱著中寻找一以贯之思想的愿望。(以上两信,均见《财经》杂志2006年第18期。)

衡量学问家水平的高低,评估学术著作价值的大小,与其是否给出一个"体系",其实并无直接的对应关系;尤为重要的,是对"体系"的认识和真正的理解,大可不必对之顶礼膜拜,加以神圣化和神秘化。我姑且把"体系"分为两种形态。一是作者本人给出的体系。比如我们熟知的黑格尔,他用"理念"、"绝对观念"等概念把世界万事万物贯穿在一起;宋代理学家则用先于天地而存在的"理"为核心,重建他们的世界观。这或许可称为"显体系"。二是"潜体系",即作者虽然没有提供明确的理论框架,但在其具体学术成果之中,确实存在一个潜在的、隐含的体系。钱先生就是如此。我在本书第一辑第一篇《记忆的碎片——缅怀钱锺书先生》中曾经说过:

> 他一再说,"我有兴趣的是具体的文艺鉴赏和评判",而没有给出一个现成的作为独立之"学"的理论体系。然而在他的著作中,精彩纷呈却散见各处,注重于具体文艺事实却莫不"理在事中",只有经过条理化和理论化的认真梳理和概括,才能加深体认和领悟,也才能在更深广的范围内发挥其作用。研读他的著述,人们确实能感受到其中存在着统一的理论、概念、规律和法则,存在着一个互相"打通"、印证生发、充满活泼生机的体系。

十多年来,学者们对"钱学"的研究已取得了不少的成果,在阐释、梳理和提升钱先生的学术思想方面也有可喜的进展,对深入探讨和把握钱氏"体系"大有助益;但我自己却进展不大,至今仍"无力说个明白"。为帮助自己阅读钱著计,我想能否提出第三种"体系",即能否初步提炼出一个阅读结构或竟谓阅读体系呢,以作为进一步建构其"潜体系"的基础?不妨从个别专题着手,作一尝试。

二、《容安馆札记》中具有"坐标点"作用的三则

《容安馆札记》对近 300 位南宋诗人进行了精彩的评述,犹如"大珠小珠落玉盘",其中能否寻找出自身的贯串线索?我认为有三则具有发展阶段"坐标点"的作用。

(一)《札记》卷二第 443 则第 1005 页论范成大时云:

南宋中叶之范、陆、杨三家,较之南渡初之陈、吕、曾三家,才情富艳,后来居上,而风格高骞则不如也。

(二)《札记》卷一第 252 则第 410 页又云:

盖放翁、诚斋、石湖既殁,大雅不作,易为雄伯,馀子纷纷,要无以易后村、石屏、巨山者矣。三人中后村才最大,学最博;石屏腹笥虽俭,而富于性灵,颇能白战;巨山写景言情,心眼犹人,唯以组织故事成语见长,略近后村而逊其圆润,盖移作四六法作诗者,好使语助,亦缘是也。

(三)《札记》卷一第 22 则第 24 页又云:

此次所读晚宋小家中,《雪矶丛稿》才力最大,足以自立。《佩韦斋稿》次之,此稿(指毛玶《吾竹小稿》)又次之。

南宋诗歌发展脉络与国势、政局的演变息息相关,可谓大致同步,也有局部不相对应之处。我们曾将其划分为四个阶段:"渡江南来与文学转型"、"中兴之局与文学高潮"、"国运衰颓与文运潜转"和"王朝终局与文学馀响"(见王水照、熊海英《南宋文学史》,人民出版社,2009年)。《札记》的前两条有明确的时间定位:"南渡初"、"南宋中叶"、南宋后期(第三则提到"晚宋小家"则涉及"宋末"王朝终局阶段了),他在每一个阶段中选出三位作家,即南渡初的陈与义、吕本中、曾几,南宋中叶的范成大、陆游、杨万里,南宋后期的刘克庄、戴复古、方岳,显然是从整个诗坛全局出发,又以基于艺术成就而具有的影响力和诗史地位作为选择标准的。第三则提出"晚宋小家"的前三名次序,即乐雷发《雪矶丛稿》、俞德邻《佩韦斋稿》、毛珝《吾竹小稿》,则是以"此次所读晚宋小家"为范围而作的评比(该则《札记》共论及陈鉴之、胡仲参、林希逸、陈允平、吴惟信等16家,有的已是入元的作家),而非诗坛全局,所以乐、俞、毛三人不足以担当该时段的代表性诗人,与上述三时段、九诗人的情况不同,但均表明钱先生既从诗史发展着眼,又细心辨赏诗艺、诗风,较量高低,斟酌得失,他提供的名单不是率意为之的。

三、《宋诗选注》提供的南宋诗歌发展图景

九位诗人名单中不见"中兴四大家"之一的尤袤,不会引起人们的异议,而选择方岳,恐不易成为学人们的共识。若需推究其中原委,《宋诗选注》所提供的南宋诗歌发展脉络的另一种描述,或可帮助寻求答案。

《宋诗选注》的81家作者小传,是作者精心结撰之作,蕴含丰富的学术信息,有作家作品的评赏,有宋诗专题研究(如道学与宋诗、使事用典、以文为诗与破体为文等),也有关于诗史的阐释。下列四则

对理解他的南宋诗歌发展观关系最大。

（一）汪藻小传：

> 北宋末南宋初的诗坛差不多是黄庭坚的世界，苏轼的儿子苏过以外，像孙觌、叶梦得等不卷入江西派风气里而倾向于苏轼的名家，寥寥可数，汪藻是其中最出色的。

（二）杨万里小传：

> 从杨万里起，宋诗就划分江西体和晚唐体两派。

（三）徐玑小传：

> 经过叶适的鼓吹，有了"四灵"的榜样，江湖派或者"唐体"风行一时，大大削弱了江西派或者"派家"的势力，几乎夺取了它的地位。

（四）刘克庄小传：

> 他是江湖派里最大的诗人，最初深受"四灵"的影响，蒙叶适赏识。……后来他觉得江西派"资书以为诗失之腐"，而晚唐体"捐书以为诗失之野"，就也在晚唐体那种轻快的诗里大掉书袋，填嵌典故成语，组织为小巧的对偶。

这四则虽散见在四处，"捉置一处"则宛如一篇完整的诗史纲要：南渡初，诗坛由北宋末年"苏门"与"江西"两派并峙，转而演化为江西雄踞坛坫而学苏者"寥寥可数"。南宋中叶，以杨万里创作为标志，宋诗就分成江西体和晚唐体两派,这是一个很创辟的重要判断。南宋后期,"四灵""开创了所谓'江湖派'",晚唐体或江湖体风行一时,取代了江西派的地位;而江湖派的最大诗人刘克庄,却又同时开始表现出调和"江西"、"江湖"的倾向,诗坛上流行起"不江西不江湖"的风气。

四、如何钩稽、丰富诗史主线索

从《札记》和《宋诗选注》中分别钩稽出来的诗史主要线索来看,两者所述时段是可以对应的(都隐含着四个时段的时间背景),但《札记》论及的标志性的九位诗人是从其诗歌成就及影响、地位来衡定的,《宋诗选注》则主要以诗歌体派嬗变(苏门与江西、江西与江湖等)为依据。由于时段相同,可以也应该合观互参。诗人的基本艺术风格必然受到其所隶属或承响接流的诗歌体派的规定,他的影响力和历史地位也与诗体、诗派紧密相联,体派的演化又与其代表作家的引导和示范息息相关。《札记》与《宋诗选注》这来源不同的两条发展线索是统一的,构成了钱锺书先生把握南宋诗歌走向的"主线索"。

《札记》与《宋诗选注》所给出的南宋诗歌发展图景,清晰而确定,但毕竟是粗线条式的大致轮廓。这就需要联系《札记》中对具体作家作品的大量评述和例证,来丰富其细节,深入其内层,补充其侧面,促使这条主线索丰富、深刻和多元起来;另一方面,这条主线索也为我们理解钱先生的许多具体论述指明了方向。如他论左纬:"不矜气格,不逞书卷,异乎当时苏黄流派,已开南宋人之晚唐体。"(《札记》卷一第286则)按生年,左纬正处于汪藻与杨万里之间,他能够摆脱当时苏轼、黄庭坚的笼罩,而在杨万里之前,就开创晚唐体即江湖体,实际影响力虽不能与杨万里相提并论,但实已处于承前启后的位置,这使整个诗史链条更显得环环相扣了。

另一个例子是萧立之,这位《宋诗选注》中的最后一家,受到钱先生的格外推举。《札记》卷二第 530 则第 881 页云:"谢叠山跋,谓江西诗派有二泉(引者按:赵蕃号章泉,韩淲号涧泉)及涧谷(罗椅),涧谷知冰崖(萧立之)之诗。夫赵、韩、罗三人已不守江西密栗之体,傍参江湖疏野之格,冰崖虽失之犷狠狭仄,而笔力峭拔,思路新辟,在二泉、涧谷之上。顾究其风调,则亦江湖派之近西江者耳。"这段议论,正好与前文论及的刘克庄调和江西、江湖,"不江西,不江湖"诗风流行相接榫,既可补充"主线索"的内容,也为萧立之在诗史链条中找到他应有的位置:"要于宋末遗老中卓然作手,非真山民、谢叠山可及。"在《宋诗选注·萧立之小传》中也说:萧氏"没有同时的谢翱、真山民等那些遗民来得著名,可是在艺术上超过了他们的造诣",主要原因是:"他的作品大多是爽快峭利,自成风格,不像谢翱那样意不胜词,或者真山民那样弹江湖派的旧调。"意在标举晚宋诸小家中那批能"不江西不江湖"而"能自成风格"的诗人。

顺便提及,他在评及俞德邻时,前已提到把俞氏置于乐雷发之次,而在《札记》卷二第 628 则第 1170 页中,又把他视为可与萧立之并肩,说他"感慨沉郁者,差能自成门户,非宋末江湖体或江西体,于遗民中,足与萧冰崖抗靳"。《札记》和《宋诗选注》中论及宋末诗人"自成风格"、"自成门户"者,往往与其摆脱江西、江湖所谓"影响的焦虑"有关,材料亦丰,对进一步完善诗史"主线索"是十分有益的。

对钱先生实际展示的"主线索",一方面需要从其大量具体论述中加以丰富和完善,另一方面也需要充分认识其复杂性。所谓"主线索",只是从宏观上概括指出诗坛的总体艺术走向,指示文学风尚的大体转化;但对具体作家作品而言,却又是千差万别,各具面目,而不能整齐划一、生硬套框的。

比如敖陶孙,这位诗人先在"庆元诗祸"中因同情朱熹、赵汝愚而受到牵连,却因此在江湖中声名鹊起,其诗集《臞翁诗集》也被陈起刻入《江湖集》,横遭"江湖诗祸"。刘克庄在为他而写的墓志铭中说:"先生诗名益重,托先生以行者益众,而《江湖集》出焉。会有诏毁集,先生卒不免。"(刘克庄《臞庵敖先生墓志铭》,见《后村先生大全集》卷一四八)敖陶孙跟江湖诗人的社会关系不可谓不密切。但钱先生强调指出,他的诗作却不具有江湖诗体的特征和风格,不能列入该系列。在《札记》卷二第446则第1026页论及《南宋群贤小集》(旧题宋陈思等编)所收《臞庵诗集》时说:"纯乎江西手法,绝非江湖体。虽与刘后村友(《诗评》自跋云:自写两纸,其一以遗刘潜夫),却未濡染晚唐……《小石山房丛书》中有宋顾乐《梦晓楼随笔》一卷,多论宋人诗,有云'臞翁虽不属江西派,深得江西之体',颇为中肯。"就诗风而言,敖氏应入江西一脉。而在近出《中文笔记》中,钱先生在评述《南宋六十家[小]集》(陈起编,汲古阁影宋钞本)时,对敖氏更下了一个明确的论断:"此六十家中为江西体者唯此一人。能为古诗,近体殊粗犷。有《上石湖》四律、《题酒楼》一律,不见集中。"(第三册,第375页)这种诗人个体的差异性和群体的复杂性,更提醒我们对"主线索"不宜作机械的理解。

关于《宋诗选注》的对话

内山精也,文学博士,早稻田大学教育与综合科学学术院教授。1988年夏作为高级进修生至复旦大学,从王水照教授研究宋诗和苏轼。曾组织宋诗研究班(属早大中国文学研究会),专门从事钱锺书先生《宋诗选注》的日译工作,刊于宋代诗文研究会会刊《橄榄》,后出版为日译本四册。著有《传媒与真相——苏轼及其周围士大夫的文学》、《苏轼诗研究——宋代士大夫诗人之构造》、《庙堂与江湖——宋代诗学的空间》、《宋诗惑问——宋诗能否表现近世》等。1989年,就《宋诗选注》与王水照教授进行对谈。

一、日本学者对《宋诗选注》的评价

王水照:钱先生的《宋诗选注》不是一部一般意义上的文学选本。它虽然属于普及性读本,入选两宋诗人80家(初版81家),诗约380首,共三百多页,却又是一部独具慧眼特识、别有学术风采的诗学专著。你们的日译工作审慎细致,不仅对原书作了忠实的翻译,而且介绍了原书中全部引用书籍,还从日本读者的需要出发,增加了补注和备考。经过踏实而有成果的劳动,你们必定会对此书加深体会吧?

内山精也:是的。随着翻译过程的深入,我们对此书的评价越来越高了。首先使我们感佩的是钱先生引用资料的严格和他的闻名于世的渊博。有关宋诗的资料,迄今为止似乎还没有做过系统的整理。钱先生却从基本文献直至个别生僻的零星材料,差不多囊括无遗。他凡有引用,必定是第一手材料,并详注卷次。我们因翻译所需,一一作了查对,几乎没有错漏。资料准确是一切学术工作的前提和基础,但像钱先生这种经得起查核的著作是并不多见的。

王水照:我可以补充他在评注范成大田园诗时的两个小例子。一是在注释"少住侬家漱井香"的"井香"时,他原先引用佛书中称清净水为"华水"、"水华"的说法,后认为用道书更好,改引《云笈七签》等书;一是讲司汤达《红与黑》中那个文艺中掺入政治的比喻,即音乐合奏时的一响手枪声,原来引称出自该书第五十二章,后据善本改为第二部第二十二章。这种一丝不苟的治学态度,令人叹服。

内山精也:钱先生引用材料的广泛也是惊人的。其中有不少稀见的书籍,在日本无法找到,这部分工作打算在中国补做。

王水照:广征博引,自由骋游于中外文化典籍的海洋,这已构成钱先生一切学术著作的鲜明风格,有人名之为"钱锺书风格"。钱先生曾说:"我有兴趣的是具体的文艺鉴赏和评判。"他正是在苦心搜集的大量资料基础上,加以别择、排比、综合、分析,也就是说,一切从具体特殊的审美经验和事实出发,来进行经验的描述、一般的概括和理论的推演,从具体上升到抽象,来把握古今中外相同和相通的"文心"或人类一般的艺术思维。这一严肃的科学方法既不同于文抄公式的材料罗列,也不同于逞才炫博。例如徐俯的一联名句"一百五日寒食雨,二十四番花信风",《宋诗选注》指出曾为南宋陆游、楼钥、敖陶孙、钱厚等人所摹仿,又为金人张公药所沿袭,连类引证,充分反映了江西诗派"脱胎换骨"的时代风尚和影响。

内山精也:事实的确如此。我们的日译工作在查核材料上花了不少精力(现在还无法精确统计此书引用书目的种数和次数),但我深深感到,这是对自己一次很好的材料训练,为今后的宋诗研究打下了最扎实的基础。

王水照：日本学术界对此书有些什么评价？

内山精也：从事宋代文学研究的日本学者，对此书的评价一直很高。被誉为日本汉学"泰斗"的吉川幸次郎先生，他本人也是宋诗研究专家，有《宋诗概说》名著。他生前十分重视《宋诗选注》，嘱咐他的门生山本和义先生进行翻译，以介绍给日本读书界。山本先生在1988年出版的《宋代诗词》的《序》中，深情而又不无遗憾地回忆这桩往事。另一位汉学权威小川环树先生早在1957年，当此书的部分诗人评论和《序》在《文学研究》上选载时，就密切注意，并期待全书的出版；1958年此书初版发行后，他随即在《中国文学报》（第十册）上发表书评，给予热情的高度赞扬。他说：我们以期待的心情迎接此书，我又以其完全没有辜负我们的期待而感到喜悦。这两个有代表性的事例已足以说明《宋诗选注》在日本的广泛影响和重要地位。在今日日本，编辑宋诗的选本或研究宋诗之际，首先研读此书已成为一个无一例外的必需过程。说它在日本的有识之士中间，已经公认为宋诗的最有价值的注本、宋诗的一种有权威性的参考文献，我想不算夸大。

面对中国第一流学者的著作，我们深感翻译的不易。尽管我们慎之又慎，但必然仍有缺失。王老师曾亲身受到过钱先生的指导，我很想听到您研读此书的体会。

二、《宋诗选注》的四种"读法"

王水照：以钱先生这样的大学者、大手笔来编写这本普及性读物，竟两历寒暑，印行六次而每次都有修订。全书丰富的内蕴、恢宏的气度、犀利的眼力和敏锐的艺术感觉等，我不能也不敢妄谈"体会"。我只能谈谈个人阅读此书的四种"读法"。第一是从宋代诗歌演变史的角度读"评"。此书80篇作家评论,篇篇有新意,字字有分量。我曾使用苏轼"八面受敌"读书法,一口气专读评论,不啻是一部宋诗发展史的纲要,处处表现出钱先生对宋诗宏观把握的独特见解。如论西昆体"只有极局限、极短促的影响";论北宋中后期诗坛可分"苏门"与"江西诗派"对峙的两派,以及超出两派之外的贺铸、唐庚等人;论两宋之交诗风以学黄为主,学苏者仅为苏过、孙觌、叶梦得、汪藻等个别作者;论南宋从杨万里起,宋诗就划分江西体和晚唐体两派,一般诗人又都有力求摆脱江西体的倾向;论"四灵"开创"江湖派"等。这些论点,或发前人所未发,或力辟旧说,为宋诗研究指明了方向。例如西昆体的影响,其范围和时间,一般估计较大、较长。石介《怪说》云"今天下有杨亿之道四十年矣",其《祥符诏书记》又说杨亿"为文章宗主二十年",具体时间虽有差异,但历时皆甚久。欧阳修《六一诗话》说"杨刘风采,耸动天下",又说"后进学者争效之,风雅一变",则范围甚广,后世史家遂据以立论。但钱先生则从文彦博、张咏等人现存文集面貌上作出"极局限、极短促"的判断,看来,石介等人似是为了反对对手而故意夸大"敌情"。又如对江湖派,旧说强调它跟"四灵"的异,并认为此派得名之由是因为杭州书商陈起刊行《江湖诗集》,钱先生却突出它跟"四灵"的同,并认为江湖诗人之称,早在《江湖诗集》之前,名叫"江湖派"是因为这一体的作者一般都是布衣或不得意的小官之故。

这80篇评论还包括一些宋诗重大问题的专论。如王安石、苏轼、黄庭坚、杨万里等条论用典问题,刘子翚条论道学和诗歌的微妙关系等,都为宋诗研究提供了新的思考和观察点。对各诗人特点的分析也是其重要内容,如论苏轼诗的"博喻"、论范成大田园诗是我国古代诗歌中三个系统的结合,都已得到学界的普遍赞赏和称引。

内山精也:小川先生在书评中也说:由于《宋诗选注》的出现,宋代文学史的很多部分恐怕应该重写。

王水照：第二，从比较鉴赏学的角度读"注"。钱先生的注释，打破了传统选本着重于词语训释、名物阐解、章句串讲的框架，而是把注释和鉴赏、评判结合起来。他运用的基本方法是比较法。比较的项目有题材、境界、风格、意象、句式、用语等，比较的类型有平行比较和影响比较，而涉及的学科有政治社会学、民俗学、心理学、逻辑学、方言学等，正是在广阔的文化背景上展开以鉴赏评判为目的的多种比较，使此书在诗歌鉴赏学上达到一个崭新的高度。用时下流行的话来说，这是多角度、全方位的立体式鉴赏。它的最大特点是使传统的直觉体验和主观感悟式的鉴赏，上升到理性的艺术规律性的认识。如此书分析王禹偁《村行》"数峰无语立斜阳"句说："按逻辑说来，'反'包含先有'正'，否定命题总预先假设着肯定命题。诗人常常运用这个道理。"山峰本来是不能语而"无语"的，但王禹偁此句却"仿佛表示它们原先能语、有语、欲语而此刻忽然'无语'"，如改用正面说法，则意味顿减。注文中又引证李白、司空图、徐夤、龚自珍的相似用例，证成此说。这种把逻辑、心理、语言融会贯通、充满艺术辩证法的分析，在个别用语的分析中也常有体现。如对洪咨夔《泥溪》中"塞明"的相反相成，文同《织妇怨》"停"字的一字而具相反两义等分析，都不停留在语句浅层次的阐释上。

宋诗中的一些名句，前人评赏已成千累万，钱先生更能别出新意，因难而尤见功力。王安石"春风又绿江南岸"的"绿"字，钱先生指出在唐诗中早见且屡见，由此而提出"一连串"五个问题，钱先生不予回答却妙在不言中。这里提示我们在作影响比较研究时，应注意作者种种复杂的创作心理状态，切忌简单化。陆游"此身合是诗人未？细雨骑驴入剑门"一联，注文中引述两方面的材料：一是有关李、杜等诗人"入蜀道中"，一是有关诗人骑驴，综合这两方面，"于是入蜀道中、驴子背上的陆游就得自问一下，究竟是不是诗人的材料"。这里对诗人心态的惟妙惟肖的揣摩，是依赖于对历史文化背景的充分揭示而实现的,因而加强了说服力。叶绍翁"春色满园关不住,一枝红杏出墙来"一联,注文引了五个用例,更可看做这一意象的演化小史:唐人的不及叶氏的"醒豁",陆游的不及其"新警",张良臣的不及其"具体"。这里有来龙去脉的爬梳,有优劣长短的评赏。一个意象的产生总不是孤立的、静止的,对意象作出历史的动态的描述和分析,此书中是大量的,也最使人心折。

总之,"注"和"评"是此书最见精彩的两个部分。正如你们刊物的名称"橄榄"那样,需要细细咀嚼回味。

内山精也:钱先生在描述某一意象演变过程时,往往涉及诗文以外的材料,如从散曲、戏曲、白话小说等通俗文学方面取材,这不仅使描述更全面丰富,也为诗歌提供了新的鉴赏角度。

王水照:第三,从版本学的角度研究"修改"。钱先生此书已重印六次,每次都有增订,因此有个特殊的"版本"问题。我自己有个习惯,读他的著作,总喜欢用"对读"的方法,研究和体会他的改笔。例如郑文宝《柳枝词》"载将离恨过江南"一句,初版引证了苏轼等六个相似的用例,但再版时全部删去,改用周邦彦等四例:周邦彦例是把郑诗改写为词,说明其影响颇广;石孝友词把船变为马,王实甫戏曲把船变成车,这从运载工具一面着眼;陆娟诗却把愁、恨变为"春色",这又从所载之物一面落笔。原来苏轼等六个用例,也是经过精挑细选,得来不易的,但他们沿袭多,创新少;修改后更能看出一个艺术意象嬗递演化的轨迹,把作家们的创作构思抉剔入微。

内山精也:我们的日译本原有新旧版本校勘的项目,但有位日本前辈学者善意地提出,这样做对作者是否合适?

王水照:钱先生的所有著作,从《谈艺录》、《旧文四篇》、《也是集》(后二书又合编为《七缀集》)到《管锥编》,都有反反复复的"增补"、"补订"、"补遗",而且都是"明码标价",而不是暗中"改头换面"、

"自我整容"。《管锥编》有专册《增订》本,《谈艺录》(补订本)更是新旧合璧,"订益"几达全书之半。这些修改,除少数属于订正外,绝大多数是增补例证,发展和完善论点,表现了他潜心琢磨、孜孜矻矻、精益求精的精神和一位大学者坦荡的学术品格。这也应是"钱锺书风格"的独特表现之一。他因此获得读书界的更大崇敬。

第四,从贯通互参的角度读全书。由于体例的限制或当时学术环境的影响,此书的有些部分如能跟钱先生的其他著作联系起来合读,可以加深理解。《谈艺录》、《管锥编》中对宋诗的直接论述尤应辑录、对读。例如《宋诗选注》中对江西诗派以至宋诗的用典之风都持严峻的批评态度,就可参看《管锥编》第四册"《诗品》之特识"条(1447页),该条称赞钟嵘对用典之病的批评,并戏称为"钟嵘症",如果再读《谈艺录》中举王安石"每遇他人佳句,必巧取豪夺"的 20 多例(243页),论黄庭坚"钩章摘句"条(22 页),论陆游的"蹈袭之病"(118 页)等,对钱先生的严峻态度就能了然于胸。《谈艺录》"山水通于理趣"条(237 页)论邵雍、周敦颐、程颢、朱熹等人"皆以怡情于山水花柳为得道"的"玩物为道"的观点,与其"玩物丧志"说相反相成,也与本书中论道学与诗歌的微妙关系一脉相承。有时《宋诗选注》中的片言只语,如能互参综观,收获必多。如论张耒"有一小部分模仿杜甫的语气雄阔的七律,又好像替明代的前后'七子'先透了个消息",《谈艺录》"七律杜样"条(173 页)对此有较详的说明。最有意思的是陆游《醉歌》一诗。此诗写作者对当年从戎时杀虎豪情的追忆,但一个长注撮述了陆游对此事的前后自述,却发现此事有疑:"或说箭射,或说剑刺,或说血溅白袍,或说血溅貂裘,或说在秋,或说在冬",点明武器、情景、时间的破绽。如果读《谈艺录》中关于陆游"好谈匡救之略"的"官腔"等议论(132 页、457 页),对此处的言外之意也能心领神会了。总之,钱先生对宋诗的见解自成体系、前后一贯,他的著作实互为经纬,可以彼此发明的。

三、关于选目的疑问

内山精也：提一个可能不恰当的问题：有些历久传诵的作品似未选入此书，这能否适应初学者借以了解宋诗概貌的要求？

王水照：钱先生去年为香港天地图书公司出版的《宋诗选注》新写一篇前言——《模糊的铜镜》（又载《人民日报》1988年3月24日），回答了这个问题。他说："这部选本不很好；由于种种原因，我以为可选的诗往往不能选进去，而我以为不必选的诗倒选进去了。"这部书作为文学研究所编校的"中国古典文学作品"读本丛书的第五种，它的选目必须经过所内集体讨论才能决定。由于当时学术环境的影响，编者本人反而不能自由地表达自己的意愿。这种情况对你来说，似乎不可思议，但这是事实。

尽管如此，钱先生在《序》中提出了著名的"六不选"原则[①]，其主旨就是把诗当作诗，坚持艺术审美的标准，这在当时起过振聋发聩的作用，他为不选文天祥《正气歌》而付出过代价。选目中还发掘了有价值的作家作品，在宋诗比较缺乏浪漫主义精神的情况下，王令这位"宋代里气概最阔大的诗人"，却一度遭遇冷落，经过此书的表彰而为学术界重新重视，就是著例。

[附记]

真没想到，这次"对话"促成了一桩跨越国别、超越年龄的"文字因缘"。

内山精也君1988年来沪留学时，在给我的《进修计划表》上，曾

---

① 押韵的文件不选；学问的展览和典故成语的把戏不选；大模大样的仿照前人的假古董不选；把前人的词意改头换面而绝无增进的旧货充新不选；有佳句而全篇太不匀称的不选；当时传诵而现在看不出好处的不选。

要求给予访问钱锺书先生的机会。但他深知钱先生倦于应接,我也一向遵守"不干扰即尊敬"的原则,所以彼此就不再议及。我和他《关于〈宋诗选注〉的对话》发表后,他终于委婉地说:"我想到北京去一次。"于是我不得不向钱先生提出请求。很快就收到先生的来函:"内山先生惠过,当遵命晤谈,以结文字因缘,亦杜诗所谓'蓬门今始为君开'也,一笑。"他还说已看过我们的《对话》,"奖借过量,益增惭悔"。内山君获悉后,1989年11月1日即匆匆飞往北京。

11月7日晚,窗外大雨如注,宿舍区阒然无声,内山君竟来叩门。在门口,他就急切地告诉我:"我已见到了钱先生,这次对我太有意义啦!"我让座后,才知他刚从京返沪,要把会见的情况尽快让我知道。他说:"这次谈话真是一种享受。整个谈话过程中,我只是静静地聆听。先生思维敏捷,幽默风趣,时时夹着英语、法语,对目前国外情况也了如指掌,仍在经常阅读外文的报章杂志,完全看不出已是年届八十的老人了。他谈了一个半小时,我却全然没有感到时间的流逝。"他还告诉我:"钱先生一直杜门谢客,已有两年不在家里接待外国朋

内山精也与钱锺书先生合影

友了。我作为少有的例外，实现了自己长久以来的愿望，得到了最大的满足。唯一的遗憾是我的汉语水平还差，不能把他的每句话'吃'进去。"临别时，钱先生亲自题签赠书给内山同学，我们至今还能从当年的照片上看到他郑重而愉快的面容。

　　这次会见给予内山君极大的鼓舞。他和他的朋友们更努力地从事《宋诗选注》日译工作，还陆续将登载日译稿的《橄榄》杂志按期寄呈钱先生，受到先生的肯定与赞许。钱先生谢世后，杨绛先生继续关注他们的工作，她还特意命我撰写序言，即本书所收《祝〈宋诗选注〉走出国门——〈宋诗选注〉日译本序》，全书四册由日本平凡社出版，受到彼邦学术界与一般读者的欢迎。钱先生所说的这桩"文字因缘"，值得铭记与怀念。

祝《宋诗选注》走出国门

——《宋诗选注》日译本序

钱锺书先生的《宋诗选注》是我多年来时时研习、常读常新的读物，也是导引我深入研究宋代文学的经典性著作。这部选本兼具普及性和学术性的双重品格，因而在一般读书界和学术界都产生了广泛而深刻的影响。一部选本能同时获得不同层面读者的青睐和倾倒，真正达到普及和提高的统一，这在近年来的出版物中是罕见的。

从普及层面而言，作为中国社会科学院文学研究所编校的"中国古典文学作品第五种"，它当然应遵循这套历代诗歌选本的统一规范和文字风格，篇幅有一定的限制：入选两宋诗人80家（初版为81家），诗约380首，用语上要求明净生动，可读性强。杨绛先生曾风趣地说："锺书选注宋诗，我曾自告奋勇，愿充白居易的'老妪'——也就是最低标准；如果我读不懂，他得补充注释。"可见钱先生对普通读者的顺利接受有着充分的关注。比如对诗意的阐述、词语的训释，钱先生往往用直接语译的办法，三言两语即表达无遗。这种"以译代注"，如果没有高超的运用现代汉语的功力，是做不到的。此书在国内一版再版，已发行五万册以上，就是读者众多的一个有力的证明。

对于专业研究者而言，这部选本又具有特殊的意义和价值：既可看作一部宋诗发展史纲要，又可当作宋代诗学专著来研读。日本著名汉学家小川环树先生说："由于《宋诗选注》的出现，宋代文学史的很多部分恐怕应该重写。"（京都大学《中国文学报》第十册，1958

年）这是一句分量很重的评语。此书由序言、选目、作家小传、注释四个部分构成，其中 80 篇小传，不着力于作家仕履的考订，实乃 80 篇作家论，连缀阅读，不啻展现出宋代诗歌发展、嬗变的轨迹，虽仅属鸟瞰式的轮廓，但均为作者个人的独特观察，新见迭出，益人神智。其注释部分，与传统选本偏重于词语训释、名物阐解、章句串讲等有所不同，而是把这些项目与诗歌鉴赏、评判结合起来，尤在诗歌题材、境界、意象、语言技巧等方面提出一系列精见卓识。如论某一诗歌意象，往往追踪觅源，备举众多前人或时人诗句，予以比勘对照，对诗人文心的抉发深刻精微，令人耳目一新，可谓作者之独诣，也最让人们为之心折。因为它不仅来源于冥索穷搜之功（在电脑检索未使用以前，全凭腹笥之丰），而且植根于对诗歌艺术真谛的真正把握。至于在作者小传中，论宋代诗派沿革，论用典利弊，论道学与诗歌之关系等等，已为当今宋代文学研究者所瞩目，称引阐发，随处可见，亦证这部选本的学术价值。此书虽因产生于我国特定年代，并不能完全体现钱先生的宋诗观，然而仍是宋代文学研究的一部名著，值得后人参考研读。

我和内山精也君结识于 1984 年，那时我应聘在东京大学任教，承他不弃，按时前来听课，对他的好学深思留下很深的印象。嗣后在交谈中发现，他已把自己的研究范围锁定在宋代文学，并打算翻译钱先生的《宋诗选注》，使我倍感兴奋。我立刻想起吉川幸次郎先生生前曾嘱咐他的高弟日译此书，却因种种原因未能实现；现由内山君完成此一遗愿，自是功德无量之盛事。我返国后，他又来复旦大学从我研究宋代文学，同时继续进行此书的日译工作。他和他的朋友们还专门创办《橄榄》杂志先期刊载译稿，以听取学术同道们的意见。我在阅读数期《橄榄》以后，深为他们严肃认真的态度所感动。他们对原书作了忠实的翻译，保证原书的完整性，而且设置了"补注"、"通释"、"备考"等栏目。这些栏目，一方面便利了日本读者的阅读，如详注入选诗篇的诗型、韵字、出处,尤其是原书中所列出的众多的书名卷数篇名以备"参看"的部分,译者均一一据善本将引文补出,不避繁重,用心甚细;另一方面又在学术性考辨上用力甚勤,多有译者的心得体会。可以看出,他们日译此书,既出于对钱先生的由衷敬仰,严格遵守学术规范,黾勉从事,绝无丝毫懈怠;同时,又作为自己进入宋代文学研究领域的一次难得的学术训练和资料准备。于是我遂致函钱先生作了引荐,钱先生破例俯允接谈,还引用了一句杜诗:"蓬门今始为君开。"他与内山君亲切畅谈了一个半小时,还书面回答了内山君提出的问题,达13个之多。钱先生在1992年读过《橄榄》后写道:"惊喜之馀,又深感惭憾。诗歌的译文往往导引我们对原作增进理解和发现问题。"但他自谦因不谙日语,未能利用其"精心迻译"来修改原书的一些注释,是"一件恨事"(见《宋诗选注》"第七次重印附记")。钱先生称赞这部译本为"精心迻译",固然含有对后辈的奖掖和鼓励,但也是符合译者们的求精务信的译事态度的。钱先生的话还表明他的著作是一个开放的天地,他不希望自己的著作成为凝固不变的"定本",不仅自己要做反反复复的不断修改,也欢迎并吸收读者们的一切有益的意见(新版《宋诗选注》后附的"补注"即是拟采纳的读者意见)。大海不弃细流,长者不掩人善,才是大学者的坦荡胸襟,真正实践了"以学术为公器"的宗旨。这部译本所体现的创造性劳动,我以为已可优入"钱学"之林,虽然"钱学"这个称呼始终得不到钱先生本人的认可。

我还要向杨绛先生表示衷心的谢意。她一直关心这部译著的进展情况,给予了真诚的鼓励。为了出版方面的具体问题,我一再去打扰她老人家,但她不辞烦冗,几次赐函,费心尽力,终使问题获得圆满解决。我想译者们必定铭记不忘,我也是感同身受的。

祝《宋诗选注》走出国门,带去学术的严肃、情谊的诚挚、期盼的殷切。

日本宋代诗文研究会译注《宋诗选注》,〔日〕平凡社 2004 年版

日本版《宋诗选注》序

第四辑 《钱锺书手稿集》管窥

《钱锺书手稿集·容安馆札记》"初学记"

在钱先生生前,我曾有机会两次看到过他的笔记。在一篇回忆文字中,我写过:"他的读书笔记本也颇与众不同,满页密密麻麻,不留天地,一无空隙,但他一翻即能找到所需之处。"如今公开面世的《钱锺书手稿集·容安馆札记》(以下简称《札记》)可以印证这个印象。我还写过"钱先生的随意闲聊更充满这种耐人寻味揣摩的东西",并举了一些例证,比如"韩愈的《原道》与明清的八股文之间有否暗脉相通之处,又是为什么"等等(见本书第一辑第二篇《钱锺书先生的闲谈风度》)。今阅《札记》第三卷1771页:"《原道》'呜呼,其亦幸而出于三代之后'云云一节,《原毁》全篇,皆开八股机调。《孽海花》第二回(引者按,应是第三回)钱唐卿谓'制义创始韩愈,细读《原毁》便见'是也。柳子厚《书箕子碑》'当其周时未至'一节亦然。"面对书籍,恍然如遇故人。

记得当年有次闲谈到"八股"起源、得失时,钱先生急忙一摆手:"等等,给你看我的笔记!"即从内室取来此本,翻到此页向我讲说一番。我贪婪地凑过头去,他立即合上本子,打了句乡谈:"勿好再拨侬看哉!"直逗得我望"书"兴叹,憾失不已。

感谢杨绛先生授权商务印书馆影印出版钱先生的手稿集,其博大精深的学术内涵,值得我辈终身奉为鸿宝。今仅就书中论及宋诗者数端,略述"初学记"。

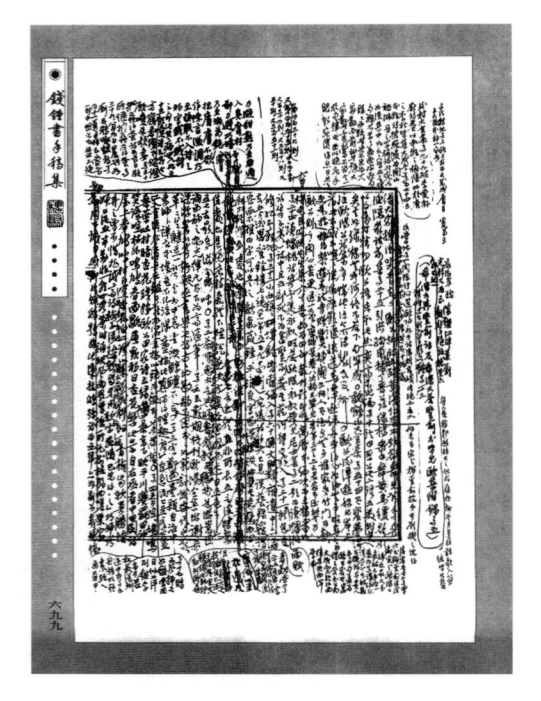

《钱锺书手稿集·容安馆札记》中的一页

一、垂青一般选本所冷落的诗人

《宋诗选注》选诗80家,其中的王令,素为一般的选本所冷落,而因钱先生对他"宋代里气概最阔大的诗人"的特别表彰,始引起人们的重视。阅读《札记》,还知道他对晚宋的乐雷发也格外垂青。第一卷24页云:"此次所读晚宋小家中,《雪矶丛稿》才力最大,足以自立。《佩韦斋稿》次之,此稿(指毛珝《吾竹小稿》)又次之。"宋末小诗人众多,一般囫囵视之,很少细致分疏,钱先生抉发出乐雷发、俞德邻、毛珝前三名的次序,值得注意。

具体论及乐氏时,他说:"乐雷发声远《雪矶丛稿》笔力健放,不拘拘于晚唐体。七言歌行尤排奡,七绝次之,律诗率滑。"并点评《九嶷紫霞洞歌》《常宁道中怀许介之》《乌乌歌》等十首作品。

《宋诗选注》里评乐氏有一句"近体诗还大多落在江湖派的圈套里"的话,曾引起一些学者如萧艾先生的质疑,认为佳作多为七律(见萧氏注释的《雪矶丛稿》前言,岳麓书社,1986年),萧先生的观点其实与四库馆臣一脉相承,《四库全书总目提要》卷一百六十四评乐氏云:"其诗旧列《江湖集》中,而风骨颇遒,调亦浏亮,实无猥杂粗俚之弊,视江湖一派迥殊。"还举例评赏,都是近体。《札记》中虽然没有"还大多落在江湖派的圈套里"的话,但说"律诗俚滑",意差近似。钱先生垂意的是其七言歌行,"笔力雄放",已摆脱"晚唐体"也就是"江湖派"的路数。乐氏之于江湖派,有依有违,应从不同诗体来论析。重视文体区别与特点,是钱先生一以贯之的评赏原则。

检《宋诗选注》,选乐雷发诗共四首,其《乌乌歌》《常宁道中怀许介之》《秋日行村路》三首均见《札记》提及,其评语可与《选注》对读,多有异同。仅《逃户》一首,不见《札记》所选十首之列,这类反映民生疾苦的"人民性"题材,当是因时代"大背景"而"照顾"选入的,为"我以为不必选的诗倒选进去了"作一例证①。

钱先生的《札记》原是记录个人日常读书心得,初不拟立即示于外人;但从全书已亲自编次,共802则,且随笔附注互相参见等来看,实又粗具著作形态。这一特殊情况使其在钱先生的著作系统中具有特殊作用:作为钱先生读书时的第一印象的记录,反映他接触文本时最初的注意点或兴奋点,可以借此了解他的选择方向与旨趣,这对研究他的具体艺术趣味、爱好和标准是不可多得的材料,比如这首《逃户》肯定未能进入他的最初视野,是不免违心而为之选录的;作为

---

① 参看本书第三辑《关于〈宋诗选注〉的对话》。

原生态学术作品,《札记》又具有与其公开发表的著作比较对照的价值,从《札记》到《宋诗选注》《管锥编》乃至《谈艺录》的增订部分,其异同详略、改易修润,往往有深意存焉,值得探索。

二、电脑检索不能替代对艺术
创作奥秘的深刻把握

《札记》中对乐雷发《秋日行村路》"一路稻花谁是主,红蜻蛉伴绿螳螂"一联评赏尤详:

> 按,绝好一幅没骨花卉,仿放翁《水亭》诗(《剑南诗稿》卷七十六)"一片风光谁画得,红蜻蜓点绿荷心"而胜之。机杼皆本之韩致尧《深院》绝句之"深院下帘人昼寝,红蔷薇映绿芭蕉",而致尧此诗又袭李义山《日射》绝句之"回廊四合掩寂寞,碧鹦鹉对红蔷薇",白香山《寄答周协律》"最忆后庭杯酒散,红屏风掩绿窗眠"……

而《宋诗选注》此诗注释,仅依次引录李商隐、韩偓、陆游三联(后改订本又增入白居易一联),两相对勘,从改笔中可探其深微用心。《札记》和《选注》都采用广义的比较方法,但有影响比较与平行比较的区别。《札记》指出"红蜻蛉伴绿螳螂"一联,其句法和颜色对比的用法,导源于白居易、李商隐,经韩偓入宋,为陆游所仿,乐氏又仿陆而胜之,属于影响研究的范畴;《选注》改用平行的叙述方式。这一改动颇堪玩味。因果链的确定,实际上总是充满着种种不能确定的因素,甲事物受乙事物影响而形成这一类常见的判断,实际上存在着"证伪"的极大可能性,因而应该慎之又慎。

《宋诗选注》重视对诗歌特定意象的研究,或溯源追踪,或指出文心的相通相异之点,这是《选注》的独诣,最令人折服;但也可发现在方法上,使用平行研究远较影响研究为多。最好的例子之一是论及王安石《泊船瓜洲》"春风又绿江南岸"的"绿"字,钱先生指出"绿"字用法在唐诗中"早见而亦屡见",并举了丘为、李白、常建的诗例,但并不简单坐实此乃王安石用字的"出处",而是一连串提了五个问题:

> 王安石的反复修改是忘记了唐人的诗句而白费心力呢?还是明知道这些诗句而有心立异呢?他的选定"绿"字是跟唐人暗合呢?是最后想起了唐人诗句而欣然沿用呢?还是自觉不能出奇制胜,终于向唐人认输呢?

在电脑检索大为盛行的今天,我们可能找到比钱先生更多的唐诗用例(包括唐前之诗),但恐很难达到他对艺术创作奥秘的深刻把握。这里对王安石创作运思的精微揣摩,都是假设,而且这种假设是没有穷尽的,这说明两种诗歌意象在表面上的某种类似,除因果关系以外,还可能产生多种的关系,足以提供无限的联想空间。

三、有学术的人生

据杨绛先生介绍,《钱锺书手稿集》共有三类:外文笔记、中文笔记和《日札》(即《容安馆札记》)。外文笔记纯系读书摘抄,"他做笔记的习惯是在牛津大学图书馆(Bodieian——他译为饱蠹楼)读书时养成的"。其实我国古人就有以抄书为读书的习惯。杨慎《丹铅别录序》自述"自束发以来,手所抄集,帙成逾百,卷计越千",抄了达千卷之巨;顾炎武甚至倡言"著书不如抄书"(《抄书自序》),这是秉承其嗣祖顾绍芾的主张。钱先生跟这两位博学的前辈当可异代相视而笑。中文笔记,原与日记混在一起,因 1952 年"思想改造"时,"风闻学生可检查'老先生'的日记",就把"私人私事"的日记部分"剪掉毁了"。这中文笔记虽有"自己的议论"和"少许批语",看来也是以摘抄原书为主的。(均为杨绛先生语,见《〈钱锺书手稿集·容安馆札记〉序》。)

而《日札》应是日记体学术札记,是以记录"读书心得"为重点的。钱先生作于1929年的《复堂日记续录序》中说:"……然参伍稽决,乃真积力充之所得;控名责实,札记为宜。未有详燕处道俗之私,兼提要钩玄之著,本子夏日知之谊,比古史起居之注,如晚近世所谓日记者也。"(《复堂日记》,河北教育出版社,2001年)在《序》末又说:"生本南人,或尚存牖中窥日之风。丈人(徐彦宽)哂之邪,抑许之邪?"时徐氏尚在世。徐氏卒于1930年,而1929年他已编定《念劬庐丛刻》待刊(包括《复堂日记续录》),故推测钱先生此序约作于1929年(参见刘桂秋著《无锡时期的钱基博与钱锺书》,上海社会科学出版社,2004年)。其实,2002年10月生活·读书·新知三联书店出版的《钱锺书集·人生边上的边上》第216页中,编者注引用1981年12月13日钱锺书先生致汪荣祖信,谓此《序》"成于十九岁暑假中,方考取清华,尚未北游"。"十九岁"即1929年。指出日记体札记应具有私人性和学术性兼擅的特点。

这类性质的日札,钱先生其实早年就开始写作了。1935年2月21日钱基博先生在连载《读清人集别录》的引言中说:"儿子锺书能承余学,尤喜搜罗明清两朝人集。以章(学诚)氏《文史》之义,抉前贤著述之隐。发凡起例,得未曾有。每叹世有知言,异日得余父子日记,取其中之有系集部者,董理为篇。乃知余父子集部之学,当继嘉定钱(大昕)氏之史学以后先照映,非夸语也。"(原载《光华大学半月刊》四卷6期,1936年3月)明言他父子俩均有"日记"。我们还从1934年6月出版的《国风》半月刊第四卷第11期中,看到钱锺书先生的《北游纪事诗》,自注云:"原廿二首,今录廿一首,本载日记中,故略采本事作注以资索引。"不仅证实钱先生早有记日记的习惯,且与现在面世的《容安馆札记》多记读集部的心得、多录自己诗作的情况一脉相承。作日札是钱先生的日常生活，实不可一日离此事，由此也可部分解释他最重要的学术著作《管锥编》采取札记体的原因。

《札记》中"私人私事"的被删削，实在是件深可惋惜之事。本来那不仅可以真切地了解当年知识分子的生存状态，更重要的是领略那一代学者以学术为生命、融人生与学问为一体的精神面貌。如《札记》第三卷2235页钱先生于1966年与杨先生漫游北京中山公园、随即患病的记事一则，当是剪而未尽的残存，实是一篇睿思奔涌、寄慨于谐的绝妙散文：

> 丙午(1966)正月十六日，饭后与绛意行至中山公园，归即卧病，盖积瘁而风寒乘之也。嗽喘不已，稍一言动，通身汗如濯，心跃然欲出腔子。《明文授读》卷十五李邺嗣《肺答文》云："风自外干，涎从内塞"，"未发云云，辄闻喀喀"，"积邪大涌，蕴逆上溢"，"胸椎欲穿，背答不释"，不啻为我言之。如是者十二日，始胜步武，杖而行于室中。今又一来复矣，仍奄殢无生意，杜门谢事。方疾之剧，如林黛玉临终喘甚，"躺着不受用，扶起来靠着坐坐才好"（《红楼梦》九十七回）。每夜劳绛卧起数回，真所谓"煮粥煮饭，还是自家田里的(个)米，有病还须亲老婆"也（冯梦龙《山歌》卷[五]）。昔王壬秋八十老翁终日闷[睡]，自云"有林黛玉意思"（《湘绮楼日记》民国四年九月廿四、廿五日）。余今岁五十七，亦自拟孽儿呻吟气绝状，皆笑枋耳。病榻两梦圆女，渠去年八月赴山右四清，未返京度岁。二月初六日书。起床后阅《楚辞》自遣，偶有所得，率笔之于此。

这是钱先生所写的"我们仨"。与杨先生平实淡雅、却把悲情深埋的叙述笔调不同，钱先生一口气连类引证李邺嗣文、《红楼梦》、冯梦龙《山歌》、王闿运日记等材料来写病中窘况和伉俪情深、爱女思切,不啻是《管锥编》、《宋诗选注》"打通"法的生活版,使这段三百字的短文,俨然也是一则学术札记。"曲终奏雅",这篇妙文原来是他记录自己读《楚辞》心得的引言,而此处所记读《楚辞》的心得即是《管锥编·楚辞洪兴祖补注》十八则的取资来源,无意中展示出《管锥编》的成书过程。日常生活与学术著述也于此"打通"。

四、有人生的学术

　　如果说,上面的例子代表的是有学术的人生,那么,更多的情形是表现为有人生的学术:即在论学评诗中融注着个人性的生活与体验,只是有时不为人们察觉而已。

　　钱先生对宋人唐庚的《白鹭》和罗公升的《送归使》两诗似乎颇为注目,在《管锥编》中曾分别论及。《管锥编》第一册 348 页称引西汉武安侯田蚡关于聚徒"腹诽"对君上危害的言论,"盖好友交游而多往还,则虽不结党而党将自结,徒党之形既成,即不犯上而为乱党,亦必罔上而为朋党",然后引及唐庚《白鹭》:"说与门前白鹭群,也宜从此断知闻。诸君(似应作"公")有意除钩党,甲乙推求恐到君!"评为"谈虎色变,从来远矣"。这是对历史上党锢之祸的客观评论。《管锥编》第四册 1470 页引罗公升《送归使》诗:"鱼鳖甘贻祸,鸡豚饱自焚。莫云鸥鹭瘦,馋口不饶君。"则仅因论及徐陵《鸳鸯赋》,以"事物写入诗画"现象作评赏,"鸳鸯"作为"长合会"之团圆象征,吟咏不辍,但却因其羽毛鲜丽而被扑杀,而吴融《池上双凫》就说双凫"幸是羽毛无取处,一生安稳老菰蒲"。钱先生反驳吴融说:"然凫之'羽毛'或'无取处',其躯肉岂不任充庖厨耶?"引罗公升此诗为证。此处纯系客观评艺,尚无其他寓意。

　　而在《容安馆札记》第二卷 1200 页中却有另一番记述。他先引罗公升此诗云:"按,沉痛语。盖言易代之际,虽洁身远引,亦不能自全也。"紧接引唐庚《白鹭》诗,评云:"机杼差类而语气尚出以嬉笑耳。"两诗"捉置一处",即显别有会心。他关注诗中种种罗织、诬陷、告密、伪证等情事,与他曾经横遭的青蝇之玷(所谓清华间谍案,参看本书第一辑第四篇《钱锺书先生横遭青蝇之玷》)联系起来看,不难读出一点潜通暗合的消息。这种评诗赏艺与个人生活体验的关联,在原先仅供个人备忘、未拟公开示人的《札记》中,或隐或显地随处可见,对于了解他的学术人生,倍感亲切而真实。

解读《钱锺书手稿集·容安馆札记》

一、《容安馆札记》：半成品的学术著作

《钱锺书手稿集》是钱先生的读书笔记，字字句句都由他亲笔写成，是已知手稿集中篇幅最大的个人巨著。不仅篇幅大，更在内容广和深；不仅"空前"，恐亦难乎为继。《钱锺书手稿集》分为三类，均由商务印书馆影印出版：一类是《容安馆札记》三卷，2003年面世；一类是《中文笔记》二十卷，2011年面世；一类是《外文笔记》，共6辑，48册，于2014年至2015年渐次出版，原外文笔记本共有178册，34000多页。

《钱锺书手稿集·容安馆札记》原本有23册，2570页，802则，如果每页以1200字匡算，共约300万字，其中论及宋诗的约55万字，占《札记》的1/5，表明宋诗研究在钱先生的学术世界中占有相当重要的地位。

《札记》以阅读、评论、摘抄作家的别集为主要内容，一般是先述所读别集版本，再加总评，然后抄录作品，作品与总评之间又有呼应印证关系。这种论叙形式在全书中具有统一性。从作者自编目次802则来看[1]，它

---

[1] 此书实际则数似不到802则，其中有缺码（如248则、353则、367则、368则、387则、388则、411则、412则、546—554则），有重码（如80则、147则、326则、458则），有乱码（如401—452则放在572则之后，未接上400则），有空码（如卷二自1186页至1212页共26页未编则数）。

已不是"边读边记"的原始读书记录,而是经过了"反刍"(杨绛先生语),即反复推敲、酝酿成熟的过程,每则不是一次阅读就完成的。而且又有许多旁注"互参",既有参看前面的第几则,也有注明需参看后面的,说明对全书已有通盘的设计。因而,此书性质应该是半成品的学术著作,有待加工成公开出版的正式著作。如《管锥编》中的《楚辞洪兴祖补注》、《周易正义》、《毛诗正义》就是在《札记》的基础上"料简"、"理董"而成的。

二、《容安馆札记》的特点：
私密性与互文性

《容安馆札记》具有两个显著特点,即私密性与互文性,这对进一步理解此书性质十分重要。

《容安馆札记》有很多别名,其中之一就叫《容安馆日札》(或《容安室日札》、《容安斋日札》、《槐聚日札》等),日札即具日记性质,把私人私事、旧诗创作和读书心得等统记在一起,因而自然带有一定的个人性、私密性;即便是读书笔记部分,原来也不拟立即示之他人,只供自己备忘、积累,其间也不免有不足与外人道也的内容。然而,在这些日常生活、身边琐事到艺术思考变化过程乃至时事感慨中,仍然蕴含着丰富的学术内容。

南宋诗人吴惟信《菊潭诗集》有首《咏猫》小诗:"弄花扑蝶悔当年,吃到残糜味却鲜。不肯春风留业种,破毡寻梦佛灯前。"所咏为一只老无风情的懒猫,已无当年"弄花扑蝶"的寻乐兴趣,吃吃残羹,睡睡破毡,无复叫春欲求。钱先生在《札记》中加一按语云:"余豢苗介立(引者按,志怪小说《东阳夜怪录》中人物,此即指猫)叫春不已,外宿两月馀矣,安得以此篇讽喻之!"(《札记》卷一第22则)吴诗所咏之猫,乃无意风情之懒猫、老猫,与钱家所养之猫春情勃发、外宿不归交相照映,谐趣横生。先生之治宋诗,学术人生化、人生艺术化,也是苜蓿生涯中的一种慰藉。钱家的这只波斯雄猫名"花花儿",是1949年8月他们举家从上海赴清华大学任教后收养的,杨绛先生有散文《花花儿》详记其事,说到"两岁以后,它开始闹猫了,我们都看见它争风打架的英雄气概,花花儿成了我们那一区的霸"。难怪钱先生要以吴惟信小诗来"讽喻"它了。这只儿猫,在钱先生那里,并不止于一桩生活小小情趣,而竟然进入他的学问世界。在《札记》卷一第165则中,他写道:"余记儿猫行事甚多,去春遭难,与他稿都拉杂摧烧,所可追记,只此及九十七则一事耳。"在这里,引起钱先生关注的是猫的两个特性:神情专注和动作灵活,都引申到学术层面。他引《续传灯录》卷二十二:"黄龙云:'子见猫儿捕鼠乎?目睛不瞬,四足据地,诸根顺向,首尾一直,拟无不中,求道亦然。'"(按《礼记·射义》"以狸首为节",皇侃谓:"旧解云:狸之取物,则伏下其头,然后必得。言射亦必中,如狸之取物矣。"正是黄龙语意。)他认为均与《庄子·达生篇》"痀偻承蜩,梓庆削木"、《关尹子·一宇篇》"鱼见食"之旨,可以互相发明,以申述用志不分、神凝默运的精神境界。

钱先生又写道:"余谓猫儿弄皱纸团,七擒七纵,再接再厉,或腹向天抱而滚,或背拱山跃以扑,俨若纸团亦秉气含灵,一喷一醒者,观之可以启发文机。用权设假,课虚凿空,无复枯窘之题矣。志明《野狐放屁》诗第二十七首云:'矮凳阶前晒日头,又无瞌睡又无愁。自寻一个消闲法,唤小猫儿戏纸球。'尚未尽其理也。"这段充满想象力的叙写,生动地描摹出艺术创作思维的灵动、变幻,不主故常,堪与杜甫刻画公孙大娘舞剑器诗相媲美。杜甫纯用比喻咏剑光、舞姿、舞始、舞罢:"㸌如羿射九日落,矫如群帝骖龙翔。来如雷霆收震怒,罢如江海凝清光。"(《观公孙大娘弟子舞剑器行》)钱先生却出之以直笔甚或叙述语气,同样达到传神的效果。

附带说及,这只花花儿还成了联结钱、杨两位身边琐事、学术思考和文学创作的纽带。杨先生在《花花儿》一文中记述：院系调整时，他们并入北大，迁居中关园，花花儿趁机逃逸，"一去不返"。"默存说：'有句老话："狗认人，猫认屋。"看来花花儿没有"超出猫类"。'"这句"老话"是有来历的，仍见于《札记》卷一第165则，引《笠翁一家言》卷二《逐猫文》谓："六畜之中最贪最僭，俗说'狗认人，猫认屋'。"杨先生有散文记猫，钱先生则见之于诗。1954年作《容安室休沐杂咏》十二首，其六云："音书人事本萧条，广论何心续孝标。应是有情无着处，春风蛱蝶忆儿猫。"《札记》第165则中说，中、日两国"皆以猫入画"，"若夫谐声寓意，别成一类，则《耄耋图》是也"。"惟睹日本人编印《中国名画集》第三册景印徐文长《耄耋图》，画两猫伺蝶，意态栩栩"，可为此诗结句作注。

家庭养猫，司空见惯，钱先生既入吟咏，又引诗讽喻，涉及文献中种种"猫事"，有禅宗话头、民间谚语、中外绘画，甚至进入梦寐："一夕梦与人谈'未之有也'诗"，如"三个和尚四方坐，不言不语口念经"之类，竟连带"兼及君家小猫儿念佛也"，于是"醒而思之，叹为的解，真鬼神来告也。以语绛及圆女，相与喜笑。时苗介立生才百日，来余家只数周耳。去秋迁居，夺门逸去，大索不得，存亡未卜，思之辄痛惜。"（《札记》卷一第97则）生活学术化，学术生活化，融汇一片，在公开文字中就不易读到。

《札记》涂抹勾乙，层见迭出，从改笔适足见出作者思考过程，启示之处多多。如张先《题西溪无相院》诗之"草声"、"棹声"、"水声"之辩，就是佳例。张先此诗云："积水涵虚上下清，几家门静岸痕平。浮萍破处见山影，小艇归时闻草声。"末三字"闻草声"似难解，于是有位葛朝阳说：《石林诗话》、《瀛奎律髓》作"闻棹声"，他并分析道："但上句'萍'与'山'分写，而景入画；若作'棹声'，则与'艇'字语复，意亦平平云。"钱先生加按语云："窃谓'草声'意不醒，'棹声'则不称上句，易作'水声'最妙，惜与首句'积水涵虚上下清'重一字。"细心斟酌，却举棋不定:"草声"意思不醒豁,"棹声"与"艇"字语复,"水声"又与首句重一字。此页后有夹批:"姜白石《昔游》诗之五'忽闻入草声',即子野语意,作'草声'为是,皆本之姚崇《夜渡江》之'听草遥寻岸'。"张先原诗谓小艇渐行近岸,听到岸边窸窣草声,情景宛然。从对"草声"怀疑,到"棹声"、"水声"的不稳,最后又回归到"草声",这个推敲过程表现出作者思维的精密和艺术评赏的严细,这类珍贵资料幸赖这部未定稿的著作保留下来。

杨先生《〈钱锺书手稿集〉序》中说到,《札记》原把"读书笔记和日记混在一起",后因"思想改造"运动牵连,把属于"私人私事"的日记部分"剪掉毁了"。这实在是无法挽救的憾事,不知有多少绝妙好辞从此绝迹人间。但有时会有"漏网之鱼",如《札记》卷三第761则中,记1966年初与杨先生出游北京中山公园,归后患病一节,仅300字,全文都由引证联缀而成,左旋右抽,一气贯注,文气势如破竹,精光四射,令人噤不能语。(参看本书第四辑第一篇《〈钱锺书手稿集·容安馆札记〉"初学记"》)而更多的是在论及学术的字里行间,仍会透露出现实感慨和时事信息。在《管锥编》第一册中,他称引过唐庚《白鹭》诗(第348页),在第四册中又称引过另一位宋人罗公升《送归使》(第1470页),均用以说明特定的问题,敏感性和尖锐性均不强。而在《札记》中,我们发现两诗原来是一并论列的。《札记》第二卷(则数未编,不详)第1200页中说:

《宋百家诗存》卷二十罗公升《沧州集·送归使》云:"鱼鳖甘贻祸,鸡豚饱自焚。莫云鸥鹭瘦,馋口不饶君。"按,沉痛语,盖言易代之际,虽洁身远引,亦不能自全也。《眉山唐先生文集》卷二《白鹭》云:"说与门前白鹭群,也宜从此断知闻。诸公有意除钩党,甲乙推求恐到君。"机杼差类而语气尚出以嬉笑耳。

罗公升为宋元间人，入元不仕，有"一门孝义传三世（祖、父、弟）"之称（清钱陈群《题罗公升沧州集》）。这首抒写以言取祸的诗，背景不很明了，钱先生突出"易代之际"，颇堪注意。唐庚为北宋末年人，曾因作《内前行》颂扬张商英而被蔡京贬往惠州。此诗《鹤林玉露》甲编卷四谓作于惠州："后以党祸谪罗浮，作诗云（即《白鹭》）。"他在惠州另一首《次勾景山见寄韵》云："此生正坐不知天，岂有鹓鶵解引年。但觉转喉都是讳，就令摇尾有谁怜？"对言祸噤若寒蝉。《白鹭》诗的关键词是"除钩党"。我们如了解钱先生解放初"易代之际"所遭遇的"清华间谍案"，就不难从中得到一些重要信息（参看本书第一辑第四篇《钱锺书先生横遭青蝇之玷》）。前文提到的"去岁遭难"，因而导致他记叙"猫事"的文稿"拉杂摧烧"，这几句算得烬后之文，勾画出当年知识分子生存环境之一斑，也不是公开读物上能读到的。

　　《札记》的另一特点是互文性。互文原是我国修辞学中的一种手法，现今西方学者又把它提升为一种文艺理论，我这里主要是指应将《札记》跟钱先生的其他相关著作"打通"，特别是跟《宋诗选注》"打通"。《宋诗选注》初版选了 81 家，后删去左纬，为 80 家，其中约有 60 家在《札记》中都有论述。这些有关宋代诗人的论述，大致写于 20 世纪 50 年代，与《宋诗选注》的编选同时，是进行比较对勘的极佳资料。论述不外乎两种情形：一种是《宋诗选注》里的评论跟《札记》基本一致，但又有各种差异；一种是两者根本矛盾、对立。如华岳，《宋诗选注》里对他评价很高，"并不沾染当时诗坛上江西派和江湖派的风尚"，"他的内容比较充实，题材的花样比较多"，但在《札记》中却说："然观其诗文，嗟卑怨命，牢骚满纸，又好星命占卜，殊不类虑患深而见识远之人，大言憿进，徒尚虚气，难成大事。以词章论，亦嚣浮俚纤，好饰丽藻，作巧对，益为格律之累，故渔洋谓其诗'不以工拙论可也'。"（卷二第 511 则）在肯定与否定之间，给人们提出了继续研究的问题。利用互文性的特点，还可以解释《宋诗选注》中一些迷惑不解的问题,如:为什么不选文天祥的《正气歌》? 为什么在再版时要把左纬这一家全部删掉,而不是采取他曾使用过的"删诗不删人"的办法? 本书第三辑中相关篇目已通过比较、对勘,试图解开这些疑团。

如果把比较的对象,从《札记》、《宋诗选注》扩展到《谈艺录》、《管锥编》等作多维对勘的话,就能发现在评泊优劣、衡量得失方面的更多异同,把握作者思考演化的轨迹,他的与时俱进、不断深化的过程。对梅尧臣诗,《谈艺录》中以为梅诗不能与孟郊诗并肩,"其意境无此(孟郊诗)邃密,而气格因较宽和,固未宜等类齐称。其古体优于近体,五言尤胜七言;然质而每钝,厚而多愿,木强鄙拙,不必为讳",从正反两面落笔,侧重于贬。《宋诗选注》中则词锋犀利而揶揄,说梅诗"'平'得常常没有劲,'淡'得往往没有味。他要矫正华而不实、大而无当的习气,就每每一本正经的用些笨重干燥不很像诗的词句来写琐碎丑恶不大入诗的事物"。到了重订《谈艺录》时,他又写道:"重订此书,因复取《宛陵集》读之,颇有榛芜弥望之叹。"洋洋洒洒地连举近二十例,诚如他自己《赴鄂道中》诗其二所云"诗律伤严敢市恩",执法严正、毫不假借了。(《宋诗选注·唐庚小传》记唐氏名句:"诗律伤严似寡恩。")而在《札记》卷一第 603 则中则云:

> 宛陵诗得失已见《谈艺录》,窃谓"安而不雅"四字可以尽之。敛气藏锋,平铺直写,思深语淡,意切词和,此其独到处也。(《春融堂集》卷二十二《舟中无事偶作论诗绝句》云:"沧浪才调徂徕气,大雅扶轮信不诬。可惜都官真袜线,也能倾动到欧苏。")力避甜熟乃至遁入臭腐村鄙,力避巧媚乃至沦为钝拙庸肤,不欲作陈言滥调乃至取不入诗之物、写不成诗之句,此其病也。

此评在字面上与《宋诗选注》有着某些类似,但细细玩索,似多从梅尧臣在宋诗发展中的历史作用着眼,看到他在反"甜熟"、反"巧媚"、反

"陈言滥调"的不良时风中的矫正作用,甚至像王昶所言,能"倾动到欧苏",因而对其"独到处"特予强调标举,对其为"改革诗体所付的一部分代价"(《宋诗选注·梅尧臣小传》)给予了更多的了解之同情。

《札记》对王安石诗歌和李壁注《王荆文公诗》的评论,也有类似情形。钱先生对王诗颇多关注,对李注王诗尤细心查勘。早在《谈艺录》中,即指责李注"实亦未尽如人意",主要之失有二:一是"好引后人诗作注,尤不合义法";二是"用典出处,亦多疏漏"。对于"出处"的"疏漏",他曾"增注三十许事",及至看到姚范《援鹑堂笔记》卷五十、沈钦韩《王荆公诗集李壁注勘误补正》二家书,发现已有若干勘误补正,所见相同,因"择二家所未言者"十馀则,书于初版《谈艺录》。1983 年,又"因勘订此书(指《谈艺录》),稍复披寻雁湖注,偶有所见,并识之",书于补订本者达二十五则(两次共达四十则左右)。今检《札记》卷一第 604 则、卷二第 604 则(续)两处,更有大量文字论及李壁注,共约一万字左右,值得重视①。以《札记》与《谈艺录》初版本相较,基本评价一致,但有两点重大差别:

一是对"好引后人诗作注,尤不合义法"的批评,作了自我反思。他说:"雁湖注每引同时人及后来人诗句,卷三十六末刘辰翁评颇讥之。余《谈艺录》第九十三页亦以为言。今乃知须分别观之。"(卷二第 604 则续)如卷四十《午睡》云:"檐日阴阴转,床风细细吹。翛然残午梦,何处一黄鹂。"李壁注引苏舜钦诗"树阴满地日卓午,梦觉流莺时一声",钱先生认为"捉置一处,益人神志"。他还进一步补引王安石《山陂》诗"白发逢春唯有睡,睡闻啼鸟亦生憎",则是"境同而情异矣",同一啼鸟声,喜恨之情有别。"捉置一处,益人神志",本是钱先生评诗赏艺的一贯方法,也是他"打通"原则的一条具体操作法门,从

---

① 《钱锺书手稿集·中文笔记》第九册第 296—304 页(商务印书馆,2011 年)又有论及王诗李壁注约五十条,并明云"补《日札》第六〇四则",说明论述同一题目,《中文笔记》虽大多写于《容安馆札记》之前,但也有写于其后的。

这个思路来反思原先的旧评，就觉得有失片面。《札记》这层"须分别观之"的意思，在《谈艺录》补订本第 389 页更有畅达的论述。他说："余此论有笼统鹘突之病。仅注字句来历，固宜征之作者以前著述，然倘前载无得而征，则同时或后人语自可引为参印。若虽求得词之来历，而词意仍不明了，须合观同时及后人语，方能解会，则亦不宜沟而外之。"旧时笺注家有避免以后代材料注释前代的义例，自有一定的道理，但不能绝对化。在一定条件下，可以而且应该用同时人或后人的材料互为"参印"，这又是钱先生所提倡的"循环阐释"的原则了。

二是对李壁亦有褒扬之语。他写道："雁湖注中有说诗极佳者"，并连举五例。如卷一《纯甫出释惠崇画要予作诗》云："金坡巨然山数堵，粉墨空多真漫与。"李壁注云："据《画谱》云'巨然用笔甚草草'，可见其真趣。诗意谓巨然画格最高，而拙工事彩绘者，乃为世俗所与耳。"李壁认为，巨然以笔墨简略以求"真趣"，而忽于细笔彩绘，"不应有'粉墨空多'之讥"（引者按：此为李壁注文，但钱先生未引，或对此句之意有保留）。李壁"反复诗意"，认为下句乃是讥讽"世俗"崇尚"事彩绘"之画风，在巨然画作面前，更显识见卑下。又如卷三十六《至开元僧舍上方》："和风满树笙簧杂，霁雪兼山粉黛重。"李壁注云："粉喻雪，黛喻山，故云'兼'。雪霁山明，始见青色，故云'重'。"钱先生予以认同，并补充一例：米芾《宝晋英光集》卷四《过当涂》"朝烟开雨细，轻素淡山重"句，写雨霁山色浓翠情景，也用"重"字，可作"参观"。又如卷四十八《赠安太师》云："败屋数间青缭绕，冷云深处不闻钟。"李壁注云："唐人诗：'重云晦庐岳，微鼓辨溢城。'此言阴晦之夕，鼓声才仿佛耳。亦犹钟声为冷云所隔，而不之闻也。"以唐人谓鼓声因阴晦而微，来诠释王诗之钟声因冷云而稀，情境相类，拈来作注，确能加深对王诗的理解。

再论钱先生对王安石诗歌本身的评价。在《谈艺录》中，他对王诗有褒有贬："荆公诗精贴峭悍，所恨古诗劲折之极，微欠浑厚；近体工整之至,颇乏疏宕;其韵太促,其词太密。"尤对两事爱憎分明:一是对他"善用语助"的肯定:"荆公五七古善用语助,有以文为诗、浑灏古茂之致,此秘尤得昌黎之传。"二是对其"巧取豪夺"的贬斥:"每遇他人佳句,必巧取豪夺,脱胎换骨,百计临摹,以为己有。"及至《宋诗选注》中,仅肯定他"比欧阳修渊博,更讲究修词的技巧","作品大部分内容充实",但一句"后来宋诗的形式主义却也是他培养了根芽",分量就很重了。这里的"形式主义",实际上是考究用词、精于用典的同义词,我们可以有不同的理解。而在《札记》中,我们发现他对有些王诗别有赏会,却未发布于公开著作。如王诗《永济道中寄诸弟》云:"灯火匆匆出馆陶,回看永济日初高。似闻空舍乌鸢乐,更觉荒陂人马劳。客路光阴真弃置,春风边塞只萧骚。辛夷树下乌塘尾,把手何时得汝曹。"此诗为王安石北使时所作。钱先生说:"此诗殊苍遒,而诸选皆不及。"(卷二第 604 则)惋惜之情,溢于言表,他还详引王安石其他相类诗句加以"参印",然而《宋诗选注》也未收此首。他对《拟寒山拾得十二首》也独具识见,认为王安石这十二首诗大都"理语太多,陈义亦高,非原作浅切有味之比",唯第十一首则当别论,诗云:"傀儡只一机,种种没根栽。被我入棚中,昨日亲看来。方知棚外人,扰扰一场敱。终日受伊谩,更被索钱财。"这犹如一首宋时风俗诗,写观看傀儡戏有感,虽"浅切"却"有味"。钱先生评云:"非曾居高位者不能知,非善知识不能道。"耐人寻味。他还兴味盎然地引了一首刘克庄的《无题》:"郭郎线断事都休,卸了衣冠返沐猴。棚上偃师何处去,误他棚下几人愁。"评云:"亦入棚亲看过人语也。"二诗均从市井傀儡戏中,观照出表里不一、尔虞我诈的社会世相,寄寓另一番人生况味。

三、不衫不履不头巾

如前所述,《札记》的性质是半成品的学术著作,但若从其内容、特点来看，还可以有另一种解读。《札记》比之《谈艺录》《宋诗选注》等，产生于不同的写作环境，后两者都是公开出版的正式著作，都有预先设定的读者对象，如果说《谈艺录》是作者急于想对学术界表达自己个性化的诗学理想，那么《宋诗选注》尽管在当时选本中已属异类，聂绀弩《题〈宋诗选注〉并赠钱锺书》诗中有"真陌真阡真道路，不衫不履不头巾"之赞语，但客观上它作为文学研究所编著的"中国古典文学作品第五种"，不能不受主流意识形态的影响，实未完全达到聂绀弩此评，诚如钱先生自己所说，是反映时代的一面"模糊的铜镜"。而《札记》则完全疏离于主流意识形态，沉浸于古代文献资料之海洋，独立于众人所谓的"共识"之外，精心营造自己的话语空间。他不是依据诗人们的政治立场、思想倾向和道德型范的所谓高低来评价诗歌的高低，而着眼于作品本身的艺术成就，所以他的品评就成为真正的审美批评。《札记》是一座远离外部喧嚣、纷争世界的自立的学术精神园地，一部真正"不衫不履不头巾"的、心灵充分舒展、人格完全独立的奇书。

读《容安馆札记》拾零四则

因编本书,杂拾读书笔记中所记数事,率而成篇,以求教正。

一、钱先生与《唐诗选》

中国社会科学院文学研究所编著《唐诗选》时,有个重要工作环节,即在注释稿写成并传阅后,针对发现的疑点、难点,召开专门例会予以讨论解决。会议在王伯祥先生寓所举行,据《王伯祥日记》,自1962年5月23日至7月25日之间,例会召开过7次,每次均有两三小时,其中一次在钱先生家。我曾记叙过,在讨论会上,余冠英、陈友琴、王伯祥先生"对诗意、诗境、诗风的评赏剖析,都能切中肯綮。钱先生尤其论辩滔滔,犀利明快,大部分时间常在听他说讲"(《〈唐诗选〉编注工作的回顾》,见《岁月熔金:文学研究所五十年记事》,中国社会科学出版社,2003年)。但我们的会议记录今已遗失,令人痛惜不已。而《容安馆札记》中竟有四处提及当年情事,唤醒回忆,即予记述。

《札记》第728则:"今日为诸君说韩君平《送孙泼赴云中》诗,谓其诗分三节,始则壮,继而悲,终而愈壮,即符辩证之道,因并书之。"这条意见在讨论中被完全接受。韩翃此诗云:"黄骢少年舞双戟,目视旁人皆辟易。百战能夸陇上儿,一身复作云中客。寒风动地气苍茫,横吹先悲出塞长。敲石军中传夜火,斧冰河畔汲朝浆。前锋直指阴山外,虏骑纷纷胆应碎。匈奴破尽人看归,金印酬功如斗大。"今检《唐诗选》注文:"全诗十二句,起四句'壮',中间四句'悲',结四句又回复到'壮',恰像交响曲的三个乐章,正反而合,首尾衔接。"此诗顿挫起伏,致慨遥深,但重心似在结尾四句,不仅在章法上"首尾衔接",而且与中四句"衬托对照",经过"悲"的过滤与反衬,结尾之"壮"更翻上一层,即钱先生所说的"愈壮"。

《札记》第758则:"晏几道《玉楼春》:'旋织舞衣宫样染。织成云外雁行斜,染作江南春水浅。'按,本之白香山《缭绫》云:'织为云外秋雁行,染作江南春水色。'又按香山此二句与前云'中有文章又奇绝,地铺白烟花簇雪'自相凿枘,诸君选注唐诗时,余为拈出。"《缭绫》设色"春水色"与"花簇雪"的绿、白"凿枘"事,钱先生曾多次提及。在名作《读〈拉奥孔〉》中有详细论述,甚至作过研究生入学之考题。但是,在讨论中众人意见并不一致,今《唐诗选》中未采用此说。注释中说:"文章"乃指缭绫的花纹,"地"即底子,"花簇雪"指底子所织的花纹有如簇聚的白雪;而后面的"染作江南春水色",乃为"染"出的水色。更引人注目的,紧接此句之前有"去年中使宣口敕,天上取样人间织"两句,注文中说,"自此以下另起一段,追叙'去年'的事",如此则非同一匹缭绫:"去年"的要"染"出春水色,今年的是底子织成白色花纹,因而不算"凿枘"。我当时颇倾向此解。钱先生此例,在不同地方的表述也有所不同。《文学评论》1962年第5期发表《读〈拉奥孔〉》,批评《缭绫》:"先说'地铺白烟花簇雪',后说'织为云外秋雁行,染作江南春水色',那就不免失于照顾检点,因为上文讲的白和下文讲的绿都是实色。"在1979年8月出版的《管锥编》第二册第594页论《离骚》讲到"前后失照"时,又举《缭绫》此例以为缺失:"一绫也,色似白复似碧,文为花忽为鸟。又本身抵牾之病已。"观点尚未改变。但在1979年9月出版的《旧文四篇》和1985年12月出版的《七缀集》中,所收《读〈拉奥孔〉》此段批评均删去,是否表示钱先生观点的改变,待斟酌。

另一则涉及韦庄《秦妇吟》。《唐诗选》中韦庄一家的小传注文是我执笔的,现仅选《台城》、《登咸阳县楼望雨》、《稻田》三首。我提出能否补入《秦妇吟》,理由是:我国叙事长诗不多,此诗在叙事艺术上尚有可取,陈寅恪先生论定"此诗为端己平生诸作之冠",又以"生平之杰构,古今之至文"十字评赏之(《韦庄秦妇吟校笺》,见《寒柳堂集》);题材重大而特殊,虽敌视黄巢农民军,但"轰轰昆昆乾坤动,万马雷声从地涌"、"内库烧为锦绣灰,天街踏尽公卿骨",客观上反映出义军的巨大声势和对上层统治的打击,对唐军残民的揭露也有力量。讨论时未遭反对,决定入选,我也写出初稿。但后来与钱先生面谈时,他对我说,《秦妇吟》结尾不佳,与全诗不称(参见本书第一辑第二篇《钱锺书先生的闲谈风度》)。我才知他有保留,惜语犹未畅。今读《容安馆札记》第 789 则中有长篇议论,认为杜甫《石壕吏》、白居易《琵琶行》"两种收法可谓异曲同工",而谈《秦妇吟》则云:

> 唐人纪叙之什莫长于韦端己《秦妇吟》,絮烦不杀,支蔓失剪。起处只字不及秦妇身世,而妇自言乞浆逢翁,却转述是翁乡贯家业甚备,详略已属失当。更可议者,通首尽记妇语,正津津颂赞周宝(见《观堂集林》卷二十一《秦妇吟跋》)德政,忽然便止("避难徒为阙下人,怀安却羡江南鬼。愿君举棹东复东,咏此长歌献相公"),几同曳白。与少陵取别、香山下泪之皆落到自身者大异。则端己与此妇陌路相逢,如何了局收场,令人闷损——殆类《文心雕龙·附会》篇引《周易》所诮"臀无肤"者。晚唐小家,仅知求工字句,至谋篇之大,章法之完,概乎未知。三篇相较,亦可觇唐诗之盛衰也。又按皮相之徒侈称《秦妇吟》篇幅之长冠冕古诗,以余睹记所及,宋人《鬼董》卷一载王氏女《妾薄命叹》……都二千五百三十四字……端己之作,不足一千七百言,瞠乎后矣。

洋洋洒洒，新见迭出，除提出正面论点外，还可能别有用意，特予标举。我写的《秦妇吟》注释稿最终未入《唐诗选》，倒不是获知钱先生的上述详细看法，而是交稿时（1966年）环境突变，"自觉"抽出。

《札记》第729则："诸君选注唐诗，强余与役，分得王绩等十七人。因复取《全唐文》温读一过，合之十年前评识，录于此。"短短数语，信息量颇大：一是《管锥编》未完成稿"全唐文卷"于此可见端倪，它是钱先生五十年代和六十年代（1962年）两次通读《全唐文》的产物；二是《唐诗选》的最初分工。此书初选600多首，其中小家约占十分之一。1962年时学术环境较为宽松，入选了不少罕见而又有艺术特色的小家作品，这些作品大都没有前人的注释可供参考，因而我们都推给了钱先生。他说"强余与役"，也符合实情。但《唐诗选》后在1975年修订时，这些小家显已不合时宜，就被大加删节了（时钱先生和我都未参加具体的修订工作）。这批钱释唐诗本来可以构成这部《唐诗选》的一个特色，颇拟恢复旧貌，惜原稿至今寻找未果。

钱先生在《管锥编》中论及杜甫"欲往城南望城北"句，也与《唐诗选》有关，详参本书《自序》。

二、韩愈与古文运动

《管锥编》是部未完成稿，钱先生说过，他至少还要写《全唐文》和《韩愈》各卷，最终未果。但在《容安馆札记》中保存了大量有关材料。聂安福君已整理出《严别正变说唐骈——〈管锥编〉未完成稿"〈全唐文〉卷"探原》（载《文学遗产》2006年第4期），但唐代古文部分尚待继续整理。今检《札记》共有九则论及《全唐文》，即第729、731、733、735、737、739、741、743、745则，合计约一百七十页，篇幅巨大，论析广博而精细，独出己见，一无蹈袭前人，可以视作钱先生富有个人特色的唐代文章史。今仅就论韩愈古文运动问题作一简单梳理。

一、韩愈的古文理论与古文运动的性质。韩愈明言宣告："愈之志在古道，又甚好其言辞。"（《答陈生书》）或换个说法："然愈之所志于古者，不惟其辞之好，好其道焉尔。"（《答李秀才书》），似在反复强调文道应该兼备，而道又是决定性的。因而在学术界流行的主流观点，认为韩愈所创导的古文运动既是恢复儒学的思想运动，又是改革文体的文学运动，所谓开启赵宋时期"新儒学新古文的文化运动"，甚或主张是"翼道卫教"的儒学运动，所谓"'尊王攘夷'所以为古文运动中心之思想也"（均见陈寅恪先生《论韩愈》，《金明馆丛稿初编》）。

20世纪60年代初，我参加文学研究所《中国文学史》的编著工作，执笔"古文运动和韩愈、柳宗元"一章。领导要求有独创见解，不要人云亦云；我便提出古文运动是"借助儒学复古旗帜而推行的文体、文风和文学语言的改革运动"，不能将其主要归结为一场恢复儒学的思想运动，目的在于"翼道卫教"。写作过程中自然得到过钱先生的指导，但具体内容已记不确切。有次他来我房间（当时在集中编书），看到我正在阅读钱基博先生的《韩愈志》，他立即说："这本书你用不着看！"见我大吃一惊，他又说："这部书稿是我在暑期中替他誊抄的，他奖赏了我一支钢笔。"《韩愈志》的解释框架自然较为传统，今读《容安馆札记》才恍然大悟。

探究韩愈的古文理论，不必太较真他公开宣言的门面话，而应该重其写作实践的经验之谈。《札记》第720则即指出"昌黎为文与学道，分成两橛"，钱先生说：

> 《进学解》云"抵排异端，攘斥佛老"，即《原道》之说也。（方孝孺《逊志斋集》卷十一《答王秀才书》言韩舍《原道》外，无"言圣人之道者"……）然自道其学为文章则云："下逮《庄》、《骚》，太史所录。"《送孟东野序》又云："其末也，庄周以其荒唐之词鸣。楚，大国也，其亡也，以屈原鸣。……汉之时，司马迁、相如、扬雄，最

其善鸣者也。"合之《送王秀才序》云:"学者必慎其所道。道于杨、墨、老、庄、佛之学,而欲之圣人之道,犹航断港绝潢,以望至于海也。"足征昌黎以"文"与"道"分别为二事,斥庄之道而称庄之文,如《答李翊书》、《送高闲上人序》即出《庄子》机调。

在继续列举众多书证后,钱先生又选择可信度高的作者自白和近属评价之参证来进一步证成"两橛"说:

> 李汉《昌黎先生集序》一起云:"文者,贯道之器也,不深于斯道有至焉者不也。"而下文只尊昌黎之文,不及其道,所谓"摧陷廓清"亦指文言,所谓"后汉至魏,气象萎薾"是也。证之昌黎《答窦秀才书》"专于文学"、《上兵部李侍郎书》"性本好文学"、《与陈给事书》"道不加修,而文日益有名"等语,乃知宋人以昌黎入道统,尊之而实诬之也……近人论韩,更如梦呓矣!

以昌黎入道统的"宋人",指宋代古文运动的先行者,如柳开、孙何、孙复、孔道辅、石介等人,而另一类宋代道学家却并不认同。程颐说韩学"道"是"倒学",朱熹指责他"以末为本",这些指责是有一定道理的。

此则《札记》还指出,作为古文运动另一位领袖人物的柳宗元,虽然明言"文以明道",却也是文与道的两橛论者:他对《国语》就是非其理而学其文的双重态度。《札记》写道:

> 《少室山房稿》谓"柳州爱《国语》,爱其文也;非《国语》,非其理也"云云(《全唐文纪事》卷六十九引),可以发明。《司马文正公传家集》卷七十四《迂书》之《斥庄篇》即谓《庄子》"文胜而道不至,君子恶诸";《老学庵笔记》卷十:"徐敦立侍郎为予言:'柳子

厚《非国语》之作,正由平日法《国语》为文章,看得熟,故多见其疵病。此俗所谓没前程者也。'予曰:'东坡公在岭外特喜子厚文,朝夕不去手,与陶渊明并称二友。及北归,《与钱济明书》乃痛诋子厚,岂亦由朝夕绅绎耶?'"

此以对待《国语》为例,揭出柳宗元著《非国语》一书痛诋其理,但在《答韦中立论师道书》中,又明言他自己作文时"参之《国语》以博其趣",态度迥异。

在《札记》第737则进一步发挥此旨。钱先生引述柳宗元《报崔黯秀才论为文书》、《答韦中立论师道书》、《报袁君陈秀才避师名书》诸文,指出柳氏"论古文皆以道与词隐分两橛:道必源于儒书,勿取异端;词则可参庄老,未尝墨守。退之宗旨亦复如是。"但又指出与韩氏相异之处:"然子厚尊儒乃专为作文地,安身立命则回向释氏,亦不废老子,此又大异乎昌黎,而略同于独孤(及)、权(德舆)、梁(肃)辈者。"韩、柳二人在对待释氏上有依有违,各不相同;但尊重六籍等儒家经典和诸子百家,目的是"专为作文地",作为写作实践时的取资之源,这是他们共同的祈向。清包世臣《与杨季子论文书》中说:"虚言'道'以张其军者,自退之始,而子厚和之。"韩、柳所言,不过是"门面言道之语"。语气直截尖锐,这虽不免全部抹煞韩、柳复兴儒学的一份主观真诚,但也算是揭底之言。

二、变骈为散的文体改革。韩愈的真正关注点是"文",变骈为散的文体改革是古文运动的重点所在。早在1933年,钱先生便于《上家大人论骈文流变书》(《光华大学半月刊》第7期,1933年4月)中,就骈文的形成机制和时间等作过论析。他说:"汉代无韵之文,不过为骈体之逐渐形成而已。其以单行为文卓然领袖后世者,惟司马迁,而于汉文本干要为枝出,须下待唐世,方有承衣钵者。"又指出骈体实由辞赋演化而来:"错落者渐变而为整齐,诘屈者渐变而为和谐;

句则散长为短,意则化单为复","汉赋之要,在乎叠字,骈体之要,在乎叠词","骈文定于蔡邕,弘于陆机也"。这些观点,至今仍未失去其参考价值,宜为治骈文者所重视。

诚如钱先生所言,以司马迁为代表的散体文,"须下待唐世,方有承衣钵者",这便是韩愈的古文运动,它又开启了变骈为散、以复古为革新的改革。他在反对六朝骈文大盛以后所产生的实际流弊中,努力主张在词汇和语法两方面建立起"古文"的新标准:一是"惟陈言之务去"(《答李翊书》),要求语言的新颖;二是"文从字顺各识职"(《南阳樊绍述墓志铭》),要求文句的妥帖和流畅。并且要能将此二者水乳交融地结合起来。《札记》第720则即描述韩愈的努力过程:

> 《文心雕龙》标宗经之目,以六经作文章观,此彦和之卓识。然徒托空言,虚张门面,楷模所在,只是东京以后俪偶之体。至昌黎,始真能酌古斟今,自成馨逸。使仅有苏绰《大诰》,而无《画记》、《平淮西碑》(李耆卿《文章精义》谓《画记》学《顾命》,《平淮西碑》学《舜典》),则《尚书》之文莫为之后,虽美而勿彰矣。昌黎亦有诘屈类李攀龙之学古者,如《本政》是也。《魏博节度观察使沂国公先庙碑铭》、《曹成王碑》、《袁氏先庙碑》,则李、何、王、李得心应手时,或尚可到。至《毛颖传》,则七子学史公,血指汗颜,正苦未能臻此熟境。

韩愈之所以能创造出"自成馨逸"的新古文,并取代东汉以来骈文的统治地位,端赖其含英咀华、酌古斟今的继承创新之功。他的《画记》学习《顾命》,《平淮西碑》学习《舜典》,却有《尚书》朴茂质实之长而无诘屈聱牙之病;他的《毛颖传》深得《史记》神髓而臻至成熟之境,其因在此。

钱先生曾以"中书君"为笔名,他似对以中书君(毛笔)为传主的

《毛颖传》情有独钟。《札记》第720则继续抄录胡应麟之语云：

> 《少室山房类稿》卷九十八《欧阳修论》云："昌黎'中书'一《传》，真足颉颃司马，而意欲自开堂奥，尽削陈言。故太史之文，不以驰骤于《顺宗（实录）》，而以戏剧于《毛颖》"；卷百五《读昌黎毛颖传》："昌黎才具，特高于诸人。自出体裁，亦千亿化身，靡一律焉。故其机轴若生龙活螭，不可摹执，真足起八代之衰。今天下枕藉史公，殆百年矣！有能跃出《毛颖》之上者乎？昌黎者，能为史公而能勿为者也。然又不肯尽没其伎，故假《毛颖传》以泄之"。

钱先生引用胡应麟赞《毛颖传》语，亹亹不绝，但他自己不加评论，不赞一字，可以视作知音之言吧。

唐代古文家变骈为散的写作努力有一个过程。选择古文、摈弃骈文的原因是多方面的，但以文章发展的自身规律最为基本。丽藻、隶事、骈偶、声韵这四个构成文章之美的因素，在造成魏晋南北朝骈体文之黄金时代以后，逐渐转化为"文弊"，改革的呼声勃然而起。钱先生敏锐地观察到：韩、柳之前，"唐人率意漫与之文，则成单散；精心刻意之作，每复骈俪。虽李（华）、萧（颖士）、梁（肃）、独孤（及）诸家抗志希古者亦然，惟元次山（结）免乎此"（《札记》第737则）。在这些古文运动先驱者那里，骈文尚处一定地位。至韩、柳振臂高呼、创导古文之后，散体文遂风行一时。

《札记》第737则评析韩、柳的骈、散体写作情况云：

> 子厚文有矜心作意，然往往棘塞，确不如退之之浑灏舒适。《望溪文集》卷五《书柳文后》、卷六《答程夔州书》所评殊允……退之偶为骈语，如《明水赋》、《为韦相公让官表》……《潮州刺史

谢上表》，皆木强质滞。子厚较圆熟，亦未为工丽……退之不屑为骈文，子厚当是为而未升堂哜胾者，此李义山之所以难能可贵也。然使退之、子厚摄心拚意为之，必不在四杰之下，盖古文难为于骈文多矣！

韩、柳二人，对骈文一是"不肯为"，一是为而未入堂奥，如果专心致意，则可比肩四杰，以此提出"古文难为于骈文多矣"的观点，还补充清代骈文名家彭兆荪（甘亭）因深知古文写作之难遂"去而作排偶文字"的自白以作参证。

此时即便仍有反对古文之声，但反对之中却又向"对手"认同靠拢。《札记》第733则云："裴度《寄李翱书》力非古文，尤斥昌黎，而其文即不为偶俪声韵所拘，已是散文。历数文家，周、孔以下荀、孟，骚人贾、扬、刘、董、两司马，亦隐隐秉韩公议论矣。"然而，韩柳之后，古文、骈文再次发生此消彼长的变化。《札记》第741则云：

据现存篇轴论之，韩、柳以后为古文者，尚不如为骈文者之多。然古文名家辈出，骈文大家唯义山一人。自是而后，为古文者愈少，皮、陆、表圣、昭谏而外，滔滔者莫非骈文，亦变而为纤弱冗滑，古意荡然矣。

从唐代古文运动发展过程来看，骈散两体盛衰起伏的变化主要是文章自身发展规律所致。文章的表达手段与其内容之间自然有一定关系，如诏诰敕令之类例须用骈；但与表达内容的特定思想体系不一定发生必然关系，"文"并非必须成为宣扬儒家之道的工具。钱先生《谈艺录》初版本，书端一《序》（"《谈艺录》一卷"云云）一引（"余雅喜谈艺"云云），两文即是一骈一散，就因为当时人对海归学生忘了中国传统词章之学备致嘲讽，钱先生展才以杜其口而已。《札记》第737

则中有两处振聋发聩之语：一是论梁肃崇佛，"叙释氏最为精博"后，钱先生按云："世人乃谓唐人作古文乃所以尊儒家之学，直瞽说耳。"二是论陆贽骈体文"容与弇达"，"论事明切犀利"，以陆氏《论裴延龄奸蠹书》、《兴元论中官及朝官赐名定难功臣状》等为例证，发问"此等何须韩柳古文革除？亦非韩柳古文所能革除也！"坚持并强调古文运动的文章学本位的一面。

三、"八股"溯源及其他。钱先生的文章学，尤注重于文体的探讨。除了上述骈散问题外，还着意于八股文起源、杂传体乃至"涩体"等问题，均有新见。

《札记》第787则云："余读昌黎《原道》'呜呼，其亦幸而出于三代之后'一节，《原毁》'尝试语于众曰'一节，叹其修词之善作波澜，论事之不遗正反，沾丐后来八股文不少。"在第720则，他也写道：

> 《原道》"呜呼！其亦幸而出于三代之后"云云一节，《原毁》全篇，皆开八股机调。《孽海花》第三回，钱唐卿谓制义创始韩愈，细读《原毁》便见，是也。方橃如《集虚斋学古文》卷七《储于宾文序》早曰："今试取兔园册子，人口相传以熟者，如昌黎《原毁》，如东坡《刑赏论》，謦相其质，去今时文，复远几里？"柳子厚《书箕子碑》"当其周时未至"一节亦然。

此两则（第720、787则）文字颇长，其要点有三：一是对八股文应采取公允客观态度，一味贬斥固不可取，肆意抬高大可不必。如他引元代刘将孙《养吾斋集》卷二十五《题曾同父文后》"能古文而不能时文者有矣，未有能时文为古文而有馀憾者也"，把时文写作视为难于、高于古文写作，此说颇有抬高时文之嫌。钱先生的说法是："文无时古，亦无奇偶，唯其用之宜、言之当。如实斋之说理周匝，机吻圆利，虽曰时文，又何病焉？"就文体本身而言，不必强分高下难易,唯以"用之宜、言之当"是求。二是时文产生的机制。在唐以前的赋、文中,已有长对而成两比的迹象。钱先生引用自己的《管锥编》论《全汉文》时,举扬雄《羽猎赋》以及在左思赋中,已有句子"几似八股文中两比",仲长统《昌言》、颜之推《颜氏家训》等文中,亦有纯系八股机调的文句。直至唐李百药的《封建论》,"一正一反作长对,已由骈俪而开八比矣",《原毁》等文,几至于"全篇开八股机调"。钱先生又说:"夫唐宋以还,说理工者,破立相衔,顺逆兼顾,更端而不离宗,设宾而以喻主,酣畅无不尽之隐,锋锐无不透之间。其机调与时文往往不谋而合。"八股文正是吸收、融化文章写作中"说理工者"的优点而形成,自然有其存在的合理性。第三,八股文之受诟病也无可讳言,原因在于它的格套化(在内容上又是"为圣贤立言"),钱先生一再说:"八股者,以宜于说理之体,勒为定式,句栉字比,如填匡格。求燕雀铢两之称,损鸢鱼飞跃之机。""其病初不在排比,而在拘于定式,强为排比也。"真乃击中要害的不刊之论。他评论八股文确有高出时人之处。

《札记》第741则论司空图《容成侯传》,谓此篇为镜立传,"仿昌黎《毛颖传》者"。此下一连举出陆龟蒙《管城侯传》,文嵩《即墨侯传》、《好畤侯楮知白传》、《松滋侯易玄光传》,"岂鲁望作《管城侯》,文嵩遂补其馀三友《传》,而合刊之耶?"此外,在宋代又有王禹偁《乌先生传》(墨裘),苏轼《杜处士传》(杜仲)、《万石君罗文传》(罗纹石砚)、《黄甘陆吉传》(黄柑绿橘)、《温陶君传》(面食)、《江瑶柱传》……(以下又列举二十六例,文长不录),不啻为杂传类开列一份详细书单,也见出《毛颖传》的影响力。

《札记》第729、731、741等则均论及古文中"涩体"问题,也是颇有兴味的材料。因想昔年在"五七"干校他与我议论过"虬户筱骖"(龙门竹马)等"代字"问题,认为"好为艰深之辞以文浅易,不足为训"(参见本书第一辑第一篇《记忆的碎片——缅怀钱锺书先生》)。今阅

《札记》中"岂非虬户筱骖之类耶"句（见729则），真有历历如在目前之感。

《札记》颇多他人从未引用过的材料，值得重视。韩愈幼孤，由兄韩会抚养，后谪居韶州。韩愈时年十岁，居韶三年。有的学者认为韶州为"新禅宗之发祥地"，韩愈"断不能无所接受感发"（陈寅恪《论韩愈》），由此连类引起好事者探究韩会对韩愈启蒙教育的影响。《札记》第720则有云：

> 昌黎兄会有《文衡》一首，仅见洪庆善《韩子年谱》，载王铚撰《韩会传》中（《全唐文》未收），排斥老、庄、屈、宋、马、班，与昌黎宗旨大异。王性之即伪撰《龙城录》、《云仙杂记》者，此文疑亦伪托。唐人无道及会者。其议论有曰"比讽之文，屈、宋离之；纪述之体，迁、固败之"云云，与昌黎主张水火也。

《文衡》真伪，实仍可细考。但揭出韩愈与乃兄"主张水火"，仍为研究者提供进一步思考空间。现存韩会资料极稀，聊记此以作谈助。

三、杨万里与"诚斋体"

在南宋诗人中，杨万里大概是钱先生最看重的作家，至少是最喜爱的。《宋诗选注》的作家小传中，杨万里传篇幅最长，也是率先在《文学研究》创刊号发表的《宋代诗人短论（十篇）》之一，而在《容安馆札记》中，其第611则论析杨万里达几千字，进一步发挥《宋诗选注》中的观点。

杨万里在《荆溪集》自序中，述其创作发展过程："予之诗始学江西诸君子，既又学后山五字律，既又学半山老人七字绝句，晚乃学绝句于唐人。"《江湖集》自序又说："予少作有诗千馀篇，至绍兴壬午七月皆焚之,大概江西体也。今所存曰《江湖集》者,盖学后山及半山及唐人者也。"就是说,他首先是学江西诗,后又学王安石,转而学晚唐诗人的绝句,最后面对生活,从生活中学诗。《宋诗选注·曾几小传》中说到,曾几的一部分近体诗,"已经做了杨万里的先声"。而在《札记》中更用大量具体诗例,证明曾几七律"已开诚斋",强调了曾、杨的沿承关系。论及曾《茶山集》云:

> 《苏秀道中自七月二十五日夜大雨三日秋苗以苏喜而有作》:"一夕骄阳转作霖,梦回凉冷润衣襟。不愁屋漏床床湿,且喜溪流岸岸深。千里稻花应秀色,五更桐叶最佳音。无田似我犹欣舞,何况田间望岁心。"按此诗与卷六《雪作》("卧闻微霰却无声,起看阶前又不能。一夜纸窗明似月,多年布被冷于冰。履穿过我柴门客,笠重归来竹院僧。三白自佳晴亦好,诸山粉黛见层层。")皆开诚斋法门。他如卷四《蛱蝶》之"一双还一只,能白或能黄",卷六《李相公饷建溪茗》之"饭羹正昼成空洞,枕簟通宵失香冥"、《雪晴》之"自起穴窗看不见,却来欹枕听无声"、《十二月六日大雪》之"松鬣垂身全类我,竹头抢地最怜渠"之类,求新得俗,亦已导诚斋先路矣。

这里以七律为例,从作品实际出发,说明杨万里"求新得俗"、"新鲜泼辣"的写法,实取径于曾几。这对杨万里的自述创作经历作了补充与纠正。《宋诗选注》曾批评杨万里"把自己的创作讲得来层次过于整齐划一",如江西体在他晚年诗中仍然出现。《札记》第611则中,他更以大量作品和评论资料,"拈其(杨万里)学山谷处,以见诚斋乃江西派之教外别传,面目不同而血脉相承",指出学江西并不仅仅限于早年。而从《札记》第434则具体论证"茶山律体已开诚斋"来看,杨万里自述学诗经历还没有说全。

钱先生喜爱杨万里，主要是欣赏"诚斋体"。他在《宋诗选注》中说："在当时，杨万里却是诗歌转变的主要枢纽，创辟了一种新鲜泼辣的写法，衬得陆（游）和范（成大）的风格都保守或者稳健。因此，严羽《沧浪诗话》的《诗体》节里只举出'杨诚斋体'，没说起'陆放翁体'或'范石湖体'。"钱先生未曾对"诚斋体"作过具体"定义"，但《札记》中的评赏仍给我们以启发。第 611 则云："王逢原《广陵集》卷十《暑中懒出》'已嫌风少难平暑，更被蝉饥取实肠'，卷十一《苦热》云'风微不饱腹，蝉亦为身号'，盖坐实'餐风饮露'一语。余《谈艺录》第二十七页所谓'将错认真'之法也。（引者按：原文为"将错而遽认真，坐实以为凿空"。）……《诚斋集》卷五《新秋盛热》云：'晚林不动蝉声苦，蝉亦无风可得餐。'卷九《午热登多稼亭》：'小风不被蝉餐却，合有些凉到老夫。'"前诗谓新秋盛热，蝉作"苦"声，乃因无风可餐；后诗则叮嘱鸣蝉，切勿把微风"吃"光，应留些风凉给我老头子。这与王令诗思一脉相承，坐实"餐风饮露"常语，"将错认真"，获得别样的诗趣与情韵，杨诗更显活泼灵动。

另一种叫"倩女离魂法"。《札记》云："《诚斋集》卷九《登多稼亭》第二首：'偶见行人回首却，亦看老子立亭间。'按卷十三《上章戴滩》云：'回看他船上滩苦，方知他看我船时。'方虚谷《桐江续集》卷八《立夏明日行园无客》第四首云：'爱栽竹树爱栽花，新筑舡轩傍石斜。古庙炷香知某客，半山摇扇望吾家。闲看红袖穿林去，可着冰纨作画夸。说似渠侬应未信，诗翁烦恼政如麻。'（颈）〔颔〕联即师诚斋《多稼亭》腹联之意，不特全诗风格学诚斋活法也。"钱先生还指出，以"倩女离魂法作诗"原是金圣叹评点《西厢记》的用语，而此处"诚斋诗句正用'倩女离魂法'"。

倩女为追随所爱，魂魄脱却身躯，此由"离魂"比喻获得观察世物的另一视角。诚斋诗句更进一步构成双方互为视觉对象，犹如卞之琳现代名诗《断章》所云"你站在桥上看风景，看风景的人在楼上看你",变成你中有我、我中有你,两个画面并置于同一空间,更能引人遐想,别添理趣。

《札记》还特意介绍"看虱如车轮,驱车入鼠穴"之法:

> 宋时常州画草虫最有名,诚斋诗中屡及之(卷四《题萧岳英常州朱氏画草虫轴》、卷十四《戏题常州草虫枕屏》……其诗中刻划飞趯鸣嘤之情,如蜘蛛、蝴蝶、蚊蝇之属,曲尽神态,妙夺化工,非腻粉雌黄涂滴所能及(语出卷八《春兴》)。尚有"看虱如车轮,驱车入鼠穴"一法,如卷十《秋怀》云:"聿来胥宇蚁移穴,无以为家燕入秋。"卷三十一《中元日午》云:"蜂过无花绝粮道,蚁行有水遏归师。"此盖得诀于山谷《落星寺》之"蜂房各自开户牖,蚁穴或梦封侯王"……

"看虱如车轮",典出《列子·汤问》纪昌学射,"驱车入鼠穴"则见于《世说新语·文学篇》,讲梦中所见不可能有的情事。《札记》把两事捏置一处,来解读诚斋笔下蚁而有"宇",燕却无"家"可归,蜂过"绝粮道",蚁行成"归师",张皇其辞,超乎一般所用之夸张手法,而具"于芥子中现大千世界"之概,颇有想落天外之趣。当然,运用这三种手法的,只能涵盖杨万里的一部分诗歌,但其融通并超越真假、你我、大小的独特视角,丰富的艺术想象空间,体现"诚斋活法",细化和深化了对"诚斋体"的理解。

近检《钱锺书手稿集·中文笔记》又有论杨诗一则(第2册第454—455页),云:"诚斋精究性天,盖以理学家之心胸兼诗人之手眼,故无往而不自得,无语而不尽物。为真诗人,故无理障;为真理学,故无我障。……用俗语,亦正是理学家诗之故技耳",把"诚斋体"与"理趣"联系起来,在论及南宋理学诗中,尚未见有人抉剔出此点。

四、论"江 湖 派"

(一) 体派定名

钱先生不同意江湖派的命名起源于陈起编刻《江湖集》的旧说，认为早在此前已形成"江湖之士以诗驰誉者"这样一个社会群体。他在给我的信(1978年6月27日)中说："江湖诗人之称，流行在《江湖诗集》之前，犹明末之职业山人。"以明末江南一带多如牛毛的"如蚁山人"(袁宏道语)相类比，又加"职业"两字，颇堪玩味。陈起的历史贡献在于把这批民间性诗人从一盘散沙的形态组成一个影响社会、影响诗坛的重要力量，也成为他们凝聚的纽带和交流的平台。钱先生这个观点有重大的意义：从阶层分析方法来考察中国士人自宋以后的分化趋势，或可概括为"科举体制内"和疏离于科举体制之外的两类士人，他们思想倾向、政治诉求、艺术趣味也由此发生变异。

在《容安馆札记》中，主要使用"江湖体"的名称，也使用"江湖派"(《札记》第509则董嗣杲、第541则刘翰)，个别地方也出现"江湖诗派"一词，但核心概念是"江湖体"。旧说把列入《江湖集》中的诗人都归成"江湖诗派"，这就把"江湖诗人群体"和"江湖诗派"混同起来。陈振孙《直斋书录解题》卷十五《江湖集》提要说，其书乃"取中兴以来江湖之士以诗驰誉者"刊之，而非以一定诗学标准和体式来加以选取的。因而《江湖集》所入选的诗人群，只是某种社会群体，而非严格意义上的"诗派"。钱先生提出的核心概念"江湖体"才是得以组成"诗派"的基本条件，而"江湖体"又是完全由文学标准来界定的。

(二) 核心概念"江湖体"

诗人之作是否具备"江湖体"特征，是衡量他能否归属于"江湖派"的基本条件。在目前已出版的有关江湖诗派的专著中，张宏生先生的《江湖诗派研究》(中华书局，1995年)是一部功底扎实、思路周密的力作,书中有《江湖诗派成员考》专题详论其事,其于"诗派成员"之去取以现存多种《江湖诗集》(如残本《永乐大典》所保存者)为基准,如作者所言,"成为我们确定江湖诗派成员的原始依据",又参之以五个标准:社会地位、活动时间、收录情况、唱酬情况、传统看法。《札记》和张著,各自成书,初无交集,但相互比勘,发现有同有异,特别是从异处入手,则别有深意存焉①。如被张著列为江湖派五位代表诗人之首的刘过,张氏特别声明他"虽活动的时间略早些,但仍有充分理由列入派中",而《札记》就表示异议:第452则说他"古体学太白,近体不江西不江湖,自成野调",第494则又说"改之诗七古、七律、五古较为擅场,气机壮浪,于江湖游士诗中差为别调"。"野调"、"别调",显然不能入派。与刘过并称"庐陵二刘"的刘仙伦,《札记》第438则也称其"粗豪尚气,似龙洲道人,非江湖亦非江西也"。其他如黄文雷,第438则称他"五、七古颇动荡,非江湖体也"。敖陶孙,第446则称他为"纯乎江西手法,绝非江湖体。虽与刘后村友,却未濡染晚唐"。还有一位许棐,张著列入,《札记》第438则却说他"虽亦晚唐,而已不尽守'二妙'家法",表示出一定的保留。

另一类是张著否定而钱先生列入者:(一)王迈(第366则),"诗亦慷慨流走,乃江湖体中气势大而工夫未细者";(二)蒲寿宬(第420则),"江湖滑薄之体","未得为陈宗之所网罗,声名寂寞";(三)郑震(第490则),"(诗)只四十首……亦南宋晚唐体,可入《江湖小集》";(四)董嗣杲(第509则),"亦江湖派,尖薄而未新警",(五)刘黻(第541则),驳《四库提要》"蒙然莫辨其为江湖派之晚唐体也",(六)姚勉(第562则),"为江湖体之近晚唐者";(七)连文凤(第587则),"江湖派晚唐体,琢润而无警策"。三言两语的作家点评,却是实实在在

---

① 此节可参看季品峰《江湖派、江湖体及其他》一文,载《文学遗产》2006年第4期。

的审美活动的记录,而理性的判断亦在其中。

"江湖体"的主要特征是"晚唐体"。严羽《沧浪诗话》云:"以时代论",则有"晚唐体",被视为时代风格;至北宋初、南宋晚期,亦有晚唐体,则已转为群体风格,尤以后者与"江湖诗人群体"紧密相联。钱先生说:"从杨万里起,宋诗就划分江西体和晚唐体两派。"(《宋诗选注·杨万里小传》)"晚唐体"就成为考察南宋晚期诗歌发展演变的关键词,也是品评江湖派诗人的常用概念,因此,在《札记》中出现频率极高。兹据《札记》及《宋诗选注》所言,"晚唐体"大致有如下几个要素:反对"资书以为诗",主张"捐书以为诗,以不用事为第一格",尽量白描,刻意苦吟锻炼,以"琢润"为上,追求造语工致;诗风狭窄,不能"动荡"(第438则),不能"气机壮浪"(第494则);取径不远,多从近人中吸收诗思资源,"亦征江湖诗派之渊源不远,蓄积不厚"(第252则);所咏偏重在日常生活中的人生感慨,且多系五、七律等近体诗。高者富有"情意"和"兴味",风格清深闲雅;其下者气弱格卑,浅率纤小。

据钱先生"有了'四灵'的榜样,江湖派或者'唐体'风行一时"(《宋诗选注·徐玑小传》)、"江湖派晚唐体"(《札记》第587则)等语,"唐体"即"晚唐体",那么"江湖体"和"晚唐体"两个术语是相通的;而又据"江湖派之晚唐体"、"江湖体之近晚唐者"等语,则"江湖体"似比"晚唐体"范围要大。

钱先生又不把上述"江湖体"特征固定化,认为它具有变动不居、随时随人而变、易于浸染"异量之美"的特色。江湖派诗人所亲炙的前辈诗人多为近人,"取径不远",但同时又转益多师,师法对象面广数众,不拘时代;甚至"南宋江湖派诗,盖出入于晚唐、江西二派之间,然不无偏至,秋崖则偏于江西,后村则偏于晚唐"(第346则),其中又蕴含着南宋诗歌演变嬗化的轨迹和信息。

(三)江湖派综论

《札记》第252则论方岳,方为"江湖体诗人后劲",钱先生于是对江湖诗人群体作了一个总结性的论述:"盖放翁、诚斋、石湖既殁,大雅不作,易为雄伯,馀子纷纷,要无以易后村、石屏、巨山者矣。三人中后村才最大,学最博;石屏腹笥虽俭,而富于性灵,颇能白战;巨山写景言情,心眼犹人,唯以组织故事成语见长,略近后村而逊其圆润,盖移作四六法作诗者,好使语助,亦缘是也。"南宋以陆游、杨万里、范成大为代表的诗歌高潮之后,出现了一个大作家退席、中小作家腾喧、"馀子纷纷"的平缓发展期。《札记》选择刘克庄、戴复古、方岳为代表,已不能与陆、杨、范三人相提并论。这群中小诗人组成的"江湖派",甚至被钱先生调侃为"白小"鱼,"这种细小微末的东西要大伙儿合起来才凑得成一条性命"(《宋诗选注·徐玑小传》),但丝毫不影响其作为研究对象的重要性,也不允许研究者掉以轻心。《札记》对作家作品所作的溯源流、辨异同、较技艺的方法,是一套纯"文学性"的研究范式,具有特别的意义。宋诗学术界在较长期间中存在重视大作家、轻视中小作家的偏颇,《札记》给出了纠正的示范。

关于《钱锺书手稿集·中文笔记》的对话

侯体健,复旦大学中文系古典文学教研室教授,2010年1月毕业于复旦大学中文系,随王水照先生治宋代文学,获文学博士学位。曾参与王水照先生主持的国家社科基金重点项目"钱锺书与宋诗研究",发表《〈谈艺录〉:"宋调"一脉的艺术展开论》、《钱锺书〈容安馆札记〉批评宋代诗人许月卿发微——兼及钱先生论理学、气节与宋末诗歌》等论文。2012年,就《钱锺书手稿集》采访王水照教授,做了对谈。

一、钱先生的三种手稿(存目)

二、《手稿集》与钱先生的日常读书生活(存目)

三、钱先生的读书兴趣(存目)

四、寻找《管锥编》续编(存目)

五、精微·会通·自得:钱先生的学术境界(存目)

附录一　本书所涉与钱锺书先生相关文献

钱锺书《宋诗选注》,人民文学出版社,1963年。
钱锺书《旧文四篇》,上海古籍出版社,1979年。
钱锺书《管锥编》,中华书局,1979年。
钱锺书《谈艺录》,中华书局,1984年。
钱锺书《七缀集》,上海古籍出版社,1985年。
钱锺书《槐聚诗存》,生活·读书·新知三联书店,1995年。
钱锺书《钱锺书散文》,浙江文艺出版社,1997年。
钱锺书《钱锺书手稿集·容安馆札记》,商务印书馆,2003年。
钱锺书《钱锺书集》,生活·读书·新知三联书店,2007年。
钱锺书《钱锺书手稿集·中文笔记》,商务印书馆,2011年。
钱锺书《钱锺书手稿集·外文笔记》,商务印书馆,2014年—2015年。

杨绛《记钱锺书与〈围城〉》,湖南人民出版社,1986年。
杨绛《我们仨》,生活·读书·新知三联书店,2003年。
杨绛《干校六记》,生活·读书·新知三联书店,2010年。

《钱锺书研究》第一辑,文化艺术出版社,1989年。
蔡田明《〈管锥编〉述说》,中国友谊出版公司,1991年。

张文江《营造巴比塔的智者·钱锺书传》,上海文艺出版社,1993年。

李明生等编《文化昆仑:钱锺书其人其文》,人民文学出版社,1999年。

何晖、方天星编《一寸千思:忆钱锺书先生》,辽海出版社,1999年。

沉冰主编《不一样的记忆:与钱锺书在一起》,当代世界出版社,1999年。

《钱锺书研究集刊》第三辑,上海三联书店,2002年。

汤晏《一代才子钱锺书》,上海人民出版社,2005年。

吴学昭《听杨绛谈往事》,生活·读书·新知三联书店,2008年。

小川环树《钱锺书的〈宋诗选注〉》,载日本京都大学《中国文学报》第十册,1959年4月。

夏承焘《如何评价〈宋诗选注〉》,载《光明日报》1959年8月2日。

孔芳卿《钱锺书京都座谈记》,载《明报月刊》1981年1月。

彦火《钱锺书访问记》,载《明报》1981年6月24日。

柯灵《促膝闲话中书君》,载《读书》1989年第3期。

杜松柏《钱锺书宋诗选注之评注》,载《宋代文学与思想》,台湾学生书局,1989年。

陆文虎《钱锺书"锺书"述略》,载《科技文萃》1992年第2期。

柳苏《钱锺书和聂绀弩》,载《万象》2000年第1期。

杨绛《记〈宋诗纪事补正〉》,载《读书》2001年第12期。

绿原《几次和钱锺书先生萍水相逢》,载《新文学史料》2002年第3期。

徐公持《古代组"老先生"印象记》,载《新文学史料》2003年第2期。

谢泳《钱锺书与清华"间谍案"》,载《新文学史料》2003年第4期。

杨建民《钱锺书为何不选〈正气歌〉》,载《中华读书报》2003年6月11日。

荒井健《〈围城〉周围之七——钱锺书书信九通》,载日本飙风会《飙风》第37号,2003年12月。

弥松颐《"钱学"谈助》,载《人民政协报》2005年4月18日。

刘再复《钱锺书先生纪事》,载《东方早报》2009年11月15日。

附录二　本书各章首发一览表

序号	首发标题	首发出处、时间	备　注
1	走进"钱学"——钱锺书与陈寅恪学术交集之意义	《中华文史论丛》2020年第3期	题目增加"兼谈"二字
2	记忆的碎片——缅怀钱锺书先生	《文汇读书周报》1999年1月2日	
3	《对话》的馀思——钱锺书先生的闲谈风度	《随笔》1990年3月号	题目删除"《对话》的馀思"
4	《毛选》英译内情点滴	《悦读》第5卷，2007年	改题《钱锺书先生参与〈毛泽东选集〉英译过程点滴》
5	钱锺书先生横遭青蝇之玷	《悦读》第16卷，2010年	
6	钱锺书先生的《西游》情结	《万象》第7卷第3期，2005年3月	
7	"皮里阳秋"与"诗可以怨"	《东方早报·上海书评》2010年3月7日	
8	批评的隔膜	《万象》第6卷第10期，2004年10月	改题《钱锺书先生与宋词研究》

续 表

序号	首发标题	首发出处、时间	备 注
9	钱先生的两篇审稿意见	《钱钟书先生百年诞辰纪念文集》,生活·读书、新知三联书店,2010年11月	新增钱先生两篇审稿意见的全文整理稿,原书首发
10	钱锺书世界的文化阐释——读《营造巴比塔的智者·钱锺书传》有感	《文汇读书周报》1994年1月22日	
11	《宋诗选注》的一段荣辱升沉	《万象》第7卷第6期,2005年6月	
12	《正气歌》所本与《宋诗选注》"钱氏手校增注本"	《文学遗产》2006年第4期	新增附记题作《〈正气歌〉未入选〈宋诗选注〉的旧事重提》刊载于《文汇报·文汇学人》2020年10月9日
13	《宋诗选注》删落左纬之因及其他——初读《钱锺书手稿集》	《文学遗产》2005年第3期	"初读《钱锺书手稿集》"增改作"初读《钱锺书手稿集·容安馆札记》"
14	钱锺书先生与宋诗研究——初读《宋诗纪事补正》	《文汇报》2002年4月6日	
15	《钱锺书手稿集·容安馆札记》与南宋诗歌发展观	《文学评论》2012年第1期	析出该文第一节改题为《解读〈钱锺书手稿集·容安馆札记〉》,第二节改题为《钱锺书先生的南宋诗歌发展观》
16	关于《宋诗选注》的对话	《文史知识》1989年第5期	

续　表

序号	首发标题	首发出处、时间	备　注
17	祝《宋诗选注》走出国门——《宋诗选注》日译本序	日本宋代诗文研究会译注《宋诗选注》,日本平凡社2004年	内山精也与《宋诗选注》,《文汇读书周报》2003年4月25日
18	《容安馆札记》论宋诗初学记	《文汇报》2004年7月11日	改题《钱锺书手稿集·容安馆札记》"初学记"
19	读《容安馆札记》拾零四则	《文史》2020年第3期	
20	王水照谈《钱锺书手稿集·中文笔记》	《东方早报·上海书评》2012年4月8日	改题《关于〈钱锺书手稿集·中文笔记〉的对话》

王水照访谈录

一、求学经历与治学经验

访谈时间：2008 年
访谈人：侯体健

《文艺研究》编者按：王水照教授，1934 年生，浙江馀姚人。1960 年毕业于北京大学中文系，即进中国科学院哲学社会科学部（今中国社会科学院）文学研究所工作。1978 年调入复旦大学中文系任教，先后任副教授、教授，博士生导师。1998 年任复旦大学首席教授。曾任复旦大学中文系学术委员会主任、复旦大学文史研究院顾问，兼任中国宋代文学学会会长、全国苏轼学会名誉会长、《文学遗产》编委、《新宋学》主编等职。长期从事宋代文学研究，尤着力于从中国文化——文学史的整体背景上探求宋代文学的时代特征和历史定位。在苏轼研究、宋词研究、散文研究、文人集团研究上取得了突出的成绩，产生了广泛的学术影响。主要著作有《唐宋文学论集》、《苏轼选集》、《苏轼论稿》、《苏轼研究》、《王水照自选集》、《宋代文学通论》（主编）、《苏轼评传》（合著）、《欧阳修传》（合著）等学术专著，又著有《半肖居笔记》、《鳞爪文辑》等学术随笔，编有《宋人所撰三苏年谱汇刊》、《历代文话》等古籍文献。同时十分关注海外汉学的研究，主要编译有《日本学者中国词学论文集》、《日本学者中国文章学论著选》、《日本宋学研究六人集》等书。本刊特委托复旦大学中文系侯体健就有关学术问题采访王水照教授，并整理出这篇访谈录，以飨读者。

（一）"三角地"与文学史

侯体健（以下简称"侯"） 王先生，您好。我受《文艺研究》杂志委托，对您的个人治学经历与相关学术问题作一个访谈，希望能给我们后辈学人以启发、借鉴。

王水照（以下简称"王"） 好的。我个人的治学经历有历史环境的特殊性，不一定有借鉴作用，但是我很乐意谈谈。

侯 在您的《自选集》代序言中，您开篇谈到家乡馀姚的四大乡贤，而且这四位乡贤都与宋代学术文化有着或多或少的关联，年少的时候您是不是就对宋代文学情有独钟？

王 我年少时就对文学感兴趣，但对宋代文学没有什么特别的钟爱。我后来走上宋代文学研究道路，有更直接的原因。我是1955年考上北大中文系的，到了北大后参与了著名的"红皮"《中国文学史》的写作，我当时被安排在宋元组，所以直接促使我阅读了大量的宋代文学文献，也就奠定了我后来学术研究的一个重要领域。我的学术生涯，概括地来说就是："三角地"与文学史。"三角地"本来是北大一个公布重要信息的地方，因而这里第一层意思当然是说我是从北大走出来的，北大中文系是我的学术生涯最重要的起点；第二层意思是指我一生问学的三个地方：北大中文系、中国科学院哲学社会科学部（即今中国社会科学院）文学研究所、复旦大学。这三个地方，在北大中文系我参与编写了两部文学史，在社科院文学所也参与编写了一部文学史，在复旦则是教文学史。所以说是："三角地"与文学史。

侯 关于北大中文系55级的"红皮"《中国文学史》，现在很多参与其事的老先生都在撰写回忆文章,您能不能详细谈谈?

王 好的。我是1955年夏天负笈北上,带着一份朝圣的心情到北大中文系读书的。很不容易啊,当时的北大中文系名师宿儒云集,而且在全国录取的学生人数也非常少。二十多年后,一位老师与我说起,当年仅上海地区就有一千多人报考北大中文系,最后只录取了十人。包括我在内的十位"同年"中,有今北大的陆俭明教授、张少康教授,原《文艺报》副主编陈丹晨先生,福建师范大学孙绍振教授等等。进入北大中文系之后,我们领受了"向科学进军"口号的感召与鼓舞,一头扎进书海,努力学习。这个时候感受到了许多名师大家的风范,游国恩、林庚、吴组缃、季镇淮、王瑶、吴小如等先生给我们讲授文学史;王力、魏建功、周祖谟先生给我们讲授语言学等等。寝室的学习氛围也很浓,每天睡觉的时候都不忘问问上铺:"今天看了什么好书?"如果他看的书我没看过,又很有兴趣看,第二天我就要找来认真读读,和同学们交流。那段时间可以说是完全沉浸在学习的愉悦之中了。

到了1957年搞"反右",1958年又掀起一阵"学术大批判",批判自己的老师。正常的教学秩序完全被打乱,原先受欢迎的课程反而最先挨批。记得那时林庚先生给我们上文学史,有一堂课的主题是"说'木叶'",讲"木叶"比之"树叶"之类,存在"概念世界"与"艺术世界"之不同,讲求文学艺术之美,十分精彩,讲完后学生掌声不断,连呼过瘾。但是到了"学术大批判"运动时,对于这堂"说'木叶'",我们的同学写了长篇批判文章在《光明日报·文学遗产》整版发表了。林庚先生大雅含宏,后来原谅了学生,他在为我们年级毕业三十周年所题的诗句中说:"那难忘的岁月,仿佛是无言之美。"不过他那时也说了一句批评的话:"你们能'破'不能'立'!"这句话就刺激了我们的"革命积极性",在当时"大跃进"、大搞科研的时代背景下,于是我们就萌生了自己动手编写一部文学史的念头,"把红旗插上中国文学史的阵地"。这部文学史,先入为主地列出了三大标准作为该书的指导思想,即:现实主义与反现实主义的斗争、民间文学是文学史的主流、政治标准第一。以这三点为指导,然后构建出这部"红皮文学史"。用今日严肃的学术眼光审视,这部"红皮文学史"可以留给后人的东西不多,但是换个角度来看,它对个人的成长与集体的凝聚却有很大作用,至少对我个人来说意义十分重大。

当时我们的文学史课程还只上到唐代,唐代以下还没上呢,我们自己要编《中国文学史》,唐代以后的宋元明清段当然也是要写的。最开始,班上动员同学主动报名参与各段文学史的写作,明清文学报的人还蛮多,而宋元组一直没多少人报名。我的性格比较随和些,加上对各个时段的兴趣也都差不多,所以就被组织安排在宋元组,并且被指定为负责人。由此,我开始比较系统地阅读宋代部分的文献资料。这算是为我后来的文学研究指引了最基本的方向,也让我与宋代文学结下了不解之缘。

侯 这部"红皮"《中国文学史》没出多久,大概不到一年时间又修订成了一部篇幅翻倍的"黄皮"《中国文学史》,其中是什么缘由?对您个人来说,"黄皮"《中国文学史》给您留下些什么?

王 "红皮文学史"编出来之后,引起了很大的反响,我们的集体也因此获得许多荣誉。后来中国作家协会和中国科学院文学研究所,召开了几次文学史问题讨论会,主要是针对北大的这部"红皮文学史",帮助学生们认识其中的错误和不足。这几次讨论会我都参与旁听。最后的一天是1959年6月17日,由文学所所长何其芳先生作总结发言,这个发言又在《文学遗产》上分三期发表。何先生的发言,一个重要的思想是说,文学史有规律可循,但是寻找规律是十分艰难的。他又告诫我们"真理向前一步就是谬误",这是针对"红皮文学史"指导思想之一"民间文学是文学史的主流"而发的。也就是说,民间文学是士大夫文学的丰富资源,给士大夫文学以滋养,但它不是中国文学的主流,主流依然是士大夫文学。民间文学的"资源"作用不能无限扩大为"主流",真理与谬误就是一步之差。这给我印象很深。

吸收了老师们的意见之后,我们就着手修订了。而且校方给我们每个小组都安排了指导老师,负责修改我们的稿子。宋代这一组的指导老师是吴小如先生,也就是从这时起,我与小如先生结下了深厚的师生情谊。当时因为还没有系统地学过宋代文学,有些同学执笔的章节在小组讨论时未获通过,我也只好再推倒重写一遍。后来翻开书本一数,"黄皮文学史"宋代部分,我写的篇幅占了很大的比例。稿子每写好一篇,就交给小如先生修改,他的修改意见给了我很多指点,让我有很大进步。甚至在"黄皮文学史"出版后,我和小如先生之间还有许多关于具体问题的讨论,现在还记在这套书的页眉间呢,虽然笔迹有些模糊了,但是承载的情感却愈深厚了。让我更感动的是,小如先生审改后的稿子都是他送到我宿舍来,而不让我过去取,他说恰好可以借此机会活动身子。可以说,"黄皮文学史"的撰写不仅让我的学术能力增强了许多,也让我体味到了更为珍贵的师生感情。

侯 许多老先生回忆说55级编写文学史,给老师们造成了很大的心灵伤害,而您在编写文学史中却与老师们建立了深厚的师生情谊,这是不是有点特殊呢?

王 也谈不上特殊吧,我们批判了老师,但又与老师建立了深厚的感情,这也并不难于理解。不过话又说回来,在我们55级的同学回忆录中是应该有"运动记愧"这一章才好。"红皮文学史"的编写确实有很浓的火药味,"大批判"的色彩十分明显,或多或少对我们的老师有伤害。但是,从林庚先生后来的回忆语言中,我读出来老师们并没有责怪我们，他说那段岁月是"无言之美"，所谓"无言"当然有其说不出的滋味，但是经过风风雨雨磨炼而能够保存的一些真情实意，连同青春期的幼稚、冲动，算得上是一种美的记忆罢。我猜想，老师们对我们当时一群无知少年带有偏颇色彩的热情，也许只是抱一种"乐观其成"的态度。当然，回过头来看，我们55级同学的确应该为那段岁月反思，当时有个别举动甚至超出了基本道德底线，暴露出人性的阴暗面。从我个人来说，我是从农村走出来的，从小就被教育"天地君亲师"，我对老师怀有自然的敬畏之心，所以我从来不写文章批评我自己的授业老师，一生如此。另一方面来说呢，我觉得"红皮文学史"与"黄皮文学史"应当有所区分。在编写"黄皮文学史"的时候，我们同学和老师之间不再是"批判与被批判"的关系，而是相互合作的关系，在这样的环境下，建立深厚的师生情谊，可以说是自然而然的。

侯 编写完这部"黄皮文学史"，您就进了当时的中国科学院哲学社会科学部文学研究所工作。您当时是一进所即参与了文学所版《中国文学史》的编写吗？这段经历对您有什么特别意义呢？

王 我一进所就投入到新的《中国文学史》编写中去了。当时刚好宋代部分缺人手，由于大学时候的那段经历，我就顺理成章地承担起唐宋段的编撰任务。也就是在这个时候，我的治学领域和主攻方向正式地确定为唐宋文学。文学所的这段经历对我来说是至关重要的。首先，我在文学所呆了十八年，这十八年是我精力最旺盛的时段，其中虽然有相当长时间被政治运动耽误了，但是仍是我吸取各类养料的重要时段。更重要的是，我在文学所遇到了两位迄今依然影响着我的老师，一位是当时文学所的所长何其芳先生，一位是我的工作指导老师钱锺书先生。何其芳先生强调文学研究工作中理论、历史、现状的结合，提倡实事求是的学风，他的这些思想是作为文学所"所风"建设提出来的，给我很深影响。而钱锺书先生则以他的博学与睿智,使我第一次领略到学术海洋的深广、丰富和复杂,向我展示了对中国传统文化全身心的研治、体悟和超越,可以达到怎样一种寻绎不尽的精妙境界。另外,也是在文学所的时候,我出版了独立署名的第一本小书——《宋代散文选注》,这也给了我很大的鼓舞,而且也开拓了我后来的另一个重要研究领域,即古代散文研究。离开文学所至今已经三十年了,但是我还是很怀念那段时光。

侯 较复旦大学来说,文学所的科研环境应该也很好,当时选择离开就是为了与家人团聚吗?或者还有其他什么原因呢?

王 我离开文学所来复旦大学,原因很简单,就是为了和家人团聚,妻子、孩子都在上海。没有其他什么原因了。在文学所工作很愉快,到了复旦大学以后,工作也很愉快。当时的中文系主任朱东润先生等前辈学者都对我照顾有加,这也是我铭感在心的。

侯 来到复旦大学工作后,感觉与文学所有什么不同呢?是不是研究的方向也有所调整?

王 我1978年调入复旦,那时国家进入了新时期,改革开放给各个领域都带来新的气象,我们迎来了科学艺术全面繁荣的春天。与在文学所的日子相比,大环境已经好了许多。我一方面继续自己的唐宋文学研究,一方面也在琢磨如何扮演好一个教师的角色。后一点是与在纯研究机构不一样的。一堂课下来,学生的反响还不错。我也很乐意做教书育人的工作,与学生在一起,觉得自己也年轻了。我给学生开设了唐宋文学史、苏轼研究、宋古文六家论、北宋三大文人集团研究、唐宋文学史料学等课程。而这时的研究工作,既作为教学的学术依托与支撑点,保证教学内容的充实和不断更新;同时在教学过程中不断地引起新的思考,在教学、科研互动互补关系中,求得科研选题、内容持续鲜活的时代特点。这种研究方式,与过去那种

"以任务带研究"模式告别了,能按照我自己的学术理念、知识结构特点、禀赋素质的优劣,合理地选择课题:由过去的唐宋诗文并举转向偏重宋代文学,由诗词兼及散文,从个别作家到群体研究,从作品的艺术特质、风格流派到文人心态、文化性格探讨,等等。艺术观念有所更新,研究视野有所拓展,运用方法有所丰富,对学术传承和发展的自觉意识有所加强。或许,这也就是你所说的"调整"吧。

(二)大判断与小结裹

侯 那么我们可不可以说,您对宋代文学自觉而全面的研究是从到复旦大学后开始的呢?

王 可以这么说吧。但是"自觉而全面"这个词不准确。对宋代文学的研究我是"自觉"的,但若说"全面",则不敢当。比如对宋代的小说、戏曲,我就未曾写过文章。以文体来说,我关注较多的还是传统的诗词文;以时代来说,我着力较多的也是北宋,南宋虽关注已久,但还没多少具体的成果。

侯 我们知道,在2000年举办的首届宋代文学国际学术研讨会上,您被推举为宋代文学学会的会长,对于宋代文学研究的发展,您具有很强的学科建设意识。那么您对当前的宋代文学研究现状与走向有什么看法呢?

王 宋代文学研究截至新中国成立初期,与唐代文学研究水平是基本持平的,至少是相差不远的,但是后来显然是落后了。落后的原因我是这样看的,按照我们现在的文学观念,我国文学的主要文体就是诗、词、文、小说、戏曲五大文类,而宋代文学处在一个由"雅"到"俗"的转变时期。就传统的文学形式来说——即就诗、词、文来说——由于人们通常认为诗歌到宋人就爱说理了,而且说的多是理学家的一些道理，所以对宋诗总体评价不高；那么词呢，因为它的思想内容都偏重于儿女情长，反映的社会内容不够广泛，所以也得不到很高的评价；而散文呢，本来就始终处在文学边缘化的地位。这么一来，新中国成立后至新时期初这段时间，学术界对整个宋代文学的评价就不高，也就无法吸引更多的人投入到这里面去。即使到了上世纪的80、90年代，宋代文学研究也存在许多问题，特别是我多次提到的"三重三轻"的问题，即"重北宋轻南宋"、"重词诗轻散文及其他文学样式"、"重大作家轻中小作家"，在研究的深度与广度上没有取得很好的突破，纵向与唐代文学相比，差距甚远；横向与宋史研究相比，也落后很多。当然，经过最近这十来年的努力，这个面貌已有很大改变。宋代文学研究俨然已成为断代文学研究中最为活跃的领域之一。我想，在这个"宋代文学研究的机遇期"，我们应该着力考虑以下两个问题：

首先，宋代文学研究的布局应该更加合理，应该有个全面的布局，不要太偏颇。2007年底在广州暨南大学举行的第五届宋代文学年会开幕词中，我也强调了这个问题。比如，苏轼研究，在2004—2005年度中，独占所有论著中的十分之一强，其实，对于南宋现存百卷以上别集的一大批作家，作为"前近代知识分子共同体"这个课题而言，具有十分重要的研究价值。现在有部分学者已关注到这个课题，也有一些个案专著问世，但要形成规模，并从个案研究走向综合研究，提升学术水平，大概还需要些时日。若从整体格局来考量，我们的宋代文学中一些长期被忽视或轻视的边缘性的文学，如相对于主流地位的汉民族文学，辽金少数民族文学尚有待谋求新的开拓；相对于中心城市地区文学，边缘地区文学尚有待独立开发；相对于文人书面文学，宋代小说戏曲、市民口传文学，几乎处于缺席的境地；相对于词、诗等"纯文学"，古文、骈文、赋等文体的遭遇，颇为冷落。这些方面都应该加大力度，以期对确切认识我国文学的民族特点作出实际的贡献。如何摆正主次的适当地位,并能发挥良好的互补互释作用,以共同展示宋代文学丰富多彩、璀璨夺目的历史原貌,应是我们共同追求的目标。

其次,就是宋代文学研究必须要寻找学理性的建构。什么是学理性的建构呢?就是要有一个贯穿性的、整体性的宏观把握。这个问题,北大"红皮文学史"给我的教训很深刻,就是对文学史规律的探寻一定要是"大判断"与"小结裹"的结合。那种理论先行的,或者用一种外在理论去硬套的,比如硬叫你搞阶级斗争啊、二元对立啊,这样的思维显然是不可取的。但是,文学史是有规律的,如果说对文学史或者对于某一段文学的研究,我们没有大的理论观照,那么我们的文学研究整体水平就很难提高。所以,怎样把文学史这个知识体系,变成一个有思想的知识体系,这是我们研究最应该着力的地方。这些年我一直在探讨、思考这个问题。你可能也注意到了,我写过《重提"内藤命题"》的小文章,发表在《文学遗产》上。之所以我用内藤湖南的"唐宋变革论",是因为他这个理论是蕴涵着学术生长点的,从他的理论里面我们可以抓住宋代文学的一些关键问题。而且"唐宋变革论"是中外一些学术大家共同的学术思想,这些思想的出现不是偶然的。他们虽然大都没有具体的论证(像宫崎市定是有些具体论证的),内藤湖南就是一个比较大的、宏观的判断,而我们则应该对他的概括与判断作出一些自己的回答。你可以不同意他,但是这个领域的思路是他打开的。说个题外话,陈寅恪先生的贡献也就在这里。比如陈寅恪讲唐代的"牛李党争"是进士集团与贵族集团之间的斗争,而田馀庆教授《东晋门阀政治》一书,已经对此有所质疑,岑仲勉先生也用具体事例来反驳。但是陈先生的一些理论性的概括和论点仍没有失去意义与价值,比如说"种族之分,多系于其人所受之文化,而不在其人所承之血统",再如中央朝廷与地方边境连环的互相作用,等等。陈寅恪的学术强调宏观的观察,他的学术是一种范型。这是和钱锺书先生不一样的范型。钱先生不主动地提出"大判断",他都是在"小结裹"上用力,一条一条的,你要找他的思路就比较难找。我觉得宋代文学研究就是要把"小结裹"和"大判断"结合起来,特别是要找像"唐宋变革论"这一类的"大判断",能够贯穿整个宋代文学研究的、能够把宋代文学定位定得非常准确的一些学理性建构。这一类的观点,还有像刘子健提出来的"南宋的背海立国"啊,包括余英时在《朱熹的历史世界》提出来的"后王安石时代"、"国是"问题,还有我们常常关注到的雅俗关系,等等。这些问题,我们已经很明显感觉是存在的,但是要从各个方面进行回答。这是我个人觉得宋代文学研究当中最应该努力的地方。当然,"大判断"必须是从实证开始,从"小结裹"开始,不能像当年北大同学那样用外在的观点,然后硬把中国的作家分成两个类型,一个是现实主义的,一个是反现实主义的,那样是不行的。

侯 您前面提到的"大判断"许多都是历史学界提出来的,按照这些"大判断",我们的文学研究会不会落入历史学附庸的位置呢?

王 你问得很好,学界确实有这种担心。但是,首先我们得看到文学史本来就是历史的一个特殊门类,所谓"文史哲不分家"嘛,历史学界提出的大判断对我们文学研究有益,我们为什么不加以吸取呢?从另一个角度来思考,究竟如何研究文学?我还是觉得研究文学,光从文学到文学的路数是不可行的,是有局限性的。我们应该拓展视野,从文化到文学,但在结合文化来研究文学的情况下,我们又不能忘记我们的文学本位,不能替搞社会史的、搞历史的"打工"。这应该不成问题,我们的落脚点应该在文学。文学研究如果仅仅局限在文本的分析,就自己画地为牢了。以前所谓"把文学当作文学来研究"的口号嘛,是针对前一个时期,把文学变成政治的附庸来研究而言的,所以要强调"把文学当文学来研究",这个是纠偏,当时是对的。

但是，现在我们还一味地光讲文学的结构、文本的解读，我们的文学研究之路就会越走越窄，没有更宽广的前景。我们的文学研究，应该从整个文化的背景出发，在文化的背景下，才能把文学真正弄清楚，才能看清文学真实的面目，才能找到文学准确的位置。我想这个观点还是应该坚持：要从文化到文学，又要回归文学，以文学为本位。用这种方法来研究，可能会取得更大的成就。

侯 您说当前的宋代文学研究更应该着力"大判断"，那么在"大判断"与"小结裹"之间，您觉得应该如何更好地结合呢？

王 我强调的"大判断"是建立在"小结裹"基础上的"大判断"，它们二者之间的关系是互相促进、互相关联的。我受的教育告诉我，"大判断"与"小结裹"在研究当中是相互影响的。举个例子，前面我说到的，在文学所给我影响最大的老先生之一是何其芳先生。其芳先生是很有文学的素质与敏感的，有时甚至可以说是很天真的，在懂政治的人眼中，他是不懂政治的。但他毕竟是北大哲学系出身的，受过系统而良好的哲学训练，我很喜欢看他的文章，层层推理，逻辑相当严密，而且"小结裹"与"大判断"结合得很好。比如他有一篇《论〈红楼梦〉》，是篇长篇论文。这篇文章一方面非常细致地分析了贾宝玉、林黛玉、薛宝钗等人性格的不同，另一方面他又从这里面提升出一些系统而宏观的理论观点，如"典型共名说"、"爱情主线说"、"双重悲剧说"等。就凭借这一篇文章，使得他成为"红学"之一家啊，因为他在文章中提出了不同于众的看法。我在《半肖居笔记》里有一篇文章提到这个事，我曾问过他："你这篇文章我很佩服、很喜欢，你是怎么写出来的？"他说："就是读书啊。"他倒不做卡片的，就在书的天头地脚作批语。在写论文的时候不断地回忆当时直接的艺术感觉。"大判断"与"小结裹"之间的交互关系就是这样，从作品的细读开始，然后从中再抽出理论大观点，接着反复地进行。也就是先读作品，读了作品你就会有总体上的想法,然后带着这个想法,再读作品,再琢磨有关材料来印证这个想法,想法经过细化、纠正,形成文字,就是一篇好文章了。所以,其芳先生的推理很有说服力,他是一层一层地生发、推断,不是有一个大判断就完了。好的文章就像一棵树一样,有主干、有枝叶,这样去生发,显得十分丰满,不是干瘪瘪的。另外就是对材料的使用,其芳先生非常讲究。曹雪芹逝世两百周年纪念的时候,上面给他一个任务,要他写一篇曹雪芹的纪念文章,他后来就写了一篇《曹雪芹的贡献》。在这篇文章中有一段,他抓住"冷子兴演说荣国府"时,贾雨村所说的天地之间有一种"正气",钟情于谁谁,有个人物的大名单(如王朝云等),他把提到的人一个个去研究,还特地请一批年轻的同事为他搜集一些材料,因为我是研究苏轼的嘛,所以就让我给他提供一些苏轼与王朝云的材料。其实我们提供的材料在他的文章中只是一个注解,我提供的那些篇目,其实他自己都已经看过了。所以,你看,其芳先生一方面是比较细致,着力在"小结裹"的实证上,一方面他又总在一篇论文中提出大的判断。所以我想,理论观点跟作品的细读,总是这样交互发生的,你很难说究竟是鸡生蛋还是蛋生鸡的。在自己的思维当中,这两个东西都是相互的。当然,从源头来说,还是文献、材料的阅读最重要,所以我在思考、探寻学理性建构的"大判断"时,也始终强调文献整理是研究的前提和基础。

(三)文献整理与专题研究

侯 确实如您所说,文献整理是研究的前提和基础。最近您编的《历代文话》出版了,我想这应该算是您这一主张的具体实践吧。媒体在报道《历代文话》时,称它是"中华文史资料库的新创获",您是出于什么考虑,花十余年功夫来编这套大型资料书的?

王 要说《历代文话》,得从我做《宋代散文选注》说起。那个时候刚刚大学毕业，在文学所编撰《中国文学史》，后来接到陈友琴先生的邀请，就开始选注宋代散文。前面也说过，这本书是我个人署名的第一本书，为了做好这个工作，当时我把文学所藏的有关散文的、文章学的材料，特别是各种选本，都认真读了一遍。在阅读这些文献的时候，我就感觉到，中国散文的研究是大有可为的，决不能够忽视。你看，苏轼的前、后《赤壁赋》，算是文章的范畴嘛，并不比他的"大江东去"差啊。再如王勃一篇《滕王阁序》，那是多大的影响啊！这些文章中所涵摄的文学的东西、文学的价值，诗歌里面不一定有。对于诗歌而言，只要有一个诗歌的形式就都算作文学作品了；而对文章而言呢，算不算文学作品还要去验明正身！要检验它这里面有没有文学性啊、审美性啊，各种各样的条件，这些条件多数是依照西洋的文学观念来要求的，我觉得对于我们中国文学是不合适的，这个帽子戴不上。我们的古代文章有自己的发展系统。吉川幸次郎在《中国文章论》一文中的第一句话就说："在中国人的意识里，做文章是人间诸生活最重要的事。"这句话讲得很实在，比如对于苏东坡来说，肯定写文章比他写诗歌更认真，更要充分发挥他的潜能。即便是写作朝廷的一些文书，这些文书的写作也是有文学的要求在里面的，他并不是只表达概念的东西，只把道理说清楚就完了，不是这样。他还是有一种艺术上的追求在里面。这是中国文学的特点，离开这个就不是中国的文学，我想这是一个很重要的问题。

　　我自己在做散文研究的时候，苦于没有一套评价的语言。而文献阅读的直觉告诉我，我们的汉语言文学里面是有一个"中国文章学"的体系存在的，现在却还没有开拓出来、没总结出来。要寻绎这个体系，那么就要占有丰富的材料，所以就有了编撰文章学资料汇编的想法。最开始的时候，我倒没想到要编"文话汇编"之类的东西，主要是收集各类序跋和书信，好几年功夫下来，抄了不少，可惜"文化大革命"当中都给弄丢了。不过，抄的过程中也慢慢体会到中国文章学的一些东西,比如文章中的"气"——即"文气"——很重要。有种文章,它不一定有所谓的"抒情性"、"形象性",等等,这些西方文学观念告诉我们的文学因素,但是你能读出一股"气"在里面,或者说是一种逻辑推理的语言气势。典型的例子就是韩愈的"五原",它也没有什么形象,就是一种逻辑推理,但是有了这个东西,它就打动了你。那不光是说它"晓之以理",而是文章语言的组合中,本身就有一股气在推动你,去接受它。我觉得这个是中国文章里面的特点,因而由此基础产生的中国文学的观念也应该与西方的文学观念不同。当然,我们应该有新的文学观念,这是学科进步的标志。但是我们不能不加分辨地拿西方的文学观念直接来审定我们的文章的"正身",而是应该结合起来。我想,评析我国古代文章,多用"审美性"这个词汇,或许比"文学性"更准确些。就是我们的文章里面有美的东西,美的东西和艺术,和文学就比较靠近了。美的因素也包括形式美。比如韩愈的《画记》,从内容上说,《画记》其实就是一篇流水账啊。面对一幅画,韩愈对它进行描述,记下来人多少、马多少、牛多少。但是,《画记》句式、结构,错综变化,波澜迭起,完全与流水账不是一回事,它是一篇艺术文啊。光是形式的结构,就是艺术的结构。你得承认这个东西。这是我们中国文章特有的。而当我们要试图揭示中国文章中特有的审美性时,那么就要去搜罗爬剔历史上的各种论文之语,这就促使我开始关注最典型的文章学著作——文话。经过这十来年的努力,依靠不少朋友的帮助,也就编出这套六百馀万字的《历代文话》了。

侯 现在《历代文话》出来了,受到学界的一致好评。这套资料书籍编下来,您最强烈的感觉是什么?

王 最强烈的感觉就是编的时间太长了,而且时间拖得越长,我自己的压力就越大。当然,时间长也有好处,比如版本的选择、选目的确定、标点断句等等，这些方面考虑得也就更精审些。特别是版本问题，最初启动这个工作的时候是1991年吧，许多版本很难找，后来有几部大书出来了，比如《续修四库全书》，就为版本的选择提供了许多便利。

侯 《历代文话》的版本选择确实很精审，从东瀛即采入六种，可见当时是花了很大气力的。那么，您个人在编《历代文话》的过程中有什么新收获呢？您希望《历代文话》的出版给学界带来什么？

王 我在很多场合都说过，我不是为了编书而编书。我希望《历代文话》出版之后，大家都来用，要把文献整理与专题研究结合起来。要利用它来开拓我们的散文研究，利用它来进行我们的文章学研究，甚至利用它来重新认识我们的中国文学特质。我曾给学生们讲过，《历代文话》编完后，我强烈地感觉到了我们现在的文学史、学术史有"三个遮蔽"：

第一个"遮蔽"，就是对中国本土文学观念的遮蔽。我们现在都是使用西洋的文学观念，而忽视了中国自己的文学观念，我们要建立中国自己的文学观念体系。这一点我在前面也谈到了。其实，"杂文学"是能体现中国文学特色的一个概念，我们应该充分考虑到这一点，而不是拿着西方文学观念当筛子，把我们本土所具有的文学特点全筛掉。当然，我们是现代人，我们有学科分流，这个观念是进步的，我们不能完全返回到以前的概念。《历代文话》编出来了，我们应该用现代的眼光，去审视这些材料，把里面所包含的有"永恒性"价值的东西挖掘出来，既尊重现代的文章观念，又充分考虑传统的文章学特质，提升出或者说建立起具有中国特色的文学观念，然后打破西方文学观念对中国文学的遮蔽。这里还是特别强调中国传统应用性文字的艺术性、审美性问题。

第二个"遮蔽"，就是我们现在的文学史、学术史遮蔽了许多文学批评的大家。以前我写过一篇文章《陈绎曾：不应冷落的元代诗文批评大家》，就是特别表彰这位被我们文学批评史冷落了的文学批评家的，后来复旦有学生写了篇博士论文《陈绎曾与元代中后期的文章学》，我觉得这很好。这次我还要提到两个重要的文学批评家，一个是《古文辞通义》的作者王葆心，一个是著名教育家唐文治。这两位的文学修养都很高，文章学理论也具有自己的特点，应该在我们的文学批评史上占有一席之地。特别是王葆心，我们的文学批评史从来没有关注过他，但是你去看看《古文辞通义》，那是写得真好啊。十册《历代文话》，他一人占了一册，可以说王葆心是文话发展史上的殿军人物，值得我们认真研究。

  第三个"遮蔽"，就是我们的流行观点遮蔽了《四库全书》的优点。对《四库全书》的评价，不应该一棍子打死，而是要"具体书籍，区别对待"。在编《历代文话》的时候，许多书我们都是先用四库本作为工作底本，然后再利用所谓的"善本"进行覆校的。后来我发现，许多本子其实是四库本最好。我这里当然不是要为《四库全书》翻什么案，而是说《四库全书》收录的书籍在未涉及民族问题、国家问题的时候，它选用的本子都是当时最精善的本子，特别是在"诗文评"这一类文献中。四库本不应该被一味地排斥。北京大学所编《全宋诗》，其中的"大家"，以四库为底本者，约达250家，以四库作为重要或者次要参校本者，也达203种之多。这都说明四库本中虽有删改漏略、草率从事等缺失，但绝非全无价值。

  回到你的问题，我觉得《历代文话》的出版会给我们的学术界提供新的学术生长点，这一点我是很乐观的。因为基础文献的整理，一定会推动专题研究的深入，这是被历史一再证明了的。所以，我也对散文研究与中国文章学的研究前景充满期待。

侯 您的这段话也让我想到了宋代文学研究中最热的领域，即宋词研究。我想，宋词研究能如此之热，大概也与基础文献的整理有着密切的关系吧。您前面也提到，第五届宋代文学国际学术研讨会刚刚结束不久，那么您对当前的宋词研究如何看？

王 你说得很对，宋词研究之所以如此充分，确实与基础文献的整理有着密切关系。所以我始终认为，对20世纪初的几位词学前辈，应该给予更高的评价。你看，主要是三位先生夏承焘、唐圭璋、龙榆生。这三位先生对20世纪词学研究的引领作用是非常大的，奠定了我们词学研究的基础。不知你发现没有，这三位先生实际上似有分工的，夏承焘先生主要是对词学的专题问题进行深入的揭示，特别是他的"年谱学"，非常成熟。他的每一篇有分量的词学论文，都是可以打开一个课题的。比如他关于宋词声调的发展过程，就一篇论文，实际上就已打开了一个纵深发展的课题。唐圭璋先生主要是词学文献的专家，他的两部大书《全宋词》与《词话丛编》，可以说是哺育了我们词学研究的后辈，后人要研究词学，这两部书是必备的。龙榆生先生呢，他办了一个《词学季刊》，每一期《词学季刊》上，他都有文章的，他的文章就是从宏观上提问题，比如词学研究的发展方向啊、词学应该包括哪些部门啊，词选的"标准论"啊等等。这可以看出龙榆生先生有非常强的建立独立的词学专科的思想，学科意识非常自觉，非常强烈。因而《词学季刊》在当时起了很大的作用，现在回头来看，也是非常好的。编得也活泼，信息量很大，把当时一些词学大家的活动，以及他们心里想的东西，很全面地、鲜活地反映在这上面。所以，我觉得20世纪的词学非常幸运，有这些大师在前面把整个学科的基础奠定了。基础文献也好，专题研究也罢，都相得益彰，发展得很不错。从30、40年代以来，词学最发达，成果也比较多，新时期以来的词学就是在这个基础上发展起来的。这次第五届宋代文学会议上，我也看到每年的统计数字，都是宋词的论文数量最多。但是呢，我觉得，凡事发展到一定程度之后，或者说学科成熟到一定程度之后，就有一个难以为继的问题。目前的词学,我也不知道怎么搞法好。宋词研究究竟要怎么进一步深入,现在进入了瓶颈期,面临着一个大的突破的关头。我想词学研究也就这个状况吧。2007年广州宋代文学会议,从论文集里面看出来,有些宋词研究者开始从接受美学的角度、阐释学的角度去研究宋词,这也是当前情况下的一种可行的选择。或者跳开宋词,走向金元词、明词、清词,也是不错的。总之,要在宋词里面作出大文章,现在可能很难了。

与宋词研究状况有些类似的,是苏轼研究。现在苏轼研究的论著依然不断出现,但是有分量的文章已经很少了。这或许也是历史的规律吧。如何寻找突破口,我也颇感困惑。

(四) 学院派与大众化

侯 说来惭愧,您一提到苏轼研究,我首先想到的不是您的《苏轼论稿》,倒是您的《苏轼选集》,还有您和崔铭合著的《苏轼传:智者在苦难中的超越》,以及和朱刚合著的《苏轼评传》。

王 这很正常。普及性的读物总是给人印象深刻些,影响也广泛些。曾经很长一段时间,许多青年朋友遇见我都要兴奋地提及我的《宋代散文选注》,说那是一本他们很喜欢的小书,让他们爱上了古典文学。我听了以后也很高兴。

侯 在大家眼里,您应该是一位很"学院化"的学者,但是我又发现其实您在文史普及方面也做了许多工作。比如最近您和崔铭合著的《欧阳修传:达者在纷争中的坚持》也要与大家见面了。

王 是这样。我觉得,这种普及化、大众化的工作是十分有意义的。不要把"学院派"与"大众化"对立起来,而应该结合起来。让真正的学者去做最广泛的普及工作,才是最好的状况。以前的前辈学者也十分注意这样的工作。比如说我很敬佩的余冠英先生,他就在学术研究与普及工作结合上取得了很大成绩,很有自己的特点。他的几部选本,从《诗经选》到《汉魏六朝诗选》,都是在很认真的学术研究基础上做的。所以我记得,在大学念书的时候,老师讲到《诗经》某一段时总要引到这段训诂余冠英同志怎么说。如果从著作本身的定位来说,《诗经选》是普及型的东西,但是它现在却能与以前学术殿堂里的精品、经典排列在一起,足见冠英先生是下了功夫的。除了《诗经选》,他做的《诗经选译》更引领了一阵风潮。他能把《诗经》用白话翻译得那么好,"信、达、雅"结合得那么好,没有深厚的文学功底和坚实的文学研究作基础是不可能的。他是一个很好的榜样,所以我自己也很注意把自己的研究心得转化成为大众的阅读,能把大众化与学术精品化适当地结合,因为这是很重要的。

侯 您的《宋代散文选注》和《苏轼选集》现在都已是很经典的文学选本了,当时您作这两项工作的时候一定也是抱着严肃的学术态度吧?

王 说"经典"是过奖了,但我认为作学术普及工作,首先要保证传达的知识是准确的,因为人接受知识会有个先入为主的观念,不能把错误的东西传布出去,让人家第一次接受的知识就是错误的,这会影响到他以后的学习。所以作普及工作要给自己提出很高的要求。《宋代散文选注》是我独立完成的第一个选本,态度是十分认真的。这套书虽然是普及读物,但是当时的中华书局上海编辑所对作者的要求是很高的。他们原来是请陈友琴先生做,那时正好我们在一起编文学所版《文学史》,陈友琴先生住我斜对面,我对面是钱锺书先生的房间。有一天,友琴先生对我说,"上编所"约他编一本《宋代散文选注》,他就说:"水照,我们一起搞吧!"我当然就痛快地答应了。他拟了一个初目,然后由我一篇一篇做,弄了一段时间,我给他看了我做的东西,他说:"你做得很好嘛!那就你一个人来做得了。"这本书虽然是一个很简单的普及读物,但是我是作为一项严肃的学术工作来做的。当然还有些错误,随时发现随时改正,总希望我的注解是经得起推敲的。

侯 后来的《苏轼选集》得到的评价也很高。

王 《苏轼选集》得到较高的评价,与当时何满子先生给了我很大的帮助是分不开,他是这本书的责编。本来苏轼的这本中级选本他想自己来编选,因为他也很喜欢苏东坡。后来经王运熙先生介绍,就由我来承担了这项工作。当时我的工作环境也适合作选注一类工作。因为家里居处逼仄,没法搞著述写文章,做选注倒是一条一条的,时间可以分散些。当时的生活是三点一线,家、上海图书馆、复旦大学。不上课的时间,我都在上海图书馆"上班"。做出来以后,学界反响比较好。后来何满子先生就把我这本《苏轼选集》当作中级选本的样品,别人要做其他作家的中级选本,就拿我的作为标准。关于苏轼的选集,目前有陈迩冬先生的《苏轼诗选》、《苏轼词选》,刘乃昌先生的《苏轼选集》,等等,比较起来说,我的这本还算有些自己的特点。不管是书的结构还是知识量、准确性,都自有特点。而且我的注释都是冲着难点去的,在难点、疑点上,我下了很大力气,希望能对苏轼文本的解读有所帮助。

侯 在您的学术普及工作中,除了选本和评传之类著作,学术随笔一定也是重要组成部分吧。比如您的《半肖居笔记》,还有最近出版的《鳞爪文辑》。您为什么给新出的这本随笔集取名"鳞爪文辑"呢?

王 学术随笔嘛,倒是有些什么小感想,或者有什么小发现,就提笔写写。最近出这本《鳞爪文辑》,书名取自钱穆先生的《八十忆双亲·师友杂忆》。他说,"凡余所述,皆属一鳞片爪",但恰恰是"吾生命之真",是自己生命的一份真实记录。

侯 这本《鳞爪文辑》与《半肖居笔记》相比,内容上主要有什么不同?

王 《鳞爪文辑》比起原来的《半肖居笔记》,内容大概加了一倍。《半肖居笔记》出版十年了,十年中间,这类学术性随笔写得也比较多,很自然地就结集在一起了。《鳞爪文辑》里面新增文章有相当部分是关于钱锺书先生的,因为钱先生辞世后,一些报刊要我写文章。后来,我又申请了"钱锺书与宋诗研究"的课题,他辞世以后有两部大著作问世,一部是《宋诗纪事补订》,一部是《钱锺书手稿集》,我想借助新资料做一些专题研究。《鳞爪文辑》里面一些关于钱先生的文章大致都围绕课题进行。当然,有些也只是出于兴趣,比如讲钱先生的《西游》情结,那就和课题没多少联系了。就是看到钱先生读《西游记》读了十多遍,是一种特殊趣味,林庚先生也是,把《西游记》当作童话读,这都是很有趣的现象。写这类文章我自己考虑过如何定位的问题。不是以说点钱先生的轶闻逸事来吸引大家的眼球,我是把他作为当今罕见的大学者来进行研究,特别是"钱锺书和宋诗研究"的专题问题,通过一些小文章来反映。这些文章中都是有些学术意图在的。

另外还增加了新近写的一些文史随笔和序跋,比如给《文史知识》等杂志写的文章啊,还有给学生、朋友们的著作写的序言啊,等等。但是序跋之类的呢也不是全收,总要在序跋中表达了我对相关学术问题的看法,才把它收进去。这样下来,就超出了《半肖居笔记》许多。

侯 能和您这么深入地交谈,真是受益匪浅,希望您的新书带给我们更多的惊喜。感谢您接受我的采访。我想为这篇访谈拟个题目就叫"为问少年心在否,一篇珠玉是生涯"吧,因为我能感受到您的学术一直充满活力,可谓有"少年之心",您的一生都孜孜在学,可谓是"一篇珠玉"呢。

王 谢谢夸奖。苏东坡的这两句诗我也很喜欢,你把它们集在一起也挺好嘛。

侯 不客气,我能做的事也只是苏东坡所谓的"师已忘言真有道,我除搜句百无功"罢了。祝您身体健康,一切顺利。

(本文原题《为问少年心在否,一篇珠玉是生涯——王水照教授访谈录》,载《文艺研究》2008年第6期)

二、文学史谈往

访谈时间：2008年
访谈人：戴　燕

《书城》编者按：访问复旦大学中文系资深教授王水照先生，是在六月下旬学期快要结束的时候，王先生还像平常一样定期到他光华楼的办公室，给学生上课、与来访者谈话。与二十多年前刚到复旦时家里连一张安稳的办公桌都放不下的情形已经大不相同，那时候，他是靠了每天跑上海图书馆才完成了自己的著作《苏轼选集》，而现在，他在办公室里就可以安心地从事研究和教学。但是也有没变的地方，那就是他对文学史的思考，以及与此相伴的对于过去几十年学术与政治复杂关系的省思。

（一）中文系最重要的课程是文学史

戴　燕（以下简称"戴"）：在您的学术生涯中，大概最重要的就是文学史的研究和教学。近来很多人都关心文学史的写作或教学，也都觉得需要"反思"，我们知道您也写过一些这方面的文章，现在特别想听听您的意见。

王水照（以下简称"王"）：我的经历很简单，从北京大学中文系求学，到中国社会科学院文学研究所工作，最后到复旦大学任教。在北大是学习、编写文学史，到了文学所参加另一种文学史的编写，最后到复旦教文学史。如果用一句话来概括我的学术经历，那就是学习文学史、编写文学史和讲授研究文学史的过程。

我体会最深的，在中文系所有的课程当中，最重要的就是文学史，这和我自己受北大的文学史教育有关。我们是"五五级"，是第一届由四年制改为五年制的班级。五年制的课程安排是这样的：第一学期讲授"人民口头创作"，下面四年半时间都是文学史，从古代一直到王瑶先生的现代文学史，每周六小时，一三五都要上课的。这么重的课程量放在文学史上，那就说明文学史是中文系学生的一个最基础的核心课程。光从知识层面讲，这是最重要的知识积累，能对中国文学的发展过程获得系统的认识，了解中国各种文体的基本特征，特别是对艺术鉴赏能力和写作能力的培养，这些都是其他课程所无法代替的。无论你将来搞什么，搞文艺理论也罢，进行其他工作也罢，作为中文系学生最基本的"童子功"，实在是十分重要的。

戴：那时候有什么教材可以用？

王：北大没有自己的教材，那时候全国还没有统一教材，只有一本《中国文学史教学大纲》，由高等教育部"审定"，1957年才出版。刘大杰先生的《中国文学发展史》上册和下册分别在1949年前后出版，使用不很方便，到了1957年底才由上海古典文学出版社印行此书的三卷本，但北大也不大可能以他的文学史为教材。北大的老师都是讲自己的一套，那个《教学大纲》虽然有一定的约束力，但老师上课的时候也不讲这个，北大的老师不可能服从你某一个"定本"，来照本宣科的，不过比起以前来已经守规矩得多了。游国恩先生不是写过一篇《对于编写中国文学史的几点意见》，谈他"对于这个大纲，我虽然也有一些保留意见，但基本上是同意的"么？那时全面向苏联学习，努力使课程规范化，面对苏联的那一套带有强制性的要求，老师们也都在调整自己，努力适应主流的学术、教学要求，个人性的东西在体系制约下不能去发挥。

戴：正好您的那些老师，包括游先生、王瑶先生，他们都是最早提倡并实践文学史写作的一代人，他们年轻时候的理想就是写一部文学史。其实更早在"五四"新文学运动前后，这些人的老师胡适、傅斯年那一批人就都很想做文学史了。北大后来出版的那套文学史就是您的这些老师们写的吧？

王：我们那时的中国文学史课是分段讲授的，先秦两汉、魏晋南北朝隋唐、宋元、明清、现代，分别由游国恩、林庚、吴组缃、浦江清、王瑶等先生主讲，但1958年"教育革命"后，这一计划有所变动。这个阵容，在当时全国高校中是首屈一指的。他们都有自觉的文学史学科意识，有深厚的学术造诣和极富个性的学术品格。游先生是楚辞专家，参加过《教学大纲》的制定，又是全国统编教材《中国文学史》五位主编的首席。林先生早在厦门大学时就独著《中国文学简史》，吴先生后与门人合著《宋元文学史稿》，王先生的《中国新文学史稿》更是该领域的开山作之一。由这些老师主掌杏坛，真是我们的大幸福。

（二）文学史与"童子功"

戴：但是我们也很好奇，您这一代人大多以文学史为"童子功"，这跟老一辈学者并不是从文学史而是从个别作品入手，最后形成的学问风格到底是有所不同的吧？

王：我想是有很大不同的。有次我到钱锺书先生那里去，他跟我说：最近我花了两个星期把十三经温了一遍，又发现好多好东西。我当时吃了一大惊，十三经两个星期温了一遍是什么概念？我就想起我在大学期间，曾打算紧随文学史的课堂教学把作品读一读。老师讲《诗经》，我想尽可能地把《诗经》的原著读一遍，后来发现这个计划完全无法完成。讲《诗经》的课时已经算很多了,两个星期吧,但时间一晃就过去了,我怎么能在两个星期里把《诗经》读一遍呢,《国风》还比较快,《雅》和《颂》完全没办法读下去,马上就结束,接着讲《楚辞》了。老先生的童子功是十三经等古代经典。而且后来我知道,不少老辈学者是有"温书"的习惯的,他们从小就读这些书,到了一定时期是要"温书"的,就是把他们一生当中读过的几部重要的书再来温一遍,叫"温书"。钱先生跟我讲的,恐怕还不是一般习惯的"温书",而是与他作读书笔记有关的。他们学问的底子就是从大量的、经典的文本着手,量非常大。钱先生的集部之学尤其很少有人超过他的。现在不是有人讨论为什么钱先生的著作《管锥编》选择札记样式?当然可以从很多角度去解释,但一个非常重要的原因是,他从小读书就这样的。钱基博先生在1935年《光华大学半月刊》发表他的《读清人集别录》,在《引言》中说"儿子锺书能承余学,尤善搜罗明清两朝人集",做了大量日札,如果将我们钱氏父子两个人的日常笔记整理出来,能与钱大昕的史学"后先照映,非夸语也"。他很自负的。钱穆先生也说他们父子的集部之学没人超越。所以他是在广泛地阅读原典的基础上从事学术工作的。

我们这一代就不同了。我们的学术起点就是大学教学,真正的入门就是文学史,文学史讲授主要是文学概况介绍和作家作品评析两部分。游国恩先生讲第一段先秦文学史时,随堂随编了《先秦文学史参考资料》,后来由中华书局出版。

戴:这书非常好,到现在都有用。

王:对,这书我是每个字都读过,甚至是背过的,所以我讲我的"童子功"就仅仅如此。这书选目是游先生定的,但具体注释工作是吴小如先生完成的,我曾跟吴先生开玩笑:我的学术基础就是您的《先秦文学史参考资料》,您是我的开蒙"业师"。这部书给我打开了学问境界，它讲《诗经》，选篇和注释就和别的书不一样，大量注释引用朱熹、王引之、马瑞辰、陈奂、俞樾等训释，我当时第一次知道余冠英的《诗经选》不是单纯的普及性的文本，他和前面朱熹等"诗经学"的名家是并列在一起的。这部参考资料的"诗经附录"部分，更采辑了有关论述"采诗"、"删诗"、"诗入乐"等专题的原始资料，凡它提到的一些书目，我就找来读，这对我影响很大。我们刚从中学生出来，中学课本里就只是《硕鼠》等几篇东西，根本不知道《诗经》有这么大的学术殿堂。

所以，从学术出发点而言，我们这一代大都是从文学史开始的，就我自己，也可以说是从《先秦文学史参考资料》入门的，而钱先生那一代则是从研读大量原典入手，相比之下，我们有些"先天不足"，这个时代差距是无法弥补的。再从面对文献的身份而言，钱先生他们既作为一个研究者，也是一位鉴赏者，又是一位古典诗文的创作者，这三种身份是合一的。他带了这三种身份去从事日常的读书生活，这跟我们这一代不一样。我现在是个教师，我要扮演教师的社会角色和一个研究者的角色，文本在很大程度上是个"冷漠"的研究对象，我平时也不会写古文、古诗，完全是游离的。当然，后辈人也有自己的长处，在研究手段上也有现代科技带来的一些优势。

戴：说到钱先生，还得多说两句。跟现在的学者比起来，钱先生是比较接近更老一辈学者的，可是他跟与他自己同一辈的学者又好像略略不同，比如他跟游国恩先生、王瑶先生，他们年辈差不多，学问的方法却不尽相同，钱先生算是很特别的一个人吧？

王：钱先生肯定是独特的"这一个"。王瑶先生有篇《纪念闻一多先生》的文章，提出一个"清华学派"的问题，我觉得这篇文章非常重要。他引了冯友兰先生的话，说清代的学者主要是"信古"，像乾嘉学派提倡尊重家法，老师怎么说的，他不能背叛的；五四时期是"疑古",要重新评价,多做翻案文章;到我们应该是"释古"。清华就是释古,它的方法就是"中西贯通,古今融汇"。我觉得这八个字非常重要。那么北大的学风特点究竟在什么地方?老北大是有一个传统的,就是所谓的章(太炎)、黄(侃)之学。

戴:但章、黄离开之后,这个学风是不是就断掉了?

王:是有点断掉了。这可能和1952年院系调整直接有关。院系调整的时候,北大是占"便宜"的。调整之前,北大中文系的名教授不多了,只有几位,如魏建功先生,杨晦先生恐怕也是后来去的。院系调整时,好多原北大的教授几乎都调走了,俞平伯调到文学所,杨振声、冯文炳(废名)调东北,而调来的教授中,主要来自清华,林庚、王瑶、吴组缃、浦江清,原来都是清华的。所以到我们上学的时候,感受到的学风,反而老北大的影响不深了,是清华的学风在实际上占主导。当然这跟进入新社会也有关,要求学术视野广一点,要求接受新鲜的知识。所以在我们身上,20世纪50年代的北大学生身上,得益于清华的学风比较多。在我们听的课中,只有郑奠先生——他是老北大的学生,但那时在语言研究所工作——讲的《文心雕龙》,尚有老北大的味道。他讲《文心雕龙》,就是用语言学的方法,讲"风骨",他就能讲出来《文心雕龙》里有多少种风骨,细细地比较各是什么含义,就是用训诂的方法做的,把《文心雕龙》的概念、范畴用语言学的方法来进行诠释,这个当时给我印象非常深。这是老北大的作风,老北大一直重视文字训诂,更接近于乾嘉流传下来的东西。

(三)学术研究的方法

戴:文学史对于您这一代人的影响,肯定是非常大的,可是您也见到过老一辈的学者治学,那么依照您的看法,哪种方式更适合现在的年轻人,对他们更有益?

王:拿我自己来说,文学所对我影响最大的两位老师,一位是钱锺书先生,一位是何其芳先生。在具体写作能力的培养和锻炼上,我还是受何其芳先生的影响大一些。何其芳先生对钱先生他们那一辈是非常尊重的,对他们的东西很少提意见,但对我们年轻人是非常严格的。何其芳先生去世以后我写追悼性的文章,就是讲了一件他批评我的事情,他把我的稿子否定的事情。

我参加过北大的文学史编写,文学所对我比较重视,我刚到所,文学所正在进行另一部文学史的编写,就把两个大章叫我写,一章韩柳,一章苏轼。韩柳一章在讨论时就被他"否"了。他说:与已出版的文学史相较,面貌雷同,应该力争有"一寸之长"。立论的角度陈旧,文章的结构松散,要推倒重来。所以到写苏轼那一章时,我就学了乖,写了个很详细的提纲,当时我们住在西郊党校,寄给了何其芳先生。过了一段时间,他给我写了封信,说提纲收到了,最近一直在读苏东坡诗的集子,但只读到一半,工作很忙,读不完了,你还是先到我家来谈一下。那次谈话我印象很深,我非常感激他。后来稿子交上去,在讨论时,他说苏轼的稿子我看了,基本上还可以,就通过了,看来还是比较满意的。我自己觉得,从研究方法到行文的基本样式,我还是受何其芳先生影响比较多。

戴:现在的学生不可能像您那样,一进大学就有机会写那么重要的一部文学史,不管现在大家怎么看它,然后刚到文学所,便又参与了另一部更加重要的文学史的写作,这都是很大的事情。现在的学生要读古代文学专业,应当采取什么样的读书方法、训练方法呢?

王:我刚才讲何其芳先生对我的影响,除了写文章以外,还有一个就是怎么安排工作的方法。何其芳先生每年对新进所的同志都要讲话,都要讲研究方法,每年他都要强调"三基"——基本理论、基本知识和基本技能,但每年讲法不一样,用的例子不一样。从我第一次进所听到他讲这个,以后他给新同志讲我都参加的。他每次讲都写讲稿,他讲的时候是脱稿,但事先都写好的,所以他逝世以后,他的秘书给他整理档案,整理得都哭了,毛主席也说何其芳做事认真。

何其芳哲学系出身,不是搞古代文学的,但他一直有志于要编一部文学史,所以最早成立文学所的时候,古代文学方面有两个研究组,一个是"中国古代文学研究组",一个是"中国文学史研究组",他自己兼文学史研究组的组长,是想要写一部文学史的。他开始不是先搞《诗经》么,后来又搞《楚辞》,写过屈原的论文。他经常说自己原来的古代文学基础是不够深厚的,但要是研究哪个问题的时候,比如《红楼梦》,就尽量地把有关《红楼梦》的资料详细占有。他给我们强调什么叫"研究"呢,就是毛主席在《改造我们的学习》中的一句话:"详细地占有材料,在马克思列宁主义一般原理的指导下,从这些材料中引出正确的结论。"他说这就是研究方法。有了写作任务以后,他就尽可能地广泛地搜集、整理资料,一直强调资料的占有是研究的条件与出发点。

他这个方法对我们比较合适,我们不可能像钱先生那样,原来的学术积累深厚无比。现在出版的《钱锺书手稿集·容安馆札记》三大卷,是他日常读书生活情景的生动展示,还未出版的有几十卷,他恐怕是世界上个人手稿存量最多的一位,有人说这是钱锺书用手写成的一座图书馆。这一点我们这代人已经做不到了。何其芳还跟我们说,进所以后要用"四分之三的时间搞研究,四分之一的时间补课",我觉得也有很强的操作性,要有固定的时间进行"补课"。例如理论修养不够,那么就用这四分之一时间系统读一点,马恩全集不可能全读的,但《马恩选集》、《列宁选集》我都细读过一遍。

戴: 补课的意思就是补理论课?

王：也补知识。你哪一块知识不太多就补一下。比如我,原来一直做唐宋,到复旦来就做宋,先秦那段知识就相对少一些,这就需要补课,要注意调整与优化自己的知识结构。我想现在的学生恐怕也只能走这条路,特别是近来招收的博士生,基础似乎不大理想。既然"先天不足",那就只好后天有选择地"进补"了。

(四)"战斗的集体"

戴：在您求学和工作的过程中,恰好都遇上"反右"和"文化大革命",当然您是一位在专业上非常投入的学者,但是在那样一种动荡的社会政治环境下,即使是一个单纯学习和研究古典学问的人,是不是也会受到某种影响?那时候您也很年轻,那样一种气氛,会不会影响到您的人生态度?

王：是这样。那是一段难以忘怀的惊心动魄的经历。欢乐与痛苦,献身的热情与批判的压抑,理想的憧憬与内心的惶惑的交织甚或循环交替,能使人们获得更深的人生体悟。我们曾怀着几乎朝圣的虔诚来到北大这块精神圣地,在最初的"向科学进军"的热潮中废寝忘餐地刻苦攻读过,但到了"反右"以后,一连串的运动却使我们陷入了一个人人不能自主、人人感到自危的困境。然而,从挫折中学习、从自己的错误中学习,可能是最重要的学习。只有成功的经验和失败的经验的结合,才是完全的经验,才能真正总结出一些对今后人生道路有益的东西。

刚才讲到"北大文学史",有人说这是场闹剧,我觉得也不算很过分,一届还未学完中国文学史的大三学生,竟在一个月内写出一部七十多万字的文学史,难道不是匪夷所思吗?但我觉得这对我整个学术道路和人生思想都有很深刻的影响。在编写文学史的整个过程里,我们是完全跟着主流意识转的,没有自己独立的意识。这部文学史提出了三个基本观点：一是现实主义与反现实主义贯穿着整个文学史的发展，二是民间文学为文学史的主流，三是坚持政治标准第一、艺术标准第二。这三条都是有根有据的，而且还是经典性的根据。所谓现实主义与反现实主义的斗争，那是从苏联来的，列宁有过两种文化的理论，当时还有茅盾先生的《夜读偶记》作为支撑。再看第二条，高尔基不是说过"人民是创造精神财富的唯一无穷的泉源"的话吗？至于政治标准第一、艺术标准第二，那是《在延安文艺座谈会上的讲话》里面的经典论断。这些有根据的观点到了我们的手里面加以具体的演绎，演绎出来的结果，却是连我们同学自己也都不能相信了、都知道不对了。这就说明真正的科学研究，是不能引申的、不能夸饰的，真理多走一步就变成谬误。同时我们也认识到，真正要对文学史进行大的概括，是一件非常艰苦的事情，不是轻易能够做到的。这个对我的教育太深了。所以后来再遇到类似问题，比如"文化大革命"中提出"儒法斗争贯穿文学史"，我就很自然地保持警惕，不敢盲从，觉得这是难以经得起时间考验的。

更值得反思的是"大批判"基调，对古人粗暴批判，对老师批判粗暴，既有损学术尊严，又于尊师之道有亏。这边刚刚袭用了老师的材料和观点，那边却气势汹汹地大肆指责。连茅盾先生原是此书立论的一个重要资源，《夜读偶记》也挨到批判。这种似乎真理在手、横扫一切的骄蛮之风，在中国现代政治、学术史上渊源有自，到"文化大革命"更达登峰造极。这种"痼疾"实应深切记取。

戴：为什么当时会要同学来写一部文学史，有什么具体背景吗？

王：1958年大跃进时期，毛主席在党的八大二次会议上提出来要"树红旗"、"拔白旗"，"任何一个地方都要插红旗，让人家插了白旗的地方，要把他的白旗拔掉"，于是全国就掀起一股批判资产阶级学术思想的高潮。北大中文系古代文学方面学术批判最厉害的对象，是林庚先生，后来还专门出版过一本《林庚文艺思想批判》。林先生上课的时候，我们是那么喜欢，记得他最后一堂"说'木叶'"，讲完以后全场都鼓掌。他就讲"袅袅兮秋风，洞庭波兮木叶下"，"木叶"跟"树叶"在概念世界里指的是同一个事物，都是落叶，但在艺术世界里就有一字千金之别。可是到了"大批判"的时候，二班的五位同学写了将近一万字的文章在《文学遗产》整版发表，《从"木叶"说起：批判林庚先生的资产阶级学术观点》，里面引了大量的他讲稿里的东西，上纲上线。有同学去问林先生的感觉，林先生还是诗人的气质，他说：你们能破不能立。正在这个时候，北大党委号召群众大搞科研，于是一个同学提出说我们可以写一部文学史嘛，林庚先生说我们"能破不能立"，我们就"立"一部给他看看，事情就这么决定了。本来暑假快要开始，也放弃了。离开今天恰好整整五十年。

戴：后来复旦、北师大也写有文学史，都在你们之后了？

王：都在我们之后了。但是为什么在后来中国作协和文学研究所联合召开的讨论会上——那是邵荃麟主持的，何其芳做的总结报告——名义上讨论三部文学史，实际上就只讨论了北大的这部文学史？为什么北大的这部文学史能够比较受重视，其他两部的影响不如北大？这个原因还是可以找一找。

戴：应该去找些资料、档案来看，或是听听当事人的回忆。

王：文学史的编写给"五五级"带来了巨大的声誉，作为先进集体出席过校、市、全国的各类会议而受到表彰。首都各报刊发了大量社论、报道和书评，我们1960年毕业前曾编了一本《战斗的集体》小册子作为纪念，第一篇就是陈毅元帅的来信。他说："你们写的文学史前后共收到三套，抽空选读了几节，觉得很好，感谢你们送书美意。"我们很受鼓舞。要说明的是，这是他对我们第二版文学史的评价。"红皮文学史"出版不久,我们接受批评意见,进行了重新改写,这就是 1959 年版的文学史。这版由二册改成四册,一百二十多万字。我们放弃了"斗争说"、"民间文学主流说",放弃了"大批判"基调,努力回到正常的文学史书写上来。也改变了与老师的对立态度,邀请老师指导和审稿。内容上也有较大的充实和提升,如近代文学第一次进入了文学通史的叙写,这与阿英先生的直接帮助有关。因此,后来游国恩等主编的统编教材文学史,也公开说明采用此版的一些观点。我们也是"与时俱进"的啊!

(五)"无伤大雅"与"勿伤大雅"

戴:这就是为什么到现在人们还念念不忘北大中文系"五五级"的原因吧。看来做古典研究也还是脱离不了大的时代背景。而现在似乎又到了一个传统文化回潮的时代,电视啦、报刊啦,包括一些娱乐媒体都在鼓吹。作为一个学者,不知道您怎么评价这种现象?

王:中国传统文化的普及,这本来是个历史的传统,但目前的情况,它背后恐怕有娱乐大众化、知识商品化的趋势在驱动。对于学术研究的"演义化",就像《三国志》有《三国演义》,我说两句话,一句是"无伤大雅",一句是"勿伤大雅"。

"无伤大雅",如果从历史上来看,有《三国志》,也有《三国演义》,了解它们的不同性质和功能,以及它所面对的不同受众,"演义化"应是容许的,也是无伤大雅的。人们可以从《三国志》里了解三国的历史,也可以从《三国演义》里得到某种历史知识和智能。我们是有这个传统的,人民对历史的了解,大多是从这个传统中接受下来的,我觉得这是无伤大雅的。当然我们还是要做好学术研究工作,做得有成绩,那就还有个"定力"在那里,不会使整个文化失衡。

同时我希望从事普及工作的一部分学者,应该注意"勿伤大雅",

不要把"大雅"伤了，我想这是目前最重要的，当然这个界限在什么地方，肯定各人的看法不一样。比如像我们的"红皮文学史"里评赏屈原的《湘君》《湘夫人》，认为这分别是扮演湘君、湘夫人的女巫的独唱，是抒发真挚爱情之歌，那一大段以译代释的文字，至今仍很感人，似无大错。但现在有人戏说湘君、湘夫人是影射屈原跟楚王王妃之间的暧昧关系。比起来，我们就要好得多，正得多了。希望做普及工作的先生要对我们的历史和文化抱着敬畏的态度，要帮助人们从各种渠道认识我们中华文明最有价值的地方，不要把它丑化了、妖魔化了、低俗化了。我们中国这么伟大的一个民族，没有对光辉灿烂的传统的一个敬畏的态度，我觉得就没前途，而且是没出息的。

（本文原载于《书城》2008 年第 9 期，又收入戴燕《陟彼景山》，中华书局，2017 年）

三、研究"唐宋转型"与当今社会有密切联系

访谈时间：2013 年
访谈人：李纯一

《文汇报》编者按：王水照先生作为当代宋代文学研究的拓荒者和奠基者之一，在上海市第十一届哲学社会科学优秀成果颁奖典礼上获颁学术贡献奖。近日，他在复旦大学的办公室里接受了本报记者的采访。

"此时此刻，我最要感恩的是我学术道路上经历过的三个单位，第一就是在全国最优秀的大学的中文系求学，接受了学术启蒙；第二是在全国最高的文学研究机构工作，开始了我的科研之路；第三就是到上海一所海纳百川、开拓创新的大学任教，度过我一生到目前为止最重要的三十多年岁月。"这是王水照先生在上海市第十一届哲学社会科学优秀成果颁奖典礼上获颁学术贡献奖时的感言。

王水照 1934 年生于浙江馀姚，1955 年入北京大学中文系，参与了"红皮"《中国文学史》（1958 年两卷本，人民文学出版社）的集体编写。1960 年入中国科学院哲学社会科学部（现中国社会科学院）文学研究所，参与了文学所版中国文学史的编写。1978 年，调入复旦大学中文系任教。回顾当年，王水照说："我们这代人学术道路的选择，在当时的条件下，个人兴趣的因素是放第二位的，那时都是服从组织安排、分配。"北大中文系因 1952 年院系调整而名师云集，王水照回忆说："第一段的文学史是游国恩先生教的，第二段是林庚先生

教的,都是名家、大家,所以这些课程引起我非常大的兴趣。"因此,"当时在各门功课里,我最喜欢的就是中国文学史"。而在55级学生自己动手编写文学史时,组织指定他为宋元段的负责人。由此,王水照与宋代文学研究结下不解之缘。他的学生侯体健在论述王水照的学术思想和学术历程时写道,王先生在宋代文学研究领域用力最深,对中国古代文章学研究期待最切,对钱锺书学术研究牵挂最多。

(一)当代的宋代文学研究已经有很大的改观

李纯一(以下简称"李"):我们知道,您踏上宋代文学研究的道路和您学生时代参与编写"红皮"《中国文学史》有关,那么,还有什么其他的因素最终促使您把它作为终身的研究方向?

王水照(以下简称"王"):我的经历比较简单,在北大、文学所、复旦从事宋代文学研究,都有一些偶然因素,当时这三个单位的宋代文学都需要加强研究力量。但这不是最主要的原因,最主要的还是在于钻进宋代文学研究以后,发现可以开垦的空间比较大,也适合我自己的学术兴趣和爱好。所以说,必然因素还应归结于这个学术方向本身的吸引力。

宋代文学研究在新中国成立初期,跟唐代文学研究的起步水平是差不多的,但后来,宋代文学的整体研究水平显然就不如唐代文学了。宋代文学主要的样式是诗词文。就诗来说,宋诗在艺术成就上和唐诗确实有差距,加上毛泽东说宋诗没有形象思维,味同嚼蜡,于是研究受到冷落。宋词研究本来是发展比较充分的一个学科,因为20世纪初三位大师级的词学家夏承焘、唐圭璋、龙榆生为这个学科打下很好的基础,所以宋词一直就是宋代文学研究的热点,成果比较多;但解放以后强调文学的政治性,而词却常常关注风花雪月、儿女情长,思想评价不高,因而词的研究也没有获得突破。而宋代散文,在"唐宋八大家"中占有六家,本应获得较高评价,但人们对中国古代文章是否属于文学的范畴又多有争议,可谓"身份不明",所以也未能引起重视,甚至如何从文学的角度研究散文,到现在还没彻底解决。

由于这样的情况,宋代文学研究在1949年后很长一段时间不太兴盛。2000年,我们成立了"中国宋代文学学会"。这些年在大家的共同努力下,取得了丰硕的成果。也许恰恰因为过去研究不够,拓展空间较大,而且我们的文学观念也在不断调整——如宋诗比较理性、讲究技巧,也是一种诗歌的艺术;如散文不能完全按照西方的诗歌、散文、小说、戏剧的四分法来硬套,中国古人认为最重要、也最倾力写作的散文有它自己的民族特点、也有很多美学的因素等等。由此,目前宋代文学研究已经有很大的改观。

李: 您在《首届宋代文学国际研讨会论文集》的"后记"里谈到宋代文学研究对当代中国的重要意义,引用陈寅恪先生说中国未来文化将是新宋学的复兴,您是否可以给我们具体解释一下这句话的含义?此外,新宋学的研究在今天是否依然十分重要?

王: "宋学"这个概念本与"汉学"相对,是从经学史里生发而来。汉代学者研究经学,讲究文字训诂和考据;到宋代,则讲究义理,强调阐发经典的思想内容。但陈寅恪讲的"新宋学",并不如此狭隘,实际上,他指的是宋代的所有学问,包括经学、史学、文艺以及其他一些文明形态。陈寅恪把宋学这个概念扩大了,因此"新宋学"是一个非常丰富的概念,并且他认为以后整个中国文化的发展方向就是"新宋学"的复兴。

以陈寅恪为代表的一代学者,对宋代文化及其在文化史上的地位,评价非常高。他自己有一句经常被引用的名言:"华夏民族之文化,历数千载之演进,造极于赵宋之世。"后来宋史专家邓广铭则说宋代文明"空前绝后",当然"绝后"这个话说得比较满。还有学者特别指出,当今社会和古代社会的联系中,与宋代文化的联系最为密切。

严复就曾说:"若研究人心政俗之变,则赵宋一代历史,最宜究心。中国所以成于今日现象者,为善为恶,姑不具论,而为宋人之所造就,什八九可断言也。"宋代社会从政治形态上还是以皇权为主,但之前多是贵族政治,宋时则由于科举的繁荣和发展变成了一个文人社会,士大夫掌握了政权。这种情况跟当今的社会有更多的联系。像陈寅恪这些历史学家,非常关心整个中国文化的走向,而且特别关注中国古代文化跟当今社会的联系。

我们编《新宋学》这本杂志,就是为了加强对宋代的研究,由于我个人的学术背景,这本杂志是以宋代文学为主,但也同时关注宋代的历史、思想和其他艺术。日本和中国学者都曾提及的"唐宋变革论"或"唐宋转型论",我觉得很有道理,即认为中国社会在唐宋之际有了一个大的变化,这个变化与当今的社会有密切的关系。这个变化究竟有什么含义,是哪些地方变了,跟今天究竟可以在什么地方找到一个怎样的交接点,从而能够对古代的文化遗产和文明有所继承,是我们学术发展中非常有意义、也非常有现实性的一个课题。我也希望能在某些方面对这个课题有所补充。

李:目前宋代文学研究有哪些前沿问题?

王:2011年在河南大学召开了第七届宋代文学年会,我在年会的闭幕式上曾经戏称当前宋代文学研究出现了"五朵金花",或可看作"前沿"之一斑吧。我指的是宋代文学研究中学科交叉型专题研究的五个方面,即宋代文学与科举、党争、地域、家族、传播这五者之间的关系。这些交叉型研究打破了以往从文学到文学的单向研究的格局,从更广阔的大文化视角加深我们对宋代文学内涵的认识,无疑是一大进步。

如科举对文学是促进抑或抑制,在1970年代讨论唐诗繁荣原因时曾有过讨论,但迄无定论。而在新出有关宋代科举的论著中,提出

"两个层级"的分析方法,即"科举考试"与"科举制度"——前者对文学的作用多为负面,应试之诗文,往往阻遏创作活力;后者在读书习业、投文干谒、漫游邀誉乃至送行赠别、及第落第等方面,则促成了诗文创作的发达,这种分析为这一聚讼纷纭的老问题,提供了一个解决思路。考试科目中各类文体的专题研究(如策论),也获得更充实的成果,甚至调整了传统的文学观念。

两宋党争绵延不绝,对文人的文学创作影响深巨,不少学者致力于文风、士风导向的复杂纠葛,对此做出深刻的揭示和论析。"地域—家族"是陈寅恪先生在考察唐代制度、政治与史学时提出的研究理念,近来欧美学者也关注到"地域性"对中国社会性质的影响,尤其着重从"家族"角度来研究"政治精英的转变",这些都直接启示了宋代文学研究者的学术视角。目前,宋代文学家族的研究方兴未艾,比如晁氏家族、吕氏家族和临川王氏家族,皆有专著出版,其中晁氏家族的研究尤较充分。从传播学的角度来考察宋代文学也是一大热点,如在宋词传播的方式、媒介、途径等方面皆有新的开拓,对男声演唱、单篇传播中的艺术媒介传播、词话和词籍序跋的传播功能、私人藏书和图书市场乃至驿递制度与传播的关系,也均在文献搜集、实证研究和理论阐释上取得很好的成绩。当然,这些问题从个案研究开始,取得了这么多具体成果,目前应该在学理上进行总结与反思,以便进一步提升本学科的学术高度。

(二)文言白话之争,首当其冲的就是中国古代文章学

李:您说过中国古代文章学是最具民族文化特点的,而它也是在"五四"时受到伤害最深、打击最重的学科,这两者之间有一定联系吧?

王：前几年纪念"五四运动"90周年，大家都在反思"五四"，其中一个重要的话题就是"五四"对传统否定过多。"五四运动"有它巨大的历史功绩，这一点不容否定。但是"五四"的一些先锋们，为了现实的目的，不得不"矫枉过正"，"打倒孔家店"把整个的传统文化都否定掉了。

"五四运动"其实包含几方面内容，它是政治运动，也是文化运动，同时还是文学运动，其中就有文言和白话的争论。在这个争论过程中，首当其冲的就是中国古代文章学。提倡白话文、废除文言文，成为政治与文化运动的一个重要方面。当时的所谓"旧派"——也很难说是旧派，我认为应该叫"守成派"——他们与新文化运动支持者的斗争反而扭曲了事情的发展方向，让问题变得更为复杂。实际上，新文化运动领导者们的古典文学素养都非常深厚，比方说胡适后来就转到整理国故，陈独秀后来写了很好的文字学著作，鲁迅则原本就是中国小说史、文学史研究的高手，当时他们是为了矫枉过正，甚至认为矫枉必须过正，而打倒一切。当然提倡白话文也是一个时代的需要，需要白话取代文言成为主要的传播交流工具，但这对文言文的伤害打击很大。文言文，也就是中国古代散文，本身所包含的丰富的、对我们今天还有用的因素，都被否定掉了。

李：您主编的《历代文话》收录宋至民国的文话，您还说随笔体的诗话、词话、文话均起于宋代。散文、文话在宋代都得到高度的发展，原因是什么呢？

王：这个原因一下子也很难说清楚，应该说是各种因素交集的共同结果吧。很多事情是非常有意思的。一般来说，我们认为中国的第一部系统性文论著作是《文心雕龙》，体大思精，起点非常高，但《文心雕龙》这样一个体系却没有形成历史延续性。我们看《文心雕龙》的接受史，从其问世一直到唐宋，引用的人并不多，等到了明清以

三、研究"唐宋转型"与当今社会有密切联系

后大家才慢慢注意这部书,这样就使得《文心雕龙》式的理论专著未能形成历史链条。反而是诗话、词话一路,不断发展,蔚成大国。

现在上海师范大学在编《全宋笔记》,初步要编五百种,目前已出了五编。宋代随笔特别丰富,说明当时宋人的文章观念已经改变。宋人认为正经的、也即朝廷的一些诏诰是文人都要学的,是宋儒第一要做的功课,但他们也认为生活里的万事万物都可以产生好文章。许多著名文人都有笔记类著作,比如欧阳修有《归田录》、《六一诗话》,苏东坡有《东坡志林》等,而用"诗话"命名这一文类也是从欧阳修开始的,这或许与后来理学家讲课用语录体、即白话为主,也都有一定关系。所以,宋代是白话、通俗化发展的时代,是一个雅俗交融的时代。

李:诗话、词话、文话有些是应付考试用的,还有很多是偶得的,随意性比较大,要从中整理出一些有系统的、理论性的东西,是不是比其他领域更困难一些?

王:对,"话"就是随笔性的,脱口而出,随意而写;有一部分是为了科举应试用的,跟现在的升学指导差不多。但是,在这些作品中也有理论性强、系统性强的著作。另外,在这些普及性的、指导作文的著作中也包含着可贵的理论观点,虽然可能它写得很普通。说到底,《文心雕龙》也是一部指导写作的书——中国文体那么多,要指导人家制诰怎么写、檄文或墓志铭又怎么写——而不是一部纯理论著作,只是现在我们觉得理论性很强。

所以,我编《历代文话》,里面有一部分是理论水平比较高的,也有一部分本来是普及性的,但其中也包含着许多理论的要素。这自然取决于写作者本身的理论素养。古代有些大学问家也写这类著作,如宋末大学者王应麟就写过《词学指南》。词科本是宋代的一个考试科目,《词学指南》就是指导学生应试"词科"的,这部书就有一定

的理论性。今天也是这样,大学问家写通俗书,达到的高度是和常人不一样的。比如钱锺书先生的《宋诗选注》,本来只是一个普及性选本,但是他出手就不一样,可以看作是宋诗的重要研究著作。

李:现在文章学的研究状况如何?

王:《历代文话》的出版还是起到了一定的作用,也受到了大家的重视和认同。我们编《历代文话》的目的是带动一个学科的发展。最近几年,以文章学做博士论文题目、有志于这个学科的学生越来越多,各个地方开的散文学会议也多起来。

目前的问题,首先集中在什么叫作中国古代文章学。现在我们受西方的散文观念影响,注重审美性、抒情性,这与传统认为"以有文字著于竹帛,故谓之文"的观念十分不同。但是,文学从史、哲一体中分化出来,是一个历史的进步。我们的文章学研究,并不是要恢复到一切文字就是文章的古老观念,而是既要注重吸收西方散文的审美性,又注重中国古代文章固有的形式与特点。让人欣慰的是,现在文章学的个案分析,即具体的作家、作品、文章学理论著作的分析已经有了不少成果,希望能从中寻绎出中国文章学的特点、范畴和体系。我们的文章学在概念上虽然还有些模糊,有些分歧,但我想前景还是光明的。

(三)引进一种理论观点应有助加深对本国文学的认识,而不是增加困惑

李:您1980年代有一篇文章谈"鲁迅型"和"鸥外型"两种不同的研究路径,即鲁迅是主张把本国最需要的东西引进来,日本文学家森鸥外的主张是把最先进最流行的外国理论介绍到本国来。您认为从现在我们文学研究的发展来看,应该遵从哪一条道路?

王：我觉得还是应该遵从鲁迅的道路，把本国最需要的引进来。改革开放后国门大开，国外的学术思想纷纷被引进，但我们看到的现象都像一阵风似的。各种西方理论固然扩大了我们的眼界，活跃了我们的思路，但西方的文学理论是在他们的文化背景和学术环境中产生的，而中国几千年的文化已经形成了比较牢固的传统，这两者之间要找到内在的共鸣，是非常艰辛的一件事情。

1980年代我正好到日本教书，看到港台学者首先试用新理论，有位先生用结构主义来解释一首古乐府《公无渡河》，全诗四句，每句四字，共十六字，却写了长长一篇两万字的文章，又配以各类图表，讲得莫名其妙，对我们理解作品没有什么好处。可见用纯西方理论来解释中国古代文学现象，非常困难。

西方的理论我们不一定马上能用，但是要了解，这是一个层次；能用的，又是另外一个层次，那就必须要找到其中和中国文化的一个连接点。所以，有两种不同的做法。钱锺书先生有个说法就是"东海西海，心理攸同；南学北学，道术未裂"，他往往是讲中西之间同的一面，这个形象或意象，中国有，外国也有，这是一种做法。有的人则是强调异的一面。我想，中西理论的运用都是要找到真正的交接点，而不是一种浮面的比较，否则是没有什么意义的。引用一种理论观点，应该是有助于加深我们对本国文学的认识，而不是增加困难和困惑。因此我主张鲁迅的路径。人文学科跟自然科学不一样；科技当然要引进最先进的，但文化不一定，而且真正的先进也不是以外国的标准来定的。所以，应该以我为主，为我所需，站在自己的立场来取舍。

李：您在谈《钱锺书手稿集·中文笔记》的时候，说到学术研究有两种情况，一种是课题模式，一种就是钱先生这样从目录学入手。现在，大学里的研究一般都采用课题模式，您能谈一下其优缺点吗？另外，从中国文学研究的角度出发，您觉得哪一种会比较合适一点？

王：谈这个问题，不能脱离学术生态。我在大学里教书，就无法脱离这个生态环境说大话空话。如果不申请课题，学校里好多指标就达不到，特别是年轻人升职称等等都会碰到很多问题。而课题制度在一定时期起了很好的作用，比方说国家的课题指南希望大家在一定时期里着重研究某个课题，提供一定的经费资助和学术资源，这对学术的发展确实有所促进。因此我想，至少在目前的具体条件下，这个课题运作的方式还是有它一定的存在必要。

可是，真正从科研本身的规律出发，这个模式的危险性是很大的。现在的课题模式，有人总结说是"举旗帜"、"划地盘"、"拉队伍"，很多人都是脑袋一拍就去争取课题了，这样就会造成很多"豆腐渣"工程。真正的科研是像钱先生所说的"荒江野老屋中，二三素心人商量培养之事"，是没有功利之心的人商量出来的结果。所谓课题，应该是在前期大量的、慢慢的阅读中逐渐思考、发掘而来的，然后经过若干年的打磨，这样的结果才能立得住，才能有价值。

所以，从科研本身的规律来说，应该遵从的是后一种方式，像钱先生那样，从一部一部古籍入手。《中文笔记》就是钱先生一本本书读过来记下的心得，可惜只是原生态的读书笔记，而没有看到从笔记里生发的成果。钱先生主要读集部，几乎把中国的集部都读遍了，在这个基础上找课题，基础很扎实。现在的课题模式的方法，从学术规律来说是有点差距。但是话又说回来，整个体制改变以前，课题模式无法取消。我想，这样讲比较实事求是。

（本文原载于《文汇报》2013年2月25日，收入本书时有所修改）

四、《甲子春秋》与文学所

以下第四至十篇访谈时间：2012—2014年
第四至十篇访谈人：侯体健

（一）从《甲子春秋》谈起

侯体健（以下简称"侯"）：王先生，您好！上海古籍出版社想邀请您做一本访谈录，主要谈谈您的个人经历和一些治学经验、体会，以供后学参考学习。他们考虑到我曾经给您做过几篇访谈，又在您身边工作，条件比较便利，所以约我来完成这项任务。

王水照（以下简称"王"）：最近我家务事比较多，精力也有限，许多想法都想写成文章，却力不从心。出版社提出来做一本访谈录，这倒有些触动我。为什么呢？因为有些东西呢，写文章时不好讲，比较私人化，还有些话呢无关宏旨，写进文章不合适，学术论文总不能太枝蔓，访谈倒是一个好的形式，特别是一些有意义的细节能够写进去。访谈录比起一般论文来说生动一些、活泼一些、随意一些，可能不经意间的谈话也能记录一些真正活的东西，不失为一个办法。但我这个人能不能专门做一本访谈录，我还是有点犹豫。自我感觉唯一的优点在于，我经历了三个单位：北京大学中文系、中国社会科学院文学研究所和复旦大学中文系。三个单位都有独特的人文传统，有些是值得说一说的；一些经历过的事情，在当时就非常有感触，回头来看也是有某些价值的。也有人说，到了我们这个年龄是把回忆当财富了，访谈时也能谈点自己记忆中的事情，如果能给现在的年轻人一点启发，那就更好了。

侯：您过谦了，您虽然没有遇到过大风大浪，但经历却也很有"可读性"，我之前给您做过一篇《为问少年心在否，一篇珠玉是生涯》，听您谈起在 1955 年进入北大中文系读书，并参与写作"红皮文学史"的经历，非常感慨。大概比您晚一辈的学人，就不会再有那样的故事了吧，到了我们这些改革开放后成长起来的读书人，就更没有什么故事了，呵呵。

王：我们北大中文系 55 级确实经历了一些事，但我觉得没有"故事"好啊，我们那一代经历的风雨，其实浪费了很多的青春。你和我谈的那篇《为问少年心在否，一篇珠玉是生涯》，我个人还是很满意的，把我的经历和我当时关注的一些问题都谈出来了，你这个"相谈手"很重要。

侯：岂敢岂敢，依然还是苏东坡的那句诗"师已忘言真有道，我除搜句百无功"罢了。考虑到那篇访谈已经比较多地谈到您在北大的生活，又有《文学史谈往》也涉及不少，所以，我想这次我们就从中国社会科学院文学研究所谈起，您看是否可以？

王：可以。我是 1960 年北京大学中文系毕业之后直接进入文学所工作的，那时叫作"中国科学院哲学社会科学部文学研究所"，和现在的名称"中国社会科学院文学研究所"不太一样。我在那里工作了十八年，直到 1978 年才调离，进入复旦大学中文系。今年（2013）是文学所建所 60 周年，文学所出版了系列丛书予以纪念，包括《甲子春秋——我与文学所六十年》、《文学研究所所志》、《告别一个学术时代——樊骏先生纪念文集》、《翰苑易知录——中国古代文学演讲集》

四、《甲子春秋》与文学所

等,还有一本王平凡同志口述的《文学所往事》。这些书,特别是《甲子春秋》让我想起以前在文学所的日子,可以说感慨万千。

侯:您能不能先简单谈谈读了《甲子春秋》后的最直观感想?

王:在文学所50周年的时候,所里编了一本《岁月熔金》,我觉得从《岁月熔金》到《甲子春秋》这系列的书编得都很好,《岁月熔金》是单篇文章,以个人撰写为主,《甲子春秋》则是访谈录的形式,提供的历史细节更丰富、更鲜活一些。《甲子春秋》也补充了许多《岁月熔金》中没有的内容,特别是对"文化大革命"打"派仗"的一些回忆,以前很少提。其实,学部(今中国社会科学院前身)的"文化大革命"史是非常典型的,从全国范围来说都非常典型,共有五百四十七名干部被立案审查,占全体人员的四分之一。

侯:这确实是《甲子春秋》比较突出的一个特点,就是对"文化大革命"的反思与回忆比较多了。我们这代人对"文化大革命"的了解比较少,从这本书中能知道一些具体的事例,也算给我们补课吧。

王:我的心是比较软的,看到打人的场景能跑开就跑开。当时打得太厉害了,"文化大革命"就成了拼命打人,你说打人干嘛呢。连我平时十分尊敬的同事,竟为了表现"积极"而大打出手,令人感到意外。

侯:《甲子春秋》中也有人提类似的例子,我们这代人没有经历过如此残酷的历史,只是听起来便觉得恐怖。

王:文学所在"文化大革命"中打派仗分为两派:一派叫"红卫兵总队",一派叫"红卫兵联队"。据说对"文化大革命"的回忆,文学所内部人员是有争议的,每个人当时所处的位置不一样,看到的情况不一样,回忆起来也就很不一样。要反思"文化大革命",的确比较难,每个人的认识不同,而且许多人是有心理障碍的,涉及人性当中更隐蔽的部分。钱锺书先生说,杨绛先生的《干校六记》要增写一篇"运动记愧",把自己心中有愧的地方记下来,大家都来反思自己的惭愧之处,这样就好了。

(二) 我是"准逍遥派"

侯：在当时的情势下,应该没有人能置身局外,您当时应该也陷入其中了吧,是属于哪一派呢？

王：我的大学同学张炯,也是我文学所的同事,他在《甲子春秋》中说我在"文化大革命"当中不归任何一派,扎扎实实读了十年书,这个可不敢当,也不可能。实际上,我算是一个"准逍遥派",或者说是"联队"的"同情"分子,就是更倾向于最早掌权的那一派。学部打"派仗",开始围绕反对"走资派"、反对"反动学术权威",后来转向清理"五一六反革命集团",越来越激烈。两派力量此起彼伏,瞬息万变,时时事事需要每个人表态、站队,概莫能外。当时流传一段顺口溜：革不完的命,站不完的队,做不完的检讨,流不完的泪。个人处事十分困难。于是也产生一批对运动保持一定距离的"准逍遥派"。当时,所里有包括我在内的为数不多的几个人,不太积极参与运动,基本就是跟着大形势走。如果我们这批人表态支持某派了,也就说明这派快要掌权了。我们这批人是不打"派仗"的,不写大字报指责对方,就是大方向定了,比如批判何其芳啊,批判谁啊,反正中央提出来要批判的人,我们就参与,但"派仗"是不打的。这个立场有一定的自觉选择性,也是为了保护自己。

侯：真是"浩劫",无人幸免。作为亲身经历过的"文化大革命"见证者,您觉得应该怎么总结"文化大革命",或者至少说,如何总结当时您所在的文学所的"文化大革命"?

王：总结整个"文化大革命"，不是我敢说的；要总结学部的"文化大革命"，我也觉得时机还不成熟。毕竟当事人不少还在，大家的心态还没有完全放平。当然，要认真总结起来，那不是学术问题，而是政治问题。反思这个运动，那也是政治领域的问题，制度上的某种弊病让悲剧不断出现，"文化大革命"中人性的扭曲出乎人的意料。所以，"文化大革命"千万不能忘记。但怎么来总结也确实是件很困难的事情。"文化大革命"的发生真是民族的大悲哀，损失太大了，你们现在都不太了解，现在也没有一本材料翔实、全面客观的著作，把"文化大革命"十年的情况原原本本叙述出来。市面上许多谈"文化大革命"的书，都是带有个人强烈的选择性回忆的，有些很难让读者信服。要真正地总结历史经验教训，当发生这样的全民性重大事故时，我们国家应该怎么办，具体到个人又应该怎么自处。我当时唯一的办法就是尽量保持距离，我就是"以小人之腹"猜度，那些出风头的人都是抱有一些个人目的的。他们有些人就看到王洪文嘛，一造反，党中央副主席都当上了，这简直就是一个无声的号召，所以"文化大革命"中的那些积极分子都看到这一点，仕途捷径、一步登天，像什么北京的"五大学生领袖"，也没一个好人。所以，遇到这样的事尽量保持距离。当然，形势所迫，也不是总能保持距离的，有时是必须要表态的。所以我们几个人在运动中总是走在最后，当时很多人上门来游说。运动来了，很难不被裹挟。遇到这样的事，如何守住道德底线，是很重要的。现在想起来，虽然我是"准逍遥派"，但是也有许多惭愧的地方，至少那些大批判的文章要写，大字报也得签名，没办法回避。现在环境好多了，你们不会有这样的良心考验了，但我觉得你们也需要记住这种教训。

五、文学所"何其芳时代"杂忆

(一) 何其芳的两个面相

侯：是的，无论何时，不要突破道德底线，这个教训很深刻。现在有所谓的"口述史"，如果谁能总结一下目前"文化大革命"亲历者的"口述"材料，让各个方面的人都来说话，那也比较可观了。《甲子春秋》中有不少，您这段也可以算。关于《甲子春秋》中所叙问题您有什么评价吗？

王：对"文化大革命"的回忆其实不是该书的重点。最重要的是，我觉得从这部书中能看到文学所的历史侧影，而深入研究这所国家级研究机构是有学术意义的。因为这不只是一个研究机构的问题，而是涉及新中国成立以后的学术生态、学术发展方向以及那个时代环境下学人的各种遭遇与应对策略，或者说他们的生存环境及其反应等问题。另外也可以总结一下文学所六十年——对我来说当然是文学所前面一段时间——究竟有什么优良传统值得我们发扬，又有什么经验教训需要吸取。

侯：据资料显示，文学所是 1953 年 2 月 22 日，经中央人民政府政务院文化教育委员会决定成立的，第一任所长是郑振铎，郑先生应该是在您进所之前就去世了吧？您主要是在文学所的"何其芳时代"

中工作。

王：是的，我 1960 年从北大中文系毕业后进入文学所，郑振铎先生在 1958 年就去世了，由何其芳先生接任所长。我在文学所的十八年，基本上都可归属于"何其芳时代"。要回顾文学所的历史，绕不开何其芳，某种程度上甚至可以说，何其芳就是文学所的灵魂。我多年前曾经看到过一篇题为《良知的限度》的文章，后来收到其所著《为批评正名》，改名叫《玩具与工具——作为一种文化现象的何其芳文学道路批判》，谈"何其芳现象"。这次看《甲子春秋》又让我思考起这个问题。

该文意在从理论上揭示"左"倾的毒害，但对具体批评对象而言，有点隔膜。文章认为何其芳的文学创作前期是"制作一些愉悦自己的玩具"（何其芳语），后期则转向"工具论"，而促使这种转变的原因是他自己的良知："对民生疾苦的耳闻目睹和日寇侵凌下的山河破碎，使得何其芳渴望对现实有所作为，从而也就在文学观念上变成一个激烈的急功近利者。"而后来积极入世的何其芳陷入了"非理性的迷误"，"良知"此时已经没有作用，对毛泽东的个人崇拜则变成了"非理性的迷狂"，这就是"良知的限度"，并认为他因此"获得了政治生命，却失去了艺术个性"。这样的批判似乎是深刻的，但是也脱离了历史语境，是一种理想状态的期待。如果回到历史语境中，那么任何一个人都是不可能做到他所说的状态，因为在那种环境中如果不做"工具"，恐怕完全无法展开任何工作，所长不能当，新诗也不能写，学术研究也无法进行。可以说，何其芳成为现在的何其芳，是历史的命运，无法改变。何其芳的错误是历史的错误，是他个人无法改变的"失误"，而无法改变的"失误"就不是"失误"。何其芳崇拜毛泽东不假，但他也是尊重科学的，有自己独立思考的，并不是完全的"非理性迷狂"，许多时候他是违背毛泽东意愿的，这样的例子很多。该文还说到"玩具"、"工具"之外的第三种方式就是出路，并且认为"真正的史诗必须以第三种方式存在",这个出路现实中真的存在吗?还是只是我们努力的一种方向?我一直在思考。当然,这篇文章不是针对何其芳个人的批判与评价,而是对一种现象的分析与反思,这也是需要说明的。

侯：新中国成立以后,何其芳先生的身份定位大概也主要是党的干部吧?

王：那时何其芳是中宣部系统的重要干部,是周扬的左右手。周扬身边有两员"大将",给他当笔杆子,一位是林默涵,另一位就是何其芳。这次在书中读到陈涌对林、何的比较:林"对文艺问题还不能像何其芳一样熟悉,一样深刻理解,何其芳是深知文艺规律的",这是值得深长思之的见解。林默涵主要是从政策性的角度阐述党的文艺方针,何其芳则是在学术领域写文章响应。所以,当时历年的文艺界、学术界的论争,几乎都是由何其芳写总结性文章。例如,胡风问题,最后一篇文章是他写的,胡适批判、《琵琶记》讨论等,也都如此。李煜词讨论最后总结性文章由毛星写,但何其芳也发表了重要的相似意见。至于文学史讨论会、少数民族文学史讨论会,最后的总结报告由他来写,更是属于他的本职工作了,会议是由文学所主持召开的。所以,你可以看出来,何其芳体现了居于意识形态部门的声音,而且是从学术的角度发出声音,他就是处于这样的位置。

文学所是经中央人民政府政务院文化教育委员会决定成立的,这也就决定了它的性质就是党和国家的意识形态部门,它的定位就非常明确——是执行党的政策的部门,某种意义上来说就是"党的工具"嘛。当时《北京日报》有过一场讨论,论题就是"共产党员要做党的驯服工具"。党怎么说,你就应该怎么做。讨论到后期,有人就认为,已经是"工具"了,又要完全"驯服",那么个人的主观能动性一点都没有了,也不好啊。后来就折中为"要做奋发有为的驯服工具",又要"驯服",又要"奋发有为",要矛盾统一,在驯服的前提下还要做出自己的成绩来。何其芳主观上就是努力朝这个方向做,执行这个政策。但这只是他的一种面相。

侯：那其他面相是指什么？是说他还是学者,还是诗人吗？

王：他当然还是学者、是诗人,但我这里说的其他面相是指他作为党的干部,除了执行党的政策之外,作为文学研究机构的领导人还有一些自己的思考。在何其芳那里,一条是执行党的政策,是"工具";另一条呢,就是在执行党的政策的同时,还有"三个尊重":尊重知识、尊重人才、尊重科学研究规律。这"三个尊重",在何其芳这类党的干部身上,其实也有突出表现。比如"运动"当中批判俞平伯,批判当然必须进行,因为是政治任务,但批判的时候他一再请俞平伯发表自己的意见,强调批判中要有实事求是的态度。一旦政治氛围稍微松弛一些,他就努力为老先生们辩诬,恢复真相。陆定一发表的《百花齐放,百家争鸣》报告,里面就说"俞平伯先生,他政治上是好人,只是犯了在文艺工作中学术思想上的错误",这句话是在何其芳要求下才有的。

何其芳有时候会违犯上意,学部的领导非常怕他,虽然他只是文学所所长,但他敢和学部主任顶,在那种官场上下级关系非常森严的环境中,别人不敢,他敢。特别是当时有人说俞平伯垄断资料,何其芳做了大量调查工作,认为不是事实。陆定一的报告专门提到此事,那么就等于给俞平伯翻案了。后来文学所评职称,就定俞平伯为一级研究员。原来何其芳自己被评为一级,他诚恳地说"我不能评一级",一个理由就是"我学术水平不够,而且我是党的干部",还有个理由就是俞平伯当时初评为二级,哪里有老师二级,学生一级的道理。所以他就正式打报告给中宣部,要求自己是二级,中宣部居然同意了。再后来,是由文学所党组织提出不同意见,才定他和俞平伯都是一级。最开始文学所只有钱锺书一个人是一级。

所以你看，在何其芳领导下，文学所在政治运动中尽量保护专家学者，老先生当中没有一个被打成"右派"。打成"右派"的重要研究人员主要是两个，一个是杨思仲（即陈涌），何其芳当时不同意，但中宣部一定要这样，结果杨就被打成了"右派"；还有一个较年轻的王智量，现在在华东师范大学，他是搞俄罗斯文学的专家，也是北大毕业的，年龄比我稍长几岁，当时在文学所被打成了"右派"。何其芳是"反右派"斗争的领导小组组长，主持批判工作。王智量被打成"右派"，马上要去乡下改造，临走的前一天中午，他在单位洗手间遇上何其芳。何就对他说："王智量，你现在被打成右派了，但你《奥涅金》的翻译一定要搞完咯。"王智量很感动啊，何其芳这句话给了他很大鼓励。王智量最近出版了多达十四种的《智量文集》，其中有一本自传性质的，对何其芳充满了深厚的感恩之情。可见，尊重知识、尊重人才、尊重科研规律，在何其芳身上很突出，一般人做不到。

侯：听说钱锺书先生在所里也受到何其芳先生的特别关照。

王：是的，这样的事在钱锺书先生的身上表现得更是典型。文学所组建初期，大部分人员是从大学物色来的。我刚到文学所时，就发现古代组这批先生有两个特点，一个是个子都比较高，一个就是讲话结巴的人比较多。比如俞平伯是口吃的，余冠英也有一点口吃，蒋和森口吃得厉害，胡念贻口吃更厉害。这个现象也侧面反映出，这批先生在大学课堂教学上大概是并不叫好的（蒋、胡两位不是直接从高校调来的）。钱先生是另外一种情况。思想改造运动时，钱先生在清华是重点批判对象，他们系里党的负责人公开对学生说"我们系第一个要批判的就是钱锺书"，所以钱先生在清华处境很不好。1956年开"知识分子问题会议"，会议主题本是给知识分子解困，这个会议由周恩来主持，后来又有广州会议的"脱帽加冕"什么的，但是，居然就在这个会议上，北大整理的材料说钱锺书是反动教授，王瑶是反动教授。可见,不管是清华还是北大,钱锺书处境都很不好。这些问题,后来,何其芳、王平凡(党总支书记)都把它们一个个解决掉。比如,有名的"清华间谍案",还有污蔑毛主席著作案,这两大案都由何其芳主持调查,并下结论是子虚乌有。如果钱先生还在清华、北大,那么他的处境就非常危险。钱先生在公开场合口风比较紧,1957年那一关也许能够混过去,但也很难说,高校里有些被划成右派的人,几乎都没怎么说话,就被抓住把柄,戴上帽子了。而"文化大革命"这一关,就肯定没那么好受了。

"文化大革命",最开始反对"走资派"、"反动学术权威",钱先生是受冲击的,不过在文学所受到保护,冲击不大,没怎么批判过,肉体上没吃过什么苦头。当时运动的第一阶段,是反对走资派,抓当权派,就把何其芳拉出来,后来就打"派仗"了。最开始斗何其芳,非常残酷,在吉祥大戏院,何其芳长得较胖,叫他低头九十度,那时天气又很热,还挂个牌子"何其臭",看得心里面真是很酸。何其芳天真啊,这种场合他还说"我找不到重心",要趴下来了。这次批斗,真是刻骨难忘。那个时候首当其冲的是何其芳,钱锺书是陪斗的,没有开过钱锺书的专门斗争会。如果钱先生不来文学所,没有受到何其芳的保护,那日子会很难过,更别说评一级教授了。那时钱先生也不过只有一本学术著作——《谈艺录》,《围城》是小说创作嘛,何其芳认为他很有学问,就评上了。所以你看,在这样的环境中何其芳还是尊重知识、尊重人才、尊重科研规律的。当然,这"三尊重"本来就是党的政策,但在具体环境中能坚持执行,是十分难得的。包庇"反动学术权威",就是那次批斗何其芳大会上他的一大"罪状"。

(二)文学所的人事格局与何其芳的治所思想

侯:您刚到文学所的时候,所里的人事格局是怎么样的?

王：文学所当时是一个比较复杂的单位，与一般高校不同。文学所当时组成人员的情况，大致可以认为有三个人才来源和资质类型：

第一类是代表"五四"以来现代学术传统的一批人，古代文学组就有俞平伯、王伯祥、孙楷第、余冠英、钱锺书、吴世昌等"老先生"。他们的传统学问精湛而又大都接受过"五四"的洗礼，继承了"五四"的学术传统，如俞平伯先生就是"新红学"的代表人物。他们都是直接在"五四"影响下成长起来的。他们有明确的理念，就是学术工作要独立，要自由。大家都知道陈寅恪先生的"独立之精神，自由之思想"的名言，其实，这不是他一个人的"私言"，而是当时的"公论"，是这代人的共同认识，学术研究必须保持它的独立性，不能为某种先验的指导思想服务。他们当然不完全否认学术研究的理论指导思想，但这个思想不是外在强加的，必须是学者本人在研究过程中真正服膺的。这种思想，在他们这代人身上深入骨髓。在这第一类人员中还应包括一些主要从事传统学术工作（如考证、训诂）的学者，他们身上现代学术色彩较为淡薄，但也主张独立、自由，在他们那里，这已不是一人一时之主张，而是群体性的主流看法。总之，在文学所，这批人都被称作"老先生"。他们都是从各高校物色选聘而来，郑振铎先生为此做了很多艰苦的工作。

第二类是从延安过来的学者，这派就是以何其芳先生为首。像从延安鲁迅艺术学院过来的一批，很多还是骨干，因为何其芳曾经是"鲁艺"的文学系主任。除了何其芳，还有毛星、朱寨，他们三位应该算是当时文学所学术领导上最重要的人物，当然，王平凡作为党的负责人也在起作用，但从学术事务上，他们三个人影响最大；还有陈涌，著名的鲁迅研究专家，后来被打成"右派"；还有井岩盾、王燎荧等，这批都是"鲁艺"的。新中国成立以后，不知为何没有给何其芳安排什么职务，而是在中央马列学院做语文教员，他从那里直接来组建文学所,也带过来一些人,比如力扬、王平凡。当时文学所领导比较特殊,排序是所长、学术秘书、副所长、党总支书记,第一任学术秘书是力扬,后来罗大冈、朱寨都当过,再后来学术秘书的地位有所改变,排到第四位了。从这个体制来看,文学所对学术还是非常看重,虽然它当时的成立是在行政意识形态层面的。文学所当时受双重领导,刚成立的时候在北大,行政上归北大管,业务上归中宣部领导;1955年划归学部,行政上归学部领导,业务上依然是归中宣部领导。对文学所来说,中宣部的领导是最重要的,因为行政领导主要是物资条件的提供,思想上一直就是号召当好中宣部的助手。既有这样的组织结构,又有延安来的这批人员,那么很显然,文学所就是要严格执行党的政策。延安这批人都是共产党员,而且是老共产党员,他们天然地代表共产党来领导文学所,这一群体在文学所起到最重要、最关键的作用。

第三类就是青年大学生,何其芳当时很重视他们,叫做"我们自己培养的学者",就是新中国成立后成长起来的学者。

侯: 这样的人事格局对何其芳领导文学所来说,应该也有影响吧,毕竟这三个群体在对待学术、对待党的领导上,可能有着不一样的想法。

王: 那当然,这三群人中其实就潜藏着两股力量,一股就是坚持党的声音、党的政策,你必须要执行,而且何其芳也的确是相当忠实地去执行的;另外一股呢,就是立足于学术本身的,要讲究学术的独立思考、自由研究,要尊重科研工作自己的规律,这种思想在第一批老先生身上,也包括在青年大学生身上根深蒂固,不是说推翻就推翻,说改造就改造的,甚至何其芳他们自己也是如此。对科学研究本身规律的尊重,在何其芳内心也根深蒂固。所以,杨绛先生说过一句很好的话,就是这些思想改造运动,改来改去,最后"我还是我"。这句话放到历史语境中去理解,非常深刻。他们受的最初教育,已经让这种尊重科学规律的思想深入骨髓了,不是外面来的几个"运动"就能改变的。所以,思想改造实际上对于这批知识分子来说,并不能真正改变什么。最近有本书叫《故国人民有所思》,专门谈1949年之后知识分子的思想改造问题,分析了许多典型,比如陈垣、冯友兰、王瑶、周培源、汤用彤等。

在这样的情形下,所里主导的思想就是执行党的政策,它是党的意识形态部门嘛,这是义不容辞的;但学者本身又要坚持学术的独立性,坚持按照自己的学术兴趣与学术主张去搞研究,这虽是潜在的,却又是发自内心、深入骨髓的。这两股力量,在何其芳身上经常"打架"。但何其芳的"诗人气质"、"书生本色"久传人口,他对学术独立性的认同乃是天然的,也是刻骨铭心的。面对文学所普遍存在的独立自由的诉求,可谓一拍即合。所以,何其芳有两个面相,一个是作为党的"工具"的何其芳,一个是作为真正意义上的学术领导人的何其芳。

侯:所以我看到《甲子春秋》中,大家对何其芳先生非常推崇,这和某些声音并不一致。比如我们系的贾植芳先生,好像就对何其芳先生很不以为然。

王:是的,所里一直很尊重何其芳。贾植芳先生对何其芳先生有意见,这也是很能理解的。贾先生对我一直很好,有一次,刚好看到他发表在《新文学史料》上的文章《在这个复杂的世界里——生活回忆录》里面回忆反胡风的那一段,提到他去北京开会,他哥哥贾芝和何其芳来宾馆"策反",希望他揭发胡风,贾先生勃然大怒,把何其芳和贾芝骂出门去。我那次就和贾先生随意聊起这件事。每个人看事情的角度不一样。贾先生从胡风受迫害的角度,有他自己的立场,有自己的道德底线,他不可能出卖朋友,在贾先生身上甚至可以说要命可以,卖友绝不可以,所以他坚持这一条:胡风没有错,的确是冤案。像何其芳,奉了周扬之命,带着贾芝一起上门"策反",贾先生当然态度决然,把他们骂走了。我想,这是完全可以理解的。但是,像我这样的一批人,在何其芳领导下,在文学所工作过,对何其芳的人品是非常肯定的。我向贾先生这样解释,老先生不接受,坚持他的看法,呵呵。

(三)何其芳与胡风

侯:何其芳批胡风可能还是有些私人因素在里面吧?不完全是出于公心。

王:是这样,何其芳批胡风,确实有个人因素。胡风的"密信"中,对何其芳有许多讽刺之词,何其芳是看到了的。何其芳去重庆宣传《在延安文艺座谈会上的讲话》,胡风信中称其为"马褂"、"钦差"如何如何,对何进行人身攻击,何其芳当然心中有不快。他们两个人之间确实存在一些私人恩怨。不过主要恐怕还是奉周扬之命,执行党的方针。如果说何其芳想借批判胡风往上爬什么的,这肯定是没有的。这里面个人恩怨究竟到了什么程度?还需要多方考量。有人说何其芳有很深的"个人利己主义",这我是不能同意的。何满子先生也牵涉到胡风案,当年我出版的《半肖居笔记》,想送给他,但是我又很担心,因为这本书第二篇就是怀念何其芳先生的文章。后来我还是把书送给他了,也向他解释我对何其芳先生的尊重之情。他倒是非常理解,给我回信,认为何其芳也是当时形势下身不由己的。这封信我留着,但一时没找到。而贾植芳先生是坚持不变的,他不接受,对何其芳非常反感。贾先生这样的态度,我很尊重,也非常理解,甚至可以说是人格上的榜样。但反过来说,何其芳的做法,放在具体的历史环境中,也是可以理解的,并不是他个人去踩踏了道德的底线。

侯：我个人的感觉,何其芳先生批判胡风的那些文章,文风确实与他其他文字很不一样,带着比较强烈的主观色彩。

王：何其芳的一些批判文章在当时的大批判文章中是最讲道理、摆事实的,很多老专家都认同的。比如当时批判《海瑞罢官》,何其芳的批判许多人都能接受,但姚文元的是无法接受的,牵强附会。当然,后来毛泽东把这个完全引向政治了,不光是翻案风了,是在说我们罢了彭德怀的官。何其芳不是无限上纲,态度粗暴,他还是有分寸的,讲道理的。当然,这其中有一个例外,就是批判胡风。

何其芳批判胡风,至少有两点是有问题的。一个是他批判胡风,说胡风文艺思想的中心是反现实主义,这无论如何说不过去,是不符合实际的,胡风文艺思想的核心是主张现实主义的,他有本书就叫《论现实主义的路》,现在怎么能说他是反现实主义的呢?第二呢,批判胡风的文章文风比较严厉,确实和他一贯的文风很不一样。文风严厉可能有历史的缘故,当时《关于胡风反革命集团的材料》已经公开出版了,里面三批所谓舒芜提供的"密信",何其芳肯定已经看到了。而"密信"的第一批第一条就引用了胡风1944年7月22日写给舒芜的"两位马褂在此,豪绅们如迎钦差,我也只好奉陪鞠躬",据说在传达《讲话》精神的会议上,胡风与何其芳是有些冲突的;第二封是1945年11月17日的,胡风写道:"还有另一位何爷,攻击嗣兴(即路翎)是宣传盲动主义的云。天下就有这样可笑的法官。"第三封是解放以后1950年3月29日的"何理论家在打你和我,可想而知",1949年何其芳写了《关于现实主义》一书,序中第一个注释就点名批评胡风,第二个注释又点名批评由胡风发表在《希望》的舒芜的文章。所以我想,何其芳批判胡风的文章文风如此严厉,肯定有他和胡风之间的个人恩怨,他看到胡风在背后这样骂他、讽刺他,所以何其芳难免带着情绪。人都是复杂的。"文化大革命"中有人"批判"何其芳,说是你批判胡风的论点,其实就是你自己的论点,因为你们俩在对现实主义的态度上其实是很相近的。

（四）文学所的集体项目

侯：历史的纷争真难完全说清楚，如您所说，人是多面而立体的。从《甲子春秋》看到，何其芳先生对您这一辈人似乎比较严格，和对老先生一辈特别尊重有所区别，可见他在学术上并不是一个"好好先生"。

王：何其芳很有自己的原则，比如《唐诗选》的例子。我们编《唐诗选》是由余冠英、钱锺书、陈友琴、乔象钟和我五个人做，实际上何其芳对我们的选目并不满意。为什么不满意呢？那时候正好是三年困难时期，整个文艺政策比较宽松，这些老先生都把自己喜欢的诗选进去了，一般读者读不懂、欣赏不了的也选了。何其芳认为，作为普及读物，应该更大众化，但他还是肯定这个项目的，尊重老先生们的选目，让我们自由去做。他呢，就自己主持搞一个《唐诗选注》，由北京出版社出版，按照他的意图去编注，一批年轻人参加其中，他做了大量修改。也就是说，他尊重你们的《唐诗选》，但不同意你们的标准和风格，所以他自己主持另外做一个。有件事情可以说说。我当时只参加《唐诗选》，没有参加《唐诗选注》，胡念贻参加了《唐诗选注》，有一次我去他办公室，他正好清理桌面上《唐诗选注》的稿子，其中有何其芳批改过很多意见的两页稿纸，他觉得已誊正过没啥用了，就扔掉了。我捡起一看呢，是李白的小传，里面修改非常多，密密麻麻一大片，我说你不要就给我吧，他就把这份稿子给我了，这份稿子我现在还保存着。让人记忆深刻的地方在于，要解释李白的诗歌有人民性，古代作家如果用阶级分析理论来看，大部分是上层，代表统治阶级的思想意识，但是他们和人民之间有千丝万缕的联系，找的根据呢就是马克思的一段话，他在《马恩全集》里找到了，但他有点怀疑，又专门找懂俄文的专家去核实俄文版,再进行重新翻译。何其芳领导集体科研亲力亲为的认真态度,真让人感动。他给我也改过许多稿子,比如文学所版《中国文学史》,我写柳永,第一稿出来以后他就给我批改过。

何其芳有个性,对我们这辈人,他有意见就非常直率地说出来,而且有时非常尖锐。我写过怀念何其芳的文章,就写到他怎么否定我写的《中国文学史》韩柳那一章。他当时对我这篇稿子的批评,给我的震动很大。我们都知道,何其芳立过"所规",大学生进了文学所,两年写不出好文章是要"走路"的。我那届从北大到文学所的人大概十个左右,最后剩下两个半。我一个,张炯一个,吕薇芬算半个,她是作为研究生留所。其他都以各种名义调走了,留下来的当然高兴,离开的当然不高兴,但基本上没人对何其芳本人有意见,因为他是出于公心,没有私心。他根据你的文章学术水平来判断。比如陈毓罴到莫斯科大学深造,是兰州大学派出的,按理他毕业了应该回兰州大学,但他提出想进文学所,就寄了文章给何其芳,何认可他的文章,就积极和兰州大学联系,把他调来。当时兰州大学校长是江隆基,原来曾经在北大当过党委书记,跟何其芳是有交情的。江要求呢,从文学所调一个过去,相当于交换了,后来是这样解决的。

何其芳秉持公心做事,我还没听到大家对他这个做法有太多的批评。即使是当事人,也是心服口服的。当然,这里面有些判断也不一定就对,有些被调走的后来表现出相当强的科研能力,不免可惜。那时精简的任务也比较急,一定要把人送走,所以就把这批人都送到其他单位去了。何其芳当时说得很清楚,他说文学所是一个要用人的单位,不是一个培养人的单位,从大学里面要来的人,总有些参差,那怎么办呢,就只能"广进广出",择优选留。应该说当时能留在文学所的人,都比较优秀,这是何其芳领导文学所的人才基础之一,是后备力量。他挑选其他成熟的专家,也是选有研究成果、有研究能力的,把老中青搭配好,我们现在就叫"梯队建设"吧。何其芳对于梯队里的人都很尊重,但态度不一样,对我们年轻一辈要求特别严格。在何其芳看来,你们这群新人是党培养的、我们自己培养的,"亲者严"嘛。对老先生那是一定要尊重的,像钱锺书先生这一辈,他是从不批评的。总之,当时文学所的人才梯队在全国是第一流的,超过了任何一所高校或其他研究单位,正是何其芳长期苦心经营的结果。

侯:何其芳先生对怎么办所还真是很有一套自己的想法,您在别的文章中也曾经有所回忆,能不能再补充一些材料?

王:是的,每年新的研究人员进所,他都要讲话,《衷心感谢他》一书有相关记录。我听过他三次这样的讲话。第一次当然是我新进所时必须去听的,后面两次我是自愿去听。我就觉得何其芳太认真了,每次讲话都认真准备讲稿,中心意思概括起来有两句话,第一句就是毛泽东在《改造我们的学习》中讲的"详细地占有材料,在马克思列宁主义一般原理的指导下,从这些材料中引出正确的结论",然后讲到三点:历史、现状、理论。他又引申发挥,总结为基本理论、基本知识、基本方法。他的讲话中心就是这个,但每次讲的例子和具体发挥都不一样。何其芳把"历史"放在第一条,他说:"系统研究理论、历史、现状三者的关系和规律,第一是研究历史,理论作为研究历史的指南,大体上可以包括在历史中,其次是研究现状。"他强调历史,讲求历史材料,其实就是说材料是第一位的,材料是一切研究工作的前提和基础。他的这个观点对我们年轻一辈的研究人员影响很大。这是何其芳治学的三要素。

关于治所,集中体现在毛星的"五字'宪法'"上,1958年文学所领导小组讨论毛星提出的这五个字,一个是"定",不能变化太多,政策要有稳定性,当时政治风向变化很多,所里一定要把方针定下来,不改变;第二个字是"远",定的计划要着眼长远,做一般高校和研究机构不能做的大中型的项目，这些项目是立所之本；第三个字是"精"，研究人员要精干，富有科研能力，成果也不能粗制滥造，要出精品；第四个字是"个"，要以个人专业为基础，"大集体，小自由"，在做集体项目时个人有一定自由，尊重他们的专长和学术兴趣；第五个字是"简"，就是要简政，行政工作要尽量简化，要精简科研人员的社会活动。何其芳也特别强调这点，许多具体规定全部都是围绕科研这个中心服务：首先可以不用坐班，其次不用参加诸如民兵训练、打扫卫生、欢迎外宾等工作，第三行政机构未经过所领导的批准不得耽误研究人员的工作时间，不能分派给研究人员研究以外的工作等等。何其芳还反对简单粗暴的批评，反对乱戴帽子，对批评和反批评一视同仁，对学术问题和学术思想问题上的错误不进行群众运动方式的批判。这个"五字宪法"，现在看起来对于办一个所仍然具有借鉴意义。排除干扰，专心学术。可惜在1959年"反右倾"运动中，就被当做"违反总路线的纲领"而彻底否定了。

侯：何其芳先生对文学所的定位还是比较准确的，就是完全围绕科研工作展开。那时候你们主要还是做集体项目吧？

王：是的。何其芳认为文学所是一个提高机构，不是普及机构，不担任普及任务，但也可以兼顾一些普及工作，比如当时计划写一本《中国文学史话》，我也参加过几章写作，是一种比较活泼的写法。有人批评文学所学院派风气太浓，何其芳就说："马克思主义学院派有什么不好？"他又提出"间接服务论"，认为文学所不是给工农兵直接服务的机构，是间接给工农兵服务的，他的这种提法其实是把文学所从当时的历史困境中解放出来了。而且他既考虑长远，也考虑当前，《文学研究》改成《文学评论》，就是为了体现对当前的重视。他一系列的办所思想，只要政治压力一减小，就成为文学所的实际办所方针。

何其芳比较强调文学所工作方式的特殊性。他找我们新进人员谈话,就解释为什么要成立文学所,我们搞研究跟大学里面有什么区别。他认为大学里面有繁重的教学任务,一些关键性的大项目大学无法搞,我们成立文学所就是要搞突破性的大项目。我觉得这个方针是对的,作为一个研究所应该有一些标志性的大项目、大成果。问题在于,这些大项目应该怎么做。在这方面,实际上,文学所成功的经验并不多。何其芳最开始是有一个抱负的,想写一部《中国文学史》,所以当时文学所组建的时候,各个分组中既有"中国古代文学研究组",又有一个"中国古代文学史组",二者在外人看来是一样的,但何其芳的意思是中国文学史组由他兼任组长,来写一部自己的《中国文学史》。他自己先从《诗经》做起,后来又做《楚辞》,关于《诗经》他没做出什么成果,搞《楚辞》呢,恰好纪念屈原这位世界文化名人,写纪念文章,他就写了《屈原和他的作品》,不过后来也没继续做下去。他其实是文学所版《中国文学史》的实际主编,他要求重要章节都要在全体会议上通过,全体会议主要就是听他的意见,书上写的是余冠英先生负总责,但因为余先生的性格比较温和,不太给大家提意见,所以我们吸收的主要是何其芳的意见。假如当时完全由何其芳来主持文学史的工作,他肯定会自己动手改的,但现在文学所版的文学史是没有经过多少修改的,钱锺书先生看我的稿子也没怎么改,更没人给钱先生的文章提什么意见。

侯:所以现在来看,文学所版《中国文学史》"统"得不够。

王:对。按照何其芳的理想,应该是充分地分工合作,主编负责统稿,他追求的是司马光编纂《资治通鉴》的办法。司马光搞《资治通鉴》是几个助手把资料长编编出来,然后司马光亲自执笔,这才是一部著作啊。文学所版《中国文学史》是由我们每个人分头写,老中青学人的写作风格也相差较大,钱锺书先生写"宋人如何如何",当时就觉得很刺眼,因为没有体现阶级性,阶级观念淡薄,至少要写"宋代知识分子如何如何"嘛,但因为是钱先生写的,所以也没人敢改。何其芳在这部三卷本的文学史上是花了大力气的,比如他否定了我写的韩柳那一章,我后来写苏轼那章就先把详细提纲寄给他,一定请他提意见,他也确实提了许多意见。我当时是很感动的。后来我了解到,给别人改稿子提意见,占用了何其芳许多时间,在《甲子春秋》中有许多同仁都提到了何其芳给他们改稿子的往事。何其芳非常认真,而且他会问你什么时候需要返回稿子,你说一个礼拜,他这个礼拜就一定会给你认真改好。他作为一所之长,事务是非常繁忙的。所以这一点非常难得,让人十分感动。文学史编写这个集体工作,从文学所角度来说,一是出成果,二是出人才,确实是起到重要的作用,我们进所晚的年轻人因为这个机会而得到培养。

(五)胡乔木与文学史编纂

侯:我在《岁月熔金》中看到过一篇胡乔木谈这部文学史的文章,由邓绍基先生执笔记录,您能谈谈这篇文章产生的一些背景么?

王:三卷本《中国文学史》编完出版后,胡乔木对这个工作很重视,邓绍基那篇《记胡乔木同志对三卷本〈中国文学史〉的意见》就是部分记录稿。我昨天又翻出来看了一下,当时胡乔木生病,医生不让多说话,后来胡乔木来电话叫何其芳派个人去记录一下他对《中国文学史》的意见。邓绍基去了两次,一次是1963年秋冬之际,一次是1964年,后面这次何其芳、钱锺书、余冠英也都去了。我看胡乔木的这两次对《中国文学史》发表意见,是有背景的。第一次他的意见我们现在来看当时是有点"右"的,尊重传统啊、尊重历史啊,强调得比较多。第二次口吻则转向了服务现实、服务社会。我估计1963—1964年之间,中央的调子有所变化,所以胡乔木的两次意见口径有所不同。当时胡乔木的意见全文是发下来给我们看过的,我抄过一份,邓绍基这篇是个摘要,有所删改。胡乔木的一些意见给我印象很深,他评论《薛仁贵征东》之后又提到《薛丁山征西》,说里面的"樊梨花、穆桂英这样的人物的出现可能要比《李娃传》中的李娃、《莺莺传》中的莺莺有意义得多。不要单拿作品本身的文学技巧去比较,还要看人物产生的意义",像这样的观点是很给人启发的。还有他对古代散文在文学史上的地位问题,我们现在该如何认识古代散文的问题。我现在的主张与之很相似,我的看法应该就是受他的影响。

第二次讲话,胡乔木强调,文学史写作要从三卷本的"跑道"上退出来,不要只写三卷本,要写多卷本,写十卷本、二十卷本。后来何其芳说二十卷本太多了吧,胡乔木说"英国文学史不过400年就写了16卷,按这个比例,我们写20卷也还不够"。这样的集体项目,聚集了许多优秀专家的丰富思想,我的收获也非常大。就是因为胡乔木的这个意见,后来文学所又成立了各体文学研究组,准备搞多卷本文学史,我参加的就是散文组,当时搞了许多材料,可惜早就不知道扔哪里去了。现在我们确实有了十二卷本的《中国文学通史》,但是我觉得这和胡乔木所说的那种十卷本、二十卷本不是一个概念,现在的文学通史多是分头包干,我离开文学所之后专门做宋代的少了,就由南京师大的先生承担,这样做下来的通史,它是否有统一的、贯穿的思想都很难说了。胡乔木是有思想的,他的一些观点现在看起来很平常,但在当时是非常有深度的。而且在当时环境下他敢说出来。

侯: 胡乔木所说的那种多卷本文学史,是很值得期待的,不过现在看来是不太可能实现了。现在大家对集体项目都兴趣不大,好像还是应该辩证看待吧。

王: 现在的文学史,还是刘大杰先生的《中国文学发展史》算得上一部著作,是有思想的,由泰勒的"三要素"来贯通,他一个人写下来，文风统一；郑振铎先生的《中国俗文学史》是本材料汇编，鲁迅也批评他，没多少思想。新的文学史要出来，集体编书还是一条路子，但是要条件成熟，"大集体、小自由"，未来要做大部头的文学史，还是要搞集体项目，但是要条件成熟比较难。文学史的写作，现在也遇到了困境。我觉得集体项目，像文学所这样的工作，是不应该全盘否定的。现在我们对集体项目是不太看得上眼，那是因为集体科研在后来确实被搞坏了，变成了主编挂名、分头包干、思想混乱、体例驳杂、随便拼凑的工作了，现在有些所谓重大项目大都是这样搞，真是搞坏了。按照何其芳、胡乔木他们的想法，要搞大项目，何其芳是要做实打实的主编，向司马光看齐的，那我觉得集体科研就是出现重要的突破性著作的很好途径，许多重要工作一个人是无法完成的。集体科研的方式，我觉得还是要公正看待。我这次参加新中国 91 种优秀古籍整理图书的推荐活动，发现个人整理编纂的数量不是太多，大部分是集体完成的，比如傅璇琮先生主编的《唐才子传校笺》、詹锳先生主编的《李白全集校注汇释集评》、周勋初先生主持的《册府元龟（校订本）》等等，包括我编的《历代文话》也是集体项目。

侯：其实您从大学时代的"红皮文学史"开始就是参加集体项目的，再到文学所版文学史、《唐诗选》等，都是集体项目，可见集体项目确实如您所言，不但能出成果，还能出人才。

王：我一直说很感谢这些集体项目的经历，确实锻炼了我。我在北大的时候，被批成"白专"道路，因为我当时说过一句话，我说像我们这批人，以后没有一个人能像刘大杰先生那样独立写一部文学史，后来就批判我这句话。捉弄人的是，我调到复旦来之后，组织上给我的第一个任务就是批判刘大杰的《中国文学发展史》修订本，当时觉得真的是太滑稽了，我要去批判我很崇拜的老先生。但又不能不写，刚到新单位，党总支交付的任务。因为本系的老师不少是刘大杰先生的学生,没法写,我是外来的,任务就交给我了。我当时很紧张,稿子写出来后第一个就请章培恒先生帮我看,第二个就是请王运熙先生看。第一个找章培恒帮我看,是因为我听说刘大杰先生的修订稿,许多是章先生写的,我的稿子是不是正好就在批他写的部分呢?所以,让他好好给我提些意见。请王运熙先生看,是要让他给我把把关的。王先生后来提了很好的意见,章先生一个字意见也没提,说很好很好。

一家文学所来做大的集体项目,应该说正是立所之本,否则你全部是个人的研究,那和其他单位有什么不同呢,对吧?现在当然历史环境也不同了,学术权威少了,组织不起来。

我这些天受你们在杭州开的"宋代文史青年论坛"的启发,还有我们编的"复旦宋代文学研究书系"的启发,想想将来能不能就搞个"小圈子",同道十馀人,大家有共同学术兴趣,来展开一些大项目,抓住一些大问题做。傅璇琮先生当年领导一批人做《唐才子传校笺》,还有《唐五代文学编年史》,他是利用唐代文学学会的集体力量来做的,等于是把最新的研究成果以一种集中的方式呈现出来,对研究有很大的推进作用,这很不错。我们宋代文学研究是否也能够这样,大家自由组合,对一些好的、重大的题目坚持做下来,慢慢形成一个小的"权威",由他来组织,用集体科研的方式出好的著作。现在学术著作不怕出版难,就是好书少了些。所以,我认为个人研究是基础,但是如果有适当的、比较重要的大型题目,还是要合作完成。

侯:所以,何其芳先生提倡的文学所做集体项目、做大项目这套办所方针还是有其合理一面的,只是现在的成果离他的理想还有很大距离。如果没有那么多政治运动,我想在何先生领导下,文学所应该会有更辉煌的成就。

王:是这样。现在看起来,文学所六十周年,要列出几部代表性、原创性著作也挺难说,像钱锺书先生的《管锥编》当然是,只不过是个人著作,集体性的著作比较有代表性的,能够真正符合何其芳、胡乔木心目中理想的著作,恐怕还没有。对集体科研应该有些新的认识,何其芳在文学所版三卷本文学史写作之前,组织人员翻译了西方文学史名著的好多目录,给我们学习。可惜何其芳没有当主编,没有直接全面性改稿,当然让他来做这件事也是挺困难的,他对整个中国文学史的材料熟悉程度还是有些差距的,所以我觉得这种集体项目最重要的在于主编,主编要有思想,要有学问,要有材料,能够统稿,那才能做出理想的集体成果来。

现在文学所流行的说法,认为历史上有两个"黄金时代",一个是何其芳时代,一个是陈荒煤时代。后一个时代主要是拨乱反正,文学所对全国的影响更直接,特别是与全国的文学创作结合紧密,比如积极介入"伤痕文学"的讨论,全国的社科规划等。从这个角度来说,文学所真正的灵魂还是何其芳,毛星是仅次于何其芳的第二位领导者,也很有思想。按照何其芳的办所方针,能够把文学所办得非常好,他有思想,又大公无私,非常谦逊,所以我现在还是非常怀念他。

六、作为文学现象的何其芳

(一)"何其芳现象"

侯：刚才您谈得比较多的是作为文学所领导者的何其芳，可不可以再谈谈作为一种文学现象的何其芳？就是解放之后，文学创作走下坡路了，写不出当年的好作品了。

王：对于"何其芳现象"（即所谓新中国成立后，思想进步，创作退步），最早恐怕还是何其芳自己感觉到苦恼。有一年，读者给他写信，主要讨论何的文学创作，就问他为什么新中国成立以后，他写不出好诗，他思考了很久，然后激动地写了一首诗《回答》，公开回应。这首诗发表以后，又不断有读者批评他，说他表达的是"不健康的情感"。他在1957年出版的《散文选集·序》里抒发自己内心的苦闷："我的心境却实在不能用别的字眼来说明，只有叫作难过……但更使我抑郁的还是我发现了这样一个事实：当我的生活或我的思想发生了大的变化，而且是一种向前迈进的变化的时候，我写的所谓散文或杂文却好像在艺术上并没有什么进步，而且有时甚至还有些退步的样子。"这是何其芳对自己文学创作状况的反思，他入党了，思想进步了，但创作领域诗歌、散文、杂文在艺术上却显得后退了。这种现象，恐怕在以往的文学史上也好，在当时的文坛也好，是一个颇为普遍的现象。社会动荡、社会大变革之后，文学家的创作没有进步,这种现象经常有,有时候是"江郎才尽",人生阅历越来越丰富,创作倒不如以前,这二者之间并不成正比,所以也并不是一个特别奇怪的现象。在何其芳那批人的身上,解放以后能够继续创作优秀作品,能保持前期艺术水准的,恐怕也不多,就老舍还有一些优秀作品问世,《茶馆》是解放后创作完成,其他还有谁能继续保持原来的水平呢?特别是诗人,更加无法掩饰生活的巨变,新中国成立后新诗诗人许多都"勒马回缰写旧诗"去了。生活天翻地覆的变化,而且一下子要适应共产党的文艺政策,强调文学作品一定要为工农兵服务,这些文学家们原来的社会基础全改变了,是无法一下子适应的。所以,像何其芳这样的现象其实比较正常,不能够简单归结为共产党的领导反而阻碍了文学的发展。现在对"何其芳现象"的总结就认为党的领导越强烈,文学艺术越退步,创作必然不好,这样的结论是有偏颇的。在执行文艺政策的过程中有干涉艺术发展的不良因素,特别是搞政治运动对文艺有伤害,这也是事实,要作非常充分的估量,作为我们今后的教训。一次又一次的政治运动,打击了多少作家的创作积极性,这是文学创作史上深刻的历史教训。但是,这并不等于每个具体的作家个人,都完完全全体现了这个现象。"何其芳现象"还可以引申出一个问题,何其芳"文化大革命"以后怎么样,他对"文化大革命"的教训有没有吸收,如果他活到现在又会怎么样?对共产党原来的文艺政策,特别是对毛泽东的看法是否会有所改变?从他个人在"文化大革命"后期的表现来看,这还是个问题。当时,我们这些人都有点觉醒了,心里这样想,嘴里当然还不敢说,对毛泽东关于"文化大革命"的一些决策有保留意见了。但是何其芳不是这样,"文化大革命"后期他在文学创作上突然出现"井喷",又要翻译海涅的诗,又要写长篇小说,又要搞文学研究,又要写回忆录,已经写出的部分就叫《毛泽东之歌》,各方面齐头并进,那时候他已经六

六、作为文学现象的何其芳

十五六岁了。

侯：何其芳先生早年的诗歌和散文确实很唯美，后期受到党的思想和政策影响，变化太大了。

王：是的，比如他的诗歌创作，我就有四个印象，第一是我读高中的时候，中学课本选了何其芳的一首诗《我们最伟大的节日》，第一句就是"中华人民共和国在隆隆的雷声里诞生"，后面写得很长。共和国成立了，当时他们这批诗人觉得不能不写诗，但是艾青没写出来，何其芳就写出了这首，后面写道"我们的海军走过/我们的步兵走过/我们的炮兵走过/我们的战车走过……"一大段排比句，我当时就疑惑，这是诗吗？句子比较粗率，概念化严重，我就觉得不怎么样，倒不如胡风的《时间开始了》带着那些诗性的激情，我当时就向语文老师说出这个疑惑，语文老师说你要用想象，我们的炮兵走过多么雄壮啊！哈哈，这样显然无法说服我。这就是何其芳"歌德派"在解放后的第一次表现。

第二次是我在北大时参加了诗社，请何其芳来做讲座，他就讲他《欢乐》的构思过程，"告诉我，欢乐是什么颜色"，讲他当时如何苦闷，一段被人爱而不知其爱的爱情经历，他在沙滩、在故宫后街的徘徊，思索着什么是爱情的欢乐、爱情的滋味，突然跳出来"欢乐是什么颜色"，有了这句，整个诗歌的结构就顺了，"像白鸽的羽翅？鹦鹉的红嘴？"听何其芳讲这首诗，我感动了。他作为一个高级干部，文艺界的领导人，可以向我们青年学生敞开心扉，讲爱情，讲初恋，朴素地说出来，还有他对青春爱情的那种把握，也让那时的我觉得心灵相通。当何其芳的诗歌讲到他自己个人的时候，讲到真正打动他内心深处的时候，他是能写出好诗来的。新中国成立，虽然触动了他，但其实他并未把自己灵魂深处的感动用诗性语言表达出来，写的《我们的节日》自然就连延安时候《我为少男少女们歌唱》也不如了，比起《画梦录》时代的何其芳就更远了。

第三次是"四人帮"粉碎以后,全所大会,忘了具体的开会原因了,那时他有很多计划,又要写长篇小说,又要写回忆录,又要搞翻译,还在学德文什么的,好像原来那个追求艺术生命的何其芳又回来了,他在会上朗诵刚写的《北京的早晨》,站在台上,那时已经六十六岁了,不是背诵,需要念稿子,但他一时拿错了眼镜,拿了一副近视眼镜,而不是老花眼镜,看稿子看不清,一下就急了"怎么了,怎么了",念不下去,后来才发现是戴错了眼镜,换了眼镜继续朗诵。我就觉得,何其芳一方面确实还是那么真诚,一方面却还是"歌德"多于文思。"四人帮"粉碎了,国家有新的面貌了,他觉得自己也应该新生了,但是他的诗歌已经无法有新的创造。

第四次是冯牧发表在《文学评论》上的文章《何其芳的为文和为人》,文章记录了何其芳在延安时期写一首叫《夜歌》的作品,何其芳自己朗诵,那首诗把他参加革命队伍以后渴望真理、热爱生活、向往光明的追求和内心深处的思想矛盾表达出来了,情感真挚深沉,冯牧叙述得也很到位,我看了非常感动。

所以,从创作历程来说,何其芳的心理世界一方面是跟着党组织进步了,要批判过去的自己,带着知识分子的"原罪感",要走新的路子,新的创作与新的学术;另一方面,他又无法走出一条真正的新的艺术创作之路。这是何其芳的悲哀之处,让人惋惜。

侯:有评论者说何其芳后来的创作很"做作",您觉得是这样吗?

王:这得看是从什么角度来说,可能语言上比较生硬,但从内心来说,肯定不做作。你可以批评何其芳各种各样的缺点,你不能说他"做作",他是非常真诚的。何其芳只活了六十六岁,真是可惜了,如果他能多活几年,可以做更多的工作。在时代潮流下他走了这么一条路,浪费了太多的才华,不管是创作还是学术研究,都比较可惜。

在文化政策方面，何其芳也要写一些理论性文章，作协开会之类的他都要做报告，但这些政策性报告的写作他不如周扬，周扬的文章有一股理论的锐气。

（二）何其芳心目中的毛主席

侯：他对毛泽东也是发自内心的崇拜吧？我感觉应该也是完全真诚的，他是个真诚的人。有一次您跟我谈到他对毛主席是"一往情深"，我当时还觉得这个词用得不妥当，仔细琢磨一下，又非常到位，呵呵。

王：有人说何其芳反对毛泽东、反对共产党，我是不相信的，因为他跟我们提到毛主席的时候，眼睛是发亮的，这是不会有假的。我们新人进文学所，他总是要作报告，强调历史、现状、理论，这其实就是毛泽东《改造我们的学习》里面来的，他根据这个讲些例子，讲怎么写文章，引用的就是其中"详细地占有材料，在马克思列宁主义一般原理的指导下，从这些材料中引出正确的结论"这段话，典型例子就是《〈共产党人〉发刊词》。他说，你们看这篇文章一共不到一万字，就把共产党的革命经验，三大法宝，讲得那么清楚，那么透彻，逻辑谨严，文笔漂亮，议论文写得如此之美。何其芳肯定是由衷的赞美。所以说，何其芳可能有各种各样的错误，但说他反对毛泽东，我是不相信的。

"文化大革命"后期，他写了《毛泽东之歌》，引了《不怕鬼的故事序》，叙述毛泽东给他修改这篇文章，你去看，那种对毛泽东的崇拜："一九六一年一月四日上午十点四十分，我在文学研究所办公。电话铃响了。我接了电话。我是多么兴奋呵！原来是毛主席办公室通知我，叫我立即到中南海去，毛主席对我起草的序文有指示。"又说："毛主席对我说：你不是也被辩论过？你服不服？……我回答：许多意见都是有道理的,对的……"特别是他写道:"这是我们伟大的领袖一贯的细致的照顾人的作风。他怕我不了解为什么要谈这些问题,就特地这样说明。"你再注意一个细节,这本书里提到毛泽东的话都不加引号,自己的话都打引号,这应该是严肃的态度吧,毛的话是他记录的,不是正式文件。从这篇文字中可以看出来,他在"文化大革命"后期,对毛还是"一往情深"。当时他已经恢复工作了,"文化大革命"后期对毛的态度还是如此,所以在这批人身上,对毛主席、对党的政策,也是刻骨铭心的。和对科研规律的尊重,形成了两个"刻骨铭心",所以内心矛盾啊。

毫无疑问,何其芳是崇拜毛泽东的。毛主席的话,他都要执行的。他要"救赎"知识分子的"原罪",把自己身上小资产阶级的东西、不好的东西,在毛主席的教育下都可以清除掉。最近我看王平凡口述的《文学所往事》中,他把毛泽东在延安文艺座谈会时与文艺工作者的合影上每个人都标出来了,何其芳在后面,前面左起有康生、凯丰、任弼时、王稼祥、徐特立等等。何其芳与毛泽东是有不少个人接触的,在文艺座谈会之前,毛泽东与何其芳有过多次的交谈,讨论当时的文艺界现状。所以,何其芳是由衷崇拜毛泽东。

侯:不过如您之前所言,他虽然崇拜毛泽东,但在学术问题上还是能够坚持己见,并非一味盲从,对吧?

王:在《不怕鬼的故事序》中,毛泽东的改动里有"光昌流丽"、"警世骇俗"两个词,何其芳对这两个词都有怀疑,就向俞平伯请教,俞平伯说这两个词都没问题。这件事在"文化大革命"中被揭发出来,毛主席改的文章,你居然要向资产阶级反动学术权威请教,他首肯后你才敢用。可见,何其芳自己有怀疑的地方,他还是要考察一番的,他不是一味地盲从。在这篇序的署名中,他写下"何其芳",毛主席给他加上"中国科学院文学研究所所长",何其芳直接就删掉了,这是他的原则,他觉得应该平等,没有官架子,我们在文学所也从不叫"何所长"的,都叫他"其芳同志"。这在"文化大革命"中倒没法上纲上线,因为他是表示谦虚嘛。这篇《不怕鬼的故事序》发表以后,全国干部都来学习,影响很大,何其芳说了一句话,大意是说:我辛辛苦苦花力气写的学术文章,影响倒没有这篇文章大。这个很显然,毛泽东是将这篇文章作为政治宣传资料,虽然何其芳在写作的时候总带着学术角度的许多分析,但总还不是一篇学术文章,所以何其芳本人是不怎么看重这篇文章的。只不过是毛泽东让他写,他觉得很光荣,就努力写了。当然,他也说自己在政治上看问题远不及毛主席那么深刻,比如他只是强调"不怕",即在战略上藐视敌人,而在战术上重视敌人的一方面写的不够,毛泽东指出这一点,何其芳觉得很受启发。

还有个例子,就是每年纪念《在延安文艺座谈会上的讲话》(以下简称《讲话》),特别是逢十、逢五的纪念日,何其芳都要写文章,因为他是《讲话》最有力的宣传者,1942年何其芳与刘白羽两个人到国统区传达《讲话》精神,他是权威的阐释者、宣传者。我进文学所不久的1962年,何其芳就写《胜利的战斗的二十年》纪念《讲话》。后来他就说《讲话》的文章写腻了。这在"文化大革命"中,又是一个把柄。何其芳后来作辩解,"写腻了"并不是《讲话》有什么问题,而是他自己写不出新鲜意思来了,所以"写腻了"。这是一种解释,但可能他确实也感觉到《讲话》的内涵并不真的那么丰富,每次纪念都要写,还曾经到越南去讲。从到国统区重庆去传达《讲话》精神开始,他就是《讲话》的宣传员了。

有一次毛泽东指示文学所要批判冯雪峰的三篇文章,《甲子春秋》也提到了这件事,何其芳研究之后觉得冯的文章没什么好批判的,就没有执行毛的指示。所以说,何其芳即使对毛从内心中无比的崇拜,但也还没有完全盲从,还是努力地在保持他学术上的某种独立性。当然,这种情况非常少。他对毛泽东的信赖,是多年来积淀下来的东西。

在何其芳身上,传统的学术观念,思想独立、学术自由,尊重客观的科研规律,他是深以为然的;另一方面呢,他也认识到党的政策必须执行,他对毛主席非常崇拜、非常信赖。所以我觉得,何其芳的这两面,我们都应该充分估量,认识清楚。

侯:确实如此,就我个人感觉来说,他自己的学术研究也是比较客观的,有些文章现在读来也不过时,多有真知灼见。

王:有人传出来一段话,问何其芳怎么对毛主席的个别看法有些保留了,他说他书看得多了,好像在思想上能够给主席提供一些不同的意见了。毛泽东说《红楼梦》是写"四大家族",何其芳写《曹雪芹的贡献》,就说"过分地突出了贾宝玉、林黛玉的爱情悲剧在书中的地位,或者对这种爱情作了过多的不适当的肯定,以至无批判地加以歌颂,看不见它的阶级性,它的封建色彩,都是不正确的",又在这句话下作了个注解,说:"我这几句话是把对我自己的批评包括在内的。我在1956年写的《论〈红楼梦〉》……对贾宝玉、林黛玉的爱情不加批判或者批判得不够,都是表明我们至少在这个问题上还不是站在无产阶级的思想的高度,还没有超越过资产阶级民主主义和小资产阶级革命民主主义的思想水平。"他在这里作自我检讨,认为自己只从爱情角度看《红楼梦》,没有像主席从"四大家族"的高度来看问题那有思想高度。但是,在私底下他对毛泽东这个观点是有不同意见的,他说主席只是因为陈伯达写过《中国的四大家族》才借用"四大家族"来谈《红楼梦》,实际上《红楼梦》只写了贾家,王、薛、史都没正面写,用"四大家族"概括《红楼梦》的主题是不合适的。所以,在学术层面,他认为这都是可以商榷的,可见他确实很书生气。

毛泽东提出文学创作应该"革命现实主义与革命浪漫主义"相结

合,并以这个提法取代原来的"社会主义现实主义",文学所像蔡仪、何其芳对毛主席的这种提法都不同意,从文学史发展角度这二者或许可以交叉、结合,但在同一部作品中,这二者无法结合,所以何其芳说:我现在还是主张"现实主义"——或者是"社会主义现实主义"——是好的创作方法,但也不是唯一的创作方法。

何其芳一再强调政治、思想、学术三者应该有界限,要分清楚。所谓政治问题,就是党安排的任务,一般都是勤勤恳恳、认认真真去执行的;思想问题和学术问题,他就要自己考虑了。文学所建所初期,虽然是党的意识形态部门,但还是作为一个学术机构在办的。我感觉,文学所是跟着整个国家的趋向到了上世纪50年代后期才开始转变,越来越"左",之前还是比较平稳的。一个明显的标识就是对文学所"学风"的规定,1954年所内文件表述为"谦虚的、刻苦的、实事求是的作风",我进所之后又反复讨论这个,表述就改为"谦虚的、刻苦的、实事求是的而又富有战斗性和创造性的学风",最开始"战斗性"是没有的,何其芳做事非常认真,他把这个拿出来全所讨论,一稿一稿修改,后来就加上了"战斗性",强调批判性,这其实也说明后来整个风气的改变。就何其芳个人来说,他前期还是比较注意反"左",特别是有几篇反"左"的文章,现在看起来还是很有光彩的,比如反对庸俗社会学,对李煜词的讨论,当时要肯定李煜词,有人就说李煜的词写得那么好是因为其中表现出强烈的爱国主义。何其芳说这是不对的,李煜词之所以好,是因为他概括了一般人的、具有普遍性的感情。另外他还写了《〈青春之歌〉不可否定》,也是反对庸俗社会学。1959年,他写《文学史讨论中的几个问题》,是对1958年以来的学术大批判进行系统的反思,当时文学史写作有三个指导思想嘛,"现实主义与反现实主义贯穿整个文学史"、"民间文学是中国文学的主流"、"坚持政治标准第一",他对这三点进行了系统的剖析;1957年写《〈琵琶记〉的评价问题》,当时有人说赵五娘是封建道德的化身,何其芳不同意，他认为《琵琶记》中是有宣扬封建道德的成分，但它主导的思想不是这个，而且在赵五娘身上更不是如此，她身上有许多中国传统女性的优秀品质。同时他的《论〈红楼梦〉》是准备时间最长、篇幅最大的一篇论文了，他自己很看重，批判"市民说"，批判"新民说"，他指出《红楼梦》的重点还是爱情，宝黛爱情是贯穿主线，以此来展开对社会、对人生的反思。我觉得这个观点现在来看也是有其积极意义的。总之，何其芳在这类文章中坚持正确的、实事求是的评判标准，为当时在学术领域防止"左"的倾向起到了很好的作用。

（三）"衷心感谢他"

侯：谈了这么多，也让我了解不少历史，您能否对文学所或者对何其芳先生做个概要性评价？

王：对文学所六十年作评价，我不是一个合适的人，我在文学所只是一个普通的研究人员，虽然在所里十八年，但真正搞科研的时间也就"文化大革命"前的几年，应该有更合适的人来做评价工作。文学所是在激烈、动荡、多变的政治风浪中发展而来的。在政治气候的"严冬时节"，何其芳和文学所往往落后于种种运动，总是"慢半拍"，常被指责为"右倾"；而在"解冻天气"，何其芳总是积极工作，对1958年学术批判的"反攻倒算"就是显例；在"常温环境"下，他念兹在兹的就是两条：出成果，出人才。在他的主持下，《中国文学史》、《中国现代文学史》、《文学概论》及《中国少数民族文学》先后问世，出版过三套丛书(《外国古典文学名著丛书》、《外国古典文学理论丛书》、《马克思主义文艺理论丛书》)以及《现代文艺理论译丛》等，一套以《诗经选》、《史记选》、《唐诗选》、《宋诗选注》为内容的中国古代文学读本丛书以及同仁众多的个人著作，都是学术史上实实在在的积累，影响巨大而深远。在我的同龄人中，可以说全体性受到何其芳的学术教益，

《甲子春秋》记叙了他为文学所第二代学人修改文稿的事迹。他还亲任班主任,与中国人民大学合办文学研究班,直接为文学所注入新的血液。要之,论到对文学所第二代学人的影响,泽被之广、影响之深,他是第一人;环顾学部各所,他算得上最杰出的一位学术领导者。巴金老人说得好:我们应该"衷心感谢他"!

七、钱锺书与《钱锺书手稿集》

（一）与钱锺书的交往

侯：除了何其芳先生，您在文学所期间，受影响最大的应该就是钱锺书先生了。能再谈谈您和钱先生的交往吗？

王：关于钱先生和我的交往，我以前写过好几篇文章了，《鳞爪文辑》有一栏"钱学拾零"收录了大部分内容，钱先生百年诞辰纪念会我又写了一篇《钱锺书先生的两篇审稿意见》，回忆他给我修改论文的往事。在文学所时，我和他的交往主要是前期，那时刚好参与文学所版《中国文学史》和《唐诗选》两本书的写作，可以名正言顺地向他请教。本来我们也不敢去打扰他，都是围绕工作才去他家谈话。"文化大革命"结束以后我们就主要是个人接触了，当时《唐诗选》的前言也主要请他修改。

侯："文化大革命"结束没多久您就来复旦了，那么你们之间主要是通过信件交流吧？现在您手头应该有不少钱先生的信件。

王：是的，林林总总加一起是有不少了。有些是平常问候的，还有一些则是我向他请益问学，他在信中有不少精彩议论。

侯：这些信是否可以披露出来？有些应该具有重要的学术参考

价值。

王：我在一些回忆文章中披露了部分，但要全部公布就不太合适了。

侯：是的，最近有关于钱锺书先生信件拍卖的事也闹得沸沸扬扬，杨绛先生有自己的立场。

王：钱先生的书信以前也有拍卖的，零零散散，估计已经拍卖了百来件了。这次拍卖公司一下子就拿到一百多封，而且大部分是给香港《广角镜》杂志社总编辑李国强的，内容很丰富，肯定是很有史料价值。但是，有价值也不能随便发表，还是得尊重杨绛先生的意见。我知道《随笔》杂志的原主编黄伟经，手头有不少钱、杨包括钱瑗的信件，他原来打算在适当的时候公布这批信件。有一次我见到他，他说他要为此事去拜见杨先生，但那次见面后他再没和我提信件公布的事，我估计他在杨先生那里碰了壁。黄伟经主持《随笔》的时候，看到我和内山精也发表在《文史知识》上那篇《关于〈宋诗选注〉的对话》一文，就约我写一篇回忆钱先生的文章。当时钱先生还在世，我就回信告诉他，这个得看钱先生是否同意我写。黄伟经就给钱先生去信说了此事，后来钱先生在给我的信中说已经告知了黄伟经"王君下笔有分寸"，可以写。所以后来我就写了那篇《〈对话〉的馀思》，发表在《随笔》1990年第2期上。

侯：杨绛先生今年（编者按：2013年）有102岁了吧，思维还这么敏捷，真是难得。五年前，我看到她给您写的信，蝇头小楷，密密麻麻一整页，想到是一位百岁老人写的，真的让人震撼。据说她现在每天还在工作，整理钱锺书手稿集。

王：我最近和她联系少一些，主要是怕打扰她。她晚年花了大量心思整理钱先生的手稿，《容安馆札记》出版了，《中文笔记》也出版了。我多年前申请了一个国家社科基金重点项目"钱锺书与宋诗研究",组织团队梳理钱先生的宋诗研究观点,主要的新材料就出自《容安馆札记》。我们从中整理辑录了50馀万字的宋诗材料,目前的研究对此还没完全利用,《中文笔记》出版比较晚,还没来得及梳理,项目就结项了。由于各种原因,项目虽然结项了,还获得"优秀"等级,但我自己不太满意。

(二) 钱锺书的三种手稿

侯:《钱锺书手稿集》的出版应该说是文史学界的大事。现在我们是否基本能够从《中文笔记》,到前几年出版的《容安馆札记》,到《管锥编》,窥出钱先生做学问的脉络和步骤?

王:《钱锺书手稿集》共三个部分,第一部分是2003年商务印书馆出版的《容安馆札记》三卷,第二部分是2011年下半年出版的《中文笔记》二十卷,第三部分是尚未出版的《外文笔记》(编者按:该书2015年已出齐),估计是钱先生为写作"西洋文学史"所作的准备工作吧。钱先生在清华念的是西语系,到英国、法国去留学,研究的是英国文学和法国文学,回来后在国立蓝田师范学院、西南联大、清华大学,都是搞外国文学的教学,他是有志写一部西洋文学史的。如果钱先生的西洋文学史能写出来,那肯定是能够和西洋人对话的西洋文学史,因为他是扎扎实实一部一部原著读过来的,不会是从西洋人的文学史翻译、改编的。钱先生的外文笔记共留下211册,三万五千多页,估计要编成四十多卷。《钱锺书手稿集》初步估算大概有六七十卷,这应是我们目前所知的个人笔记中规模最大的一种。所谓个人笔记,当然不包括像"盛宣怀档案"一类的文件,而是由作者一个字一个字写下来或者用键盘敲出来的。这可以说是"空前"的,恐怕也是"绝后"的,以后的人估计也不会用这种方式来做了。手稿集不仅是数量大,更重要的是它的内容十分丰富,是相关学术研究的富矿。外文笔记我们尚未见到,从钱先生的中文著作来看,我们可大致梳理出三种著述形态,或者说治学的三个过程:

第一是《中文笔记》,这是随读随记的产物,最能反映钱先生日常的读书生活,带有原生态的性质。

第二是《容安馆札记》,我将它定位为半成品的学术著作,因为《容安馆札记》三大卷是经过钱先生编辑过的,共编成 802 则,经过我们初步梳理,实际约 790 则,里面有个别的缺码、空码。这几百则的书写格式是基本统一的,总是先记所读某部书的版本,次做总评,再选取具体作品边抄边评。另外,许多条目之间还相互关联,在谈到某些问题时会出现"参观第几则"等情况。可见,《容安馆札记》是半成品的著作,已不是原始的读书笔记,用杨绛先生的话来说,就是经过了一定的"反刍"而成的。

第三就是《管锥编》。《管锥编》对十部古籍进行评论阐释,里面许多内容在《容安馆札记》中能够找到相对应的部分。杨绛先生也曾经举过例子,比如《管锥编》中的《楚辞洪兴祖补注》有十八则,在《容安馆札记》里读《楚辞》的笔记只疏疏朗朗记了十六页,两者篇幅差距很大。

这三部书,一般来说,是从《中文笔记》再加工到《容安馆札记》,然后再写定为《管锥编》,成为正式出版的成熟著作。其中也有交叉,因《中文笔记》时间段为 20 世纪三四十年代到九十年代,跨度很长,所以《中文笔记》里也有某些段落注明是补《容安馆札记》某某则的。二者之间时间有交叉,《中文笔记》的许多内容还写在《容安馆札记》以后。我们只是从著作形态或者说从研究过程角度来说,是先有随读随记的"笔记",再有初步加工的"札记",最后为成熟的笔记著作《管锥编》。

（三）手稿集与钱锺书的日常读书生活

侯：关于钱先生，以前说他有"照相式记忆"，过目不忘。现在从已出版的《钱锺书手稿集·中文笔记》反映出的钱先生日常的读书生活来看，更重要的恐怕还是勤奋做笔记？

王：确实如此。《中文笔记》一个重要的方面，就是能够最原始地反映钱锺书先生的读书生活，而对于钱先生这一代学者来说，读书生活也就是他们的学术研究生活，我们阅读《中文笔记》就可以在大师的手稿中体悟他的治学之道。钱先生的治学道路与方法，和他读书的方法，在某种程度上说，是合二为一的。这是部分老辈学者治学的特点。我们现在来看，学术研究有两种情况，一种就是当前的课题模式，先确立课题，以某种理论贯通，寻找架构，组织材料，写成著作。一种就是某些老辈学者，像钱先生那样，是从目录学入手，由目录而读书，一部一部地读下去，以此为基础，随读随记，从而得出某些观点。这是两种在不同历史时期出现的不同的治学方法，我们暂且不予评论好坏。但钱先生这种治学方法在我们学术史上是具有很深历史渊源的，比如钱先生在《中文笔记》里抄的一部南宋黄震的《黄氏日抄》，就是抄书而成的著作。更有名的，则是顾炎武在《抄书自序》里所记其嗣祖父"著书不如抄书"的家训，顾氏秉承此训，四方访书抄书，以求从"多见"而"识之"，进而达到"知之"的问学之途，对其著成笔记名著《日知录》起到很大作用。

从钱先生的家学渊源来看，钱氏父子，志在集部之学。钱基博先生担任光华大学文学院院长时，在《光华大学半月刊》上发表《读清人集别录》，其引言中说："儿子锺书能承余学，尤喜搜罗明清两朝人集。以章氏（学诚）文史之义，抉前贤著述之隐。发凡起例，得未曾有。每叹世有知言，异日得余父子日记，取其中之有系集部者，董理为篇，乃

七、钱锺书与《钱锺书手稿集》

知余父子集部之学,当继嘉定钱氏(大昕)之史学以后先照映,非夸语也。"其中反映出钱先生在念书时即有笔记。钱氏家学强调读书,以目录学为导向,一本一本读下去,从而寻找研究道路。

《钱锺书手稿集》是钱先生生命的外在形式,他并不是把学术研究当成职业,而是他的志业。"职业"与"志业",一字之差却相去万里。如果没有这种立场,钱先生也不会留下《手稿集》这么一大笔学术财富。我可以举两个例子,在第十六册有一部分是读柳宗元集的笔记,我第一次看到时十分吃惊,因为钱先生的手迹一般来说还是比较清楚的,虽常用草书,但基本规范,可是这一部分的字却写得歪歪扭扭,多在行格以外,猛看起来连小学生的字都不如。怎么钱先生的笔迹会这么乱七八糟呢?后来在书影下看到杨先生识语,这一册应当是在 1974 年至 1975 年间的笔记,"观《柳河东集》以后笔迹,可知'流亡'期间,哮喘,急救后,大脑皮层受损,手不应心"。所谓"流亡"期间,指的是与邻居不和,迁居文学所办公室的那段日子。从这个例子可以看出,钱先生在重病未愈时,便开始做读书笔记了,这种勤奋、这种毅力,是十分罕见的。

另外一个例子,第十七册读《郑孝胥日记》,注明为劳祖德整理本。劳祖德整理本《郑孝胥日记》的出版时间在 1993 年 10 月。钱先生这条笔记一共写了 40 页,篇幅是比较大的。而在 1993 年上半年钱先生动了一次大手术,摘掉了一个肾,1994 年 7 月又发现了膀胱癌,进了医院就再也没出来。读《郑孝胥日记》的这 40 多页笔记,就是他在这两次大手术中间做的,在这种身体状况极其恶劣的非常时期,他依然手不停抄,"日课"不辍。

大家都知道钱先生学问博大,不管是崇拜他的人,还是质疑他的人,都公认这一点。这里面固然有天赋的原因,即钱先生记忆力确实特别好,但主要恐怕还是勤奋。他连《红楼梦》、《水浒传》这样的常见书也大段大段地抄下来,这一方面可能是用以写作参考,因为他家是不藏书的,另一重要方面恐怕也是帮助他记忆。钱先生学问之博、记忆之强的谜底,正可在这里揭开。所以说这些笔记,是他生命的一种外在实现形式,这是令人感动的。

(四)钱锺书的读书兴趣

侯:您曾说过,钱先生最喜欢《西游记》,但《中文笔记》中《三国》、《水浒》、《红楼》都有笔记,很奇怪,却没有关于《西游记》的笔记。

王:这个原因还真不敢乱说。钱先生读《西游记》多达十几遍,《管锥编》也引及50多处,《容安馆札记》在最后第800则,是论《西游记》的,讲猴入马厩,可免马疫,因而孙悟空被封"弼马温"(避马瘟),但《中文笔记》中一时还未发现片言只语。《中文笔记》由残页、大本、硬皮本、小本等组成,残页保存情况不佳,有无《西游记》材料?或者散入他处?不妨举个例子。初版《宋诗纪事补正》第11册书端书影,原有钱先生手抄李清照《金石录后序》、《词论》、《打马图经自序》、《打马赋》等文,整理者不知原委,一概阑入他的《宋诗纪事补正》。钱先生批云:"不要,这是我自己摘录供参考的,那时候没有《李清照集》也。"说明他抄书"摘录供参考"已成习惯了。类似李清照的这些材料,按其著述体例,可以归入《中文笔记》。

你关心《西游记》,我则留意他的一首送夏承焘先生的七律。《夏承焘日记》1959年5月的记事中,有《自京归杭得钱默存示诗感近事奉报一首》,事关钱先生《宋诗选注》受批判、文学研究所请夏老撰文"平反"事。夏老在诗中以"是非易定且高枕"相劝慰,但实际情况相当复杂,阴晴不定,馀悸犹在,引起我追索钱先生原唱的兴趣,他一生是很少麻烦别人的。《中文笔记》保留不少《槐聚诗存》以外的作品,却不见此首。凡此都说明现有的手稿集并不是钱先生手稿的全部。

侯：从《钱锺书手稿集》看，您觉得钱先生读书有什么特点？他的兴趣好像特别广泛？

王：我们曾经对《容安馆札记》三卷本的内容分布作了一些初步统计：从传统经史子集四部来看，主要在集部文献；从朝代来说，主要集中在宋、清两朝典籍（如宋金元诗文有290多则，达550多页，明清诗文有170多则，达500多页，所占比例甚大）。这与《谈艺录》的情况是一致的。《中文笔记》有个好处，前面有目录，但我还没据以进行细致分析、统计，初步印象依然还是以别集为主，以宋、清两朝为主。所涉显得更广泛，可以说无书不读，毫无雅俗、难易、熟僻之别。杨先生说，钱先生读很俗很俗的书，也会读得哈哈大笑，很艰深很艰深的书，也可以一遍一遍兴致盎然地看。比如前面说到《中文笔记》里，连《红楼梦》也大段大段地抄。比如佛经，是比较难读的，义理的辨析也是很艰涩的，但钱先生也做了许多这方面的笔记。有的学者对中国"为学未有欢喜境界"表示不满，但是我想钱先生是达到"一片欢喜"这个境界了。他这么大量地抄写，一方面当然是做学问，一方面也是一种趣味，否则他不会不管什么书，只要是字写的东西，他都有兴趣。这是钱先生远离外部喧嚣世界、独立经营的一片精神园地。

（五）私密性与资料取舍背后的深意

侯：您前面也谈到《钱锺书手稿集》的"私密性"，钱先生的读书笔记中哪些方面表现出这一特点？

王：读书笔记的写作与将要公开出版的学术著作，显然是不一样的。学术著作有明确的预设读者，而读书笔记主要是留给自己查阅，因而里面很自然也就有极为私密的一些内容。这些内容包罗比较广泛，有些是很有趣味的。比如第一册中记载夫妻俩在牛津大学读书时，曾经争论孔子究竟最喜欢哪个弟子，是颜回还是子路？夫妻俩统一看法,孔老夫子最喜欢的是子路。又比如钱先生想蓄须,杨先生笑他装模作样,他也就只好剃掉了。这些家庭生活,多有记录。《中文笔记》中还反映出钱先生广泛的兴趣,比如钱先生看了南薰殿帝后像,他把那些帝后像的各种胡须、眉毛样式都描画下来,并且颇有兴致地评论一番,哪种样式好看。这些完全是个人趣味。

另外一些私密性的笔记,是不太可能在公开场合发表的,比如说对章士钊《柳文指要》的批评。"文化大革命"中,学术著作万马齐喑,唯有两部书流行,一部是章士钊《柳文指要》,一部就是郭沫若《李白与杜甫》。钱先生评《柳文指要》:"此书与郭沫若《李白与杜甫》同意相类,均为逢迎主意之作。"接下来,钱先生引用了明代祝允明《罪知录》的一段话,祝允明是同时斥韩尊柳、斥杜尊李的,那就是说郭沫若和章士钊,加在一起也不过就是一个祝枝山。王士禛《香祖笔记》中曾经斥责祝枝山"肆口横议,略无忌惮"。钱先生对章氏批评得非常犀利:"为柳之佞臣已殊可笑,因而不恤为韩之谗人,则可笑且可厌矣,于韩之文、之人及一语尊韩者,莫不丑诋",乃至以"恶讼师"谥之。最妙处在于,章士钊曾经说他一生学"柳文之洁",钱先生就把他《柳文指要》的"总序"摘抄了160多字,指出十条缺点,都切中肯綮。比如章序中有云:"夫学问者,不足之渊泉也。"钱先生评云:"耗矣哀哉,不通竟至此乎?学然后知不足、学无止境之意,忽欲翻新作词藻,遂成笑柄。"必欲以"渊泉"比喻"学问",也应该是"不尽之渊泉"、"无限之渊泉","渊泉"之"足"与"不足"又如何分疏与理解?钱先生的"耗矣哀哉",当然不如"呜呼哀哉"常见,但此语却非"翻新作词藻",早见于《汉书·董仲舒传》,是有"来历"的。章士钊序中赞扬柳宗元"所用助字,字字叶于律令"而贬斥韩愈之"泥沙俱下"。钱先生又巧妙地揭橥章序中自己使用助字之不当,"以子之矛,攻子之盾",辩驳有理有力。我们知道,钱基博先生在《现代中国文学史》中对章文有过甚高的评价,他说:"士钊既名重一时,出其凌空之笔,抉发政情,语语为人所欲出而不得出，其文遂入人心，为人人所爱诵，不啻英伦之于艾荻生焉。"父子俩对章士钊前、后期文章的一褒一贬，似都有文章以外的政情、人格因素在，赞扬的是对其"抉发政情"、表达民意的肯定，批评的是对其"逢迎主意"的不齿。

另外在《中文笔记》中，还能找到许多钱先生的旧体佚诗。他年轻时很爱创作，后来编选《槐聚诗存》，应酬之作不选，嘲谑之作不选，为人捉刀之诗不选，钱先生是反对人家在《槐聚诗存》以外再去找他的诗歌的。《中文笔记》中留下他的大量诗作，特别是他在国立蓝田师范学院时期的创作特别多，基本都没选入《槐聚诗存》。我们从研究角度来看，这些诗还是很有价值的，可以从某些方面了解钱先生的一些想法。比如有首《答效鲁见嘲嗤》："石遗未曾师，越缦堪尚友。一长有可录，二老亦不朽。伊余陋独学，闻道生已后。……无师转多师，守墨非墨守。惟有空诸傍，或可虚尽受。"这首诗真实表现了钱先生对待学问广采博取、不主一家一派的态度。类似的材料还是值得我们去搜罗、研究的。

侯：《钱锺书手稿集·中文笔记》出来后，《文汇报》有长篇报道，题为《心得尽在笔记取舍和材料钩沉中》，但我们如何才能有效地通过这样的著述形式去体味钱先生的心得呢？这好像比较难。

王：《文汇报》的这个标题取得很好，抓住了《中文笔记》的特点。《中文笔记》基本部分是抄书，但抄书为什么抄这条而不抄那条，这种取舍确实蕴含着钱先生的读书心得。另一方面也确实如你所言，这也是我们研究这部书最大的困难。在目前情况下，要读懂《中文笔记》，比读懂《管锥编》、《容安馆札记》更困难，毕竟《容安馆札记》眉目还是清楚的，钱先生的评语也还比较多。《中文笔记》许多地方就只有材料抄录在那里，我们恐怕是真的读不出钱先生的心得。

就我目前的阅读感受来说，可以有两个办法，第一个办法，《中文笔记》里有少量的眉批和行间的短批，三言两语，文字虽少却很重要，这自然是了解钱先生心得的重要途径；第二个办法，就是充分利用钱先生自身著作之间的"互文性"，我们可以将钱先生留下的著作看成一个系统，中间有许多相关的问题相互勾连、相互映照，这则材料在《谈艺录》、《宋诗选注》、《管锥编》或者《容安馆札记》中，他是不是用过？如果用过，那么我们可能就会知道钱先生抄录的这则材料意义之所在，从而体会钱先生笔记的心得。

比如，钱先生生病期间"手不应心"写的读柳宗元集，记下了柳宗元的《南霁云睢阳庙碑》一文。大家知道，韩愈写过一篇《张中丞传后叙》，里面有个人物叫南霁云，柳宗元这篇文章就是给南霁云写的庙碑。钱先生为什么要记录这篇文章呢？他有批语云："俪偶之文。黄震曰：晦翁考为晚年所作，其自赎以从俗耶？"可见，钱先生记录这篇文章，其用意在于注意到了柳文的文体是骈文而非古文，这对于更全面了解韩柳古文创作与古文运动的关系，是有意义的。黄震自己的考证，认为这篇文章是柳宗元的"少作"，又引朱熹考证为晚年之作作为注文。很明显，钱先生把这些材料抄录在这里，是从古文与骈文的关系中注意到这篇文章的。

又比如韦庄《秦妇吟》，共1666字，大概是最长的唐诗了，钱先生将它全文抄录。关于《秦妇吟》我有更多的感受。当时我在文学所参加《唐诗选》的工作，一般唐诗选本是不选《秦妇吟》的，那时恰好政治环境相对宽松一点，我就提议《秦妇吟》可不可以选入。选入理由一是黄巢起义这个重大历史事件，在这首诗中得到较全面的反映；另外我国诗歌像这么大篇幅的长篇叙事诗比较少，它在叙事艺术上有所发展。后来钱先生对我说，中国的叙事诗，结尾好的不多。《秦妇吟》假托秦地女子，经历了黄巢动乱逃出来，遇到作者倾诉，全诗以秦妇的第一人称叙述下来，结尾突然说"避难徒为阙下人，怀安却羡江南鬼"。韦庄写作此诗时要投奔镇海军节度使周宝，这篇作品是要投献周宝的。从全诗来看,结尾是存在缺陷的。当时钱先生跟我谈的不多,这次看《中文笔记》,里面就说得比较清楚了。他抄录《秦妇吟》后,批了三条意见,首先是评结尾:"一味颂祷,浑忘已与此妇对话。参观少陵《石壕吏》'天明登前途,独与老翁别',香山《琵琶行》'座中泣下谁最多,江州司马青衫湿',两种结法。"钱先生认为《石壕吏》、《琵琶行》的结尾和前文是呼应的,《秦妇吟》的结尾完全脱离前文叙述。其他几条,这里不谈了。可见这些少量的评语,为我们了解他的心得,指示了途径。

(六)寻找《管锥编》续编

侯:有些人认为《钱锺书手稿集》其实是钱先生咀嚼过的剩下的没用材料,您怎么看?从《中文笔记》中,我们能看到钱先生未完成著作的端倪吗?

王:这是一个大大的误解。《中文笔记》绝对不是用剩的边角料,也不是咀嚼多遍的废渣,它仍然是一部具有独到内容和学术价值的著作。别的且不说,至少我们可以从中寻找"《管锥编》续编"。

钱先生《管锥编》出版后,他自己在多个场合说过将有续编的,至少有《全唐文》,有韩愈,有杜甫。有的在《管锥编》里还注明了。比如论《全唐文》,我们在《容安馆札记》中摘录到十万多字。我想,在《中文笔记》中应该有更精彩的内容。

钱先生说要写韩愈,从《中文笔记》中,我们发现他对韩愈的看法是非常独特的,可能会直接影响到我们目前对韩愈的研究。韩柳古文运动,新中国成立以后,一段时间内是充分肯定的。因为当时我们也强调文学要为现实服务,为政治服务,而韩愈古文运动的主要口号就是"文道合一,以道为主"。这个观念和当时政治上的文艺要为无产阶级服务,为工农兵服务,在某种程度上有契合的地方,所以那时对韩柳古文运动的评价是较高的。新时期以来,我们的文学观念有所改变,强调要回归文学本身,讲究文学的艺术特点等,所以对韩柳古文运动的评价,就低了些。一些重要的文学史著作,就把韩愈的古文运动,归结为功利主义的教化中心论,认为韩愈把文学当做政治的附庸,成为传道的工具,评价比较低。我原来有个看法,把古文运动定位为"借助儒学复古的旗帜所进行的一场关于文体、文风和文学语言的改革运动"。韩愈当然是要传道的,但传道仅仅是他的旗帜,他的中心还是在传文。苏东坡《潮州韩文公庙碑》评价韩愈"文起八代之衰,道济天下之溺",从文和道两方面对韩愈进行评价,文、道并举,当然是对的。在韩愈的主观上,是既要传道,又要传文的。但从他的理论本身和写作实践来看,他真正传道的文章并不多,主要就是"五原",他大量的文章都是有感而发的。如果他仅仅是要将文章作为政治的附庸,那么韩愈的散文艺术恐怕就无法取得这么高的成就。这是我原来的看法。这次阅读《中文笔记》,看到钱先生的评论,我觉得有点底气了。在《中文笔记》第10册钱先生论韩愈道与文的关系,从李汉的《昌黎先生文集序》讲起,这篇序言一开始就说"文者,贯道之器也",但李汉一路写下来,却只是推重昌黎之文而不及其道,他所谓"摧陷廓清"所言就是文,是"先生于文摧陷廓清之功"。钱先生又举了一些具体例子,昌黎的《答窦秀才书》里说自己"发愤笃专于文学",《上兵部李侍郎书》里说"性本好文学",《与陈给事书》里说"愈也道不加修,而文日益有名",最后钱先生说"皆分明主'文'","可见昌黎为文与学道,分成两橛"。钱先生论韩愈《原道》,称赞"仁与义为定名,道与德为虚位","两语精工",接下来一段"辟佛语已透宋儒辟佛之说":"今也欲治其心,而外天下国家,灭其天常;子焉而不父其父,臣焉而不君其君,民焉而不事其事。"钱先生说"领袖之道,尽此数语",意思是说韩愈举起辟佛的旗帜,也就只说了这么几句话而已。所以,韩愈在儒学上,并未独立成家。从这里来看,韩愈古文运动的性质,究竟是偏向"文",还是偏向"道",应该从他的写作实践本身来进行定位。

另外,关于古文、骈文、八股文之间的关系,钱先生在《中文笔记》中也多有讨论。钱先生对骈文是非常喜欢的,他隶籍常州,常州是清代骈文重镇。钱先生在给别人的信中,谈到他对常州先哲们的骈文,多有能背诵的。他对骈文的起源问题,早在清华读书时,就有所论述,见于他的《上家大人论骈文流变书》。钱先生对唐代韩柳与骈文的关系,也有自己的看法。他说韩愈偶然也写骈文,但写得不好,"木强质滞",柳宗元的骈文比较圆熟,但也"未有工丽"。原因在于,韩柳对于骈文的态度有一些区别。韩愈虽写骈文,但是不屑为之;柳宗元能写,但是未能升堂入室。这个看法,与前人的见解多有不同,颇堪重视。关于骈言俪语与八股,钱先生认为"八股实本之于骈俪之文"。他举了两个例子,一个是韩愈的《原道》,认为此文开八股之先河,这个观点在《容安馆札记》中已经有过,《中文笔记》里又出现了。《原道》开篇"博爱之谓仁,行而宜之之谓义;由是而之焉之谓道,足乎己无待于外之谓德",就是八股文中的破题。该文的篇章结构,也是符合后来八股文起承转合的标准的,暗藏八股结构。《原道》是韩愈第一篇传道之文,这篇文章在韩愈手里,讲究的还是表达方法。钱先生认为,八股之文,后来越来越僵化,自然不足道,但从八股文中抽象出来的"起承转合"的思维模式、逻辑推理的规律,从文章写作角度来说是对的。即使像《原道》这样的应用性文字,在钱先生看来,韩愈最讲究的还是在于文章写作本身,钱先生还是从文章审美的角度来评价的。另一个例子是柳宗元的《国子祭酒兼安南都护御史中丞张公墓志铭》,这篇墓志中有两长联,钱先生引述清人汪琬《松烟小录》的观点,指出"骈体长句,似为后世制艺中之二比",也就是说柳宗元的骈文已有八股的气息。这样的观点,值得重视。钱先生读《全唐文》的一些论断,是值得我们深入思考的。

由上可见，不是有了《管锥编》，《中文笔记》就没用了，《中文笔记》里有许多钱先生还没来得及发挥的好东西。

（七）精微·会通·自得：钱锺书的学术境界

侯： 从宋诗研究角度来说，您认为《钱锺书手稿集·中文笔记》提供了什么新东西？您阅读《中文笔记》最强烈的感受是什么？

王： 从宋诗研究角度来说，我首先关注的就是苏东坡。因为苏轼是宋代最大的诗人，但是钱先生除了在《宋诗选注》里给他写了个小传，《容安馆札记》里没有专门的读苏条目，而在《中文笔记》中却发现了多处评论苏轼的批注。比如他评竟陵派谭元春《东坡诗选》十二卷。谭元春提出，当时有人认为"东坡诗不如文，文通而诗窒，文空而诗积，文净而诗芜，文千变不穷，而诗固一法足以泥人"，而他认为"诗或以文为委，文或以诗为委，问其原如何耳。东坡之诗，则其文之委也"。钱先生批道："议论好。乃谓东坡之诗太尽也，自是的评。"之后，又引了许多古人的评论。钱先生这段批语，实际上牵涉到苏轼以文为诗的问题。我们一定对钱先生在《宋诗选注》中谈苏轼诗歌的比喻印象很深刻，特别是他谈苏轼《百步洪》中的"博喻"，比之如车轮战，让人应接不暇。这是从正面的修辞效果来说的。从反面来说，也就是"尽"，不留馀地，这实是散文的写法。在《中文笔记》中，钱先生还对苏诗进行了一些考辨，也多有收获。

还有一个诗人王令。王令是钱先生很喜欢的宋代诗人，本来文学史不太注意他，但钱先生在《宋诗选注》中将他评为"宋代里气概最阔大的诗人"，在宋诗浪漫气息普遍缺乏的情况下，王令是比较特殊的。由于钱先生的表彰，我们在文学史研究中也就开始比较在意王令了，这是宋诗研究中比较重要的一件事情。但《中文笔记》里有这么一条："阅王逢原《广陵先生文集》毕。古诗奇崛而优闲，极得昌黎之秘,但肌理逊其密致,词藻输其古茂,遂亦如慢肤多汗耳。亦时时参以玉川、东野。近诗太粗直,文亦排奡而恨繁冗。死才二十八岁,诗中多叹老嗟卑语,又多老师宿儒正襟危坐道学语。"从《中文笔记》到《宋诗选注》,对王令的评价,有同有异:诗风奇崛,学韩、孟等是一致的,但又从宋诗的整体风格中,突出他是"气概最阔大的诗人",从这个着意强调中又可以体会他对王令评价的精进,永不僵化。

我现在读《中文笔记》,最大的心得就是钱先生评论同一个作家,总是从不同的角度切入,许多都有细致的差别,甚至还有整个评价完全相反的,这当然是另有原因的。比如对华岳的评价,在《宋诗选注》中是完全肯定的,是"爱国志士",但在《容安馆札记》中批评得很厉害。这个原因是很显然的,就是编《宋诗选注》时政治风气的影响。我感兴趣的是艺术评论,在不同的语境中,钱先生对同一个作家的定位大致相同,但仍然有许多审美批评上的差异,这些差异没有对错之分,而是由于切入角度不同带来的。举两个例子,一个是王安石,另一个是梅尧臣。我在《文学评论》上发表的《〈钱锺书手稿集·容安馆札记〉与南宋诗歌发展观》一文里也谈到这个问题。钱先生在《谈艺录》、《宋诗选注》、《谈艺录》补订本、《容安馆札记》、《中文笔记》等书中都对梅尧臣诗歌有所评论,而这些评论又都存在一些细微的差别。比如《谈艺录》中以为梅诗不能与孟郊诗并肩,缺点明显;在《宋诗选注》中词锋犀利而揶揄,说梅诗"'平'得常常没有劲,'淡'得往往没有味";重订《谈艺录》时,他又说读《宛陵集》"颇有榛芜弥望之叹"。在《容安馆札记》中,钱先生评梅尧臣的诗说:"力避甜熟乃至遁入臭腐村鄙,力避巧媚乃至沦为钝拙庸肤,不欲作陈言滥调乃至取不入诗之物、写不成诗之句,此其病也。"也就是说,梅尧臣诗歌缺点之所以出现,是有其原因的,乃是他要力避甜熟、力避巧媚,不作陈言滥调,是要改革当时诗风而出现的。这是从诗歌发展史的立场上来评价梅尧臣,而不是封闭式地谈梅诗的缺点。虽然与之前的评价总体相似,但切入角度不同,这是相当深刻的。而在《中文笔记》中,他说:"宋诗之有宛陵,如唐诗之有次山(元结)……造语平质近拙,而意思能细折,直起直落,全无腾挐作势取姿之态,唐宋两代,绝无仅有。"这些评价,在之前是没有的。

我们看钱先生的学术评论,有人疑惑究竟哪个观点是钱先生真实的见解,因为总是存在一些不同的说法,似乎总是在改变,他曾经开玩笑给自己一个谥号"钱文改公",他的著作也不断地在改。我觉得,原因在于对象本身的多元性,容许也应该从不同方面进行解读,所以在他的学术研究中,没有唯一的结论,更没有最后的结论。他早年写《中国文学小史序论》就曾经强调文学无法定义,他说文学像"天童舍利,五色无定,随人见性"。这句话看上去玄乎,带有不可知论的味道,但实际上是深刻地把握了文学的本质,各种事物也好,文学现象也好,总不是单方面的,而是多方面的。这是我个人此次粗读《中文笔记》最大的感想。

王安石是另一个突出的例子。钱先生在《谈艺录》中,总评王诗时有褒贬,但贬重于褒,尤其是对其"巧取豪夺"的指责:"每遇他人佳句,必巧取豪夺,脱胎换骨,百计临摹,以为己有",可谓入骨三分。在《宋诗选注》中,那句"后来宋诗的形式主义却也是他培养了根芽",分量很重,在当时的学术语境中,这一贬斥,带有毁灭性质。《容安馆札记》只见少许赏会作品之语,未见总体评骘意见。《中文笔记》第二册中却有一大段评述:"荆公兼擅各体,而五七古、七绝尤为粹美。其古诗凝而不生涩,有力于欧,逸于梅,劲而能适,未酣放耳。其以文为诗处,直起直落,北宋无第二人。惟说理语、参禅语太多而不佳。五律雅有唐音,往往有似摩诘(如《半山春晚即事》《定林》《即事》《自白土村入北寺》)……拗相公恬淡如是,亦一奇也。七律对仗精切,一代无两,笔气矫挺。惜太半为词头所坏,纯粹者少。七绝则几乎篇篇可传矣。大体论之,荆公诗劲挺,是其所长,稍欠顿宕开阖,故笔阵轻疾,稍□单□。要之是大作手,不下东坡,袁随园、潘养一辈正未知也。"这段200字左右的总评,除个别处外,均是颂扬一片,这在钱先生的评诗中极为罕见,"不下东坡"的"大作手"之评,尤为醒目。将其与他的其他评论王安石诗歌的意见"捉置一处",对勘互验,更会引出一系列的问题:是视角不同,横看成岭侧成峰,因而结论有异?是写作的具体时期、背景不同,评诗的标准有所调整?各处所言各有侧重,都非率意之笔,有其自己的理路与立场,但又如何综合考量?王国维评周邦彦,从词品拟为"娼妓"到"词中老杜",至今仍是词学研究中的一道难题,钱先生似乎也提出了相类的新课题。

侯:曾有一种说法,钱先生的治学只是为卖弄记忆,而不是真正的学术研究。您对这种论点怎么看?

王:辞世不久的朱维铮教授,曾经长期担任上海电视台《大师》节目的顾问,他留下两句中肯的话:评价大师不要陈义过高,也不能谬托知己。我很认同这两句话,我们不能因为心存崇敬之情,而与研究对象粘合得太紧,但是,对钱先生留下来的学术遗产,我们又很难真正地贴近,很难真正洞悉他的底蕴。钱先生留下来的著作,绝大部分都是传统著作形式,《谈艺录》是诗话,《宋诗选注》是选本,《管锥编》是笔记。他的论文,从《旧文四篇》到《七缀集》,也与一般的学院派论文不在一个路数。虽然著作形式是传统的,但它们的内容却完全是新的,完全是用现代人的眼光对古今中外文学现象、文学资料的梳理、分析与阐发。在这些著作中,《手稿集》的形式是碎片式的,其内容及意义"所指"是不确定的,"能指"更是多意域、多向度的,怎样去接近钱先生创造的学术世界和达到的学术境界,是我们面对的重要问题。由于这些原因,《钱锺书手稿集》从学术层面进行解读的还很少,是需要我们艰苦努力地去钻研的课题。

几年前我曾应邀为台湾一家研究机构题词,写下了明代思想家王廷相的三句话："潜心积虑以求精微，随事体察以验会通，优游涵养以致自得。"精微、会通、自得，当时我心中想到的就是钱先生的学术境界。钱先生的生命与学术是合二为一的，他的读书笔记就是他外在的生命形式，我想，从某种意义上来说，钱先生这样的学者才是在进行真正的学术研究，而不是相反。

八、宋代文学研究的前沿问题

（一）和《文学遗产》的因缘

侯：钱先生去世十来二十年了，您在复旦也已经待了三四十年，后来和文学所的联系还多吗？

王：离开文学所之后，当然也有许多联系，有些老同事在学术上还有许多接触，也有一些私人交往。比如前些年徐公持先生还来过复旦，我们也聚了聚。他比我小几岁，晚几年进所，后来当了《文学遗产》的主编。也是由于《文学评论》、《文学遗产》这些重要刊物的缘故，和文学所的联系一直没有断过，包括后来陶文鹏、刘跃进主持《文学遗产》，我在上面也都发过文章。

《文学遗产》是我们古代文学界最高级别的刊物，在我个人的治学道路上，和我关系是很密切的，我是他们的作者，也曾经是他们的编委，现在是顾问了。提起这个刊物，我很怀念《文学遗产》早期的几位编辑人员，特别是陈翔鹤先生。他写过《陶渊明写挽歌》，"文化大革命"中也因这篇小说受累。翔老是一个非常好的主编。他原本是四川文联副主席，调到北京，在作协的古典文学部当副部长，负责《光明日报》的副刊《文学遗产》，后来调入文学所。他来上班就用一块布包上收到的来稿，说："我的责任就是这包东西里的好文章不能落下。"他非常认真负责。可惜在"文化大革命"中去世了。除了那篇小说连累了他，他也发过一些牢骚。比如调到北京后，他就说"房子越住越小，车子越坐越大"，从小轿车变公交车了嘛。所以"文化大革命"中就受到迫害。他究竟怎么死的，我现在还不太清楚。他对我们这些后辈非常照顾，非常关怀。我第一篇学术文章发表在《文学遗产》，那时就是他主编，他非常诚恳，跟我说："王水照，你的文章是我照顾你，给你发的，水平还不够，以后要努力。"我听了之后非常感激，他是非常真诚的，希望我们年轻人能够上去。后来我碰到《文学遗产》的通讯员，就是各个大学选的一些青年教师或者学生，都非常怀念翔老，因为他对大家都非常好。所以，这本杂志，我一直希望同学们多翻翻，看看现在的古代文学界在想些什么、关注哪些问题，文章该怎么写，触摸一下当前学界的"脉搏"。

侯：您的许多重要文章也都是发表在《文学遗产》上，《文学评论》倒是少一些。

王：比起《文学评论》，《文学遗产》是古代文学研究专刊，用稿量大得多。它以前是《光明日报》的副刊，前两天还在上海的《社会科学报》上看到陈四益《〈西厢记〉："春秋之笔"的公案》一文提到《文学遗产》。陈四益是我们复旦中文系的系友，他这篇文章谈到康生在《文学遗产》上发表了一篇论文，拿《董解元西厢记诸宫调》（董西厢）同王实甫杂剧《西厢记》（王西厢）作比较，认为"董西厢"优于"王西厢"，原因在于将"王西厢"第四本第三折与第四折中一些写景的词句与"董西厢"作对比，本来应是秋景，而"王西厢"却写的是春景，以此嘲笑古代文学专家们，这么大的问题都看不出来，水平不过尔尔。陈四益认为康生写这篇文章，主要是对毛主席在八大二次会议上"破除迷信，不要怕教授"之说的响应。现在中央领导不会来谈什么具体的文学问题了，不会直接参预我们的古代文学研究。但以前不一样，毛主席要对具体的文学作品发表意见,党内一些高级"笔杆子"也要对一些古代作品发表见解。对于文学研究者来说,怎么去面对他们的这些观点就是一个问题。当然,像毛主席说《红楼梦》是写"四大家族",这个观点是不是完全只是谈政治,没有一点文学理论的价值,这个我们还可以讨论。我个人感觉,恐怕以后的《红楼梦》研究史上,毛主席这个观点会有一定地位。陈四益在这篇文章中又说,他没有找到康生发表的那篇文章原文,这也让我想起来一件旧事。因为我知道康生在《文学遗产》上发过好几篇文章,他当然不是用"康生"这个名字,用的是笔名"叶余"。这个我为什么知道呢,因为"文化大革命"时期,我是准逍遥派,也没啥事做,就把《文学遗产》的审稿单、初审意见、复审意见、主编意见全看了一遍,上面是署真名的,我就发现有几篇文章是康生的。这是《文学遗产》扯出的闲话。今年(2013年)是文学所建所六十周年,他们要我写文章纪念,但我时间、精力有限,就没有写,题了几句词,如果时间、精力允许,我是很想写写我和《文学遗产》之间的因缘的。

侯:在当代学术生态中,学术刊物确实扮演了很重要的角色,曾经有段时间甚至有人提出学术刊物引领学术潮流,这个说法可能有点过,但它们的作用确实不可忽视。这个作用有好的,也有坏的,有些刊物就起到了很坏的作用,什么高额版面费啊,增刊啊都来了,我们曾经嘲笑某本C刊叫"求财索命",呵呵。在这样的环境下,像《文学遗产》这样的刊物真的很难得,它坚持学术标准第一,但又不忘提携新人,发挥了很积极的影响。

王:是这样,一本刊物就是一个平台,把平台打造好了,是非常有利于学术争鸣与学术发展的。在当前的学术环境中,要办好一个刊物很难,除了要有充足的稿源,犀利的遴选眼光,较好的编辑素质之外,还要抵制许多不良倾向,但又要不断考虑经济问题。

（二）《新宋学》的复刊

侯：您这个说法是不是有切身体会？呵呵。比如您主编的《新宋学》就因为经济原因暂停了十年。

王：哈哈，确实如此。最近承复旦大学中文系帮助，也算复刊了。《新宋学》第三辑本想就"唐宋变革论"作一个专辑，那时我对这个命题有一些新的想法，包括我主持编译那套"日本宋学研究六人集"（第一辑）的前言写的就是《重提"内藤命题"》，恰好2005年我们邀请哈佛大学包弼德（Peter K. Bol）来复旦做了一个座谈会，并且形成了《座谈纪要》（该《纪要》后来发表在《华中学术》），包弼德的《斯文：唐宋思想的转型》具有"唐宋变革论"的明显印记。所以，我邀请了葛兆光、林继中、张三夕等一批学者，从各种角度探索这个命题的内涵，也包括陈正宏整理的内藤湖南关于《困学纪闻》的批注等，试图在唐宋文学研究领域对这个命题有所回应。我一直在考虑，宋代文学研究应该要有"理论性建构"，如果我们的研究完全是琐碎的"创新"，陶醉在"碎片化"的研究中，毫无重要的理论关怀，那是没有出路的。

我觉得"唐宋变革论"这个命题是有生命力与生长点的，虽然这个命题还有许多局限性，有些学者称其为"假说"，甚至带来了一些学术的遮蔽，但是它的这种理论关照，对于我们的文学研究无疑仍然具有启迪意义。可惜，《新宋学》这个专辑没能问世，这主要是经济上的原因造成的。后来，我看到了《唐研究》第11辑"唐宋时期的社会流动与社会秩序研究专号"对"唐宋变革论"这一命题作了深入的探讨，有补充修正，有辩驳质疑，特别是张广达先生的《内藤湖南的唐宋变革说及其影响》一文，从学术史的角度高屋建瓴地对此命题进行了梳理与总结，非常好。《唐研究》这一辑出版于2005年，《新宋学》当时如能正常出版也就在2005年左右，这样便能在史学与文学、唐与宋，两个领域、两个时段相互呼应，可惜未成，现在想来真是十分遗憾。关于"唐宋变革论"，李华瑞后来又编了一本论文集《唐宋变革论的由来与发展》，也聚集了一批有深度的文章，我觉得"内藤命题"确实提供了一个很好的平台，我们的文学研究依然可以从中汲取养料。

《新宋学》复刊，这也算完成了一桩心愿，这期已不可能再做"唐宋变革论"的专辑了，原来那些文章大部分都已经在其他刊物发表，所以我们只能重新组稿。本来我就将《新宋学》定位为中国宋代文学学会的会刊，当然，刊载内容则不限于文学。宋代文学学会我总结为一份名单（理事会名单）、两年一会（每隔一年举办年会）、三本刊物，就是《新宋学》、《宋代文学研究年鉴》、宋代文学年会论文集，除了《新宋学》未能及时出版，其他都非常顺利，特别是王兆鹏主编的《宋代文学研究年鉴》出版很规律，信息量也比较大，至今已经出了6本了，论文集也出了7本了，希望从第三辑开始《新宋学》也能走向正轨吧。

（三）宋代文学研究的交叉性课题

侯：您刚才提到了研究的"碎片化"问题，这好像是目前文史研究界普遍存在的问题，也是大家都注意到了并都想突破的焦点问题。大概如您所说，目前很多研究缺少理论性建构，没有大的关怀。您觉得就宋代文学研究来说，有哪些命题是值得注意的？或者说有些什么新动向？

王：我几年前提出当前宋代文学研究中的交叉性课题研究，特别拈出了文学与科举、文学与党争、文学与地域、文学与传播、文学与家族五个论题，并戏称为"五朵金花"。这并不表示在宋代文学研究中只有这五个课题，也不是说它们的成果最丰富，我之所以提出这五个方向，主要是因为就目前研究的成果来看，它们的内涵比较丰富，提出的问题比较多,有些问题比较有意思,对宋代文学研究的整体格局可能会提供比较有益的参照。

侯:嗯,您的这个思路在多个场合都提到过,以前您提宋代文学研究的"三重三轻",现在提"五朵金花",都是关系宋代文学研究整体格局的重大问题。但在这次赣州召开的第八届年会上,您又对交叉型课题中存在的问题表示了担心。

王:这次赣州会议的论文集是历年来最厚的,而且新人很多,学术事业后继有人,我比较欣慰。从论文集来看,保持了原来的整体水平,没有滑坡,也出现了一些好的题目,有了新面貌。比如你的那篇《南宋祠禄制度与地域文人群体》,还有中南大学叶烨的《论宋代公使钱制度的文学效用》,南京师范大学的程杰教授都在大会总结时表扬了。但我也感觉到一些问题。我现在提倡文学研究应该突破教科书模式。新中国成立以后我们的文学研究,我认为是文学史书写模式笼罩底下"自闭式"的学术生产。所谓教科书模式,就是以时间为序,以作家为纲的写法。作家作为文学研究的支撑点当然很重要,甚至可以说是基础,但是如果一直局限在点上,没有开拓,那么我们的研究就会出问题。我之所以最近总是提"五朵金花"交叉型研究,意图就在这里,希望能够打破旧有的研究格局。旧有的研究模式的缺陷,如果放到唐代文学中,可能看得更加清楚。唐代文学的研究,现在如果让我来指导博士生写论文,在作家个案研究层面上真的是相当困难,因为唐代文学的大、中、小作家都研究得差不多了,所以唐代文学研究恐怕更需要跳出旧有模式。宋代文学因为作家多,好多作家还没有研究过,按照旧有模式发展下去,保持个五年十年可能没问题,但是一直这样做下去,恐怕是没有更好前景了,所以我一直提"文化—文学"的研究思路。"五朵金花"的研究,我觉得现在最大的问题是学者们浅尝辄止,"见异思迁",不敢攻坚,碰到硬石头就绕路,如果脚步就此停留,那么这"五朵金花"就很难继续出现有分量的成果。这个现象在开封会议(2011年宋代文学年会)闭幕式上我就提出了,希望大家能够认准目标,坚持不懈。当然,"文化—文学"的研究一定不能文学错位,更不能文学缺位。

(四)文学与地域

侯:大概也是出于对文学缺位的担心,所以您对建立所谓的"文学地理学"学科有所警惕吧?

王:现在一些学者主张建立"与文学史学科双峰并峙的文学地理学科",并且筹备成立"中国文学地理学学会",我对此有所保留。我曾经写过《学科意识的自觉与学科建立的条件》一文谈这个问题,现在我的观点也没改变。就是在考察文学与地理这一特殊关系时,必须把握适当的度,也就是黑格尔所说的地理对于文学的影响"不能低估也不能高估"。黑格尔在《历史哲学》的《绪论》中,论及"历史的地理基础",他一方面肯定"自然"、"地理"是"'精神'所从而表演的场地,它也就是一种主要的,而且必要的基础";但又指出"我们不应该把自然界估量得太高或者太低:爱奥尼亚的明媚的天空固然大大地有助于荷马诗的优美,但是这个明媚的天空决不能单独产生荷马。而且事实上,它也并没有继续产生其他的荷马。在土耳其统治下,就没有出过诗人了"。"自然"、"地理"对于人类精神、精神产品的巨大作用,黑格尔作了充分肯定,但又坚决摒弃地理决定论倾向。他的这一基本观点,至今看来仍是十分精辟的。毫无疑问,中国古代文学具有显著的地域特征,在作家的地域分布和作品的地域流动上,有自己的特点和规律。但是中国长期是个统一的国家,遵奉的思想原则又基本一致,尤为重要的是使用同一的汉语言文字这一文学表达工具,因而能否从地域特征的基础上发展出真正意义上的"某地域文学"或

"某地域文学区",还是需要再加斟酌的。我个人的感觉是"大体似有,定体则无",处于疑似之间。试看《诗经》与《楚辞》,原是中原文化和荆楚文化的两种代表,但在秦统一以后的发展中,日益为各地区作家所共同接受与学习,诗骚成为中国诗歌的最初源头。《楚辞》没有发展出独立的地域性的荆楚文学,《诗经》更没有这种可能,它已上升为全民族文学共同尊奉的"经"了。

侯:我了解到有学者正在撰写一部《宋代地域文学研究》,不知道他这部书的架构如何,究竟是一部具体研究某几个地域的文学之作,还是一部理论建构与实证研究相结合的著作。如果是后者,倒是非常值得期待。

王:就宋代文学与地域这个论题来说,目前还没有足够丰硕的成果来支撑"宋代文学地理学"(如果真的有这么一门学问的话)。现在学者在议论建立学科,当然有一定的启发意义,但是如果不进行具体的研究,积累相当的个案,那么就只能建成"空中楼阁",得不到认同。我指导过一位博士生写过一个题目,就是《宋代江南路文学研究》。这篇博士论文从区域文学的角度探讨宋代文学,选择的区域又是包括宋代文学家最兴盛的江西地区,应该说还是很有学术价值的,这位学生的水平也不错,所以我一直比较期待,但是现在也还没有出版,因为这个题目确实比较难。一部文学与地域关系的著作,应该如何组织结构,应该包含哪些方面,应该重点论述哪些问题,应该充分利用哪些文献资料,这些问题现在都还没有彻底解决。现有一些研究文学与地理关系的著作,没有完全贯彻"采铜于山"的精神,只是将原来学界的成果进行了综合与建构,许多数据都不够准确,许多基础文献工作还没展开,还无法真正支撑一个新学科的建立。如果像《宋代江南路文学研究》这样的具体时段、具体地区的个案研究积累了一定的量,而且已经提供了足够的理论思考与实证成果了,那么我们才可能尝试提出是否可以建立"文学地理学学科"这个问题。否则，都是空对空，没有材料，没有问题，没有成果，是脱离了学术研究现状的幻想。我经常谈到20世纪的词学学科的建立。一批硕儒前贤的具体成果，让词学学科水到渠成地成立了。夏承焘先生对词学专题和词人年谱之学等的开拓，唐圭璋先生对词学文献的基础性建设，特别是龙榆生先生的理论思考。我们去读读他当年主编的《词学季刊》，几乎每期都能从建设现代词学学科的角度，提出重要而中肯的意见，示来者以轨则，开研究之路径。这样，再结合其他学者丰富的个案研究成果和具体论著，经过长期努力，终于建立起一门独立而成熟的词学学科。换句话说，一个学科的成立主要在于研究成果的积累，量变引起质变，到了成熟的时候，不需要鼓吹也会自然成立，那个时候我们就可以总结反思这个学科的一些理论与方法了。

侯：《东方早报》在2009年6月14日曾经刊载过署名郑天天的《创立一门新学科，谈何容易》一文，这篇文章主要是针对梅新林先生《中国古代文学地理形态与演变》一书的质疑，还提到了胡阿祥先生《魏晋南北朝本土文学地理》一书的先导作用，文章作者和您的担忧有些类似。

王：我倒不是要完全否定"文学地理学"学科，如果哪一天真的时机成熟了，我也乐观其成。但是就目前来看，你说成立"文学地理学学科"，那么是不是还可以有文学科举学、文学家族学、文学传播学、文学制度学、文学宗教学等新的学科成立呢？这一系列的东西，都是两个学科交叉形成的。我觉得，文学研究中跨学科的目的，是为了利用其他学科的研究成果、方法与视野来推进文学的研究，本位在文学，而不是进行两个学科的整合从而形成新的学科。这是两码事。两个学科交叉，是否就能产生一个新的学科，这不是拍脑袋说出来的，而是需要具体而丰富的成果来支撑的。所以，我现在的态度就是：你拿出成果来,我们就承认;没有足够的成果,那就不承认,呵呵。当然,一般意义上说说也没什么问题,我们常说的"龙学"、"红学"甚至"曹学"、"钱学"都可以,但这不是要建立一个新学科,而只是一种语言表达策略。一旦提到了成立学科的层面,那就要严格按照"学科"应有的标准去衡量了。

（五）文学与传播

侯：是的,我也注意到了一个现象,比如关于"文学社会学"、"文学传播学"、"文学心理学"的著作也不少,许多学者命之为"文学某某学"多数时候只是代表研究文学的一种方法、视野与角度,并不是要成立一个新学科。"文学地理学"这个词用得也比较广泛了,许多时候我们都只是把它看作一种方法与角度,没有人会怀疑文学与地理的密切关系,但若要将它提高到一个"与文学史学科双峰并峙"的新学科的高度,至少目前来看还不成熟。这次赣州年会上,除了文学与地域,您对数据统计在文学中的运用,特别是在文学与传播课题中的应用也表示了不同看法。

王：我在赣州年会上对文学与传播、文学与地域研究中存在的现象,谈了一些自己的看法,在年会上也引起了一些讨论。最开始我还是有一些顾虑的,因为批评的对象都是很好的朋友,也都是晚辈了,一个是王兆鹏,一个是曾大兴,他们的学问都很好,在这两个领域都非常有建树,但是我考虑到这是一个学术问题,不是针对个人的,更不带有任何私心,所以到了临开会的最后几天才决定把这篇文章提交讨论。

会议期间,王兆鹏送给我他写的《宋代文学传播探原》一书,这本书的前言是他和肖鹏的对话,内容很不错,谈到了文学传播这个课题的许多重要问题,可见王兆鹏对于文学与传播之间的关系有清醒的认识。我的论文主要是对《宋词排行榜》一书在统计学方法的使用上提出问题。会议期间我和兆鹏也交流了意见,我们基本看法一致,就是作为一种研究方法,统计学是可以引入文学研究的,但这种方法的缺陷也很明显,需要不断完善。我曾经和日本学者保苅佳昭编译过《日本学者中国词学论文集》,该书前言我总结日本词学界研究方法,第一条就是统计法,从定量分析入手进而定性分析,我认为"这种方法有时不免发生肢解统一形象、破坏艺术感受的偏颇,但应承认,在文学研究的一定范围内仍是相当有效的"。比如题材研究,根据《全宋词》去统计某种题材是词人热衷的,某个时段有某些题材涌现的现象等等,统计出来的数据当然是有说服力的。

侯:"排行榜"三个字本身就带有娱乐性质,这和王兆鹏先生所强调的学术性恰好形成冲突。其实王老师是在认真做这件事的,不过因为"排行榜"三个字而引起了许多争议。网上曾经出现过所谓的"死活读不下去排行榜",《红楼梦》竟然位居榜首,真实反映出传统文化精神在商业大潮中的失落,同时也说明"排行榜"确实是能迎合市场的一块招牌,出版社名之《唐诗排行榜》、《宋词排行榜》有抓眼球的目的。我也拜读了王兆鹏先生发表在《社会科学》上的文章《谈文学排行榜的评价指标与权重设置》,提到了典范性、美誉度、传阅度、名篇贡献率等指标,特别是要新增"名篇贡献率",以让数据统计变得更为科学。但这个概念我感觉有点绕,怎么确定是名篇?这个标准很难说。比如吴文英的词,在词坛影响那么大,他究竟有没有名篇呢?如果名篇需要接受度来确定,恐怕吴文英就没有多少名篇,大众之中知道吴文英的人恐怕还没有知道朱淑真的多吧。

王:我个人还有一个看法,就是统计学的方法在文学研究中使用要有限度。文学是人文学科,而统计的基础在于数据,这种方法对自然科学、社会科学和人文科学三个领域的作用不同。自然科学研究的对象相对客观，统计的数据能说明问题，比如流行病学，你统计出来某个时间段什么病最流行，致死人数最多，这些需要大量统计，而且统计结果对研究非常重要；社会科学中，统计学的方法已经有局限了，比如颇为大家诟病的"大学排行榜"，排名在前的是不是就一定比后面的好？这里面还有许多问题。而在人文学科里，统计学方法就更需要斟酌考虑了。比如讲文学家的影响，苏轼受陶渊明影响，我们能统计的常常是显性的，"和陶诗"多少首这很明显，诗句化用、意境化用多少次也是能琢磨到的；但陶渊明的创作精神、思想态度、哲学观点怎么影响苏轼，这就只能是排比文献，逻辑推断，而无法统计，只能定性研究，不能定量研究，所以统计学的研究是有限度的。有学者认为统计学的方法研究文学，"指标的设置越多，越趋向科学合理"，这个观点当然也有一定的合理性，但是，指标设置还要看指标本身的科学度，如果指标设置不科学，那么越多其实是越不合理。比如同样是宋词选本，专家选本和普及选本性质完全不同，代表的影响力也不同，但从数据统计来说都是同样一票；再如因为时代背景关系，宋词作品的影响也不同，抗日战争时期，恐怕没有哪一首词的影响力比得上题名岳飞的《满江红》。

而且我非常担心的是，花了大量的力气去统计数据，究竟有多少学术价值，有限的学术资源是否会因大量的数据统计工作造成浪费？这个资源既包括一般的学术资料，更包括人工、智力资源。文学地理研究里面也有类似问题，比如籍贯研究，一个作家的籍贯当然很重要，唐圭璋先生的《宋代词人占籍考》就是很好的文章，我们从中能看出词人大致分布在南方，词是"南方文学"，对我们认识词的传播甚至词的美学特质都有一定的参考意义。但是籍贯的统计也就止步于此了，如果再要花大力气去研究籍贯与文学的关系，就没有太多学术价值了。比如我常说欧阳修的例子，他籍贯是江西庐陵，生在四川绵阳，他有一定的庐陵情结，但是一定说庐陵带给他文学很大影响，身上有江西文学的特点，那就没法说了，因为他一生只去过一次。又比如我是浙江馀姚人，在馀姚念书成长，馀姚属于浙东，有很强的学术传统，但是我的学术是北京大学、中国社会科学院、复旦大学这三个单位的学脉，谁如果说我的学术受浙东学术的影响，那肯定是胡说的。所以，我十分希望学界把有限的资源用到刀刃上，不要做一些价值不大（当然不是完全没价值）的工作。

侯：先生谈的这些问题，我也深有同感。比如一篇谈家族文学的文章，列出了非常详尽的家族、姻族网络，七大姑八大姨都列上去了，我和朋友开玩笑说，被研究者本人生前可能都不清楚这么些复杂的亲戚关系，而这些关系对于说明文学问题毫无价值。当然，或许有史料价值。就是感觉好像大家在使用某种方法，或利用某些资料时，迷失在方法和资料本身之中，甚至可以说是沉醉其中，而忘记了初心。您曾经总结说这是"理论的晕眩，数据的狂欢"，精准而到位，呵呵。

王：不过从另一方面来考虑，如果这样的数据统计一直在做，形成一定的数据库，可供我们使用，谁的眼光独到，或许也能从中发现一些重要的现象。比如我们复旦历史地理研究中心和哈佛东亚系联合研制的《中国历史地理信息系统》（CHGIS）以及包弼德他们开发的《中国历代人物传记资料库》（CBDB）等，在研究宋代士人的交游网络上就很有用，从中可以发现许多课题。另外我也看到一本《宋代江西文学家考录》，因为我们已经有《全宋文》、《全宋诗》、《全宋词》的电子资料检索库了，这本书相当于把宋代江西籍作家小传汇编在一起而略作增补，价值有限，但如果有人做宋代江西地域文学研究能从中获得一些新数据，倒也不失其资料意义了。

（六）学术会议与文学研究

侯：下次年会不知道是否会有学者继续跟进您关注的这五个课

题,希望能够有人愿意啃硬骨头,出现一些新的、代表性的成果。自2000年推选为宋代文学学会会长以来,您的许多学科建设的观点都产生了重大影响,关于年会的组织您有什么新想法吗?

王:现在大学经费比较充裕,学术会议非常多,但究竟有多少会议产生了持续而积极的影响倒很难说。我最近呢注意到两个会议,一个是我们自己举办的三年一次的"中国古代文章学研讨会",花钱不多,不搞旅游,也没有什么开幕式、闭幕式,就是认认真真、扎扎实实谈两天学问,围绕的主题相对集中;另一个就是2013年暑假在杭州举办的"宋代文史青年学者论坛",宋代文学与历史的青年学者各十来人,还请了几位年长一点的学者点评,历史那边有邓小南、包伟民、虞云国,文学这边有沈松勤、王兆鹏、肖瑞峰几位,本来我非常想去,结果因为家里的原因没去成。大家跨学科交流,据说会风非常好,既敢于直率批评,又可以平和讨论,参会的青年学者都觉得很有收获。我就喜欢参加这样的会,所以也在想,我们的宋代文学年会能否也在形式上有所创新。现在的年会都是大会,每届参会都近两百人,这种大会有好处,能够广交朋友,互通信息,而且还能从提交的论文中看出整体研究趋势与走向,利于大家掌握前沿动态,也对调整研究格局和学科建设有启示意义。但是,大会的短处也很明显,时间短,人员杂,交流不深入,许多时候各说各的,无法产生更深层次的交锋。如果今后能够在年会的框架内,设置一些主题,邀请十来个同道,共同就这一主题撰写相关论文,形成小型论坛进行讨论,有"讨"有"论",因为论题相对集中,那么思想的碰撞就更深入,相互促进的效果就更明显。我们现在的年会分组,主要按文体分,诗、词、文、综合,这样分当然有好处,但如果再加入主题式论坛,那么就更丰富,更好了。

比如刚才说到的"唐宋变革论",我们宋代文学研究领域依然能够继续就这个话题进行探讨,由几位学者牵头,大家从各自熟悉的话题入手,形成小论坛。再比如我最近常提到的交叉型研究的"五朵金花"问题,也完全可以形成小论坛,群策群力,攻坚克难,这样恐怕比单打独斗更能促进学术的健康发展。这种论坛可以是总结反思性的,也可以是继续研究型的。我曾经在一次年会闭幕式上提到过,为什么我们的文学与科举、文学与党争、文学与地域等论题没有有效跟进,除了目前已经取得了比较好的成果外,其中一个重要原因就是题目深入下去比较难,仅仅以个人力量,很多时候不能深入思考,如果有几位同道相互激励,相互讨论,对目前研究成果进行总结,对一些疑难问题大家商讨,那么可能就要好许多。所以,我想宋代文学学会在每次年会时是否可以派生出这样一些小型会议,那么年会的"性价比"可以提高不少。

侯:据我了解,这样的论坛运作方式,在宋史学界似乎已经比较成熟,我们倒是可以向他们取取经。您提到的那个"宋代文史青年学者论坛"我也参加了,确实感觉收获很大,比如邓小南先生的点评,给我印象很深,要言不烦,切中关键。大家当时也都盼着您能去指教,这样宋史学会会长和宋代文学学会会长便到齐了,呵呵。

王:是啊,我自己也很想参加,可惜没有去成,希望以后这种形式的会议再多一些。我最近看到《文学遗产》上有一篇介绍你们在杭州开的"宋代文史青年论坛"会议综述,看后不过瘾,觉得太简单,又特别去看了网络版。网络版介绍得比较详细,每篇文章的优点与缺点都指出来了,你的那篇谈"祠禄官制与南宋文学"的文章据说也引起与会学者的讨论。

侯:是的,虽然还很不成熟,但切入的角度引起了与会学者的兴趣,我后来在第八届宋代文学年会也提交了这篇论文,题目改了一下,自己觉得这是一个比较有趣的问题,还有可以深入挖掘的空间,我的文章权且抛砖引玉吧。这次会议上也听到一些批评意见,让我受益匪浅。

王:有真正学术批评的会议才是好的学术会议。现在"批评"是我们学术界的一个大问题,要么不批评,只讲好话,要么瞎批评,人身攻击,缺乏真正的学术批评。我们确实应该大力提倡一下有学术含量的批评,坦诚、和气地来谈学术问题,是为解决学术分歧而进行意见的交换,不是派系斗争,也不是一团和气,而是面对问题敞开谈。以前这种氛围还是有的。我的一些朋友,比如我和曾枣庄先生,就是打笔仗认识的,"不打不成交",我们谈学术问题,相互商量,甚至针锋相对,但私下关系很好,他今年(编者按:2014年)路过上海还专门来看我。包括我和邓广铭先生之间关于《辨奸论》的笔仗,也是如此。邓老是我很尊敬的前辈学者,我对他的文章有疑义,那就写文章请教、商讨,大家都心平气和探讨学问。不过,其实这件事我也有点后悔,为什么呢?我是1997年发表那篇《〈辨奸论〉真伪之争》的,不久邓老就写了《再论〈辨奸论〉非苏洵所作——兼答王水照教授》一文回应我,我在1998年又写了一篇《再论〈辨奸论〉真伪之争——读邓广铭先生〈再论《辨奸论》非苏洵所作〉》进行反驳,后来我才知道在1997年下半年邓老已经在病床上了,不久就去世了。如果我知道这个情况,那么我至少可以晚点发表,免得干扰他病中休养。对此事我一直很内疚。

侯:您谈到这个问题,也让我想到最近吴承学老师谈关于文章学成立的一篇文章,那篇文章是与您商榷的,也是就问题讨论问题,学风很好。吴老师上次来参加文章学会议,提交了两篇论文,他担心与您商榷的那篇文章在复旦的会议上发表不妥当,所以还特地备了另一篇。

王:没有什么,我很喜欢这样的文章,所以我让你告诉他,就提交那篇与我商榷的文章来参加会议。我们开文章学会议本来就是召集大家一起来讨论问题的,不是来相互吹捧的,"真理愈辩愈明"嘛,如果确实他的观点有道理,我也可以放弃旧说。当然,其实他的观点我也早有耳闻,在第一次文章学会议的论文集《中国古代文章学的成立与展开》一书中也收入了我们那篇《宋代:中国古代文章学的成立》,我有一个简短的后记,提出了我的一些意见。我认为,在学术上应唯真理是求,不能因为是我提出的,我就一定要坚持到底,若确实还有疑问,就应当继续辨析。

侯: 确实如此,所以吴承学老师对先生的这种气度与胸怀赞不绝口。

王: 过誉了,正常的学术生态就应该有不断的学术争鸣。

侯: 回来再说"宋代文史青年论坛",您看了这篇综述之后,有一些什么感想?

王: 最大的感想当然就是学科交叉的问题,确实是我们应该重视的,这和我一直关心的交叉性论题一致,我之前已经谈得比较多了。还有一个给我印象很深的,就是最后王兆鹏谈到写论文的技巧问题,标题的取法,你们写文章确实应该注意,我觉得他讲得很好。博士论文这样的大文章,标题不一定要精巧,只要能体现出你的论题就行,但单篇论文的标题一定要考究,从论文大标题到段落小标题都要以问题为导向,不要写成概论式的题目,要把你解决的问题提炼出来作为标题,或者把你最有创意的部分提炼出来作为标题,让读者一看就引起兴趣。现在有些学者写文章,不讲究标题的取法,是不太好的。当然,也不能完全否定概论式标题,有些新问题还刚刚提出来,还在起步阶段,那就需要一些概论式的文章来介绍,这是另一种情况了。

侯：王兆鹏先生提到的这个问题我当时听了也觉得非常受益。我曾经与周裕锴先生聊天时也谈到这个问题，他就和我强调，所谓的"标题党"在我们的论文写作中其实是应该学习的。他举了一个例子，就是他的一个学生写唐代的道书中女仙的形象，学生的文章写得很好，但投稿一直不中，他就给这位同学改了一下标题，叫作《道教的清修观与文人的白日梦——唐五代道书与文人创作中女仙形象》，不但一投就中，而且还被《新华文摘》转载了。可见标题作为论文的"名片"，确实不应该忽视。会议上，竺青老师也谈到，"问题"与"论题"是有区别的。我的理解，"问题"是你要解决的疑问，而"论题"只不过是你要处理的、面对的材料论域而已。只有把"问题"亮出来了，文章才有焦点。

王：是这样。标题很重要，当然前提是论题确实具有学术意义，完全的"标题党"，名不副实，也不行。我常跟同学们说，论文的选题非常重要，选题好了就成功了一半。好的选题不但能够出好的成果，而且还比较有延展性，能够提供给你持续深挖的可能。所以，同学们一进校我就强调，学位论文的选题一定要慢，要充分了解学术前沿，也要对自己的学术积累、知识结构的长处优点有正确认识，一旦定下来，那么就要快速进入状态。就写作一篇十五万字以上的博士学位论文来说，三年时间很短，如果题目中途变更了，那是很被动的。马克思说过嘛，人和蚂蚁造房子的不同，就在于人是有蓝图的，蚂蚁没有。我们确定选题也是如此，要有足够的预期，否则就比较麻烦了。这当然也不是说同学们读书就完全只读与论文相关的书，还是要博览，开卷有益嘛，但是又不能太散漫，最好是经典常读以提升水准、刊物常翻以掌握动态。

侯：您的说法很接地气，呵呵。在培养学生上，您花费了很大心血。我记忆中很深刻，您曾经举程千帆先生的例子说："一个学者的成就,学术论文与著作是一部分,最大的遗产其实是悉心培养出一批好学生。"

王:这也是大学与研究机构不同的地方。我说我来复旦大学就是教文学史的,不但获得了学术上的成果,也培养了一些学生,特别是指导了一批宋代文学方向的研究生。程千帆先生年龄很大了才去南京大学,他的学生现在大部分都是独当一面的学者。还有北京大学的陈贻焮先生,也培养了多位优秀学者。陈先生的学生不多,但带一个是一个,在我看来葛晓音是她们这一代女学者中最杰出的,张明非对唐代文学学会的贡献也很大,钱志熙在北大做得也很不错。陈先生是我的老师,我进北大读书的时候,他是助教,有一次在苏州开会碰上陈先生,他眼睛不大好,由夫人陪着,文化考察的时候,他就特意跟我谈到培养学生的事情。这里插句闲话,我有一次到陈先生家里去,见他坐在一张四方凳上,真的是没有靠背的冷板凳,他说坐这个凳子才能读书写字,哈哈。而且跟我说,你看,浦江清先生,满肚皮学问,读书那么多,但他是在沙发上看书,舒服得很,动脑不动手,所以浦先生写得少一些。也是有趣的说法。当然,浦先生文章一篇是一篇,《八仙考》,多么好的文章。他曾经是清华大学中文系主任,后来并入北大了,在北大地位很高,要知道以前的清华大学中文系是非常厉害的,名家林立,没有高水平不可能让他当主任,甚至朱自清在日记中都表现出自卑,觉得自己业务上没有有分量的东西。

(七)《宋代文学通论》与宋代
文学的历史定位

侯:您的学生也有一批已经成为宋代文学研究的中坚力量了。您当时邀请同学一起来写《宋代文学通论》,也是培养学生的重要方式吧?

王：我带学生,强调大家多读多写多练,你的师兄师姐,大都参加过我组织的项目,像《宋代文学通论》、《历代文话》、《南宋文学史》,包括《钱锺书手稿集》的整理等等。老师中间对学生在学习期间是否要写文章,是有两种不同主张的,一批老师是不主张学生在读书期间写文章发表的,学生发表了文章,他们会不高兴,会批评。比如当年读大学时,我班上有个同学谭家健,他现在是散文学会的会长,他是我们年级第一个在《文学遗产》发表文章的,1957年发表《略谈〈孟子〉散文的艺术特征》。头天发表,第二天杨晦先生上文艺理论课,一上课就批评,《孟子》是散文吗?哪里来的艺术?才读大二,不好好读书,写什么文章?还有一批老师呢,鼓励学生读书的时候写文章。我是属于后者。我觉得,只要不是急于求成、带有功利目的,那么还是应该鼓励。低年级当然要把主要精力放在打基础上,多看书,多积累,这不错。但如果能在此基础上,多动手,多记笔记,在笔记的基础上能提炼出文章,并且能够发表,也是很好的。写和读相结合,何况我觉得写也是要多练习的,不多写就写不动。所以,学生能够发表论文,我还是高兴的。但是,不是为了要发文章而发文章,而是确实提出了新问题,发现了新材料,读书得间,有"写之而后快"的感觉。我个人感觉很深切,北大中文系55级的文学史,从学术史角度来说,评价自然不高,但对我个人的历练,是起到相当大作用的,我很感激能有这样的写作经历。一章章必须写,那么就逼着我去看材料,不断地闯入陌生的领域,不断学习。后来进入文学所,参加文学所版《中国文学史》的写作,几位老先生看我写的东西,就说王水照的东西不像刚刚大学毕业的人写的,已经像个样子了。那就是因为我在大学已经经过这种锻炼了。所以,我还是主张在读的博士生要多写,读书报告能不能转换成可以发表的论文,那是需要慢慢去磨炼的。

侯：这部《宋代文学通论》现在已经是宋代文学研究的必读书

了,无论从框架还是从观点,都较之一般的通论型著作有特点。

王:这部书出版后当时评价比较高,台湾的一些先生觉得该书对教学有一定帮助,所以还出了个台湾版。这部书我执笔了两章,主要框架及每章的导言也都是由我确定、撰写的,然后再让同学们按照我的思路去写,是教学相长的产物,他们也得到一些锻炼。

侯:后来又再版了几次,不过好像没有做什么修订。
王:我现在精力有限,其实是很想再修订的。目前来看,我感觉这部书有两个明显的缺点,一个是讲宋代的好话讲得太多,一个是对俗文学的叙述还不够。

侯:好话说得太多?是指把宋代文学的定位定得太高吗?
王:当时写这部书的主要目的是为宋代文学正名,大家知道,以前学界对宋代文学的整体评价是有异议的。唐代文学是中国文学的辉煌时期,这是大家公认的,唐诗的高峰就在那里,无人会否认。但宋代文学在中国文学史上究竟是什么地位,存在一些争论,这个争论我们不必找远的例子,可以就看身边的学者,比如章培恒先生就写过《走在下坡路上的文学——宋诗简论》,有一次我就和他开玩笑,你这样说,我就没饭吃了,哈哈。其实章先生这个观点也不是他一个人的观点,有一批学者对宋代文学的评价比较低。

就我们现在的文学观念来看,宋代文学的整个定位是由雅转俗的重要时期,而按照西方文学的分类,这个时期的文学体裁中诗、词、文属于雅文学,戏曲、小说是俗文学,宋代文学的成就主要还是雅文学,俗文学的文本留下来太少。宋代话本究竟有哪些,尚无法确认,据章培恒先生考证目前能确定的宋代话本小说文本只有残页,叫《新编红白蜘蛛小说》,是黄永年先生在西安发现的。仅有这残页,无法探讨宋代通俗小说面貌,只能统称"宋元话本"。虽然我们知道宋代这种话本很繁荣，达到了一定高度，但文本流传太少，自然就无法在文学史上进行详细描述。戏曲也是类似情况，只有少部分作品可定为宋代的。那么词呢，本来评价很高，但新中国成立以后被视为靡靡之音，男欢女爱、离愁别绪，实在不是主流应该提倡的；宋诗则在唐诗阴影之中，毛主席说宋人不懂形象思维，宋诗味同嚼蜡；宋文更麻烦，本来唐宋八大家，宋就占了六家，是很重要的，但宋文大部分是应用性文章，按照西方的文学观念，形象、抒情之类的因素在古代散文里并不多。由此，宋代文学的整体评价不高。顺便插一句，钱锺书先生在正式的文字上对宋代文学评价也不高，比如《宋诗选注序》里他对宋诗的定位，就并不高。还有一个细节挺有意思，《宋诗选注序》所署时间是1957年，但我们知道毛泽东给陈毅的信说"宋人多数不懂诗是要用形象思维的，一反唐人规律，所以味同嚼蜡"这句话是发表在1965年，所以很明显，序中所引毛泽东的这句话是在"文化大革命"后重版时加上去的，这显然与最后所署日期冲突，是不合理的。而序中提到的《在延安文艺座谈会上的讲话》，"文化大革命"后重版时也不删，那时对毛的崇拜已经褪去了，质疑的声音比较强，许多人就跟风删毛主席的一些话了，但钱先生还是有他自己的看法，不删。钱先生思想是很细密的，但他就是把这些"漏洞"留着，其中微妙之处，值得体味。

所以在《宋代文学通论》中，我们就想要对宋代文学的历史地位，做一个比较恰当的估计。文史大家从王国维、陈寅恪到邓广铭，特别是陈寅恪对宋代的评价非常高，"华夏民族之文化，历数千载之演进，造极于赵宋之世"，这类声音也很强大啊。所以，对于宋代、宋代文学的评价存在这两种比较大差距的观点，我们想应该把宋代文学放在恰当的地位，而这地位是不低的。

侯：我个人阅读此书的感受，并没有觉得此书对宋代文学的定位过高,应该还是比较恰当的。

王：但是负面的评述不够。当时我们写《宋代文学通论》就想对宋代文学贬得比较低的一些观点进行反驳,所以这本书中对宋代的文学、政治讲好话讲得多,因为当时我认为评价历史主要是看它比起前人提供了什么新东西,而宋代在政治、思想、文学等方面确实提供了不少新的东西,比如道学对儒学发展的意义,又比如宋诗乃是在唐诗以外建立了一种新的艺术审美范式,所以对宋代负面的东西讲得比较少。

侯：负面的东西,大家其实接触比较多,比如现在很多书中提到宋代还是只说"积贫积弱"、"冗官冗费"什么的。

王：我感觉,宋代的政治制度还是很了不起的,用时髦的话来说,"顶层设计"比较合理。我们现在来看,北宋九帝、南宋九帝,真正有能力的皇帝不多,我觉得只有两三个皇帝能力比较强,一个是建国之君赵匡胤,宋神宗也可以算一个,另一个就是南宋的孝宗,其他基本是平庸之辈,有的还是白痴。但是,为什么这样一个政权,能够延续三百多年的基业？文化成就也很高,士风得到了比较充分的培育,南北宋灭亡的时候忠臣义士特别多。唐代在这一点上就不一样,安禄山的部队一路打过去,投降的不计其数。宋代在皇帝平庸的同时,接二连三的出现权相奸相,但这个政权还是运转得不错,据搞经济史的学者考察,当时宋代的经济状况在世界上是排名第一的。所以,总体来说宋代的"祖宗家法"、文官政治在当时还是有其先进性的。但是呢,作为一部学术著作,我想优点要说足,缺点也应该摆清,应该有"下篇",来专门论述宋代制度和文化上的缺失。现在全是好话,也并不妥当。这是此书的一个缺点。

侯：那么对俗文学的叙述不够这个缺点呢？现在要补充纠正好

像也挺难,毕竟留存文本太少。

王：书中没有专章来谈俗文学的问题,只是稍微提及了一些文献,虽然存留下来的现代意义的戏曲、小说文本没有太多,但有一个重要的文献资源就是笔记,我们没有充分利用。如果这本书要修订的话,至少对笔记文学要有一些补充。笔记作为一种文学文本,除了史料文献的意义之外,在文学史上应有其地位,里面包涵许多文学资源,我们的宋代文学研究应该对这种特殊的文学形式有所探讨。由于上海师范大学编了《全宋笔记》,在文献资料的整理上取得了重要成果,那么从文学的角度来看,这几百部笔记里有哪些意涵,我们理应对此进行发掘。我也曾经指导过几篇以宋代笔记为对象的博士论文,这几篇论文的作者都是外国留学生,虽然也取得不少新认识,但总体来说还留下很大的开发空间。最大的一个问题就在于,怎么来解读笔记,笔记的文学性怎么来分析。因为笔记面太广了,形式太复杂了,文献目录归类也多有区别,写作心态也有别于一般文学作品。复旦大学出版社将推出这部书的修订版,也欢迎学界同仁继续批评指正。

(八)《北宋三大文人集团》的修订

侯：您谈到《宋代文学通论》的修订问题,让我想起您的其他著作是否可以再修订出版？特别是我知道,学界其实一直很期待您关于"北宋三大文人集团"的那批成果,何时能够比较完整地呈现给我们？

王："北宋三大文人集团"研究呢,是我20世纪90年代集中关注的一个课题,主要探讨了以钱惟演、欧阳修和苏轼三位为领袖的文人集团情况,这部书的大纲我早就拟好,部分论文也已发表,收入《王水照自选集》里了,没有发表的也有几篇,另外还有两章没写,所以作为一部专著,我觉得还没有完成,也就没有交给出版社。最近陈引驰教授新任复旦大学中文系主任,提出要出一套"复旦中文学术丛刊",希望我的这一本能够交出来列入其中,所以我也把这个课题重新捡起来,想尽快修改出来。里面有些材料需要补充,有些论述可能也需要修改。此书的总论,大体就是我发表的那篇《北宋的文学结盟与尚"统"社会思潮》。里面有些问题,我觉得还需要重新梳理,如关于"正统"的问题。钱锺书先生解释"正统",认为包含"一统"和"传统"两方面,换句话说,天下只此一家为"正",古今一脉相承是"统",这两句话概括比较准确。这段话不在他自己的著作里,而在文学所版的《中国文学史》中宋代文学第一章《宋代文学的承先与启后》。钱先生为此书写过两章,一章是这篇绪论,还有一章就是《宋代的诗话》,这两章虽有代表集体"立言"的色彩,"钱锺书集"不收,他自己也不提这件事,表示这是集体的成果,但还是有许多钱先生的独特看法。我感觉,饶宗颐先生《中国史学上之正统论》中的概括反而不太清楚,大陆版此书朱维铮先生写的序言,观点与选堂有点不同。一般写序都是称颂,朱维铮的序是商榷,选堂好像还有回应。我的看法,"正统论"就是政治上的权威论。吴越国的那个和尚赞宁很有意思,吴越国对他不薄,但他不承认吴越国是正统,认为吴越国的功劳是"伪功",原因在于梁、唐、晋、汉、周的五代中,宋朝是代周而立,只有认定这是正统,赵宋王朝才具有正统合法性,"十国"就不能作为正统。赞宁对王朝正统的排列,与欧阳修在《正统论》中所言完全一样,但欧阳修讲正、闰,认为正统之外的政权属于闰位,而赞宁比欧阳修更激烈,把这些政权都称为"伪"。我看这宋代的和尚,政治性都比较强,我在文章中也举到过契嵩等人的例子,都是政治性很强的。赞宁也很有代表性,他是奉敕编纂《宋高僧传》,乃受皇命而为,所以他是非常明确地站在赵宋王朝立场。所以,我感觉这篇文章中提到佛教的一些讲正统的思想,确实还可以继续深入。宋代的和尚和士大夫打成一片,很多相互之间都有非常深入的思想交流,所以有把士大夫都拉进禅宗灯录里去的情况。佛教徒儒士化,士大夫居士化,这两个现象非常突出。

侯:《嘉祐二年贡举事件的文学史意义》一文也是"北宋三大文人集团"研究课题的一部分吧?这篇文章我个人觉得非常具有示范意义,它的切入角度很小,但探讨的问题很大、很关键。不知对这个论题,您最近是否也有新的看法?

王:这篇文章最早发表在香港浸会大学的《人文中国学报》第 2 期上,我个人比较重视。最开始的题目是叫"文学意义",香港有位朋友看了之后说,叫"文学史意义"吧,一个"史"字我觉得加得非常好,欧阳修知贡举不只是文学意义,更具有文学史的意义。日本东英寿在天理图书馆本的《欧阳文忠公集》中发现了欧阳修九十几封佚简,里面的材料可以对我原来的文章叙述做一些补充。嘉祐二年,欧阳修和这些进士之间有哪些交往,我文章引用了一些,但佚简中此类材料还相当多。另外像我曾经考订了嘉祐二年进士集团的名单,当时花了大力气,从大量的地方志里去找材料,弄出 204 个人,当然也还比较粗糙,现在电子数据库发达了,有可以补充的。像近年傅璇琮、龚延明两位先生出版了《宋登科记考》,嘉祐二年进士他们列出了 300 多个,那么我这个表格是予以修订后保留,还是删除,我也还没考虑好。或者对他们所列这 300 多人,是否还能有所补遗?还有,书中一些人的生卒年,有些争议,应重新考虑,比如钱惟演的生年究竟是 962 年还是 977 年,目前材料相互抵牾的地方比较多,哪个年份更可信,需要继续探讨。这些问题都涉及旧文的修改。

其中又有关于"太学体"的评价问题。我原来的文章是比较传统的看法,将其视为古文运动中出现的不良倾向。现在对"太学体"的研究比较深入了,比如曾枣庄、葛晓音、祝尚书等都有文章,朱刚也有文章,观点和我不同。朱刚的思路是将古文运动和思想史紧密结合在一起,我呢,主要还是从文学的角度来分析。我觉得朱刚的观点有一定道理,当然,我也看到一些和他商榷的文章,包括我的博士后许瑶丽。所以,我也必须要重新考虑,究竟怎么来看这个问题,至少要对朱刚有所回应。古文运动与儒学复兴之间究竟是怎么样的关系,这还是个要细致考察的问题。

侯:这组文章中,您的那篇《北宋洛阳文人集团与地域环境的关系》一文影响也很大,引用率非常高。二十多年过去了,依然非常有前沿性。我曾经模仿此文,写了一篇《刘克庄诗文中的地域印记及其精神归宿》,一些师友看了觉得还不错,正是得益于您此文的灌溉滋养。

王:我这篇文章在《文学遗产》发表之初就引起一些关注,当时地理与文学之间的关系研究还不太为人重视,视角在当时是比较新颖的。个人比较满意的地方在于,此文紧紧抓住地域里的文学因素,站在文学的本位来看问题,而不是抓住作家籍贯之类比较表面的东西。我后来看到一些写此类地域与文学关系的文章,容易流于空泛,讲气候、民俗、山川,都泛泛而谈,不能具体地落于文学内部。即使到目前为止,我也感觉到这个问题还是没有深入下去,还有继续挖掘的空间。我常提到的例子,就是文学家的籍贯与文学的关系,揭示出文学家的占籍当然能够说明一些问题,但仅仅停留在这个层面,无法真正说明文学内部的问题,作家籍贯要影响他的创作,其间还有很大的距离。最近读了南京大学徐雁平的《清代世家与文学传承》,我看了之后觉得亲切,他抓问题很准,写得很好,比一般的家族文学研究好,他把地理、家族、文学三者之间内在的关系阐述出来了。所以,再回过头来看我这篇文章,自我感觉在坚持文学本位这一点上还做得不错,但还不够深入吧。

侯：我曾经看到过您关于"北宋三大文人集团"研究的提纲，最后一章好像是谈张耒主盟北宋后期文坛未果的，这篇文章还没动笔写吧？

王：是的，还没有写。另外像《苏门词风的两种倾向》、《从苏黄争名的历史公案看宋调成型》两章也还没写，材料都准备了十多年了，一直没动笔，有些都忘掉了。而且人老了，接受新理论就会觉得吃力，比如关于"第三空间"的问题。我因为写作时也涉及空间地理与文学，所以特意买了我们系陆扬翻译的爱德华·索雅那本《第三空间——去往洛杉矶和其他真实和想象地方的旅程》，没怎么看懂，很想有机会向他请教请教。我觉得两个空间很容易理解，一个是实存的空间，一个就是想象的空间。第三空间怎么产生的？我没弄懂，看得很痛苦，呵呵。我一直认为，我们的古代文学研究受文学史书写模式的影响太大，就是一种以历史为序，以作家作品为中心的研究，但这只是纵的线索，应该引入空间的观念，这个观念如果能够较好地贯彻于研究之中，肯定能带来古代文学研究面貌的更新。不过呢，接受新理论的时候必须提高警惕，看看理论的引入是否能够为我们提供解决问题的新办法。不要弄得有些理论，不是为了解决问题，而是变成增加问题。其实在唐代文学研究领域对文学与空间地域的关系探讨比较深入了，像李浩、戴伟华的研究，但宋代文学还没有这样类似的专著。总体来说，新的研究动向中，有些东西必须引起我们的警惕。大量图表的罗列，是否真的能够说明问题？新资料的发现是否能够解决老问题或提出新的、真的问题？这都应该引起我们更深层的思考。

我虽然年纪大了，但对新的学问非常向往，希望能够从新的视角，用新的思维推进相关研究，不过我接受能力已经比较有限，一些新的理论和方法，我有点跟不上。但是我总努力在回头看，希望大家能够总结一些经验教训，避免或少走弯路，不要把有限的学术资源用到了刀背上。

九、文章学研究与《历代文话》的编纂

(一) 复旦古代文章学研究书系

侯: 这种提醒对当前学界非常重要,我看到一些先生也有同样的焦虑,个人认为有焦虑才有反思,有反思才会出现有价值的创新。关于文章学的研究,我们也一直有焦虑,有反思。您最近几年指导的学生,渐渐多了古代文章学相关的选题,是不是在布局上有意的安排?

王: 古代文章学是我一直关注的问题,这些年因为《历代文话》出版了,我在这个问题上的想法也比较多,在课堂上谈文章学也谈得比较多,所以有不少同学选题往这方面考虑。倒也不是我刻意安排,主要还是尊重同学们自己的意愿,当然我也注意观察每位同学的长处,给出建议。像常方舟本科时就写过姚永朴的文章,我觉得写得还不错,所以让她继续做王葆心《古文辞通义》的研究,目前学界对此书的研究还远未达到我的期待。以前指导的宋代文学选题呢,最近出版了"复旦宋代文学研究书系"六本书嘛,是我主编的,不是我写的,但我看了之后还是很有成就感。这是学术著作,也是教学成果,呵呵。我感觉每本书都有它的看点,并不是泛泛而论的东西,具有相当的原创性。本来有几本书我也想纳入这个书系的,比如王祥谈宋代地域文学的,聂巧平谈宋代杜诗学的,还有史伟谈士人阶层分化与诗学的,因各种原因都没有做成,希望能够组织第二辑,再出六本。当然不一定是我的学生,只要学术质量达到了标准,就欢迎加盟。高质量的学术著作抱团出版,能够形成一定影响,我想把这个书系当成一个品牌,看是否能够打出来。

侯:嗯,这个想法很不错,据我所知,周裕锴先生受此启发也主编了一套"宋代佛教文学研究丛书"。另外听说您在文章学方面也有类似打算?

王:最近我碰到你的师兄慈波,和他谈到这个问题,他的博士论文是《文话发展史略》,是当年跟着我整理《历代文话》时定下的题目。这些年他也在不断充实修改,目前看到的新稿子,水平还是不错的,无论内容观点还是深度,都能立得住,对文章学的研究有促进之功。他说他的书稿不急着出版,那么我就在想能不能搞一套"复旦古代文章学研究书系",也组织六本或者八本。现在文章学的相关文章,我觉得最难的问题还没有突破,究竟什么是文章学,应该怎么去研究,怎么既充分尊重传统,利用传统资源,又能够和现代学术语境接轨、出新,在观点、方法和理论上怎么突破。我们也开过几次文章学的研讨会了,收到的论文代表了国内当前文章学研究的前沿水平,但我看了之后,整体上不是太满意。现在在读的学生中,杜斐然做奏议,卢康华做碑志,倪春军做学记,宋荟彧想做序文,都是文体角度切入,要做出一篇有新意的博士论文是有一定难度的。我不久前看到最近一期《文学遗产》,有陈元锋谈制诰的论文,这个题目也是比较难的,陈元锋的研究长于新观点,方法比较传统,他有问题意识,分析比较深入;还有一篇是金程宇谈钱锺书先生的骈文观,材料比较丰富;第三篇是查屏球谈李白的《送王屋山人魏万还王屋并序》,由此入手讨论盛唐诗人江南游历之风与李白独特的地理记忆,诗人怎么把地理的图像转变为诗歌的美学图像,我觉得文学与地理的关系就应该这样去深入,走这样的路子。所以,回头来看我们几位同学的题目,应该有一些理论思考,不能仅仅停留在描述层面,这是比较难的。这一点中山大学吴承学先生的文体研究做得很好,我就希望同学们好好看看他怎么展开论题,怎么使用材料,有什么优点,又有什么不足。如果现在在读的几位博士能够把论文写成功,那么,我的这个"复旦古代文章学研究书系"计划就指日可待了。

侯: 从文体角度切入,而且又是断代研究,怎么搭架子,怎么深入,确实有一定难度,希望几位学弟学妹能够有所突破。

王: 最近我看了几篇浙江大学的博士论文,总的印象还不错。一篇研究《瀛奎律髓》的,在资料上有些发现,能够纠正李庆甲先生的一些不足,还有一篇讨论帝京文学的,都能够抓住具体的问题,并导向一些宏观的思考。因为是匿名的,也不知道这几位学生的名字,倒是可以认识认识。看到兄弟院校的博士论文,我就想到我现在指导的两位要毕业的学生,卢康华选择写碑志文,倪春军选择写学记,最后的成果能不能达到预期的效果,能不能体现出他们真正的学术水平,我还在犹豫。这个题目是我提倡做的,文章学嘛,要有一些具体个案来支撑这个领域,我年纪大了,对这些问题有些想法,但具体的材料摸得少了。所以,我在想,这几个题目到底能挖多深,有时候题目的延伸度不够就会限制作者,这不是作者水平不够,也不是他们不够勤奋,而是题目本身的内涵问题。当然,从最近我看到两位同学交的作业来看,还是提出了一些新问题,论述得比较深入。如果只是停留在分分类、叙述一下内容、一般性地分析写作手法什么的,那就没什么意思了。我希望两位同学能够带着一些比较宏观的理论观照去做这些具体的研究,挖掘碑志啊、学记啊背后的东西。朱刚那篇探讨《虔州学记》与《南安军学记》的文章,我觉得思路上就值得借鉴。

（二）文话研究方兴未艾

侯：自从《历代文话》出版以来，文章学的研究日益为学界所关注，成为了当前古代文学研究的热点了，几位学弟学妹的选题应该会获得学界认同的。最近，对文话本身的研究也多了起来。据我所知，江苏第二师范学院蔡德龙老师对清代文话就有比较系统的清理。另外，最近凤凰出版社出版了一套《历代文话续编》，不知先生是否看到此书？

王：我最早是在《文汇读书周报》上看到了《历代文话续编》的广告，也有朋友向我问起，以为是我授意我的学生编的，其实作者我也不认识。这个广告写道"本项目赓续王水照先生的《历代文话》，进一步收集散见各地图书馆的稀见文话专著27种，并作细致的整理、点校和研究，具有很高的学术资料价值"。本来呢，我非常期待学界能有这样的书籍推出，因为我在许多场合都说过，我编《历代文话》不是为了编书而编书，而是希望能够带动整个文章学研究的深入，如果能够吸引更多学者特别是年轻人投入到这项事业中，那更是我梦寐以求的。若是有学者投入精力，匡我不逮，那也是对我的莫大支持。但是现在我看到这个广告、这部书的命名以及他收书的目录，我不太满意。

侯：我也还没来得及仔细阅读这部书，但所收书目我看到了。早先就有耳闻，有人在做《历代文话》之外的文话清理工作，没想到他径直叫"历代文话续编"了。

王：首先要声明的是，我对作者本人没什么意见，是学界晚辈，而且确实也在文章学上花了功夫，很勤奋，值得鼓励。但是对《历代文话续编》这部书的出版，我还是有保留意见的。这位作者曾经给复旦大学出版社投过稿，出版社将他的《历代文话续编项目计划书》转给了我审读,我也认真读了他的计划书,并且将相关意见转告了出版社,出版社最终决定不采纳,大概他后来才转给了现在的出版社出版。"历代文话"是我编文话时的命名,并且在给复旦社审读他的计划书时,我曾说过,希望作者能够另用他名,不要用"历代文话续编",以免引起不必要的误会。为什么呢?这显然不是说我要圈地,不许别人染指文话的编撰,而是我认为,我编《历代文话》是有自己的学术标准的,你不遵守我的学术标准,而用"历代文话续编"六个字,那就有点无的放矢的味道了,也容易让读者误以为你是在补我之缺,但事实却并非如此。我不清楚出版行业对这样的命名有什么讲究,但我觉得从学术规范角度来说,不应该取这样的名字。"续编"二字学界也常用,比如有丁福保继承何文焕编《历代诗话续编》,郭绍虞继承丁福保编《清诗话续编》,朱崇才继承唐圭璋编《词话丛编续编》,这都是非常著名的书,但这些"续编"要么是学生继承老师遗志补老师之未备,要么是后人清理前人成果,匡前人之不逮,"续编"之名都得其实。而这部《历代文话续编》却并非如此,作者对《历代文话》的编撰宗旨未能把握,选目也比较随意。再说句玩笑话,我人还活着,从礼貌角度来讲,也应该听取我的意见吧,呵呵。

侯:确实如此。这套书的命名我第一眼看到就觉得不妥,我估计此书之所以命名作《历代文话续编》,明显带有沾《历代文话》的光的味道,以作推广之意,商业气息胜过学术标准。只是这种做法不符合学界通则,至少不太礼貌。先生编出《历代文话》是否也有诸多遗憾?

王:遗憾肯定是有的,工作远未结束。《历代文话续编》所收的27种著作,从学术角度来说,完全没必要命名作《历代文话》的"续编",如果他确实认为这27种书很重要,可以名为《清代文章学著作选二十七种》之类,可能更为醒豁,而且丝毫不损他的学术价值。就好比上海大学王培军最近出了一本《校辑近代诗话九种》就非常好，他也没有命名《清诗话三编》之类的名字嘛，这样就比较规范。

另外来讲，我觉得《历代文话》的"续编"不是不可以做，而是需要遵循一定的要求。首先也是最重要的，既然是《历代文话》"续编"，而不是什么别的名字，你就需要按照《历代文话》的体例和标准去收书，不能把我淘汰过的书拿来"续"我；其次呢，我是《历代文话》的编者，而且此书也已经有比较广泛的影响力，既然我还在世，总要征得我的同意，如果我还在做相关工作，自己需要推出《历代文话续编》，你却已经擅用此名，那不是搞得很不愉快吗，对吧？因为出版社也一直和我在提这件事，想对《历代文话》做一些修订，同时也可以再补充"续编"一些书籍，比如王应麟的《困学纪闻》有几卷"论文"的，按照我的体例是应该收的，但漏收了；王葆心有一本《汉黄德道师范学堂讲义》，比《古文辞通义》简单，是《古文辞通义》的前期作品，两书对比可以看出王葆心文章学观念的变化，无论作为附录也好，作为单独著作也好，收入其中也是可以的。这样，《续编》也是可以编的。

至少有两项工作，我觉得是可以继续做的。

第一，我想时机成熟时是不是可以仿照《历代文话》后面附录的《知见日本文话目录提要》，将我当时所调查过的所有文话做一个目录，以便大家对照使用，至少可以让人知道哪些是我淘汰的，而不是我遗漏的，如果这个目录当时就附录进《历代文话》，我想这部《历代文话续编》大概有一半以上不需要来"续"我了。

第二呢，我在编《历代文话》时，脑子里还在想一个问题，就是除了文话之外，许多的文章学资料还存在于单篇的书信、题跋之中，是否可以再精选这样的文章学资料予以编撰成集。《历代文话》出版后，吴小如先生写了一篇书评，也表达了对这些散见文章批评资料的关心，他说："世诚有志士仁人而能继承水照之志者，正可以《历代文话》为起跑线，集思广益，或分门别类，或分朝断代，不遗巨细，不惮劳苦,不求速成,不计名利,于《历代文话》之外更予以广收备采,卒使古今一切有关文话之文献资料,皆能收入读者之眼底,则水照未竟之业,可望永无遗憾。"这段话也说出了我的心声,如果谁能编成这样一套书,功莫大焉。但这个工作真是需要下大决心才能干。当然,《历代文话》收录的王葆心《古文辞通义》一书,其实已经提示了许多线索,他收集了相当广泛的零散资料,包括各种笔记、书信、题跋等,谁如果能把该书所引单篇论文资料予以整理,也比较有价值。所以我认为《古文辞通义》一书可补一般文话著作之缺。

因为我启动编纂《历代文话》是 20 世纪 90 年代初的事了,那时候的条件远远赶不上现在,现在网络信息非常发达,图书的馆藏情况可以足不出户就了如指掌。那时候,我主要还是通过各地图书馆的目录来了解的,自然会在版本、目录上有所遗漏,但就是在那种条件下,调查下来的文话数量也是非常巨大的。最开始的时候,可选可不选的都选,后来发现数量实在太庞大了,便改成可选可不选的一律不选,所以精心挑选了 143 种,淘汰的文话比这个数字大得多。

(三)《历代文话》的编选标准

侯:我感觉,《历代文话》的前言和凡例其实把编选标准说得比较清楚了,确实是精心挑选出来的。

王:资料汇编性的丛书编撰,制定选择标准非常重要,钱锺书先生《宋诗选注》有"八不选",我这个《历代文话》大概也有"几不收",呵呵。首先,我的《历代文话》主要是汇集散体古文的批评资料,骈文资料只是聊备一格,而且要求以论、评为主,比如刘声木有两本研究桐城派的书,一本是《桐城文学渊源考》,一本是《桐城文学撰述考》,他将桐城派的队伍扩得太大了,这一点不尽合理,但这两部书都有价值,不过考虑到《撰述考》没什么评论内容,所以《历代文话》不收,只收《渊源考》，因为《渊源考》的小传部分有许多评论作者的东西。

其次，还有一个标准就是著作体裁，必须是单独成卷或单独成书的用文言写作的传统文话。台湾王更生先生和我是老朋友了，我们第一次文章学研讨会他也来捧场了。我之前到台湾访学，他就送给我三种港台刊刻的文话，但我看了之后只收了一种，就是唐恩溥的《文章学》，其他两种就是因为著述的形式已经很接近现代化了，所以没收。看到《历代文话续编》收录了王承治《骈体文作法》，这部书也是我淘汰的，你看看它的结构总共分八章，分别论述骈文肇始、成立、变化、种类、体格、作法、评论和摘句，非常类似现代"骈文概论"性质的书，这种著述形态自然不在《历代文话》考虑之列。

第三，时间界限是宋代到1949年止。

第四，论骈文者只是酌情收录，聊备一格；论经义、八股者基本不收，赋话一律不收。

第五，单独评论专书的基本不选。比如朱熹《韩文考异》等，单独评《史记》、《左传》之类的更是自成系统，不选。

第六，《历代文话》的编撰我采取前松后紧的原则，宋元文话较少，发凡起例的意义较大，基本全收，而明清时期的文话实在太多，所以采择严格，淘汰居多。我定的这些原则，是不是恰当，还可以讨论，但是《历代文话》这部书就是这样编的，有遗漏的欢迎大家来补充，特别是已经入选的一些书，版本选择、标点校勘上的错误，更是期待学界指教。但如果不符合我的标准的文话，也并不是说就没有价值，大家可以继续整理，只是不必用我用过的"历代文话"四个字了。

侯： 我想，您当时确立《历代文话》的选择标准和体例一定是经过慎重考虑的。

王：《历代文话》的性质是网罗相对全备的资料汇编，其撰集标准类似于传统的"总集"，按照《四库全书总目》的说法，总集在编纂上有两个任务,一是"网罗放佚,使零章残什,并有所归",二是"删汰繁芜,使莠稗咸除,菁华毕出",也就是既要"全",又要"精"。这两个要求对于我选择文话非常有启迪意义。仔细琢磨,不同的书偏重又不同,总集里面既有以求全为目的的,如《全唐诗》、《全宋词》之类,这些书追求的目标就是无所遗漏,所以《全唐诗》编成以后,历代补遗不断,只要有诗句确定是唐人写的,就可以拿出来补,无论这首诗是否完整,也无论其艺术高低。《全唐诗》编成一年不到,日本的市河世宁根据日本所存材料就辑佚《全唐诗逸》三卷。后来印《全唐诗》,那么这三卷《全唐诗逸》就作为附录流行。所以,带有"全"字头的书,要完全不遗漏,几乎是不可能的。还有一种呢,是在众多文献中,挑选符合编者标准的予以收录,比如吕祖谦《宋文鉴》,这也属于总集,是作为选集的"总集",它的编撰就是以自己的选择标准来确定篇目,《历代文话》就属于后者。所以,准确地说,《历代文话》是"历代文话选刊"。

侯:所以,既然是选刊,就要去其繁芜,我记得您在《历代文话·前言》中就提到文话的繁冗性与重复性。

王:文话和诗话、词话鼎足而三,是重要的文学批评体裁,但是这种著作体裁比较特殊,许多地方和诗话、词话很不一样,最大的特点就是文话具有实用性。因为其中有相当一部分是和科举考试、学校教育密切相关的,相当于我们现在的"高考作文指南"之类的教科书和教辅材料,如果全部纳入编撰计划,既无必要,也没有多大学术价值。还有一些是写作学,理论性比较欠缺。所以,我就给《历代文话》定了一条"应有尽有,应无尽无"的标准,这条标准真正做到是非常难的,但我们是朝着这个方向努力的。

侯:什么叫"应有尽有,应无尽无"?
王:就是说《历代文话》中该收的、有代表性的书都要收,而那些芜杂的、价值不高、代表性不够或者另有传统的书，我就不收。也可以叫作"寓选于辑"，这样就淘汰了一大批，大致达到"集散见著述为一编"的要求。不过，这个标准执行起来呢也比较麻烦，比如有些文话我觉得水平比较低就不选，但是在某个课题研究时它很可能是重要材料。如你所言，我在《历代文话·前言》里说过文话的最大缺点就是"繁冗"和"重复"，陈陈相因的现象非常突出。前人的观点，你再引用复述一遍，这些陈陈相因的材料对于文章学理论本身没多少意义，可是呢，这样重复性的著作放在一起，你能够从中发现，前人的哪一部书他们喜欢引用，影响最大，相当于我们现在说的"引用率"了，那么也能够从中发现问题。我就发现陈骙《文则》、陈绎曾《文章欧冶》、王构《修辞鉴衡》、李淦《文章精义》四部书的"引用率"很高，那么那些陈陈相因的文话，对于反过来了解这四部书的文章学史的地位和影响就非常重要了。但是，如果这样考虑呢，那就变得收不胜收了，当时条件有限，所以只好放弃。这个工作，朱刚印象可能比较深，当时我是带着学生一起到上海图书馆，一部部书调出来让大家看，朱刚先帮我把关，然后他不确定的再叫我来看，某部书朱刚觉得还可以，叫我看，我看后就说"可收可不收"，那么这种情况他就知道是不收了。所以，如果放宽标准我再编十册这样规模的《历代文话》一点问题都没有。事实上，我们也开始了这项"新编"的工作，以给学界提供更丰富的资料。

侯：是不是后期的文话，特别是明清时期的文话，不少都缺乏理论价值，有些只是科举考试的辅导教材？

王：对啊，很好的对比就是今天的语文教辅材料，为了做学生的生意，市面上不知道充斥了多少语文作文辅导书，如果若干年后有人发愿要编一套收录完备的《语文作文辅导书全编》，那就主要是教育史上的意义了，文学史意义不大。其实，我猜测"应有尽有，应无尽无"这条标准，《历代文话续编》的作者应该有深切感受，因为我手头拿到的他以前的那篇"历代文话续编项目计划书"和现在出版的《历代文话续编》所收书有比较大的出入，前者入选39种，待访13种，共51种，后者收书27种，也就是说他自己也是一再挑选的。他之前计划的一些待访书，《历代文话》其实已经选了，比如杨绳武的《论文四则》、归有光《归震川先生论文章体则》等等。

（四）正确看待新材料

侯：现在学界有种不良风气，编撰这些资料性图书有些人特别爱贪大，先生怎么看待这个问题？

王：盲目贪大的项目不少，搞个巨无霸，似乎篇幅越大价值越高，得奖越容易，但我不这样认为。我把《历代文话》的规模控制在现在这个程度，除了学术上的考虑，也有现实性考虑。因为我不希望这部书是束之高阁的资料汇编，而是希望它成为我们的古代文学学者、研究生的案头书，那么篇幅不能过于巨大，价格能够在一般研究生的接受范围，他们能买得起、用得起。《历代文话》的定价，我和复旦出版社有过多次商量，因为从当时的出版市场来看，无论这部书的学术影响、需求量，还是制作纸张的成本，它的价格都能够定到千元以上，所以出版社最开始想定价为1200元以上，我呢希望他们能定到600元，后来就只好折中定价800元。我觉得也还是不错，学生稍微勒勒腰带大概也能承受。因为有篇幅的考虑呢，所以有些书我就放弃不收了，比如从文类来说，赋、骈文、八股三者，除了赋属于"两栖文"（既可算辞，也可算文）归属上有点问题，一律不收之外，骈文和八股是文章，理论上应该收。考虑到二者独立性比较强，骈文只收具有代表性的著作，宋代的四六话都选，明清时期就以孙梅《四六丛话》为代表了，彭元瑞《宋四六话》之类的就基本不收。八股呢，本来想收梁章钜的《制义丛话》为代表，但量比较大，更重要的是单行本已经出版了，我校陈居渊点校的,他送给了我一套,所以也不收了。而且我觉得八股文虽然需要研究,不必一棍子打死,但也不能抬得太高,现在有些学者把八股文吹捧为是"一代文学之胜",翻案太过。我翻看《历代文话续编》目录,骈文和八股类的还不少,想法和我很不一样。后来我也看到莫道才编了《骈文研究与历代四六话》,于景祥编了《中国历代骈文话》、《中国历代碑志文话》这种专门文类的文话。随着学术的发展、条件的变化,扩大收书范围,完成《历代文话》的升级,也是可以考虑的。总之,我当时希望《历代文话》一是要有用,二是要用得起,所以对全书篇幅的控制,越编越严格。

我看《续编》作者之前的"计划书",提到他在武汉的图书馆发现了20多种《历代文话》失收的文话著作,这实在没什么可奇怪的,就是复旦大学图书馆所藏的文话都不止20种《历代文话》未收的。比如后来他收录的高步瀛的《文章源流》,复旦图书馆就有,因为这部书主要是收集资料谈各种文体流变的,而相关文话如《文章辨体序说》、《文体明辨序说》、《铁立文起》之类已经收入比较多,所以我删汰了。

侯:是不是我们对学界那种唯新材料是从的治学风尚,似乎也应该有所警惕?我记得陈寅恪先生在《杨树达积微居小学金石论丛续稿序》曾经说过:"未有不了解多数汇集之资料,而能考释少数脱离之片段不误者。"其实是强调传世常见材料的重要性,许多新材料往往是"脱离之片段"。

王:对新材料,当然也要一分为二地看。有些新材料是能带来新问题,或者能解决老问题的,必须引起重视,有些新材料呢,多它不多,少它也不少,那就不必沉醉其中了。1984年我到日本东京大学教书,日语也不太好,每天除了教书之外就泡图书馆,我原本对日本的图书馆期望也不大,那个时候和国外的交流还非常少,对日本汉学界的情况还不够了解,而且知道我去之前不少中国学者都已经去过了,我再去应该也不会有什么发现。结果呢,我泡在日本的图书馆里发现了"蓬左文库"的朝鲜活字本《王荆文公诗注》,这部书在我之前日本的高津孝已经发现,但是当时我不知道,我是在去日本之前拟了一份"待访书目录",所以去找这部书的,当时非常兴奋。比较遗憾的是,内阁文库藏的《增广司马温公全集》也在我的待访书目中,我去看了,由于时间紧张,我没有仔细比对,所以与后来新发现的司马光《日录》《手录》失之交臂;天理图书馆的《欧阳文忠公集》,我也翻了的,村上哲见先生陪我去的,当时也没有仔细比对,所以东英寿最近发现的那90多封欧阳修佚简也擦肩而过了。后来,我把自己在日本发现新材料的事写信告诉钱锺书先生,钱先生就给我泼冷水,我在《鳞爪文辑》的文章里也提到过,钱先生说:"学问有非资料详备不可者,也有不必待资料详备而已可立说悟理,以后资料加添不过是弟所谓'有除不尽的小数多添几位'者。"他还说他去参观美国国会图书馆时,"馆中有司导观其藏书库,傲然有得色,同游诸公均啧啧惊叹,弟默不言,有司问弟,弟忍俊不禁,对曰:'我亦充满惊奇,惊奇世界上有那么多我所不要看的书!'主者愕然,旋即大笑曰:'这是钱教授的风趣了!'虽戏语,颇有理,告供一笑"。只有钱锺书先生可以说这样的话,因为大家知道他有资格这样说,不是无知狂语。钱先生信中这段话给我很大震动,而且他举自己的一个例子继续说:"上周有法人来访,颇称拙著中《老子》数篇,以为前人无如弟之捉住《老子》中神秘主义基本模式者。因问弟何以未提及马王堆出土之汉写本《道德经》,弟答以'未看亦未求看',反问曰:'君必细看过,且亦必对照过 Lanciotti 君意文译本,是否有资神秘主义思想上之新发现否?'渠笑曰:'绝无。'"钱先生肯定看过马王堆的写本,但他对材料不迷信,不贪多,所以他反问得很有底气,就好比他批评陆心源做《宋诗纪事补遗》是"买菜求益,更不精审"。钱先生对待材料的这种精神,也让我在编《历代文话》时时常告诫自己,不要贪多,要体现出选者眼光,不过决定某部书不选时,需要非常慎重,因为《历代文话》还是讲究"应有尽有"的。

侯：要做到"应无尽无"很难,这取决于编者眼光;而要做到"应有尽有"在当时的条件下可能更难,受客观条件限制不少。

王：是啊,一些本子千方百计才能拿到复印件,不像现在网络上就可以找到不少罕见的古籍影印本。比如《历代文话》中陈绎曾的《文章欧冶》用的底本是"和刻本",这个本子是从朝鲜过去的,字刻得不好,但优点是序跋比较多,所以采用它作底本,并想利用国内的藏本作校勘。当时调查下来,发现国内有两个本子,一个在华东师大图书馆,这个倒是距离近,也有熟人,很快就对校完了;另外一个本子藏在山东省图书馆,我也托了熟人打听好情况,然后兴冲冲跑到山东,结果去了却不让看,白跑了一趟。现在来看,这个和刻本也不是最好的。这样的事例不计其数,许多功夫和时间都浪费了,如果现在来做那就方便多了。

侯：确实如此。不过,《历代文话》虽然在版本上花了很大力气,可能也会存在一些遗憾？

王：是的,我们召开的几次文章学研讨会,就有先生提出了更好的版本,像顾永新就对《作义要诀》的版本问题作了全面细致梳理。我想,以后再版可以吸收他的意见。

侯：如果要再版,我倒还有一些想法,一个是因为《历代文话》收书比较多,是否可以出单行本？比如《历代文话》收录了《四六丛话》,不久,人民文学出版社也出版了《四六丛话》。《古文辞通义》也是这样。另外,还有同道也跟我提过,能否出单行本的《历代文话提要》,这样也有实用性。

王：这些意见都可以考虑,和出版社商量商量看。

十、现当代旧体诗词创作及其他

（一）现当代旧体诗词还在发展

侯：您最近都在关注一些什么问题呢？

王：最近也没关注什么大问题，就看了几本闲书，一本是龙榆生先生的《忍寒诗词歌词集》，这本书内容肯定删掉不少，因为我关注他南京时期的创作，这书里面很少。一本是汪精卫的《双照楼诗词稿》，还有一本是我们系傅杰老师编的《辛亥先哲诗文选》。三本书都非常不错，特别是傅杰编的这本让我大开眼界，许多国民党元老的诗文以前我没读过，比如胡汉民，他喜欢宋诗，读《陈与义集》、《王荆公集》后能写上百首的读书诗、论诗诗。另外，还有陈思和老师的旧体诗集《鱼焦了斋诗稿初编》。

侯：您读的这一批书都是旧体诗词集，我也尝试创作过一些旧体诗词，总觉得自己才情不够，写得就少了。但我由此接触到一批当代诗人，他们一直在创作，而且不少质量很高，有新的面貌。这也让我想到一个话题，就是为什么旧体诗词会具有如此强劲的生命力？

王：应该说，新文化运动之后，旧体诗词和文言文受到的打击基本是一样的，但文言文差不多就僵死了，没多少发展，而旧体诗词还在不断发展，有新的东西灌注。比如新文学作家中郁达夫的旧体诗写得非常好,非常有特点,闻一多也说"勒马回缰写旧诗",我熟悉的何其芳先生也是如此。我很少创作旧体诗词,但是我觉得作为一个当代重要的文学现象,我们的学者是应该研究的,不能视而不见。现在当然还有一种"老干部体",旧体诗词的创作队伍比较庞大,也比较杂乱,这种"老干部体"比较倒胃口。目前大学里面也在慢慢开设相关课程,编辑相关杂志,比如我看到了中山大学的《粤雅》就办得不错,我的学生张海鸥现在在那里,中山大学也有这个传统,有位陈永正先生,很有学问,我很早就看到过他的《江西派诗选注》,他旧体诗词创作也很好。张海鸥这两年把旧体诗词创作在中山大学办得风生水起。他本人很有才气,又有热情做这件事,我当然也不反对,但我也提醒过他,不要把学问给丢了,毕竟创作也是要花很多时间和精力的,要处理好创作与研究的关系。

侯:我们系这个传统好像比较弱,我刚参加工作的时候,系里有一门"诗词格律与创作实践"的课程,据说是当年胡中行老师在的时候开设的,但胡老师退休后已经很久没人开课了,我接过来上过两次,选修的同学很少,也就放弃上了。

王:你可以再坚持试试。中文系同学们的创作热情应该还是有的。我们复旦也有一本书叫《诗铎》,主要是由复旦中文系胡中行老师拉了陈允吉先生、刘永翔先生以及陈思和老师等人办的,上面的作品也比较有质量。胡中行比较活跃,在《新民晚报》上经常能看到他带着学生发表的格律诗词。

侯:我这方面的修养还不够,虽然能写一点,但也只是入了个门,以后有机会再多学习学习,呵呵。

王:我这一代人,也就是30年代中后期的,比起20年代的来说,旧学的基础在童年时已经弱一些了,如果是书香门第还好一点,像我童

十、现当代旧体诗词创作及其他

年时在农村,家里条件也不是特别好,没有受到旧体诗词写作的系统训练,进入中学、大学后,课程体系也不太重视创作了,所以写作旧体诗词有点困难。不像钱锺书先生他们,本身是在旧学的基础上成长起来的,对那套东西非常熟悉。像我写旧体诗词,首先遇到的一个问题就是词汇量不够,肚子里藏的典故也不多,要用旧体诗词自由表达生活中的情感与遭遇就不那么顺畅。而比我长一辈的学者那就不同了,比如龙榆生先生,无论生活中遇到什么事情,都能够化为诗词表达,他们的基本功和我这一辈以及比我晚的那些,那是完全不一样的。

侯:确实这样,在我有限的写作经验和教学经验中,感觉当前旧体诗词创作最大的问题就是词汇量跟不上,看到学生写会有不少生造词,而另一方面呢,有些创作又完全陷入"假古董",缺少自我感,甚至只有形式,没有诗意。

王:有一年,上海作家协会古典组的同仁去宁波、绍兴一带参观考察,我当时想借机探望我的母亲,所以也去了。到了宁波天童寺、阿育王寺,因为是作协去的嘛,所以寺里的负责人就让我们题辞留念,这时候大家都叫金性尧先生,他拿起笔就写,一首古体诗一路写下去,写到一张纸快没有了,他说"纸快没了,我的诗马上结尾"。金先生比我大将近二十岁吧,所以老一辈这种基础是比较好的,我这一代就逊色很多了。

侯:您好像几乎不创作吧?我没有读到过您的格律诗词。

王:基本不写,但也有过一两次写作经历。1984年去日本教书之前,我到北京拿护照,见到钱锺书先生,他跟我说你去了日本不要以为他们表面上对中国人很客气,其实日本学界对中国学者是不大看得起的。他因为当时已经是中国社科院副院长,能够看到一些内部参考材料,掌握一些情况,所以说这些话。他又跟我说,你到了日本,日本学者请你吃饭,他写一首诗词,你一定要唱和一首回去。结果,这还真给他猜中了,我一到东京大学,他们就摆了一桌宴席,既是欢迎我,也是欢送前任交流老师北京大学的孙玉石。孙玉石是我北大的同班同学,主要是搞新诗的,他在酒席上就即兴创作新诗一首,后来要我讲话了,他做了新诗一首,我是搞古代文学的,那我就口占一首七绝吧,把这气氛也给接上。所以我觉得呢,咱们这种基本能力还是要具备,不一定写得多好,总还是能写得像样子,在这个圈子里还能用得上。

还有一次呢,是我在东京大学任教准备离开东大回国,写了一首词,一首《沁园春》送给东京大学主任教授伊藤漱平。他当时是日本中国学会的会长,他对我非常关照,我走时他刚好六十岁,正要从东大退休,所以开欢送会,既是给我饯行,也是他退休的欢送会。我把这首词认认真真地写在宣纸上送给他,后来我听大木康先生说他搬新家时,把这首词挂在墙上了,真让我感到惭愧。

侯: 我觉得这既是一个文化现象,也是一个文学现象,是应该好好研究的。书店里看到过一套《二十世纪诗词文献汇编》,资料比较丰富。

王: 现在大家对当代旧体诗词创作的现象已经比较重视了,以前王瑶先生写《中国新文学史稿》明确把这些东西都排除在外的,因为要求必须是"新"嘛,但是现在要写"现代文学史"、"当代文学史",如果只是时间概念的"现代"、"当代",那么我觉得应该观照到旧体诗词这一块,否则就是残缺的。现当代的旧体诗词创作是有非常好的文学作品,只是我们现在还没有把那些优秀的作品挑选出来。比如俞平伯,他的旧体诗词创作水平比他新诗的水平不知道要高多少,你去翻翻浙江文艺出版社的《俞平伯诗全编》,他新诗的作品走的胡适那条路,语言浅显直白,诗味很淡,而他的旧体诗词大部分精致典雅,应该算得上名家之作。至于郁达夫甚至包括汪精卫的旧体诗,那就更是代表新水平了。所以我觉得这些旧体诗词应该好好研究,而且与这个相关的是,中国的古代文化包括它的形式,始终具有这样的生命力,这种丰厚的传统资源,真是值得我们好好挖掘。

就我的阅读感受来说,民国时期的党、政、军人物许多还带有传统士大夫的色彩,创作旧体诗词非常多,汪精卫、龙榆生的诗词集里,唱和最多的是胡汉民。胡汉民绝对是一个才子,他作为国民党元老,政务那么忙,还是留下那么多诗词。总体来说,"五四"以来的旧体诗词创作,在我们的现代文学史上,应该占有一席之地,而现在的一批旧体诗词创作者,再经过历史的沉淀与淘汰后,以后也应该有可能写进当代文学史。

(二)余英时与钱穆

侯:汪精卫的《双照楼诗词稿》大陆好像买不到,我只在网上看到余英时先生和叶嘉莹先生的两篇序文。

王:余英时为《双照楼诗词稿》写的长序,我也认真读了。在序里他为汪精卫进行了一些解释,特别提到了"抗战必亡论",并且指出当时一批知识分子包括陈寅恪、胡适等人都有这样的主张,汪精卫之所以成为汉奸,"必亡论"是他的根本心理支撑。另外,余英时还提到钱锺书先生的一首诗《题某氏集》,即题汪精卫的诗集,尾联有句"莫将愁苦求诗好,高位从来谶易成",意即汪氏诗集充满了愁苦之味,这种愁苦弄不好会成为真实的,变成"诗谶"。余氏说钱先生这句诗批评汪精卫是不公允的,认为汪精卫诗词中的愁苦是真情实感,非常真挚,并不是为文造情,故作愁苦。但我感觉余氏的理解与钱先生原意可能有差距。钱先生这首诗的真迹就在藏于上海图书馆的《双照楼诗词稿》上。顺便说,上海图书馆藏了不少钱先生的东西,比如钱基博的学生陈松茂整理了《钱子泉先生文史通义讲授记》,并在《中国学术研究季刊》第一期上发表,钱锺书先生看到了之后,在上面做了九条批语,发表意见,这件东西也藏在上图。或许这些都是当年他离开上海北上清华时留给合众图书馆的,1953年合众图书馆就变成上海图书馆的一部分了,具体情况不是太清楚。

侯：嗯,我也注意到钱先生这些批语已由宗亦耘整理发表在《历史文献》第10辑。另外,中华书局出版的《余英时访谈录》不知您注意到没有？里面也有谈到钱锺书先生的内容。

王：《余英时访谈录》我读了,很好读,一口气读下来,涉及的问题都是真正的学术问题,谈得非常好。对我来说,海外汉学这一块,给我很多新的知识。里面也涉及一些钱锺书先生的内容。不过,书中关于钱穆接到钱锺书的信之后没有反馈一事,余英时的解读我也有保留意见。当时,钱锺书大概是受苏州人民政府的委托,去信邀请钱穆出席苏州建城2500年纪念,钱穆未回信。余英时推测是钱穆因为钱锺书代父捉刀,为其《国学概论》写序一事而感到心理不平衡。钱穆确实也在此书再版时,将那篇出自钱先生之手的序言拿掉了。这个推测,我看到过王培军在《东方早报》写过文章表示怀疑,我也表示怀疑。余英时是钱穆的得意弟子,他的这个推测在访谈中没有正面的、确切的材料。按照我的看法,钱锺书受公家委托邀请钱穆,钱穆不回应,实在太正常了。钱穆先生晚年在台湾的处境并不好,原来蒋介石要做出尊重人才的样子,把东吴大学的一幢楼给钱穆居住,就是钱穆笔下的"素书楼",但后来他却住得并不安稳。钱锺书为他父亲捉刀是很普遍的,他亲自跟我说过,经常代人捉刀,比如音乐史家杨荫浏结婚时需要应酬,钱锺书就帮他写过诗。

我估计钱穆邀请钱基博写序,对《国学概论》一书应该还是比较看重的,王培军说此书只是中学教材,在钱穆著作中不重要,这个推测我不太认同。钱穆后来在新亚书院教书时,还是以此书为教本。钱锺书为父亲捉刀不是问题,这是时代风气与社会传统都认可的,就好像俞平伯有段时期的文章都是由王佩璋代笔,王佩璋说嘛,老师得名,学生得钱,哈哈。这件事本来我们不知道,后来是批判俞平伯了,材料中就说明哪些文章不是俞平伯写的,是王佩璋代笔,不要把这批文章当成批判俞平伯的材料使用。所以,代笔这些事,不牵涉什么道德啊、礼数啊等层面的问题。钱穆《自序》中有"又承子泉宗老作序,加以针砭"一句,他知道是钱锺书代笔后,此句自然不妥了,删去钱序就自然而然了。当然,这也只是猜测。但我觉得需要说明的是,这篇《国学概论序》的观点不是钱锺书的,而是钱基博的,因为里面对毛奇龄的评价与钱锺书对毛的评价正好相反,我觉得这能说明观点出自父亲,而非钱锺书。

侯:我刚开始读到这里的时候也觉得很奇怪,余英时先生的说法倒是显得钱穆先生很小家子气了。

王:钱穆后来写的《师友杂忆》里面对钱氏父子都是称赞的,评价很高,认为"中学任教积八年之久,同事逾百人,最敬事者,首推子泉。生平相交,治学之勤,待人之厚,亦首推子泉"。所以,至少从现有的材料来看,余英时的这个推论我不太赞同。当然,余先生和钱穆先生关系非同一般,他是否有其他没有公布的材料能说明这个问题,我就不清楚了。1949年,《人民日报》发表《丢掉幻想,准备斗争》的著名社评,点名钱穆,把他与胡适、傅斯年并提,认为是受国民党反动派始终控制的人,钱穆的私信中也表示过极大的疑惧。即使有比钱锺书更密切者写这封邀请信,钱穆恐怕也会拒绝的。

(三)龙榆生与汪伪政府

侯:《余英时访谈录》和《双照楼诗词稿》差不多同时出版,我看到有文章说是香港颜纯钩先生邀请余英时作序的,而《诗词稿》是陈子善先生影印给颜的。听说当年龙榆生先生为《双照楼诗词稿》的编辑注入不少心力，这次重版和龙先生的《忍寒诗词歌词集》时间上差不多，倒是相呼应了，呵呵。

王：龙榆生先生作为20世纪词学学科的奠基人之一，他与唐圭璋、夏承焘两位先生比，影响力和知名度要小一些，一个是因为他没有直接的词学传人，不像唐、夏二老有受业的学生在大学任教，宣传、弘扬老师的学术；另一个就是因为他任职汪伪政权的特殊身份。抗战胜利以后，判刑12年，他是"文化汉奸"，但指不出什么特别的劣迹，不过当了几个月立法委员，后来在中央大学当了教授，当了南京文物保管委员会的委员，而且他还曾经试图策反苏北伪军郝鹏举，居然判得这么重。我不太清楚具体原因，不知是否就是因为他和汪精卫关系比较好造成的。龙榆生对汪精卫的心态估计也比较复杂，他为汪精卫在文化层面做了不少事，汪精卫对龙榆生也是以国士相待的。在龙榆生或许有点"士为知己者死"的心理在起作用，但他显然又想在"气节"这个问题上做一点挽回，所以才会努力做策反工作。

龙榆生先生的生平比较坎坷，又下过监狱，后来又被打成过"右派"，不过我惊奇地发现他的相关资料保存得都挺不错，特别是他在民国时期与他人的书信保存得很好。当然，肯定也丢失不少。现在看到，钱锺书先生有40来封信给龙榆生先生，这是非常珍贵的材料，只是我们现在不能擅自把钱先生的信发表，但我们从中能了解钱先生的一些词学观点。比如，有一封信中他就说自己年轻的时候对词用功不多，现在呢已经有一定水平了。以前有人写文章说钱锺书对词学"涉猎不广"、"措意稍少"，我觉得这是误解，虽然钱先生没有专门论词的文章，也没有留下词作，但仅从他的《容安馆札记》中来看，他至少读过《全宋词》两遍，而且也有许多论词的笔记，所以我后来写了一篇《批评的隔膜》。我们现在能够利用更多的资料，比如钱先生与龙榆生的通信等，那么显然能够更全面了解一些学术史问题。这些信札,出版社如果能影印出版自然非常好,但是也涉及名人隐私,比较难办。龙榆生先生的交往面实在太广了,一批当时的学界耆旧、政坛要人都和他有书信来往,不仅是学术史的珍贵文献,也是当代史的鲜活材料。

侯:这些信札在哪里?

王:这些材料龙榆生先生的小儿子那儿就有,他原来是复旦大学化学系的教授,上次《忍寒诗词歌词集》新书发布会我认识了他,这些材料他都整理得很好,全部电子扫描了。我提出能不能给我看看龙先生与钱先生的书信,他就把这批信给我看了,钱先生给龙榆生的信目前有 44 封信,而且大部分是在新中国成立后写的。

侯:其他的信您有没有读到?龙先生与夏承焘先生两位词家的通信,可能也会有很好的论学内容吧?

王:是啊,我很想看,但不好意思提这个要求,所以也就没看到,这批信札的学术价值很值得期待。我本来想写一篇文章,谈龙榆生先生的词学建构与"踩踏红线",就是他进入汪伪政府的事,这件事在他的诗词之中有非常复杂的表达。最近看到一篇文章《朱自清诤言俞平伯》,谈到朱自清和俞平伯两人关系非常好,是杭州第一师范学校的同学,交往非常密切,在抗战时期,朱自清去了西南联大,俞平伯留在北平,朱后来看到俞在周作人主持的《艺文杂志》上经常发表文章,就多次写信劝诫俞平伯,最终让俞放弃在上面发文章。话虽如此,但也由此看到俞平伯与周作人的关系在这段时间确实很紧密。

钱锺书先生给龙榆生的书信中,我们能看得比较清楚。钱先生在信中劝龙先生不要陷得太深,可见钱先生清楚知道进入汪伪政府的严重性,但他也说朋友之交我不能与你龙榆生断绝。所以龙榆生办《同声月刊》,上面还是有钱先生的文章,同样还有夏承焘先生的文章，夏先生也是坚守底线的，但也在《同声月刊》发表文章。本来，中国文人的节操观念非常明确，钱、夏二人在理性上完全知道龙榆生现在的立场并不合适，但他们对私人友谊又不能完全割舍，所以公、私之间纠缠颇多。当然，还有一个因素是，钱、夏都在沦陷区，而朱自清是在西南，他们的心理与所处位置有比较微妙的关系，也可以看出，文人圈子里不同的历史语境中，大家能接受的政治立场尺度是不同的。

侯：钱锺书先生《槐聚诗存》里有一首《剥啄行》，好像就是写相关内容的。

王：是的，钱先生这首诗写于1942年，就是写汪伪政权中的一个人来游说他，拖他下水，钱先生拒绝了，他的立场当然是坚定的。但在那种环境中能做到丝毫不沾边是极其困难的。比如我看到《梅兰芳应该参加梁鸿志嫁女的婚礼吗？》一文，写汪伪政权有位高官梁鸿志，他的女儿出嫁，许多人去祝贺，座上嘉宾有梅兰芳。我们都知道梅兰芳蓄须明志的故事，想不到他也去了这个场合。但是，考虑当时上海的具体环境，这也不是不能理解的，只是打了个擦边球，既未违背原则，也让自己能稍微避开一些不必要的麻烦。否则，完全去硬碰硬，那就要做出无谓的牺牲了。所以，我在想，在研究历史人物的时候，特别是研究传统文人的气节问题时，考虑恐怕还是要周详些，完全"责贤者备"也没必要，比如在易代之际的文人，方回、吴伟业、钱谦益、周亮工等等，那种心态是非常复杂微妙的，很多时候不能说得非此即彼。

侯：所以，对龙榆生先生这样的文人，特别是他们所处的具体环境还是要有一些更细致的体味。张晖的《龙榆生先生年谱》提供了比较翔实的材料。

王：是的,他这部书很用功,中规中矩,挖掘了不少材料。可惜天妒英才,这么年轻就去世了。也不知怎么的,词学界这几年总有点不顺,老成凋谢、中年夭折、青年猝死,让人感伤。吴熊和、龙建国、邓红梅、张晖,一个个去世。特别是张晖,才30来岁,非常有学术潜力的青年学者,很难得。最近又出版了一本《中国"诗史"传统》,我大致翻了一下,材料搜集很广博,出乎我的意料,脉络的梳理也非常细致,是很不错的一部著作。我看到社会上也对这件事普遍有所关注,青年学人的困境,像你可能体会更深。

侯：确实有点"兔死狐悲,物伤其类"之感。也就是在《忍寒诗词歌词集》新书发布会上,我和他第一次见面,他倒一眼就认出了我,大概因为《文学遗产》的张剑老师向他提过我,我们聊了一会儿。他去北京之后就给我寄来了他的《中国"诗史"传统》,还没来得及看就惊闻噩耗了。他以前在南大时是张宏生老师的学生,所以也一直关注词学,村上哲见先生的《宋词研究》出版后,他还写了书评。

王：是啊,他的文章我看到了。村上哲见先生《宋词研究》既包括了之前已有中译本的《唐五代北宋词研究》,也增加了新译的南宋词部分。最近我们同学也有两篇书评,倪春军的发表在《中华文史论丛》,宋荟彧的发表在《文汇读书周报》,我打算把他们和张晖的稿子都给村上先生寄去。很久没和村上先生联系了,不知最近身体情况如何。早先传闻他患了癌症,手术后听说是良性的,应该没太大问题。他家本来住在仙台,可能地震时住房有些损坏,好像现在搬到京都附近他儿子家去了。日本中国学研究界,我观察好像长寿的不多,我原来在东京大学教书的时候,翻看学校报刊看到他们的教授大都是六十来岁就去世了。原来东京大学三个同事现在已经去世两个了,一个是丸山升,鲁迅研究专家,他比我大3岁,2006年去世了;还有一个是伊藤漱平,研究《红楼梦》的,他比我大9岁,2009年去世了。

（四）"板凳要坐十年冷"

侯：日本学者的压力大概也不小，呵呵。他们的研究给我们启示挺多的。我挺想有机会能够去日本待一段时间，现在的了解主要还是几位常来中国开会的日本学者，其他的情况不太了解。

王：最近中华书局出版了蒋寅主编的一套"日本唐代文学研究十家"，作者主要是目前六十岁左右的一批学者，比起我主编的"日本宋学研究六人集"的作者年龄稍微大一些，而上海古籍出版社有一套"海外汉学丛书"，那套书中收入的比如川合康三等学者，年龄又要更老一辈了。我们在看这些书的时候，应该关注整个日本汉学界的研究特点。我感觉他们有两种趋势，一种是坚持日本传统汉学治学作风，一种是继承中国的传统学问。像吉川幸次郎、小川环树两位先生都是京都大学的，都到过北京大学留学，一个集中研究杜甫，发愿重新笺注杜诗，超过仇兆鳌，一个集中研究苏轼，发愿重注苏诗，超过王文诰、冯应榴，遗憾的是两位先生都没有完成愿望。小川环树与我有点交往，他给我写的信，都是传统中国老一辈学者的那种信笺写法，汉字写得很好，文言很清通。我感觉像小川先生他们，基本方面还在中国传统学问，当然也结合了日本特别是明治维新以后形成的新的治学特色，像对西学的吸收等等。他们的治学非常严谨，重视原始文献的收集与解释，与中国学界对话很容易，我们接受他们的观点几乎没太多困难。我编的"日本宋学研究六人集"第一辑都是文学方面的，其中浅见洋二、内山精也的学问就在扎实的传统学问基础上，更多吸收新观念，给我们启发较多，而保苅佳昭等人则相对传统。

我常说，材料是基础、是前提，文献的收集、整理、解读是最基本的要求，这一条永远不会变。但是，在材料的基础上，怎么更新研究方法、拓展研究观念、提出新的观点，这更为关键。如果方法、观念没有突破,我们古代文学研究的整体水平就很难再提高。所以,我觉得从目前我们的古代文学研究现状来看,海外汉学提供给我们的最重要的,还是观念、方法、观点上的启发。

侯:是的,我们确实应该取长补短,海外汉学的长处就在细读文本的基础上能提出新观念与新方法,如果再能结合我们自己的长处,想必有更大发展空间。最后,您能不能就治学方法再总结两句?

王:我也没有什么特别的治学方法。上次获得上海市学术贡献奖时,我也讲了几句话,就是北大、社科院、复旦三个单位,教给我怎么守住一个读书人的本分。用一句话来表达就是"板凳要坐十年冷,文章不写一句空"("要坐"或作"甘坐","一句"或作"半句"),这句话是有内在关系的,只有甘坐冷板凳,才能做到不写空文章。这句话我最开始以为是范文澜先生说的,因为我印象非常深的是在北大中文系求学时,1957年"反右"还没开始,贯彻"双百"方针,翦伯赞先生在北大主持"历史问题讲座",第一讲就邀请范文澜。原本是让他讲历史分期问题,因为范文澜主张的是"西周封建说",与翦伯赞观点不同。后来他没有谈这个问题,而主要是谈学风问题。就是在这次讲座上,我听到了"板凳甘坐十年冷,文章不写半句空",所以我印象非常深。最近看到文章,说这两句的原作者是南京大学韩儒林先生。这两天我又去翻《北京大学学报》1957年第2期上范老的这次讲座报告《历史研究中的几个问题》,看能不能把几十年前听讲座时的感觉找回来一点,为什么这次讲座给我印象这么深,它在我学术道路上是发生了实际作用的。结果我翻到《北京大学学报》,里面只讲到"二冷精神",没有"板凳甘坐十年冷,文章不写半句空"这句话。所谓"二冷精神"即坐冷板凳、吃冷猪肉,或许就是在阐释"二冷精神"时提到这句话,但现在文字记录里没有。"冷板凳"现在大家都知道,"冷猪肉"呢,是说在历史上某些学者成就很高,死后可入孔庙,但也只是坐于两庑之下,分点冷猪肉吃,也就是告诫我们知识分子即使做出了成绩,也不要希望能够获得什么物质上的回报,但问耕耘,不问收获吧。后来我去查韩儒林先生的一些材料,也看到他的学生多次提到韩先生常用这两句话鼓励年轻学人。据说范老家里挂了一副对联,就是韩儒林先生写的这两句话。也有文章记载说是范、韩二老在一次开会后产生了这幅联语,或许是二人思想碰撞的结果,不是某一个人写的,这就很难讲清楚了。范老还是很敢讲话的,比如1958年开始,史学界说历史的叙述要打破"王朝体系",建立"人民体系",范老就写了一篇《反对放空炮》,对这种不顾事实的主观主义历史观予以反驳。范老晚年有两个助手,一个是卞孝萱,一个是蔡美彪。卞孝萱先生就曾经在《学林往事》里提到范文澜先生总结自己治学经验为"专通坚虚"四个字,并且对此做了非常精彩的阐述,展示出范老治学的风范。范老也在许多场合还提到过"天圆地方论",所谓"天圆",就是头脑要灵活,"地方"就是屁股能坐得住。我想,前辈学者的这些方法就是我们做学问的真正方法,也不必再去别求他途啦。

侯:先生说的是,学生应当谨记教诲。以上拉拉杂杂问了您很多幼稚的问题,也听到了许多文坛掌故和治学观念,真的是受益匪浅,谢谢先生接受访谈。最后容我发表几句感慨吧,记得先生曾经说过"一个校园里的人文传统,许多时候载体就在于校园故事。有些校园故事给人的印象非常深,而且饱含历史感,饱含精神的力量",我想先生上面的这些谈话,由我记录下来,也必将成为复旦校园乃至整个文史学界的精神源泉,给我们后辈学人向上的力量。再次谢谢先生!祝您健康顺心。

王:客气了,也谢谢你的辛苦记录。

十一、词学研究与词学学科

访谈时间：2013 年
访谈人：倪春军

《词学》编者按：欧明俊先生在《口述词学史研究构想》一文中，对"口述词学史"定义如下："口述词学史就是借助现代科技手段，以录音为主，对词学家口述的词学史料进行记录、整理和研究。"在"口述词学史"的概念出现之前，具有"口述词学史性质"的词学访谈已屡见不鲜，叶嘉莹、邓乔彬、杨海明、王兆鹏等词学专家都有词学访谈公开发表。王水照先生作为当代宋代文学研究之大家，不仅在文章学、诗学、"钱学"等多个领域贡献卓著，他的词学研究也自成风格。二〇一三年春，适逢王先生八十寿诞前夕，编者委托倪春军先生约访王先生并就当前词学研究的热点问题展开讨论。今得先生慨允，刊布斯文，以商于学界同好。

（一）学科意识与词学建构

倪春军（以下简称"倪"）：王先生，您好！今天很高兴能和您就当下比较热门的词学研究进行面对面的交流。您在《自选集》的自序中把您的学术研究大致分成四个领域，其中之一就是宋词研究，而且，您自己也说，您大学毕业后发表的最早两篇文章都是关于宋词的。那么，您当初为什么选择宋词研究作为学术研究的起点？

王水照(以下简称"王")：我想这应该和宋代文学研究的整体格局有密切关系。总的来说，宋代文学的主要文学样式是诗、词、文。虽然小说和戏曲在宋代也比较繁荣，但是缺少相应的文献资料，小说和戏曲传世的文本不够丰富。比如关于宋代的话本，目前能够完全确定的也只有半篇，就是黄永年先生在西安发现的元刻本《新编红白蜘蛛小说》残页。除此以外，其他的话本都笼统称为宋元话本，无法断定究竟是宋代还是元代产生的。戏曲的情况也是如此。因此，受到文本的限制，小说和戏曲的研究很难展开，宋代文学研究势必要回归传统士大夫惯以写作的三种文体，就是诗、词、文。

倪：那么，相对于诗文研究，词学研究是不是更为成熟呢？

王：是的。新中国成立以前，在这三种文学样式中，词学的发展是最为充分的，其根本原因就在于二三十年代词学学科的现代化。当时的学者具有自觉的学科意识，他们努力构建起词学研究的学科体系，这里特别要指出三位先生，就是夏承焘、唐圭璋和龙榆生。他们三人之间的年龄正好依次相差一岁。三位先生都有很好的词学基础，他们又和以朱祖谋为首的晚清四大家有直接或间接的授受关系，所以他们三个人才有可能建立起词学学科。这三位先生的词学研究有个很有意义的现象，虽然他们三人之间未必有非常明确的分工意识，但实际上他们所从事的工作却是各有专攻的。唐圭璋先生主要从事词学文献学，编纂了两部大书《全宋词》和《词话丛编》，这是词学研究的基本文献。夏先生的研究主要是专题的突破，特别是他的年谱之学、声调之学。当然，我也很喜欢夏先生的学词日记。从日记中可以看到像夏先生这样的大家，无时无刻不在考虑着词学问题，所以他对词学的专题意识是非常强的。龙榆生先生则有他的特殊贡献。按照我的观点，一个学科的建立，必须具备三个条件：一是学科的内涵和外延必须是独立且排他的，这样就能确定这个学科的内容和范围;二是要确立这个学科的理论体系、范畴、术语和研究方法;三是要有一个学科平台和一定的研究群体,通过刊物进行学术成果的交流共享。这三方面的工作主要是龙榆生先生完成的,最重要的就是他创办了《词学季刊》。我们可以注意到,他在《词学季刊》上发表的文章,虽然也有一些关于作家作品的评论,比如《论贺方回词质胡适之先生》《东坡乐府综论》《苏门四学士词》等,但是,龙先生更多的是关于词学研究的宏观建构,比如《研究词学之商榷》《今日学词应取之途径》等。这就逼迫他去思考建立词学学科的一些主要问题。另外,《词学季刊》作为词学刊物也有团结群体的作用。现在看来,如果没有《词学季刊》,如果没有龙榆生,就不一定有夏承焘。夏承焘当时在严州中学教书,他感觉和主流的学术界相隔甚远,经过朋友介绍才和龙榆生开始通信,他在1929年10月19日的日记中写道:"雁晴转示暨南大学教员龙榆生沐勋二笺,愿与予缔交,问词有衬字考。"是为龙夏缔交之始。后来两人通信频繁,夏先生的第一篇词学论文《姜白石与姜石帚》就发表在龙榆生所办的《暨南大学文学院集刊》。1933年,龙榆生创办《词学季刊》,每一期的《词学季刊》都发表夏承焘的文章。夏先生自己也说:"夜阅严州日记,念僻居山邑,如不交榆生,学问恐不致有今日。"(夏承焘《天风阁学词日记》1934年12月30日)因此,像夏先生这样能够成为词学大师,《词学季刊》的平台作用是显而易见的。所以,从建立词学学科的三个标准来看,龙榆生的功绩是有独特性的。当然,我们在肯定这三位先生的同时,并不否认其他词学家的专长,比如俞平伯先生擅长词学鉴赏,吴世昌、施蛰存、詹安泰、万云骏等先生亦各有所长。我们强调夏、唐、龙三位先生,主要是强调他们建立词学学科的重要意义,并不否认其他人的成就。他们三人建立起词学学科以后,带动了词学学科的发展,吸引了一大批人从事词学研究。所以,在1949年以前,宋词研究不仅是宋代文学研究中的热点,而且也是中国古代文学研究中的热点。那么,对于研究宋代文学的人来说,对词产生兴趣也是比较自然的。

倪: 这种局面在新中国成立以后是否有所改观?诗文的研究有没有受到一定的重视?

王: 诗歌和散文这两种文学样式,在新中国成立以后受到了冷落和忽视。比如宋诗研究,因为宋诗之前有唐诗,一般人喜欢唐诗不喜欢宋诗,又因为宋人"以文字为诗,以才学为诗,以议论为诗"(严羽《沧浪诗话》),读懂宋诗需要一定的知识储备。钱锺书先生曾说:"有唐诗做榜样是宋人的大幸,也是宋人的大不幸。"(《宋诗选注·序》)对于研究者而言,大不幸的地方可能更多一点。虽然清初和清末也出现了宋诗研究的繁荣景象,但是在一般人的眼中,还是偏重于喜欢唐诗。至于散文呢,主要还是文学观念的问题。由于西方文学观念的传入,散文的身份不明,又因为受到"五四"新文化运动的影响,提倡白话文,反对文言文,散文的地位也是比较低的。所以,如果说是选择宋代文学研究领域作为自己的专业范围,首先感兴趣的应该就是宋词。

(二) 时代风气与治词门径

倪: 您在 60 年代初进入中国科学院哲学社会科学部的文学研究所工作后,就在《光明日报》发表了两篇词学论文,一篇是《也谈姜夔的〈扬州慢〉》,一篇是《谈谈宋词和柳永词的批判地继承问题》。从文章题目来看,明显带有商榷的性质,这是不是也和当时的学术风气有关?

王: 我在大学念书的时候,就对词产生了浓厚的兴趣,并且关注当时的学术倾向。看到有些文章有不同的意见,就喜欢写一些商榷性、论难性的文章。当然这也和当时的风气有关系,当时的商榷性文章比较多,而且有了商榷点,文章也比较好写。比如关于柳永的问题,当时报刊上发表了一篇题为《必须用批判的态度对柳永的词重新估价》的文章,是批判柳永的。我读了文章以后,觉得他们对柳永的批评有欠公允,于是就发表了我的不同意见。关于姜夔《扬州慢》的商榷对象则是陈友琴先生。我写文章时已经在文学所工作了,我还把写好的文章给陈先生过目,他阅后也非常大度,并无任何不快。文学所的学术氛围也很好,不会因为批评而心存芥蒂。我和商榷过的学界朋友关系都非常好,后来和曾枣庄先生也有商榷,关系也很好。你们与他人商榷时,尽量要讲道理,而不是进行人身攻击——对事不对人。

倪:到了复旦以后,您开始了词学专题研究,并关注苏轼及苏门词人,最有代表性的就是《苏轼豪放词派的涵义和评价问题》一文。该文对宋词流派中婉约豪放之争作了全新阐释,受到了学界的普遍认可,并荣膺夏承焘词学论文一等奖。您能谈谈这篇文章的写作动机吗?

王:我开始关注词学专题研究,主要是来到复旦以后。第一篇真正的词学论文就是你所说的《苏轼豪放词派的涵义和评价问题》。写这篇文章和个人也有一定的关系。吴世昌先生写过一篇《宋词中的"豪放派"与"婉约派"》的文章,批评文学研究所编《中国文学史》中关于苏轼词婉约、豪放风格的论述。我当时参与了这部文学史的编撰,有关苏轼词的章节正是我执笔的。其实,在吴先生之前,最早的争论是施蛰存先生和周楞伽先生关于词的流派之争,文章发表在《西北大学学报》1980年第3期。关于这个争论,上海社科院曾经编过一本《社会科学争鸣大系》,文学部分是蒋孔阳先生负责的,古代文学部分由我分管,其中有一个条目就是关于这次争论的始末。我主要对争论发生的过程阐述我的看法,这个问题也自然成为华师大马兴荣先生主持召开的首届词学讨论会的讨论焦点。我和他们的看法有所不同。他们争论有一个共同的缺点,就是把豪放婉约的问题仅仅作为词的风格来谈,我觉得这样是没有意义的。因为你说宋词有豪放风格、婉约风格,那么宋诗、唐诗乃至整个中国古代文学就没有豪放婉约之分了吗?按照西方的美学观点,美本来就分为两种,一种是崇高美,一种是优美,崇高美对应豪放,优美就是婉约,姚鼐讲文章的阳刚之美、阴柔之美,其实也就是豪放与婉约。所以,从风格上讲,这是一个大的美学判断,这样的区分作为文学整体的判断是有意义的,但是具体到一首词、一个作家,这样的争论是没有客观标准的。因为这本来就是在美学体系中对于美的类别的分析,但并不是说这个分类可以适用到每一个具体的作家作品,并为他们定名定性。特别是文学作品,其中既有豪放的因素,也有婉约的因素,这种无休止的争论是没有意义的。所以,我觉得应该首先追溯豪放、婉约的来源。豪放和婉约的观念是怎么出现的?后来又是如何发展的?当时他们的实际含义又是什么?然后把这些问题梳理清楚,分析这样的观念有没有学术意义?我就是从这个角度切入问题的。

倪:关于婉约和豪放的争论,您的观点是什么?

王:这在我的论文中已经说得很多了,我大致再概括一下。"豪放"一词,主要有三种意思,一是指人的气度性格,一是指艺术风格,但最主要的还是指创作个性,指放笔快意、挥洒自如、摆脱束缚的创作个性,比如苏轼作词,"曲子束缚不住"。与之相对应的就是词的声律。所谓豪放,就是指性格比较豪爽,不愿意一字一句地迁就声律,以声律来束缚自己创作个性的发挥。第一个把豪放和婉约对举的是张綖,他在《诗馀图谱·凡例》中说:"按词体大略有二:一体婉约,一体豪放。婉约者欲其辞情蕴藉,豪放者欲其气象恢弘。"张綖关于婉约、豪放的界说,是从艺术风格着眼的。后来,王士禛把张綖的两体说引申为词中的两大派:"张南湖论词派有二:一曰婉约,一曰豪放。

仆谓婉约以易安为宗,豪放惟幼安称首,皆吾济南人,难乎为继矣。"在词体的发展过程中,对于词的内容、体性、音律,出现了两种创作倾向:一是遵循坚持传统的风格,一是可以突破创新。所以,豪放派也可以说是革新派的代名词。豪放婉约之分,实际上包含了对词的两种看法:一种是传统派,就是李清照认为词"别是一家",一种是革新派,就是苏轼所说词"自是一家",跟柳永不一样。所以,如果用革新的意义去理解豪放派,那么,豪放派的地位应该得到充分肯定,因为这符合词体发展的客观趋势。词本来是配合音乐歌唱的音乐性的文体,但是在发展的过程中,逐渐脱离音乐,主文不主声,这是它的一个客观规律。南宋末年的词家之所以鼓吹词乐,正反映当时大部分词的创作不是应歌的,而是应酬的,所以词完全是案头文学,脱离歌唱。我们今天讲的声律有两层含义,一是符合歌唱的声律,一是符合吟诵的声律。我在研究过程中,搜集了有关苏轼词歌唱的材料,比如《念奴娇·赤壁怀古》(大江东去)有幕士歌唱的记录,类似这样词的十几首词,分析当时的评论,可以看出苏轼对乐律虽非精诣但亦粗通。然而,他粗通乐律但不严守,他所遵守的是吟诵的声律即平仄律。因此在清代的《词律》和《词谱》中,都是把苏轼的词作为一体或者又一体,说明苏轼的词已经成为一种规范。当然,吟诵主要是以平仄为主,还包括四声、领字等等,从这个角度来说,苏轼还是遵守的。我想这样的梳理为问题的解决提供了另外的思路,跳出了争论双方的局限。所以,我主要还是考虑一些词学专题的研究,这对整体的词体研究还是有一些积极作用的。这篇文章我比较重视,还有一篇就是况周颐和王国维的比较,这是关于近代词史的争论问题。

(三)词学会议与学术风向

倪:我们知道,您除了在书斋中精研词学,还经常参加一些词学会议，比如80年代华东师范大学的词学讨论会，还有台湾"中央研究院"的词学研讨会，中国韵文学会的学术会议，包括宋代文学年会中也会有一些关于宋词的讨论。2009年您还莅临上海国际词学研讨会并致辞。学术会议可以看作一个学科发展的风向标，您能否结合您历次参会的感受，谈谈近三十年来参加词学会议的心得体会？

王：我觉得马兴荣先生主持的首届词学讨论会是规模最大的，成果也是最丰富的。马先生主持召开的词学讨论会有两次，第一次是1983年在华东师大本部，第二次是1986年在金山宾馆。我对第一次会议印象尤其深刻。因为那两次会议很大的特点就是老一辈学者的出席到场，老一辈的词学专家几乎都出现了，像程千帆、张璋、姜书阁、胡国瑞、萧挺等先生都到场发言。唐先生、夏先生因为年事已高，发来了贺信。给我印象最深的是南京大学的程千帆先生。程先生因为新中国成立后教过文艺理论的课程，他的理论素养深厚，所以他看问题就很深入，你们南大不是流传一句话么，说只要是程先生指出的地方，挖下去就有金矿。第一次会议我和程千帆先生一个小组，所以听他讲的比较多，得到了很大的启发。我刚才提到的豪放、婉约的问题，也是第一次词学讨论会的重点，你可以去查阅邓乔彬先生写的会议综述。老先生们阐发的观点和我很不一样，他们还是停留在风格的层面，还是老路子，跳不出来。但是，我把他们的发言视作对我的发难，这样可以使我的文章更加扎实充分。所以感受前沿问题是每次参加会议的重要内容。

倪：现在的学术会议五花八门，人们参会的目的也各有不同，有人为了确立学术地位，有人为了争取学术资源。您觉得学术会议真正的目的是什么？词学会议对您的词学研究有何帮助？

王：我大学阶段没有上过词学课程，因为当文学史教到宋代的时候，就遇上了"教育大改革"和"学术大批判"，然后就是北大中文系

55级学生集体编写"红皮文学史",正常的教学秩序被打断了。所以,当时我对词学缺乏了解。1960年,我大学毕业以后分配到文学所工作,也很少获得参加学术会议的机会,"文化大革命"以前的学术讨论会我都没有参加过。但是,新时期以来,国内外的学术会议就非常多,这是新时期以来学术生态中的一个重要现象。学术会议的主要目的就是以文会友。"文"就是会议论文,可以反映当时最鲜活的学术状态,包括学术的前沿问题和最新成果,通过会议发言交流还可以结交同道中人。所以,词学会议对我就像是一次补课,类似日本"集中讲义"的形式。日本有一种集中讲义的方式,就是把一个学期的课程浓缩在一个星期里面讲完。每次参加词学会议,我仿佛接受了一次词学的集中培训。词学会议的形式有两种,一是综合性的词学会议,比如华师大的两次词学会议、台湾和澳门的词学会议;一种是专题会议,比如江西上饶举办的辛弃疾国际学术研讨会、广西横县和江苏高邮举办的秦观学术研讨会。这些会议的论文集我都认真读过,我主要的词学知识是从这些词学讨论会上获得的。特别是与会朋友,有的是词学前辈,比如刚才谈到华师大的词学会议,国内的前辈专家都到了。参加那次会议的前辈学者很多,所以会后的馀兴节目就是请他们朗诵诗词,这也让我从感性上触摸到了前辈词人的学词氛围。你们现在也会去参加一些学术会议和研究生论坛,我叮嘱大家必须要把论文写好,这是你们给学界的名片。写好会议文章,认真参加讨论,能够帮助你建立起良好的人际关系,获取许多宝贵的学术资源,打开自己的学术格局。这些会议只要认真去学习,还是可以学到不少东西的。

倪:能否结合一些具体的例子,谈谈您在词学会议上的收获?

王:我可以举两个例子。1986年12月我参加华师大的第二次词学讨论会,中华书局的一位编辑受李一氓先生之托,带来了一部善本词集，题曰"知圣道斋烬馀词"，"知圣道斋"是清代藏书家彭元瑞的书室名，这部词集在1927年夏天遇火，所以叫"烬馀"，后由邵章购藏。李一氓先生得到此书后重新装订并添加许多衬页，邀请老先生和中青年学者题词。于是，中华书局的编辑就到了我的房间找我题词。我翻阅了书上的题跋，其中就有张伯驹、吴世昌、顾廷龙、潘景郑等老先生的题跋，我还在会间抄录了部分。1993年我到台湾参加第一届词学国际研讨会，看到了日本村上哲见先生提交的论文《日本收藏词籍善本解题丛编类》，其中就有清彭元瑞钞《汲古阁未刻词》，后来他又撰写《日本传存〈漱玉词〉二种》一文刊于《词学》第九辑。看到村上哲见先生的文章，我就想起了之前参加华师大的词学会议并为李一氓先生所藏"知圣道斋烬馀词"题词的事情，于是我就和他有了关于《汲古阁未刻词》知圣道斋本的通信，发表于《词学》第十二辑。其实，我的那篇通信主要得益于参加的两次词学会议。当然，现在通过材料的进一步发现，村上哲见先生的观点似乎更为合理。李一氓先生的这部书现藏于四川省博物馆，最早鉴定这部书为知圣道斋本的人是邵章，因为彭元瑞在《知圣道斋读书跋·宋未刻词》条说："于谦牧堂得宋元人词二十二帙，题曰《汲古阁未刻词》。"邵章购得这部书，认为这就是知圣道斋钞本，后来题跋的人也都相信邵章的判断，只有张伯驹先生持不同意见。后来，我拜访苏州的藏书家潘景郑先生，他对此也保留意见。他觉得既然李一氓先生都已经认定了这是知圣道斋本，并且请大家题词，如果意见相左似乎不太礼貌，所以他在题跋中巧妙地保留了意见。关于《汲古阁未刻词》传钞源流和文献价值，吉林大学的王昊先生最近有专文论述，刊于《中国诗学》第十三辑。

还有一个例子就是我写的一篇随笔《鹅湖书院前的沉思》。这篇文章虽然是一篇随笔，但我自己还是比较重视的。我读陈亮和辛弃疾互相酬唱的五首《贺新郎》词，特别是辛弃疾的《贺新郎》词序，总是觉得这五首词里面有许多问题。隆冬时节,陈亮从金华风尘仆仆而来,约朱熹在紫溪会面,但是朱熹没有赴约,陈、辛二人又沿着到武夷山的古道走到村口等候朱熹,朱熹还是没来。于是他们只能败兴而归,陈亮返回金华去了。辛弃疾这时还在生病,起身追赶陈亮,追到鹭鸶林,雪深泥滑不得前行。我们不禁要问:陈亮出于何种目的去武夷山下迎接朱熹?朱熹为什么没有来?陈亮离开以后,辛弃疾为什么抱病冒雪追赶陈亮?这五首《贺新郎》肯定有其背后的故事。我猜测不仅有一次哲学上的鹅湖之会,还有一次文学家的鹅湖之会,这就是由陈亮做主,试图撮合辛弃疾和朱熹。在陈亮看来,当时文臣中最有能力复国的是朱熹,武将中能领兵打仗的是辛弃疾。但是朱熹没有赴约,反映了他们复国谋划上的不同观点。当时我去江西上饶参加词学会议,乘车经过了武夷山的古道,感受到了这一段古道的艰难。因为苦于正面的材料还不够充分,所以目前只能写成一篇随笔。另外就是有关辛弃疾的《菩萨蛮》的疑问。《菩萨蛮》首句就说"郁孤台下清江水",点明本词写作的地点是郁孤台,但是词题作"书江西造口壁",说明辛弃疾把这首词题在造口。郁孤台和造口两地相差很远,辛弃疾为什么要把在郁孤台写的词题到造口,这不是一个问题吗?这样的问题都是参加学术会议而受到启发的。

倪:除了大陆的词学会议,您还参加过台湾、澳门的词学会议,这些境外的词学会议有没有给您留下什么深刻的印象?

王:1993年台湾"中研院"文哲研究所举办的第一届词学国际研讨会,论文水平也是很高的。参加会议的老先生有饶宗颐、叶嘉莹,还有台大的张以仁。那次会议的一个明显特点就是出现了明清词研究的论文,比如饶宗颐先生提交的论文就是《论清词在词史上之地位》。那次会议我听到了对于王国维的不同评价。比如叶嘉莹先生是肯定王国维,她写了一本《王国维及其文学批评》;饶宗颐先生对王国维是持有平议的,他很早就写过《〈人间词话〉平议》,对王国维的批评也比较多。王国维在词学史上是一个里程碑式的人物,对他的不同评价也是由来已久,比如万云骏先生就对王国维有不同的看法。1987年,我在复旦大学主持助教进修班的教学,我负责安排课程,所以我请了赵景深先生来讲戏曲,请万云骏先生来讲词学。万先生讲课的主题就是王国维,而且是批评王国维,当时我还作了详细记录,并作为材料写到我的那篇《况周颐与王国维:不同的审美范式》中去了。原来万先生的观点和唐圭璋先生是一致的,并且是从朱祖谋这一派传承下来的。从朱祖谋、况周颐、吴梅,到唐圭璋先生、龙榆生先生,他们是一脉相承的,对王国维的批评比较多。另一派则是以王国维、胡适、胡云翼为代表的新派。我发现夏承焘先生的观点不太一样,他对王国维还是有所肯定,说明夏老具有独立的学术主张。因为他自学成才,没有严格的师承关系。在中国传统的学术观念中,学生应该谨守老师的观点。山东大学的萧涤非先生曾经参与游国恩先生主编的《中国文学史》工作,关于汉乐府《东门行》中"今非咄行"四字有新的断句读法,他在《中国文学史》中加了脚注说明"此处断句,据黄节《汉魏乐府风笺》"。虽然他的解释未被课题组的人接受,但萧先生却一直坚持,因为这是他老师黄节的观点,所以他不能改变。最后,第一主编游国恩先生就说:"萧先生要尊重他老师的观点,我们就尊重他的观点。"虽然萧先生的说法可能是不妥的,但说明当时的人对师承的观念是非常强烈的。这不同于我们这一辈人,我们欢迎学生提出不同的观点。陈寅恪曾说:"我要请的人,要带的徒弟都要有自由思想、独立精神。不是这样,即不是我的学生。……周一良也好,王永兴也好,从我之说即是我的学生,否则即不是。将来我要带徒弟也是如此。"(陈寅恪口述《对科学院的答复》)所以,龙榆生对胡适、王国维是有所保留的,他们的师说相承比较严格,这一点和夏老不一样,夏先生在这方面有一定的自由度。所以,这些点点滴滴都是我参加会议的感受,到以后自己写论文的时候才会想起这些印象。总之,以上的几次词学会议,从与会人员的学术层次而言,都有对话的可能。如果没有对话可能,会议就失去了意义。所以我觉得学术会议人数不一定太多,只要"二三素心人"即可。大家参会的目的都是为了探讨问题,而不是游山玩水,这样的会议就比较好。

(四) 大师印象与群体定位

倪: 看来词学会议对您的词学研究有非常重要的学术意义。这些词学会议,不仅对您的学术科研有所启发,也让您有了与词学大师见面交流的机会。

王: 是的。每次参加词学会议我都会得到一些特殊的机遇,比如 2000 年在澳门召开的词学会议。澳门会议的特点是人数不多,提交论文的质量却比较高。那次会议主要是叶嘉莹先生作主题报告。叶先生的治学特点,我在她八十诞辰的贺词中概括为"一二三"点。一就是她词学的核心思想,就是诗歌中的"兴发感动之作用"。二是中西结合的方法,三是她的教学,有科学研究和诗词创作体会作支撑,所以她的教学是非常成功的。澳门会议不是我第一次听叶先生讲座,因为她每次经过上海我总是请她来复旦讲一次。我认为,当老师的必须要听一次叶嘉莹先生的讲课,希望了解文学和词学的中文系的学生也要听一次叶先生的讲课。叶先生的讲课的确是值得学习的。特别是当老师的,课堂能够如此精彩流畅,把自己的感情,把自己对一首词的理解如涓涓细流,娓娓道来。叶先生就是把词视作自己的生命。她说有时候讲课时身体不适,讲着讲着就来劲了。澳门会议叶先生讲的还是"兴发感动"的主题。那次会议她结合女性主义讲词,在中西结合方面做得比较好。原因有两个,第一是她扎根于中国词学的土壤,她本身就是个词人,另外是她对西方的理论也很熟悉，不像现在我们搞中西结合的研究，主要是看西方翻译的理论著作，然后把理论套用到我们中国的对象上来。她对这两方面都是通的，所以她的结合的确是比较内在的。而且，她对于西方的理论也保持一定的距离，比如她讲西方的女性主义就处理得比较好。她利用了女性主义的一些观点，用女性的角度来看词，可谓取其精华。但是，她对于女性主义背后的意识形态，比如女权主义等，则带有批判的态度。对于西方的理论有所分析且有所保留，对于中国本土的文学又非常熟悉，所以我觉得她的中西结合是做得非常好的。特别是关于吴文英词的解读。张炎《词源》卷下称吴文英的词"如七宝楼台，眩人眼目，碎拆下来，不成片段"。叶先生从时空交错的叙写方法、感性的修辞两个方面去解释吴文英的词，揭开了吴词神秘晦涩的面纱。叶嘉莹先生当时最有影响力的著作当数上海古籍出版社出版的《迦陵论词丛稿》，这部著作风行一时，词学研究者几乎人手一册。这些都是开会的时候听她当面讲，然后再去看她的著作，对于我了解词学发展的趋势也是很有帮助的。

倪：除了在会议场合能够与词学大师们进行面对面的交流，您私下里也和一些词学大师有学术交往，比如您和唐圭璋先生、日本村上哲见先生有词学通信，您能否回忆一下当初和他们的交往以及他们给您的印象？

王：我和唐先生的接触印象一直非常深刻，他给我的信现在保存的约有十多封。事情起因也比较偶然，我当时就是为了要追究张綖《诗馀图谱·凡例》关于豪放婉约那段文字的出处。首先发现唐先生在《宋词三百首笺注》、《词苑丛谈》校注本中有所涉及。于是，我就去查阅《诗馀图谱》的各种版本，最通行的就是汲古阁《词苑英华》本。但是，我查遍了复旦和上图所有的版本，没有发现这段文字，于是我就写信向唐老请教。从此以后，唐老就不断给我写信。后来唐老的身体不太好，所以有些信件的字迹比较难认，我就把信的内容辨认出来，因为我怕自己第一遍能看出来的，第二遍不一定能看出来。唐老的每封信实际上都给我提问题，让我回答，所以我称之为"函授教育"。他在信中说他年纪大了，不能到蟠龙里去看书了，而这些问题的解决都是要查书的，所以学问要靠你们这一辈了，你要经常给我写信啊。让我非常感动的是，有时候老先生一封信写好封好了，还要在信封上再作补充，可见老先生一直是以词学为生命的，一直在考虑词学问题。所以，我们不讳言学术研究是我们谋生的职业，但更高层次的追求应该是将其视作一种志业，是自己生命的追求。这十几封信我一直珍藏保留着。特别是唐老每次给我提问，我就要去图书馆查阅资料，对于我的回答，他有的表示同意，有的不同意。所以，我是非常怀念唐先生的，但是我和他只有一面之缘，就是60年代文学所编文学史时去南京、上海征求意见，由余冠英先生带领我和邓绍基先生登门拜访。后来唐先生85华诞庆祝大会，我因为在日本教学而无法抽身前往祝寿，深以为憾。唐先生的词学论文集《词学论丛》一厚册，几乎囊括了他所有的词学论文，并签字赠送给我。唐老当时刚搬了家，学生登门求教可能有所不便，所以感觉他比较寂寞。当时我和他的信件来往也十分迅速，有时候我还没来得及回信，他的第二封信又来了。唐先生和夏先生有一个特点，就是他们时时刻刻想着学问，一个学者就应该达到这样的境界。

倪：您在上海和施蛰存先生有没有过交往？

王：施先生家里我去过一次，因为台湾林玫仪女士托我带份礼物给施先生。施先生的性格是比较豪爽的，但有时也有沉静的一面。比如，当年王元化先生领导《大百科全书》古代文学卷的编纂工作，前期工作就是拟定体例和选定条目。在选定条目撰写人的时候，施先生说，我是一个三脚猫，你们先认吧，剩下不要的我来吧。这时，钱仲联先生听了有所不快。他说,我本事没那么大,我只能写韩柳,写孟郊。钱先生此言一出,施先生居然一言不发,涵养之高令人肃敬。我去他家拜访,他性格就很直率的,见到我就说:"王水照,以前经常看到你写文章,你最近文章写得少了嘛?"我只能说现在不读书了,所以文章就写不出来了。我觉得他的思路比较敏锐,他当时向我提出要组织观看30年代外国电影专场的建议,可见他不仅仅在考虑词学问题。他认为30年代的外国电影,像我这一辈的人,都没有看过。他认为那段时间的外国电影是应该看的,这种教育应该补上。他晚年大量搜集词集,而且很多都是孤本。

倪:施议对先生在《百年词学通论》一文中,把20世纪的词学研究者分成五代群体,在第四代群体中,您的名字赫然在列,与您同代的还有徐培均、严迪昌、吴熊和、马兴荣等先生,对于您这一代词学群体,您有怎样的看法?

王:我看过施议对的文章,也建议他把我的名字删去,因为我的词学是不成体系的。按照这份名单,就我所熟悉的人而言,我们这一代应该是承前启后的一代,继承开拓我们的老师辈龙榆生、夏承焘、唐圭璋、万云骏、吴世昌等先生的词学研究。我们这一代有一个共同的特点,就是在以马克思主义为主流思潮的背景下,接受新中国成立以后的教育,首先是苏联体制的教育,又经过了一系列大的"运动",所以,我们的学术经过了新中国成立以后的意识形态的熏陶。我们相信马克思主义,在一段时间内也有自觉运用马克思主义的意识。所以,我们能够从视野上接受一些西方的学科观念,学科观念比我们的上一辈要强。我们的优点就是视野比较开阔,能接受现代的学术气息以及其他人文科学的方法观念,从社会科学和大文化背景的角度研究词学。但是,从基础上来说,我们显得相对薄弱,最根本的一条就是词的创作实践比较薄弱。闻一多说过"勒马回缰写旧诗",说明旧体诗词具有不朽的生命力。他们这辈人尚且能够勒马回缰,我们这辈人却还要重新上马锻炼。当然读多了胡凑几句也是可以的,但那毕竟不是诗,还没有达到诗的标准。正是由于自己创作体验的不足,对于词体的体会不深,可能在欣赏鉴别的时候就会出现问题。最大的问题就是缺乏甄别的眼光。比如要编诗词选本,如何评价一首诗词的优劣,如何从一部总集中挑选出优秀的作品,有此功力的人现在很少。普遍做法就是几个人一起挑选,然后选择大家有所共识的。还有一个办法就是依据历代的选本进行挑选,比如王兆鹏《唐诗排行榜》、《宋词排行榜》就是这种思路。因此,我们这一辈人之中真正懂得艺术真谛,并且能够与作品近距离接触的人不多,这是我们这一辈的缺点,特别是我个人的缺点。但是,我们的视野开阔,不就词论词,能从外缘的观念切入研究,这是我们这一代人的特点。

(五) 突破瓶颈与关注热点

倪:说完前辈,我们又不得不正视当下。对于当前的词学研究,一方面是清词和近现代词研究的渐趋热潮,另一方面又是唐宋词研究的相对冷落,词学研究的格局正在悄然发生变化。您作为宋代文学研究的专家,近来似乎也在开始关注近现代词的研究,比如况周颐和王国维的比较,那么,您是如何看待这一现状的?唐宋词研究是否真的要让位于清词研究?

王:你所说的词学现状基本属实。我反复提到宋代文学研究中的"三重三轻"现象,其中之一就是重词轻诗文。从研究成果的统计来看,宋词研究的成果数量远远多于诗文的研究。我提出这个问题以后,在以后几届的宋代文学研讨会上,这一现象有所改观,特别是有一届会议宋诗的论文比较多,要分成两组才便于讨论。目前词学的研究逐渐转向明清词,宋词仿佛是一块熟翻地,而非处女地了。经过反复耕种,确实存在论题陈旧的情况。宋词研究如何突破瓶颈?这个问题我也没想好。但是,从另外一个意义上说,明清词和近现代词的研究,确实应该得到重视。所以,我也开始关注这两方面内容,一是王国维和况周颐的比较,最近彭玉平教授出版新著《人间词话疏证》,他对王国维的评价还是比较高的,包括施议对教授也充分肯定王国维的词学地位。但我总觉得他们的观点还是令人心里不够踏实,因为《人间词话》中具有革新意义的词话只有前九条共五百馀字,后面对具体作家作品的评论,实际上与传统词话区别不大。五百多字的词话,能否建立起一个词学体系,我表示怀疑。另外,刚才提到闻一多先生的一句诗"勒马回缰写旧诗"。原来主张新诗反对旧体文学的精英知识分子,到晚年却纷纷回到旧体文学的创作,说明旧体诗词的创作在这个时段不应该被湮没。所以,现在有人开始关注近现代诗词,我在寒假里也读了汪精卫、龙榆生等人的旧体诗词。为什么旧体诗词有如此旺盛的生命力?这是要回答的一个问题。这个问题以前被遮蔽了,是一个空白点,现在有人开始注意这个问题,成果就比较多了。可以预见,晚清民国词会成为新的学术热点。所以,我很想招收词学的博士生,也招到了几个研究生,但是,还没有找出一条研究宋词的方法。如果叫我出一个宋词研究的题目,我也想不出来。现在,苏州大学的杨海明教授、南京师范大学钟振振教授以及杭州吴熊和先生的弟子如沈松勤、肖瑞峰教授,他们指导了数量可观的词学论文,但是,他们似乎还没有总结出一条观念性的经验:宋词研究应该何去何从?这是一个值得思考的问题,尚且没有答案,关键问题就是如何创新。

倪:说到方法观念上的创新,您经常讲到宋代文学研究的"五朵金花",即文学与科举、地域、家族、传播和党争,您也关注过宋词的传播与接受、《宋词排行榜》等话题,那么,这五朵金花能否适用于唐宋词研究,从而为唐宋词研究开辟出一个新局面呢?

王:"五朵金花"中和词学关系最为密切的应该就是地域、家族和传播,党争偶尔也会涉及,比如我那篇关于秦观《千秋岁》及苏轼等和韵词的文章,但只是一个个案研究。传播学的引入是唐宋词研究在方法上的开拓创新。我在今年(2013)1月24日的《中国社会科学报》上看到了一篇题为《中国传播学研究正经历第三次浪潮》的文章,这篇文章指出:"第一次浪潮是从1950年左右到1982年,传播学通过早期留学国外的中国学者引进国内,但规模较小,处于'暗潮涌动'阶段。第二次是1982年到1997年。1982年施拉姆的来访掀起中国传播学研究的第二次浪潮,同时经由译介,西方的传播学思想开始深入我国。从20世纪末到现在,我们正经历传播学研究的第三次浪潮——当前的国内和国际语境下,新闻学和传播学被推上历史前台,同时,传播学从其西方文化诞生地也弥漫出一种'向东看'、'向南看'的气质。此外,国内1997年新闻传播学被列为一级学科也成为传播学研究再次潮起中国的契机。"根据教育部最新公布的《学位授予和人才培养学科目录(2011年)》,"新闻传播学"作为一级学科下设"新闻学"和"传播学"两个二级学科,学科制度的建立对于传播学的独立发展肯定有所帮助。当然,以上所说的"传播学"更多的是关于新闻传播领域,而不是针对古代文学研究。但是,传播学蓬勃发展的学科背景,对王兆鹏等人进行唐诗宋词的传播研究肯定也有促进作用。他们的工作主要建立在传统文献资料的基础上进行传播学研究,并取得了一定的成绩,比如关于宋词传播的方式、媒介、途径等方面,都有所开拓;如对男声演唱、单篇传播中的艺术媒介、词话和词集序跋的传播功能、私人藏书和图书市场乃至驿递制度与传播的关系,均在文献搜集、实证研究和理论阐释上取得了丰厚的成果。这倒是可以继续研究的题目。前不久出版了一部《唐宋词与流行歌曲》的论著,作者宋秋敏博士是苏州大学杨海明教授的学生,乍看这个题目我觉得过于新奇时尚,读过以后发现作者研究的内容还是非常充实的。正如杨海明教授在《序言》中所说:"本书便从'流行歌曲'的新颖视角对唐宋词展开了全面而又深入的研究,其中多有创获。"所以,我认为从传播的角度切入研究唐宋词还是可行的。

倪: 您刚才提到了王兆鹏教授等人的研究成果,引起社会较大反响的应该就是《唐诗排行榜》和《宋词排行榜》。您对"排行榜"这个问题是如何看待的?

王: 武汉大学是文学与传播研究的重镇,他们办了专刊《文学传播与接受论丛》,涵盖了中国古代文学、近代文学、现当代文学和外国文学与传播的研究。他们已经形成了一支研究文学与传播的队伍,与词学有关并且引起争论的就是你所说的《宋词排行榜》。排行榜是一个比较敏感的话题,傅璇琮先生写过肯定的文章《读〈唐诗排行榜〉:唐诗有了排行榜之后……》(2012年2月5日《光明日报》),陈尚君老师写过批评的文章《唐诗凭什么排名》(2012年2月5日《东方早报·上海书评》),去年的武汉词学会议杨雨教授又写了分析改进测度模型的论文(《2012词学国际学术研讨会论文集(副编)》)。武汉大学编纂《唐诗排行榜》和《宋词排行榜》,牵涉两个关键问题:他们的主要根据是选本,他们采用的主要方法是社会科学的计量统计法。对于这两条,我是有质疑的。陈尚君老师指出:"一些家喻户晓的名篇,如李白《静夜思》仅排三十一位,孟浩然《春晓》仅排六十一位,陈子昂《登幽州台歌》、杜牧《清明》居然名落孙山,与一般读者的认知有很大差距。"原因就在于这些作品的文本和作者都是有问题的,比如陈子昂《登幽州台歌》没有收入卢藏用编《陈伯玉集》,杜牧《清明》也没有收入《全唐诗》和杜牧文集。这恰好说明普及性选本和专业选本的差异,普及性选本可以随便篡改作者的署名、文字的异同,专业的选本就不大会出现这种情况。所以,排行榜只是测定相关词作在历史行程中的关注度和影响力的大小,而不是评价入榜词作的艺术价值和思想意义的高低;它的意义仅仅在于表明历代的诗歌审美标准在不断改变,诗歌的潜在含义在不断地被发现,因而不失为一种研究手段。但是,排行榜的适用范围仅限于此。关于一首词在历史发展过程中关注度是如何变化的,读者对于作品的意义又是如何层累解读的,这是排行榜不能反映出来的。

倪:关于普及性选本和专业选本的差异,您觉得朱祖谋编的《宋词三百首》和蘅塘退士编的《唐诗三百首》有没有本质性的区别?

王:《宋词三百首》的性质完全不同于《唐诗三百首》,《唐诗三百首》只是一本启蒙读物,《宋词三百首》则是一个专业选本,体现了一定的词学主张。作为晚清四大家之首和主盟海上词坛的领袖,朱祖谋有自己的立场,他的选本与一个普通选本的分量是不能相提并论的。《宋词三百首》中入选最多的是吴文英的词(25 首),占了全书近十分之一,超过了苏辛词的总和(22 首)。朱祖谋为什么要隆重推举吴文英?他的目的何在?这一方面与他反复校勘《梦窗词》有关,但是,更深层次的原因还在于他的遗民心态。我发现他对吴文英词的解释与吴文英词本身是有距离的,吴文英词意蕴丰富、辞藻丽密的特点,正好与他的遗民心态契合。所以,他是借吴文英之词来抒发自己的心情。龙榆生先生《彊村本事词》一文指出:"时值朝政日非,外患日亟,左袒沉陆之惧,忧生念乱之嗟,一于倚声发之。"说明朱祖谋的词都是有本事的,目的就是为了抒发他的政治感慨和遗老心境。他内心有解不开的遗民情结,吴文英的词正好成为他的宣泄途径。所以,朱祖谋评价吴文英时就说:"君特(吴文英的字)以隽上之才,举博丽之典,审音拈韵,习谙古谐。故其为词也,沉邃缜密,脉络井井,缜幽抉潜,开径自行,学者匪造次所能陈其义趣。"(《彊村丛书·梦窗词集跋》)朱祖谋在自己的词中沿袭了吴词曲折彷徨的抒情特征,这是他欣赏吴文英词的内在原因。苏轼的《念奴娇》(大江东去)入选了他的初编本,却在再版修订时被删除,也是这个缘故。

倪:说到苏轼,我们知道您的词学研究主要集中在苏辛词研究,特别是苏轼以及苏门词人的研究,能否谈谈您关于苏轼词的相关研究论著以及对于苏轼词的看法?

王:我始终感到很惭愧,因为我不是一个专门的词学研究者,只是想到某个词学问题就进行研究,实际上我自己比较满意的真正的词学论文只有四五篇。虽然一些随笔和序跋也有我的一些看法,但不能称之为严格意义上的词学论文。正如你所说,我对苏辛词的关注更多一点,其中一个原因就是文学所编文学史时我承担了苏轼的相关章节,所以我更多地关注苏东坡。关于苏轼词的研究,我还是有一点心得体会的。首先我比较重视东坡词的革新意义,并在革新意义的基础上评价苏东坡的词。虽然宋人对苏轼词的评价不是很高,比如李清照说东坡词"皆句读不葺之诗耳"(李清照《词论》),比如他的门人张耒和晁补之都说:"少游诗似小词,先生小词似诗。"(胡仔《苕溪渔隐丛话前集》卷四十二引《王直方诗话》)但是,如果从词的发展过程来看,按照传统婉约派的规定填词,词也许已经没有出路。所以,词后来脱离音乐,变成独立纯粹的抒情诗,我觉得这是有道理的。苏轼就是沿着这条道路发展的,所以我们对苏轼的词应该予以正确的评价。其次,他革新词体的主要抓手就是"以诗为词",把诗的题材内容、手法风格和体制格律引入词的领域。我那篇《从苏轼、秦观词看词与诗的分合趋向》就是为了说明苏轼改革词体的切入点。另外,我研究的主要方法就是比较研究。我觉得作家作品的个案分析,平面孤立地展开研究不易说明问题,用比较的方法去呈现各自的特点就会比较清晰。比如我阅读秦观《千秋岁》词时发现在两宋有七个词人九首和词,发现这个现象后我就深入下去,于是就写了《元祐党人贬谪心态》一文,揭示元祐党人被贬以后不同的生活态度。秦观是一种,苏轼是一种,黄庭坚又是一种,从和词中可以看出三种倾向。还有就是《苏、辛退居时期的心态平议》,也是通过苏辛的比较得出观点结论。

(六)日本词学与钱学研究

倪:刚才我们主要谈了本土的词学研究。在您的词学研究中,对于域外词学特别是日本词学的研究是独树一帜的,比如您曾经选编过《日本学者中国词学论文集》,您主编的"日本宋学研究六人集"中也有词学专著,包括去年新版村上哲见先生的《宋词研究》,也有您的介绍襄助。那么,您当初怎么会关注日本词学的?能否为我们简单介绍一下日本词学的概况?

王:开始接触日本词学,主要因为1984年我去日本东京大学任教的缘故。日本词学研究比较有名的学者有村上哲见、青山宏、宇野直人等,老一辈的学者比如吉川幸次郎、目加田诚等也有词学文章。日本学者的知识面比较广,这与他们的课堂教学有关。我们的课堂教学比较细化,他们的课程面比较宽广,所以他们也会对词学产生兴趣。但是,最早成书的还是村上哲见的《宋词研究——唐五代北宋篇》,然后就是青山宏《唐宋词研究》、宇野直人《柳永论稿》。现在的日本词学比较冷清,从数量上而言,目前日本中青年学者研究词学的人数不多,成果较少;从学术水平而言,相对于内山精也、浅见洋二等宋诗学者,词学研究者的理论素养不够深厚。值得注意的是,2003年他们成立了一个宋词研究会,并编了一本词学刊物《风絮》,其实就是仿效内山精也所编宋诗研究刊物《橄榄》,围绕《风絮》集中了一批年轻的词学研究者。

倪：一本刊物往往能够影响一个学科的发展。30年代龙榆生先生创办《词学季刊》，80年代施蛰存先生创办《词学》，包括东南大学办的《中华词学》，都对我们的词学研究产生了积极的推动作用。日本宋词研究会的《风絮》究竟是一本怎样的刊物？

王：2003年6月，日本成立了宋词研究会。宋词研究会的前身是1991年3月成立的《词源》研究会，以翻译研究南宋张炎的《词源》为主，并陆续出版了《〈词源〉译注稿》五册。后经村越贵代美女士提议，保苅佳昭、松尾肇子、萩原正树等人士发起并成立了宋词研究会，《风絮》就是宋词研究会的会刊。为什么把刊物取名叫作《风絮》呢？因为北宋词人贺铸有一首著名的《青玉案》词，里面就有一句"试问闲愁都几许？一川烟草，满城风絮，梅子黄时雨。"而周邦彦的《瑞龙吟》也说："断肠院落，一帘风絮。"根据《风絮》创刊号"编集后记"的说明："在词中，经常会出现春天那些令人难过、无法释怀的忧愁景象。像'风絮'这样的意象，能够传达无法道清的情趣，是词的一种极大的魅力，这不正是能够得到各位会员支持的原因吗？我会的杂志不仅是学术类杂志，严密的考证以及明确清晰的记述是首要的要求。但与此同时，我们更希望做出一本将词的无穷魅力传达给读者，并能体现词的风韵的杂志。这是编集部共同的目标和心愿。"这就是刊物命名的原因。因为"风絮"能够表现春天无以言表的闲愁，正如词这种文体能够表达内心无以名状的情感。刊物取名《风絮》，可以表现词体的魅力与特质。2005年3月，《风絮》创刊号隆重面世。2005年9月，浙江杭州召开第四届宋代文学国际研讨会，与会的日本学者带来了《风絮》创刊号并介绍赠送给中国学界。2006年11月，《词学》第十七辑刊出了《风絮》创刊号封面书影，并翻译发表了村上哲见先生《南宋词综论》一文,该文首刊于《风絮》创刊号。《风絮》每年3月出版一期,至2012年3月已有八期。

倪: 学术刊物的栏目设置至关重要,无论是龙榆生先生创办《词学季刊》,还是施蛰存先生创办《词学》,都会慎重拟定刊物的编辑体例,不知道《风絮》有没有固定的栏目和内容?

王:《风絮》在创办伊始,没有明确的编辑体例和栏目设置。但是,根据目前八期刊物的文章内容,并参照《词学季刊》和《词学》的栏目设置,还是可以总结出一点规律性的栏目内容,包括以下五个方面:1.著述。发表中日学者的词学论文。日本老一辈的词学研究者像村上哲见、青山宏等都在《风絮》发表过文章,目前则以保苅佳昭、松尾肇子、村越贵代美、池田智幸等中青年学者为主。中国的王兆鹏、张鸣、孙克强、张仲谋等词学专家也有论文经过翻译在此发表。2.文献。发表中日两国的词学文献,比如萩原正树《(森川)竹磎青年时代的诗词文——集外诗词四十九首及佚文五篇》、坂田进一《市野迷庵手抄〈东皋琴谱〉》、村越贵代美《〈魏氏乐谱〉中的词》、孙克强整理《适园论词》等。3.译注。翻译中国的词学文献。日本汉学界喜欢翻译一些中国的著作典籍,一方面可以通过翻译达到学习的目的,同时也可以作为研究成果发表。这不仅是《风絮》的特点,也是日本汉学刊物的特色,比如早稻田大学中国文学研究会宋诗研究班编著的《橄榄》,曾经翻译钱锺书先生的《宋诗选注》,《风絮》对此应该有所借鉴。《风絮》先后译注的词学著作有施蛰存先生的《词学名词释义》、龙榆生先生的《唐宋名家词选》、张炎《词源》、沈义父《乐府指迷》,从2012年第8号起开始译注《四库全书总目提要·词曲类》。4.图版。《风絮》每一期都会刊出一些彩印图片,主要以中国的词学名胜为主,学术价值不大,偶尔也会刊登一些日本词学文献的书影,如森川竹磎的《得闲集》和《词律大成》。5.编集后记。介绍日本最新的词学活动、词坛消息和词学论著。比如关于每一次谈话会的简讯，可以反映日本学者的关注热点。宋词研究会刚成立的时候，宋词讨论会是单独进行的。从2006年开始，宋词讨论会并入宋代文学谈话会，因此，讨论的话题不仅限于词。每一次的讨论会，我们几乎都可以看到中国学者的身影，比如张海鸥、钱志熙、王兆鹏、洪本健、金程宇等均参加了讨论会。另外，日本最新的研究论著也会通过编辑后记予以介绍，比如中尾友香梨《江户文人与明清乐》、内山精也《苏轼诗研究——宋代士大夫诗人之构造》、松尾肇子《词论的成立与发展——以张炎词论为中心》等都是日本学者最新发表的研究成果，并且尚未译介至国内，通过《风絮》的介绍为我们所知晓。以上就是我所概括出来的五个主要的固定版块，其中译注占据了很大的比重，这固然可以称其为特色，但对于我们中国学者而言意义似不大。因为，我们当然希望看到更多日本学者的研究论文和原始文献，而不是中国词学典籍的翻译注释。所以，论著和文献相对薄弱，是《风絮》的不足之处。其中当然也有一定的原因，比如日本词学论文的生产量本来就无法与中国的论文产出相提并论，再加上宋词研究会的研究范围主要局限于唐宋词，无形之中增加了研究的难度，研究成果自然也就相应地减少了。我们期盼日本的中青年词学研究者能继续精进不已，开创研究的新局面。

倪：那么，您觉得日本词学目前最大的困境是什么？中青年学者如何开创新的研究局面？

王：目前日本词学研究最关键的一点就是理论素养的加强。在中国词学界，有"体制内派"和"体制外派"之分，日本词学界也存在这种情况。像村上哲见、青山宏、保苅佳昭、村越贵代美、松尾肇子等人以词学研究为主业，是"体制内派"；像小川环树、清水茂、浅见洋二、东英寿等人，主要研究领域不在词学，只是偶尔涉足词学，属"体制外派"。老一辈的两派学者并无轩轾之分,但在目前的中青年学者中,体制外派似乎要胜过体制内派。比如研究诗学的浅见洋二,他主要研究中国诗学的唐宋转型,但他那篇关于晚唐五代词中的风景与绘画的词学论文《闺房中的山水以及潇湘》,就能透过文学现象看到精神本质,这与他深厚的诗学素养是密不可分的。反观《风絮》上刊出的词学论文,似乎尚嫌停留在词学现象的描述,而未能再深入下去,探讨挖掘现象背后的文学史意义和精神内涵。这是日本词学界目前面临的最大的困境。所以,我觉得日本词学应该在以下三个方面寻求突破。首先就是要加强理论素养,不仅是词学的理论素养,还需要诗学、文章学等学科的理论背景,甚至可以吸收借鉴西方的文艺理论,深入开展词学研究,而不只是停留在翻译和描述的层面。其次,要开拓研究疆域。从我当初编《日本学者中国词学论文集》来看,日本学者的词学研究主要集中在唐宋词研究,目前宋词研究会和《风絮》的研究范围也局限于唐宋词研究。但是,唐宋词研究目前已经遇到了瓶颈,日本学者应该适当地把注意力转移到清词和近现代词的研究上来,这样才能促进日本词学的可持续发展。另外,就是要发挥资源优势。俗话说"天时地利人和",日本词学也有其自身的特点和优势,比如日本的词学文献是他们宝贵的学术资源,应该进一步搜集整理。村上哲见先生曾撰《日本收藏词籍善本解题丛编类》,松尾肇子女士也编了《日本词学文献目录索引》(1868—1988),这个目录现在已经补充到了 2012 年。这些都是最基础的工作,已经有了一个很好的开头,现在的学者更要延续其良好势头。同时,他们也要充分发挥宋词研究会和《风絮》的平台作用,加强与外界的词学交流。日本词学有一个辉煌的过去,也有一个实干的现在,应该能够迎接一个崭新的未来。

倪:您今后是否还有词学研究的计划,比如您一直主持"钱锺书与宋诗研究"的科研项目,那么,其中是否会涉及钱锺书先生的词学研究?

王:关于钱先生的词学研究,我曾经看到《词学》十四辑刊登吴建国先生《钱锺书先生引词勘正》一文,我觉得他的说法有些片面,所以就写了《批评的隔膜》与作者商榷。我在文学所工作的时候,有一次到钱先生家里拜访,他正在看王仲闻先生为《全宋词》所作的增订意见,他称赞王仲闻先生的工作做得非常好,非常出色。这给我留下深刻印象。因为能入钱先生法眼的人绝少,所以有人说"钱赞不可信",因为"钱赞"大都是应酬话。当然,我也要补充一句,"钱批不可怕",能受到钱先生的批评也是一种荣幸,比如他批评陈尚君老师的《全唐诗续拾》。在我的接触中,钱先生只有两次是真心称赞别人的,这是一次。还有一次是他称赞章太炎的博学,有人向章太炎请教《畴人传》的问题,这是一部阮元等所编有关数学天文学家传记的著作,人文学者一般不太关注,可是章太炎应对如流,使钱先生很佩服。钱先生论词的主要特点,与我们现在词学界的思路是不太一样的,他把词完全看作一个单纯的文本。所以,他提出的问题,都是词学界可能没有关注的问题,包括一些具体的问题,比如关于岳飞《满江红》的真伪问题,显示了他的"涉猎之广"和"措意之深"。比如他在《容安馆札记》中连引三十多首雄阔苍劲的词作,来说明稼轩词风的先导。我现在体会到钱先生的读书有精读和泛读或快读两种,而我们尤所不及的是快读。他可以在很短的时间里翻完一本书,并且找到自己想要的材料。我现在还保留钱先生当年对我两篇文章的审读意见。我的两篇文章约各有一万多字,钱先生很快就看完了,并写了反馈意见,各有一千多字,而且他的意见都是尖锐中肯的。他总是一目十行地读下来,然后犀利指出其中的问题。

倪:我们知道您出生于1934年,正是词学辉煌的年代。今年是您的八十大寿,辛弃疾在为史正志所作寿词《千秋岁》中称赞史帅"金汤生气象,珠玉霏谈笑",我们相信,您的词学研究必将成为词坛的新气象,而您今天的谈话也会为后学指示治词门径。祝您生日快乐,健康长寿!

王:谢谢!

(本文原题《金汤生气象,珠玉霏谈笑——王水照先生词学访谈》,载《词学》第三十四辑,2015年)

十二、《钱锺书的学术人生》与"钱学"研究

访谈时间：2020 年
访谈人：侯体健

《上海书评》编者按：王水照先生晚年学术的几个面向中，牵挂最多的是钱锺书学术研究。王先生与钱锺书先生交往密切，对钱先生的学术风格与其所达到的学术高度、深度、广度，多有体味，一直热切地关注着钱锺书研究。近来他的《钱锺书的学术人生》出版，算是先生多年来"钱学"研究的成果集合。书中不但回忆了钱先生的言谈风度，揭秘了不少珍贵文献，更着重研讨了钱先生著作尤其是《钱锺书手稿集》里包蕴的学术命题。"钱学"广博高深，里面藏有不少"未解之谜"，先生这本书正可指引我们探秘宝藏。

（一）钱锺书笔带风霜、口含斧钺

侯体健（以下简称"侯"）：王先生，今年是钱锺书先生诞辰一百一十周年，我们都知道您的《钱锺书的学术人生》一书就是为此而出。在这本书中，我们已经读到了不少您关于钱先生其人、其事、其学的精辟论述，今天的访谈，我仍然想从钱先生其人开始。您能不能再谈一谈这么多年来，您对钱先生的认识？

王水照（以下简称"王"）：我和钱锺书先生交往近四十年，钱先生有多重身份，但是我认为钱先生首先是一位博古通今、融汇中西的

大学者。除了学者身份以外,他还是小说家、诗人等等,但我想最重要的、最主要的是学者。评定一个学者,我们主要就是看他的学术成果,这些学术成果对于当代、后世有怎样的影响力,将来在学术史上是什么地位、有什么特点、对后世学术的发展有什么贡献,我想主要应该着重于这些角度。在民国的学术宗师里,钱先生又是卓尔不群、个性鲜明的一位。他在给我们贡献了丰富、精深的学术成果的同时,又是一个有故事的人,因为他的性格特点非常丰富、活泼、有魅力,所以各种轶事也比较多。但是,我们研究他,最重要的还是他的学问——学问的见地、学问的内涵。

先说钱先生其人。有人评价钱先生是个明白人、干净人、城府极深的人,前两点我很认同,但最后一点,我要替他改一改。钱先生是一个明白人,他是个书生,但是他洞悉世事,有人文关怀,也有终极关怀,对人生的意义有很深刻的思考,对现实的问题有个人的见解;虽然他有时穿鞋子分不出左右,写阿拉伯数字写得不好,但是他对于人情世故是非常了解、非常明白的。他又是一个干净人,在敌伪上海"孤岛"时期、蒋介石政权统治时期,他都是干干净净的,虽然他的朋友圈中有一些人陷入纠葛,但钱先生在大是大非问题上没有污点。新中国成立后的历次运动中,他也从不揭发他人,更不糟践自己、违心地"批判"自己,这是很不容易做到的。第三点,我要改一下,我觉得钱先生是一个笔带风霜、口含斧钺的人。他许多时候是想到什么就说什么,尤其是他觉得这样说很能显示中文奥妙时,更是忍不住要说。由于这个特点,也就很容易得罪人,使得有些人对钱先生的性格有不同的看法。但是,我想对钱先生性格中尖刻的一面,还是要做多面的了解,不能简单地认定为一般意义上的刻薄。举个例子,钱先生给黄裳有副对联,叫"遍求善本痴婆子,难得佳人甜姐儿"。这件事情,是 1950 年春,黄裳作为记者去北京采访,然后与钱先生见了面,说到他在琉璃厂购得一册旧钞《痴婆子》,回到上海以后,钱先生给黄裳写了一封信,信里就告诉黄裳他得到这么一联,并且说:"幸赏其贴切浑成,而恕其唐突也。如有报道,于弟乞稍留馀地。"(黄裳《故人书简》,海豚出版社,2013年)这里《痴婆子》是一本情色小说,而"甜姐儿"是指当时著名的女明星黄宗英,把"痴婆子"跟"甜姐儿"对仗,非常工稳,黄裳自己也说"此联实在是妙手天成,不愧佳制"。而从内容上来说,这联在外人看来不免有打趣黄裳的意思。有一次,我跟杨绛先生谈起这件事情,杨先生说当时得到这一联的时候她劝过钱先生,劝他不要告诉黄裳,让人家说出去不好,钱先生回答说:"他敢。"你看,钱先生就是觉得这副对联很巧妙,所以也不顾会引起别人什么看法,他就寄给黄裳了。哲人有言,大意是"不是我掌握真理,而是真理掌握我"。我也可以说不是钱锺书掌握文字之妙,是中国语文的妙处掌握了钱锺书。他想到了这副对子以后,就要让人知道,觉得好玩,很巧妙,而且当时的环境、深交的朋友也允许他这样玩,他就忍不住要告诉黄裳。黄裳居然把它公布了,也不以为冒犯,这就是文人之间的雅谑,所以就有了这个故事。这种故事对于了解钱锺书是不能少的,因为钱先生的好多学术文字,也是把这种幽默、讽谑、打趣融合在一起,当然是有意义的。钱先生就是这样一个人。但是,如果研究钱锺书,大家都把兴趣集中到这些逸闻趣事上来,那么我觉得就走偏了,钱锺书研究的主要方向应该还是他的学术。因为他的个性毕竟是过去式了,钱先生走了,这样的个性也就被带走了,只是留下这些故事。但是他的学术、他的小说、他的诗歌还要流传,还在发挥作用,产生影响,我觉得这个是最重要的。

(二)"钱学"有无"体系"之问

侯:钱先生的学术真是海涵地负,博无涯涘,不说七十多册的《钱锺书手稿集》,就是《谈艺录》、《管锥编》我们读起来也还是很有难度的。您曾经组织队伍辑录手稿集《容安馆札记》，付出了异常艰辛的劳动，现在虽然网上也公布了网友整理的本子，但是学术界对此仍然没有充分利用，其实是比较可惜的。

王：是这样。我觉得对钱先生的了解，要读懂，是一个过程，不是一蹴而就的。因为这里面涉及经典化的问题，经典都是不断地被发现、再发现、被阐释、被解读的过程。2010年，在北京召开了钱先生百年诞辰纪念会，到今年已经十年了，这十年以来钱锺书的研究，应该说是很有发展的。首先是钱先生的研究材料基本上具备了，特别是手稿集《中文笔记》、《外文笔记》出齐，给了我们很多的研究资料，包括人民文学出版社的《钱锺书选唐诗》，也是一部很珍贵的材料，可以了解钱先生对唐诗的一些看法，他的选目是很有个性的。另外，对于钱锺书生平事迹、一些基本史实，讲得也比较清楚了，有一些新的发现，对我都很有启发。不过呢，在我看来这样也就足够了，没有必要在生平事迹上再花太多研究力量去挖掘，多挖掘的学术意义也不大。这话可能搞资料的人会有不同意见，但我个人是这样认为的。当务之急还是真正的学术研究要跟上。当前，钱锺书研究的重点和难点，还是他的手稿集，现在手稿集基本上没有人全面地、系统地去挖掘其学术价值，学术界对手稿集意义的认识还不够。我以前也讲过，钱先生的这批手稿集可能是绝无仅有的。像《盛宣怀档案》当然篇幅巨大，但它是档案，许多都不是他自己写的。现在留下笔记比较多的是顾颉刚，据说有两百多册笔记，但是我估算篇幅上仍然赶不上钱先生的笔记。钱锺书手稿集，影印出来后包括《容安馆札记》三卷、《中文笔记》二十卷（七十九个笔记本）、《外文笔记》四十八卷（二百一十一个笔记本），不但篇幅很大，而且内涵丰富，真可谓是学术的海洋。从手稿里面，我们就能体会到一个学者如何全心全意、专心致志地沉浸在资料的海洋里，如何把各种不同来源的资料融合打通，可以说已经到了痴绝的程度。手稿集的世界，就是真正的钱锺书自己的世界。他平时是经常拿着这些笔记去复习的,他的学问都在笔记里面。这个笔记的世界,就是他现实世界以外的个人世界。虽然呈现的形式看似是碎片化的、零散的,没有系统,没有大的概括、大的判断,但这些东西其实都已经在里面了。这里关涉到"钱学"究竟有无"体系"的疑问,所谓"散珠无串"也是我一直在思考的。我初步的想法,"体系"是否可分三种:一个是明体系,比如黑格尔这些哲学家的体系,这是明显给出的体系;一个是潜体系,潜藏在著作中的思想体系。钱先生著作中没有给出"明体系",但肯定存在"潜体系",只是我们学术界的研究还未深入,未达成共识。在这种情况下,我们读者还有一个阅读的结构,姑且命名为"阅读体系"。很多人对《钱锺书论学文选》(全六册,舒展编,花城出版社出版)不是很重视,后来我接触一些材料知道,《论学文选》的编目,钱先生是花了很大力气去指导舒展编的。原来我看这部《论学文选》,很多都跟现实有联系,不免心存疑虑,后来才知道这是钱先生同意的、认可的一个编目,读者可以利用这个目录进入他的学术世界,这个很多人还不太重视。我想,阅读的结构也是了解钱先生学术思想的一个途径,钱锺书的研究也可以尝试从这条路走。

侯:您在今年(2020 年)11 月 21 日召开的钱先生纪念座谈会上,也就是您这部《钱锺书的学术人生》新书发布会上,谈到了三个遗憾,其中一个遗憾就是未能完成一部《钱锺书学术评传》。这部书您原本打算的写作结构,是不是也与这里提到的阅读体系相关联?

王:钱先生的传记已经很多了,我觉得对钱先生这样的学者,应该有一部学术评传。当时我的想法,就是以钱先生的主要著作为纲,一部一部地写下去,比如先是清华时期他的学术发轫期,再到《谈艺录》,到《宋诗选注》,到《宋诗纪事补订》,到《管锥编》。可惜的是,我只写了第一章就没写下去了。现在连这一章的稿子,也没找到,本来

十二、《钱锺书的学术人生》与"钱学"研究

这一章也是可以收入我这本新书中的。内容倒是在几所大学做过讲座的,材料、观点、结构都已经比较完整了,但是都不知道丢到哪个角落里去了,一时找不出来,也就只好作罢。这第一章的标题我就拟作"作为大学生的钱锺书",就是讲他清华读书四年的历史,四年的学术成果已经非常可观了。他们这群民国时期杰出的学者,在大学读书的时候就已经开始大量发表文章。钱锺书在清华读大学时一共发表了十九篇文章(不包括一些杂记),大多数发表在《清华周刊》、《新月》、《大公报》这些刊物上面。最近正好季羡林、夏鼐的日记也出版了,他们三个人都在清华读书,前后相差不久。有人统计,季羡林大学期间在这些刊物发表了二十七篇文章,比钱先生还要多,夏鼐也有十五篇。当然,他们这些文章也显现出一个不同,季羡林、夏鼐的文章许多都是翻译文章,而钱先生大部分是书评。比如他评周作人《中国新文学的源流》,评《一种哲学的纲要》等等,有些西洋著作是刚刚出版不久的。也有一些考证文章,比如《小说琐征》,也是读大学时在《清华周刊》发表的。清华时期,钱先生的学问已经显示出两个结合:一个是家学或者说乡邦之学(常州学派)与清华新式大学的学术相结合,这是他一个重要的学术源头。另一个,从学术门类来说,主要是将文学跟哲学、心理学以及其他学术的结合。钱先生在大学时已经显示出这个格局了,我在这一章里就想讨论、研究这个格局后来是怎么发展演化的。此外,清华时期的钱先生还表现出两种精神,一是发愤著书的精神,当时他计划写两部书,一部是《中国文学小史》,现在还留下单篇《中国文学小史序论》,一部是《周易钱氏学》,他关于"道可道,非常道"有条批语,大意是"这个问题可以参考我的《周易钱氏学》"。现在《中国文学小史》我们知道他确实动笔写了,《周易钱氏学》究竟有没有动笔写还没有资料证实,但是这至少显示出他非常旺盛的著书精神和强烈的意愿,他是要写书的。另一个精神,就是向他人特别是向权威挑战的精神,比如他向周作人挑战,向父亲挑战,向

好朋友挑战,批评性的文章比较多。作为钱先生学术的发轫期,清华时期这些特点对于了解后来钱先生的学术发展是有参考价值的。他许多学术观点在清华时期其实已经定型了,其基本观念后来没怎么变,比如对文学的定义,那就是《中国文学小史序论》里说的"五色无定,随人见性",又比如对历史的看法,在清华时期也已经比较稳定了。如果我们能够理清楚,哪些是变了的,哪些是一直没有变的,清理出钱先生的学术发展脉络,再从"照着说"到"接着说",那就能有力推动我们的研究。如果按照这个思路一步步写下去,比方你有文章论《谈艺录》,是从"宋调"一脉的艺术展开论着眼的,郑朝宗先生编过讨论《管锥编》的论文集,等等。这样写一部学术评传,我觉得是能够呈现不一样的钱先生的学术世界的。

(三)《宋诗选注》的"未解之谜"

侯:这样的思路确实不同于现在绝大多数的钱锺书传,学术含量很高。另外,您还跟我提过钱锺书研究中的一些"未解之谜",是不是也是您曾经打算专门写文章的?

王:所谓的"未解之谜",是社会上一些人的说法,其实有些"谜"我就能解。比如说《宋诗选注》初版于1958年,引用了毛泽东《在延安文艺座谈会上的讲话》,"文化大革命"结束后再版,有人疑惑,钱锺书为什么没有删除这段,当时政治空气已经变化了,为什么不删?非但不删,反而还加了一段毛主席《给陈毅同志谈诗的一封信》,这封信写于1965年,1977年才发表出来。这个问题,我觉得也不难解释,就是钱先生认同《在延安文艺座谈会上的讲话》里的观点,他觉得毛主席对文学源和流的剖析是正确的,甚至认为那是"常识",当然就用不着删。加入《给陈毅同志谈诗的一封信》那段内容,就更是如此了。这封信主要是谈"形象思维"问题,你得了解一个背景，"形象思维"在"文化大革命"前是作为"反动大毒草"被拿来批判的。1966年，《红旗》杂志发表了郑季翘的文章《在文艺领域里必须坚持马克思主义认识论——对形象思维论的批判》，这位郑季翘当过东北一个省的宣传部副部长，文章就是把"形象思维"作为反马克思主义的理论加以否定的。"文化大革命"中搞批斗，那时候经常会挂个牌子"打倒反动学术权威某某"，当时李泽厚是"形象思维"论的肯定者，但他年纪还很轻，"反动学术权威"的牌子好像还不够资格挂，就给他扣上"反动的形象思维论的鼓吹者"这么一个帽子。还在"文化大革命"前，周扬他们就想搞清楚这个"形象思维"在科学上到底成立不成立？就委托文学所编了一部资料汇编——《外国理论家、作家论形象思维》（"文化大革命"后，于1979年才由中国社会出版社单独出版，属外国文学所项目，时钱先生仍留在文学研究所）。这个工作就是钱锺书、杨绛负责的。《人生边上的边上》收了这部分内容，并且说明了这次工作的情况。钱先生对"形象思维"是完全肯定的，可以参看他亲自执笔的西欧及美国部分的《前言》。毛主席这封信一公布，我们都很欢欣鼓舞啊，当时文学所的同事感觉都很好，毛主席这么一说，这个问题不就有定论了嘛！作为"近代文艺理论的术语"（《宋诗选注序》），如别林斯基较早提出了"诗歌是寓于形象的思维"等观点，"形象思维论"坚持了想象、虚构等在文学创作中的主导地位，坚持了文学之所以为文学的一些本质特性，因此得到当年文学所大部分同事的欢迎。这样回头看钱先生在《宋诗选注序》里面特意加上这一段，就很容易理解了，他就是认同这个观点。顺便说及，钱先生文集一般不收录他参加集体项目中所写的文章，如他为文学所版《中国文学史》所写的《宋代文学的承先和启后》、《宋代的诗话》就未收入《钱锺书集》。其实其中颇有一些独到见解，且一字未曾做过改动。而这一资料汇编却完整地收入《钱锺书集》的《人生边上的边上》，是很被看重的。

侯：原来有这么一个背景，这样来看确实就很容易理解钱先生为什么要引毛主席的那封信了。关于《宋诗选注》里面还有不少谜，像您的书里面又再次提到了不选《正气歌》的问题。另外，大家对《宋诗选注》的选目，好像也总是不太满意，虽然钱先生在《模糊的铜镜》里已经解释过了。

王：《宋诗选注》选目的问题，因为这部书编成出版时，我还没有到所里工作，所以具体的经过我不是特别清楚。据我了解，钱先生是有个最初的选目的，所里开会集体讨论的时候被否掉了。我个人感觉，他现在这个选目可能是听了会上的批评意见后，有点负气，所以题材上国计民生的诗选得多，唐诗风格的选得多，体裁上律诗、绝句选得多，这些都不是特别能反映宋诗的特点。宋诗里古体诗应该算是很有特色、很有成就、很能体现宋诗特点的一种诗体，但钱先生选得少。黄庭坚的诗也选得太少。我估计那次会上的批评意见起了作用，钱先生可能就负气按照你们要求的口径来选。譬如要烧一条鱼，你最好有桂花鱼，我烧出来的味道会比较好。你现在给我弄些低档次的"猫鱼"，那我就做这类鱼，不过我照样能够烧出好味道来。这当然就靠他的评注了。这是我的一个猜想，没有把握。总之，我个人觉得钱先生是有点负气的，这个选目并不能真实反映钱先生的主张。所以，也就不能够以《宋诗选注》的选目与其他的选本比较，进而得出钱先生持有什么样宋诗观念的结论。如果真要从选目来看钱先生的宋诗观念的话，那得去看手稿集，他在手稿集里是一家一家摘抄过去的，你可以看看他究竟抄了哪类诗，这个就完全是他自己的选择了。当然，他摘录诗句，也有各种不同的目的，有的不一定是那首诗艺术水平多么高，而更可能是他觉得里面有些问题可以讨论，引起了他的兴趣。

关于《宋诗选注》，最近人民文学出版社还公布了一则新材料。此书1963年再版后，钱先生又有修订，1964年他写了一则《重印附记》:"趁两次重印的机会,我先后作了若干修订,主要在注释部分。人民文学出版社编辑部以及向达、吴小如、徐朔方、王水照四位同志都指出了些错漏,尤其王学初先生精密地纠正了二十馀处疏误,并此志谢。一九六四年五月十五日。"这则附记,在后来的各个版本中都没有出现过。我们看钱先生的手迹,就发现"王学初"三个字原来写的是"王仲闻",而且前面几位都是称"同志",这里称"先生"。钱先生显然是仔细琢磨、多番考虑后下笔修改的。但是,这则附记为什么后来没有公开发表呢?我觉得不是前面四位"同志"有问题,而是"王学初"的问题。王学初是王仲闻先生的笔名,王仲闻先生自称"宋朝人",对宋代文史非常精通。不过大家对"王学初"这个名字是相对陌生的,钱先生特意改成这么一个大家陌生的名字,用意何在?我猜测就是王仲闻先生在50年代被打成"右派",文化部曾经有过规定,"右派"是不能在公开出版物上以正面形象出现的。钱先生对王仲闻先生的贡献又特别重视,附记主要想感谢的就是王仲闻先生,所以他的手书先称"王仲闻同志",再改成"王学初先生",希望能用陌生的"王学初"这个名字,打个擦边球发表出来。但结果还是被删了。这也可以说是一个"谜"吧。

侯:《宋诗选注》的选目问题,如果要说是个"谜"的话,那还真是"不解之谜"了,因为我们确实无法真正确定哪些是钱先生自己特别想选的,哪些是受到外部影响要选的,即使和手稿集去做详细比较,也很难得出结论,这首他一定选,那首他一定不会选。另外,我们整理辑录《容安馆札记》论宋诗资料时发现,它的体例就是先总评,后摘抄分评,但在手稿集中,我们还没发现他对苏轼诗歌概括式的总评,这一点也很特别,也可以说是一个谜。

王:确实。《容安馆札记》里面没有,《中文笔记》我粗粗翻了一下也没找到。现在我们了解钱先生对苏轼诗的看法就是《宋诗选注》

的小传。这个情况，好像总显得不寻常，与苏轼地位不相称，苏轼无论如何是宋诗里面的第一大家，为什么《容安馆札记》里没有？这样的"谜"我还可以提几个出来，比如黄庭坚，《宋诗选注》为什么选得那么少？《谈艺录》、《容安馆札记》里是比较多的。我是听说，也不太确定，钱先生晚年卧病在床的时候，背诗就是背黄庭坚的诗，他对黄诗肯定是非常熟悉的。黄宝华做的《黄庭坚选集》让他题签，他就答应了。这是不太容易的，黄宝华只不过是考过钱先生的研究生，并没有考取，而钱先生愿意给他这部书题签，也许就是因为他对黄庭坚有一种偏爱。又比如关于用典的问题。钱先生在文章里、书里对用典的艺术手法批评得很厉害，但是为什么自己写诗照样那么喜欢用典，而且实际上在鉴赏分析作品的时候也很欣赏用典。最大的问题是，钱先生究竟对宋诗在整体上评价怎么样？《宋诗选注序》里面，他说："整个说来，宋诗的成就在元诗、明诗之上，也超过了清诗。"那么潜台词到底是不如唐诗，还是可以和唐诗并肩？他没提。随后是一个比喻，"小数点后多除几位"，这个比喻，他在给我的信里面也用过，那是为了说明新材料有时用处不大，虽然多了但并不对整体起作用，这显然是从负面的意义上用的。而在《宋诗选注序》中，他用这个比喻是来肯定宋诗取得的成就，宋诗有它的创造性。这有点类似钱先生所讲的"喻有二柄"，正面反面都可以说。但是，钱先生的兴趣是宋诗，这在《容安馆札记》里很明显。《容安馆札记》遍论宋诗三百六十多家，占全书的篇幅比例非常大，对宋代诗人一个一个细论过去，有那么大的兴趣。我想，这些问题都是可以再研究的。

侯：我们再回头谈谈您这部书吧。这部书里最早的一篇应该是写于1989年的《关于〈宋诗选注〉的对话》，最晚的则是您今年新写的《自序》、《读〈容安馆札记〉拾零四则》和两篇附记。先生以八十六岁高龄而在短短几个月中写出两篇万字长文，真是让我们后辈既佩服又惭愧。虽然书中许多文章都是我录入电脑的,编目分辑我也都参与了,但是当我拿到书的时候,我还是觉得有很多新东西,特别是附录的钱先生、杨绛先生给您的信,里面提供不少新的信息。

王:我这部书总结起来也就是钱先生其人、其事、其学,在新书发布会的致辞中我也已经谈过不少了,这里就不谈了。我想重申一下的是留下的三个遗憾:一是我和同学们合作的国家社科基金项目"钱锺书与宋诗研究"虽已结项,但未成书;二是《钱锺书学术评传》未能撰成;三是奉命整理《容安馆札记》因故中停。所以我说,"钱学"的发扬光大,寄希望于新生代,希望他们能够找准方向,加强对《手稿集》的整理研究。

侯:最后,我想问一个无关宏旨的问题,书里附的杨先生的信特别提到一句"烧饭人还记得我吗?"这个"烧饭人"是指谁?

王:哈哈。"烧饭人"在杨先生给我的信里经常被提起,信中总要问问"烧饭人"最近如何。那时我一个人带着儿子在北京,当时他也就四五岁吧,小孩在大院里面玩,杨先生呢是"反动学术权威",组织上派给她的任务就是抄大院里的大字报。两个人在大院里碰上了,杨先生听到小孩讲上海话,觉得很亲切,两个人就经常一起聊天。问他长大了做什么,小孩就很委屈地说"他们让我做烧饭人",就这么一件事,杨先生一直记着。

(本文原题《王水照谈钱锺书的学术人生》,载《上海书评》2020 年 11 月 29 日,收入本书时有所增改)

整 理 后 记

我是 2007 年春季跟随王水照先生读博士的，当年圣诞节在广州召开了第五届中国宋代文学学会年会，先生带我一同前往，这是我第一次正式参加学术会议，所历诸事，虽已过去十馀载仍记忆清晰。就在这次会上，《文艺研究》的赵伯陶编审向先生提出要做他的一次访谈，先生即指定由我来完成。翌年春天，我在先生光华楼的办公室里采访了他，并按照自己的理解，将访谈内容串联编排，集苏轼诗句"为问少年心在否，一篇珠玉是生涯"为题，发表在《文艺研究》2008 年第 6 期上。先生对这篇访谈录比较满意。此即本书第一篇。这次访谈，让我对先生的求学经历和治学经验有了更深入的了解，也让我积累了如何编写访谈录的经验。2012 年春，《钱锺书手稿集·中文笔记》出版不久，主持《东方早报·上海书评》的陆灏编辑约先生专门谈谈此书，我又接下了这项光荣的访谈任务，后将访谈内容以《王水照谈〈钱锺书手稿集·中文笔记〉》（2012 年 4 月 8 日）为题发表。至 2013 年，上海古籍出版社提出想做一本先生的访谈录，恰巧那一年是中国社会科学院文学研究所成立六十周年，这一时间节点，引出了先生对文学所时代的不少回忆。于是，在先生办公室以及课堂上，我即特别留意将我们的谈话录音，并予以整理。后来从中选出了一部分，题作《文学所"何其芳时代"杂忆》、《宋代文学研究的前沿问题》，在《东方早报》（2013 年 12 月 1 日）和《问学：思勉青年学术集刊》（第 3 辑，2018 年）上发表。

有了以上丰富的访谈素材,又加上戴燕、李纯一、倪春军三位师友不同角度的访谈文章,便组成了这本《王水照访谈录》。全书大抵按照访谈时间编排,不过书中第四至十篇,因访谈时间跨度较大(2012—2014),我没有严格按照采访时间先后排序,而是以讨论的内容为核心,组织为几个专题,以方便阅读。另外,因为全书各部分采访时间不同,有些是单独成篇的,少量内容难免有所重复,这是需请读者见谅的。

这本书的访谈内容主体部分虽然已是近十年前的了,但许多话题和观点至今仍未过时,足以见出先生学术眼光的前瞻性。尤其是访谈中所提出的一些研究计划,经先生多年经营,都已逐步实现,并没有给学术界开空头支票。如《北宋三大文人集团》已经出版,《宋代文学通论》已经修订完成,"复旦宋代文学研究书系"第二辑也已出版,第三辑正在酝酿,"复旦古代文章学研究书系"已出四种;篇幅翻番的《历代文话》升级版《历代文话新编》正在紧锣密鼓、有条不紊地推进;宋代文学年会设置专题论坛的设想,在2019年复旦举办的第十一届年会上也已尝试实施;等等。这些都是学术发展和学科建设上的好事实事,先生可谓念兹在兹。

追随先生学习十馀年,时时刻刻都能感受到先生身上的"传道"精神。他对北大中文系求学经历的深情回望,对文学所何其芳、钱锺书等先生的沉挚怀念,对复旦中文系栽桃培李的真切追忆,无不饱含眷恋而又启人遐思。我曾经在博士论文后记中提到,先生是学术与道德的高峰,给我无尽向上的力量,这种力量将伴随我的一生,这部访谈录就是又一生动的记录。同时,本书提供给读书界的,我想也不仅仅是学坛掌故和具体观点,更是一种人生态度、学术境界。

全书的整体设计和目录编排由我完成,成稿后先生又作了修改润色,付出了大量心血。上海古籍出版社高克勤社长、奚彤云编审、刘赛副总编一直关心本书出版,提出了不少很好的建议,责任编辑彭华女史整理插入了丰富的图片,大大增强了本书的可读性,在此向他们深表谢忱。

侯体健

2022年3月于复旦大学光华楼

王水照主要著述年表

1963 年
　　宋代散文选注,中华书局上海编辑所
1978 年
　　宋代散文选注(再版),上海古籍出版社
1981 年
　　苏轼,上海古籍出版社
1984 年
　　苏轼选集,上海古籍出版社
　　唐宋文学论集,齐鲁书社
　　苏轼(再版),上海古籍出版社
1986 年
　　苏轼其人和文学(日译本),(日本东京)日中出版
1989 年
　　宋人所撰三苏年谱汇刊,上海古籍出版社
1990 年
　　苏轼诗词选注(合著),上海古籍出版社
　　苏轼散文选注(合著),上海古籍出版社
　　王安石散文选(合著),三联书店(香港)有限公司
1991 年
　　日本学者中国词学论文集(合编),上海古籍出版社

苏轼选集,(中国台湾)群玉堂出版公司
1992 年
唐宋散文精选,江苏古籍出版社
1993 年
苏轼,(中国台湾)万卷楼图书有限公司
1994 年
日本学者中国文章学论著选(合编),上海古籍出版社
古文精华(主编),知识出版社
苏轼论稿,(中国台湾)万卷楼图书有限公司
1995 年
欧阳修散文选集,百花文艺出版社
1996 年
中国历代古文精选(主编),东方出版中心
苏轼其人和文学(日译本,再版),(日本东京)日中出版
1997 年
宋代文学通论(主编),河南大学出版社
陆游选集(合著),人民文学出版社
宋诗一百首(合著),上海古籍出版社
王安石散文选集(合著),上海古籍出版社
古代十大诗歌流派(主编),湖南文艺出版社
1998 年
半肖居笔记,东方出版中心
苏轼散文精选(合著),东方出版中心
苏洵散文精选(合著),东方出版中心
苏轼及其作品选,上海古籍出版社
1999 年
苏轼研究,河北教育出版社

2000 年
王水照自选集,上海教育出版社
苏轼传:智者在苦难中的超越(合著),天津人民出版社
历代文选·宋辽金文(合著),河北教育出版社
《宋代文学通论》(主编),高雄复文图书出版社

2001 年
中国的文豪苏东坡(韩译本),(韩国)汉城月印出版社
首届宋代文学国际研讨会论文集(主编),复旦大学出版社
新宋学(第一辑,主编),上海辞书出版社

2002 年
唐宋散文精选(再版),江苏古籍出版社
宋词三百首(注评),春风文艺出版社
彩图本宋诗一百首(合著),上海古籍出版社

2003 年
新宋学(第二辑,主编),上海辞书出版社

2004 年
苏轼评传(合著),南京大学出版社
苏轼诗词文选评(合著),上海古籍出版社

2005 年
欧阳修散文选集(再版),百花文艺出版社
日本宋学研究六人集(主编),上海古籍出版社
  内山精也《传媒与真相——苏轼及其周边士大夫的文学》
  东英寿《复古与创新——欧阳修散文与古文复兴》
  保苅佳昭《新兴与传统——苏轼词论述》
  高津孝《科举与诗艺——宋代文学与士人社会》
  浅见洋二《距离与想象——中国诗学的唐宋转型》
  副岛一郎《气与士风——唐宋古文的进程与背景》

2007 年
历代文话,复旦大学出版社
2008 年
欧阳修传:达者在纷争中的坚持(合著),天津人民出版社
鳞爪文辑,陕西人民出版社
苏轼传:智者在苦难中的超越(再版,合著),天津人民出版社
2009 年
欧阳修散文选集(再版),百花文艺出版社
南宋文学史(合著),人民出版社
2010 年
宋代散文选注(再版),上海古籍出版社
日本宋学研究六人集(第二辑,主编),上海古籍出版社(本年起陆续出版)
  土田健次郎《道学之形成》
  近藤一成《宋代科举社会研究》
  平田茂树《宋代政治结构研究》
  高桥弘臣《宋金元货币史研究——元朝货币政策之形成过程》
  久保田和男《宋代开封研究》
  种村和史《宋代诗经学的继承与演变》
2011 年
当代名家学术思想文库·王水照卷,万卷出版公司
中国古代文章学的成立与展开(合编),复旦大学出版社
苏轼评传(再版,合著),南京大学出版社
苏轼诗词文选评(再版,合著),上海古籍出版社
2012 年
唐宋古文选,凤凰出版社
宋刊孤本三苏温公山谷集六种,国家图书馆出版社

宋词三百首评注(合著),上海远东出版社
复旦宋代文学研究书系(主编),复旦大学出版社(本年起陆续出版)
  朱刚《唐宋"古文运动"与士大夫文学》
  李贵《中唐至北宋的典范选择与诗歌因革》
  金甫暻《苏轼"和陶诗"考论——兼及韩国"和陶诗"》
  陈湘琳《欧阳修的文学与情感世界》
  成玮《制度、思想与文学的互动——北宋前期诗坛研究》
  侯体健《刘克庄的文学世界——晚宋文学生态的一种考察》

2013 年

欧阳修传(修订版,合著),天津人民出版社

苏轼传(修订版,合著),天津人民出版社

苏东坡评传——中国文豪苏轼的人生与文学(韩文本),(韩国首尔)石枕出版社

2014 年

苏轼选集(再版),上海古籍出版社

唐宋散文举要,安徽师范大学出版社

中国古代文章学的衍化与异形(合编),复旦大学出版社

新宋学(第三辑,主编),上海人民出版社

2015 年

王水照说苏东坡,中华书局

王水照苏轼研究四种,中华书局

新宋学(第四辑,主编),复旦大学出版社

2016 年

走马塘集,复旦大学出版社

新宋学(第五辑,主编),复旦大学出版社

王安石全集(主编),复旦大学出版社

2017 年
中国古代文章学的阐释与建构（合编），复旦大学出版社
新宋学（第六辑，主编），复旦大学出版社

2018 年
宋词三百首评注（合著），上海古籍出版社
唐宋散文精选（再版），凤凰出版社
欧阳修传（再版，合著），人民文学出版社
苏轼传（再版，合著），人民文学出版社
新宋学（第七辑，主编），复旦大学出版社
复旦宋代文学研究书系第二辑（主编），复旦大学出版社（本年起陆续出版）
 陈元锋《北宋翰林学士与文学研究》
 朱刚《苏轼苏辙研究》
 侯体健《士人身份与南宋诗文研究》
 戴路《南宋理宗朝诗坛研究》
 王汝娟《南宋"五山文学"研究》
 赵惠俊《朝野与雅俗——宋真宗至高宗朝词坛生态与词体雅化》

2019 年
新宋学（第八辑，主编），复旦大学出版社
苏轼研究（再版），上海人民出版社
苏轼评传（再版，合著），长江文艺出版社
苏轼诗词文选评（再版，合著），上海古籍出版社

2020 年
钱锺书的学术人生，中华书局
新宋学（第九辑，主编），复旦大学出版社
中国古代文章学的形态与体系（合编），复旦大学出版社
复旦古代文章学研究书系，复旦大学出版社（本年起陆续出版）

慈波《文话流变研究》
江枰《苏轼散文研究史稿》(上下)
常方舟《失落的文章学传统——〈古文辞通义〉》
倪春军《宋代学记文研究——文本阐释与文体考察》
戴路《南宋后期骈文学研究》
李法然《宋人选宋文与宋代文章学研究》

2021年
北宋三大文人集团,上海古籍出版社
稀见清人文话二十种(合编),复旦大学出版社

2022年
新宋学(第十辑,主编),复旦大学出版社
王水照访谈录(口述),上海古籍出版社
宋代文学通论(增订本),复旦大学出版社
宋代文学十讲,复旦大学出版社